한국 민속학 개설

# 한국민속학개설

이두현 · 장주근 · 이광규 지음

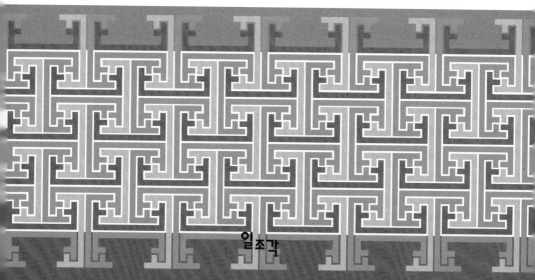

일조각

# 머리말

    민속학은 자기 민족과 문화를 연구하는 학문이다. 따라서 우리 민족의 손으로 이루어진 민속학 연구는 8·15 광복 이후부터 비로소 가능하였으므로 그 역사가 짧을 수밖에 없다. 물론 일제시대에도 우리 민속학에 대한 연구는 있었다. 그러나 주로 일본인 관학파들에 의해 진행된 연구로서 단지 식민정책 수행을 위한 다분히 어용적인 연구라는 한계점을 안고 있다.

    광복과 더불어 사회 전반에서 우리 것을 찾으려는 운동이 활발하게 전개되었다. 민속학 또한 이에 발맞추어 답보 상태에 머물러 있던 단계를 벗어나 발전을 거듭하였다. 그리하여 1970년대 들어 많은 업적들이 발표되었을 뿐만 아니라 여러 관련 분야의 민속학회가 설립되고, 대학에서도 민속학 전공학과를 개설하였음은 물론 민속학 강좌를 두기에 이르렀다.

    그동안 우리 민속 연구에 주력해 온 저자들이 이 책을 출간한 지도 어느덧 30여 년이 지났다. 당시만 해도 국내 민속학계는 이렇다 할 민속학 관련 개론서조차 없던 불모지 상태였다. 이 같은 상황에서 이 책이 출간되었던 만큼, 바라던 대로 목적은 이루었다고 자부한다.

    이 책은 저자들의 전공 분야에 따라 이두현李杜鉉이 제1장 서론, 제4장 의식주, 제6장 세시풍속, 제7장 민속예술을, 이광규李光奎가 제2장 마을과 가족생활, 제3장 관혼상제를 그리고 장주근張籌根이 제5장 민간신앙, 제8장 구비문학을 분담 집필하였다.

    이제까지 발표된 업적들을 분야별로 살피기는 하였으나 부족한 부분이 많을 것이다. 특히 산업민속이나 물질문화, 어촌민속 관련 내용이 미비하며 공저로서의 체제 또한 통일성을 보완해야 할 것으로 생각한다.

이 책은 1991년 일조각에서 발간한 신고판新稿版 『한국민속학개설韓國民俗學槪說』의 한글 개정판이다. 이번 한글 개정판에서는 일반 독자들의 이해를 위해 될 수 있는 대로 한자 사용을 줄이는 데 힘썼다. 또한 외래 인명이나 지명 등은 외래어표기법에 따라 알맞게 고쳤다. 부득이하게 한자를 사용해야 할 경우 한글과 함께 병기하였으며, 어려운 한자어에는 설명을 덧붙였다. 하지만 민속학의 특성상 한문으로 된 특수한 표현이 있게 마련이어서 모두 한글화할 수는 없었음을 밝혀 둔다.

앞으로 보다 나은 민속학 개론서가 나오기를 기대하면서, 이 책이 그때까지 과도적 역할이나마 감당할 것으로 믿는다. 무엇보다도 한국 민속학에 뜨거운 애착을 가진 모든 이들에게 이 책을 권한다.

출판을 맡아 수고한 일조각 여러분의 노고에 감사한다.

2004년 늦여름
저자 일동

# 차례

# ▌제3장  관혼상제 ▌

# ▌제4장  의식주 ▌

| 제5장  민간신앙 |

| 제6장  세시풍속 |

## | 제7장  민속예술 |

# 제1장 서론

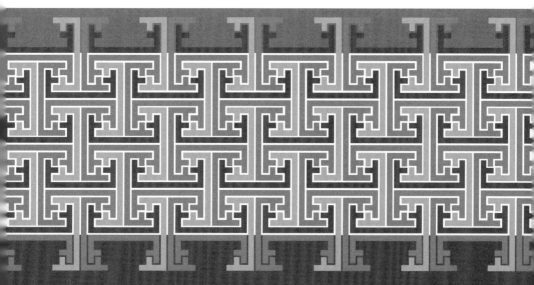

# Ⅰ 민속학의 정의

민속학民俗學이라는 용어는 영어의 folklore 또는 프랑스어의 tradition populaire, 독일어의 Volkskunde와 같은 말이다. 동양권에서는 처음에 토속학土俗學 또는 이언학俚諺學 등으로 번역되다가 결국 '민속학'으로 널리 쓰이게 되었다.

Folklore(민간전승)라는 말을 글자 뜻대로 해석하면 'The learning of the people(민간의 지식)'이다. 1846년 영국의 톰스W. J. Thoms(1803~1885)가 앰브로즈 머튼Ambrose Merton이라는 필명으로 런던의 주간 문예평론지인 『애서니엄Athenaeum』(1846. 8. 22, No. 982)에 'Popular Antiquities(민간구습)'나 'Popular Literature(민간문예)'를 총칭하는 말로 사용하기를 제창한 데서 비롯되었다. 톰스에 따르면 folklore란 민간에 전해지고 있는 전통적 신앙, 전설, 풍속, 생활양식, 관습, 종교의례, 미신, 민요, 속담 등을 총괄하는 말이며, 서민들이 지니고 있는 그것들에 관한 지식을 의미하였다. 그는 이 같은 고문화의 잔존을 folklore라 명명하고 이것들을 과학적·조직적으로 수집하고 연구할 필요가 있음을 제창하여 인류학人類學의 일환으로 민속학적 연구의 길을 연 셈이다.

그 후 영국에서는 문명이 낮은 민족간에 행하여지거나 문명민족 중 일반민중 속에 전해 오는 전통적인 신앙, 관습, 설화, 가요 및 속담 등을 두루 일컫는 용어가 되었고,[1] 1878년에는 톰스에 의하여 민속학회The Folklore Society가 설립되어 오늘에 이르고 있으며, 회지 『포크로어Folklore』도 발간하고 있다.

한편 프랑스에서의 정의에 따르면, folklore는 문명사회에서의 민간생활을 연구하는 학문으로서 두 개의 문화, 즉 지식계급과 일반계급의 문화를 구별할 수 없는 민족에게서는 민속학적 자료를 기대할 수 없다고 하였다. 다시 말해

---

[1] Charlotte S. Burne, *The Handbook of Folklore*, Sidgwick & Jackson, Ltd.(岡正雄 옮김, 『民俗學槪論』, 1930), 1914, 1쪽.

이 과학의 정의는 문명민족의 민간지식과 민간생활에 관한 연구라고 한정되었다.[2] 그러나 미국에서 보통 folklore는 이야기되고 노래 불린 전승, 즉 구비전승口碑傳承의 뜻으로 사용되고, 영국의 영향으로 1888년에 미국민속학회 American Folklore Society가 설립되는 등 활기를 띠는 듯했으나 인류학 분야 학자들의 흥미가 주로 북미 인디언들의 설화 채집에만 집중되었기 때문에 20세기 초까지도 미국의 민속 연구는 부진한 상태였다.

그 후 1910년 로맥스J. A. Lomax에 의하여 'Cowboy Songs'가, 1917년에는 샤프C. J. Sharp에 의하여 남부 애팔래치아 주민으로부터 채집한 영국 고민요ballads가 출판된 이후 비로소 1930~1940년대에 이르러 민요채집자와 설화채집자들이 합류하면서 이른바 미국 민속학American Folklore의 기틀이 잡히기 시작하였다.[3]

## II 민속학의 두 가지 성격

그동안 영국을 비롯한 프랑스와 미국 등 라틴Latin계 여러 나라에서는 folklore라는 술어術語를 채용했으나, 독일과 오스트리아 등 튜턴Teuton계 여러 나라에서는 Volkskunde라는 독일어를 채용하여 folklore와는 다소 내용을 달리하였다.

문화의 전승 양상이 나라마다 다른 까닭에 민속학 연구도 제각기 그 특색을 달리하여, 비교적 역사가 짧고 미완성의 과학인 민속학은 출발 당시부터 folklore와 Volkskunde라는 두 개의 성격 차이를 보였다. 즉, 영국과 프랑스를 비롯한 유럽 선진국의 민속학folklore과 독일을 위시한 후진 여러 나라의 민속학 Volkskunde은 성격적으로 현저한 차이가 있다.

예를 들어 독일의 Volkskunde는 18세기 말 정치적, 사상적 민족감정의 각

---

2 P. Saintyves, *Manual de Folklore*(山口貞夫 옮김, 『民俗學槪說』, 1944), 1936, 45~46쪽.

3 Richard M. Dorson, *American Folklore*, The University of Chicago Press, 1959, 2쪽.

성과 프랑스 계몽사상의 파급에 대한 저항 속에서 싹텄고, 19세기 초의 민족적 로맨티시즘과 역사주의의 풍조 속에서 탄생되었다. 당시 독일 민족은 많은 종족으로 분립되고, 여러 개의 왕국王國, 후侯, 백작령伯爵領이 군립群立하여, 민족통일에 의한 근대 민족국가를 성립하지 못하고 있었다. 이와 반대로 영국이나 프랑스 등은 이미 근대 민족국가를 이룩한 선진국으로서 제국주의적 발전의 도상에 놓여 있었다. 독일인들은 자신들의 낙후성을 의식하고, 분립한 여러 종족국가를 정치적으로 통일하여 강력한 근대 민족국가를 형성할 것을 열망하고 있었다.

통일민족을 갈망하는 로맨티시즘의 사상적, 정치적 운동은 나폴레옹 전쟁(1807)의 고난을 계기로 급속도로 전개되었다. 그때 독일 민족에게 민족Volk의 정치적 통일은 하나의 비원悲願이었다. 즉, 민족의 통일을 이룩하지 않고서는 근대 민족국가의 성립은 불가능하였던 것이다.

통일민족에 대한 갈망, 민족의식과 민족감정의 고양, 게르만 고대와 고유 독일적인 것에 대한 동경, 서구(영국·프랑스)적인 것에 대한 저항, 자신들의 고대를 현대에서 발견하고 농민층을 고유 민족문화의 담당자로서 인식하는 등, 당시 이러한 독일 로맨티시즘의 분위기 속에서 학문상의 역사주의와 독일학 Germanistik, 독일 민속학Volkskunde이 탄생하였다.

이와 달리 영국의 folklore의 성립 양상은 현저히 달랐다. 영국은 근대국가를 형성할 때 민족의 통일을 새삼 필요로 하지 않았고, 또 독일과 같은 후진국적인 민족주의를 동기로 삼을 필요도 없었다. 즉, 독일을 비롯한 동부유럽, 동남유럽의 후진 민족들처럼 선진 강대국에 대한 후진 의식, 강대국의 영향이나 압박에 대한 저항과 자위, 그들의 지배로부터의 이탈, 민족의 독립, 민족주의의 고양과 같은 정치적, 사상적 객관사정이 존재하지 않았기 때문에 전체 개념으로서의 '민족'이 새삼스레 필요하지 않았다. 이러한 사회적 여건과 자유주의, 합리주의의 사상적 분위기 속에서 영국의 folklore는 싹트고 자라났다.

이같이 영국의 민속학은 전체 개념으로서의 민족을 내세우지 않고, 특히 생물학의 진화론을 인문과학에 도입하여 미개민족의 전승이나 문명민족의 서민들 사이에 잔존하는 고대적 유습ancient practices, 즉 합리주의적 문화 이전의 원시 잔존문화survivals의 개별적 연구를 통해 인류의 선사prehistory를 재구성하는 데 주안점을 두어, 민속을 민족의 기반문화로 생각하지 않고 원시시대로부터 현대문명으로 발전하는 과정에서의 원시적 혹은 고풍스런 문화의 잔존으로 파악하였다. 그리하여 이 잔존문화를 미개민족의 문화와 동질적으로 보고 '종족ethnos'의 관점이 아닌 '인류' 문화적 관점에서 취급하고 고찰하였다. 그 방법은 비교민속학과 심리학에 바탕을 둔 것이어서 민속의 역사적, 계보적 관계에 대한 관심이 적었고, 따라서 민족과의 연관성에 대한 고찰은 거의 이루어지지 않았다.

이같이 folklore는 민속을 인류문화 발전의 초기 단계에 속하는 원시문화의 잔존으로 보고 인류문화의 진화단계에 맞추어 해석하고 정위시켜 불합리하고 낮은 문화로 평가하는 경향이 있었다. 반면 독일의 Volkskunde는 먼저 Volk(민족 또는 상민)의 문제를 중시하여, 잔존문화 또는 전대前代 문화를 민족의 기반문화로 보고 이것을 역사적으로 파악하며 그 가치를 높이 평가하려 하였다.

영국의 folklore가 개별적 잔존문화 연구에 주력하였음에 비하여 독일의 Volkskunde는 독일 민족의 기반문화의 전체적 연구에 역점을 두었다. 즉 Volkskunde는 가내공인家內工人들에 의하여 생산된 물질문화는 물론 전체 촌락민 생활the total rural folklife까지 포함하는 데 비하여, folklore는 보통 인간의 입을 통해 여러 세기 동안 전해 오는 구비전승the oral tradition을 의미한다. 마리아 리치Maria Leach가 편찬한 『민속학사전Standard Dictionary of Folklore, Mythology and Legend』에는 21개에 달하는 민속학 정의가 소개되어 있는데, 제각기 다양한 정의를 내세우고 있으나 한결같이 구비전승이라는 요소만은 공통적으로 포함하고 있다.[4] 특히 미국의 경우, 최근 들어 민속학의 경향이 확

---

4 Maria Leach ed., *Standard Dictionary of Folklore, Mythology and Legend* Vol. 1, Funk & Wagnalls Co., 1949, 398~403쪽.

대되면서 folklore는 민간전승 전반, 즉 전통으로 전하는 모든 지식과 지혜, 행위를 포함하는 것이라고 정의하였다.[5]

독일 민속학Volkskunde은 이미 말한 것처럼 민족주의의 대두와 함께 민족 고유문화에 대한 인식이 높아지고, 이웃 민족과 접촉하면서 그 고도의 문화에 대한 저항운동 속에서 배태胚胎되고 성립되었다.

따라서 그 특징을 단적으로 말하면 독일 민족이라는 인식 또는 독일 민족에 대한 적극적 인식이라는 일종의 이데올로기를 지향하고 있다는 점이다. 이러한 경향은 독일뿐만 아니라 유럽의 작은 나라들, 아시아와 북·남미의 여러 나라들도 민속학에 대한 흥미와 관심이 모두 국민정신의 대두와 함께 나타난 것과 궤를 같이한다. 예컨대 유럽의 작은 나라인 핀란드나 아일랜드에서는 국가가 민속 연구를 재정적으로 뒷받침하고 있으며, 나치 독일이나 구소련은 민속을 정치선전의 유력한 수단으로 이용했다. 또 이집트에서 나세르가 범汎아랍주의를 주창하게 되면서 바로 카이로에 민속학 연구 센터가 설립된 것도 그 좋은 예이다.[6]

이러한 실천적, 현실적인 기초에 입각한 민속학의 경향은 독일 민속학의 또하나의 경향으로 초기부터 있었던 것이다.

민속학 성립의 조건은 위에서 살펴본 바와 같이 유럽 여러 나라에서 제각기 달랐지만, 한결같이 자본주의가 대두하면서 중세적 사회체제가 붕괴되는 전환기에 싹텄다는 공통점이 있다.

1858년 '과학으로서의 민속학Die Volkskunde als Wissenschaft'이라는 강연을 통해 독립과학으로서의 민속학을 제창한 릴W. H. Riehl(1823~1897)은 민속학이란 현대에 입각한 민족의 사회학이고, 그것은 민족생활의 자연법칙을 탐구하는 과학이며, 각 시대의 민속자료는 과거로의 동경을 의미하는 자료가

---

5 Kenneth Clarke & Mary, *Introducing Folkore*, Holt, Rinehart & Winstone, Inc., 1963, 8쪽.

6 Richard M. Dorson, *American Folklore*, The University of Chicago Press, 1959, 3쪽 ; "Current Folklore Theories", *Current Anthropology* Vol. 4, No. 1.

아니라 그 속에서 민족생활의 일반적 법칙을 찾아내어 그것들을 하나의 유기체로 보고 질서를 부여하는 과학이라고 하였다. 그가 사용한 Volkskunde의 의미는 '독일 민족을 연구하는 학문'이란 뜻이었고, 그에게 민속학 연구의 궁극적 목적은 민간전승 그 자체라기보다는 민간전승을 통해서 나타난 독일 민족이요, 독일 민족정신에 대한 인식이었다. 실천적으로는 이와 같은 과학적 기초 위에서 전환기에 처한 농민을 어떻게 구제하느냐에 관심을 두었다.

그 뒤 독일에서는 1890년 바인홀트K. Weinhold가 베를린에 민속학협회 Verein für Volkskunde를 조직하고 그 이듬해 협회 기관지를 간행하면서 비로소 일반에게 Volkskunde는 과학적 명칭으로서 인정받게 되었다.

## Ⅲ 민속학 연구의 방법과 범위

민속학은 민족과 문화를 연구하는 과학으로서 인류학 계열에 속하는 학문이다. 그러나 민속학은 출발 당시부터, 연구 목적을 민족과 민족정신의 구명에 두는 독일 민속학인 Volkskunde와 인류 문화의 해명에 두는 영국 민속학인 folklore라는 두 개의 대표적인 성격을 갖고 있었다.

역사학이 주로 문헌자료에 의존하는 학문이라면, 민속학은 구비口碑와 생활전승으로 전하는 무기록無記錄 전승의 자료, 즉 민속을 주대상으로 하는 학문이다. 그러나 민속학은 문학과 언어학, 인류학과 사회학, 역사학 그리고 미술과 음악 등 인접분야와 서로 밀접한 관련성이 있음으로 해서 때때로 독립과학이 아닌 한낱 보조과학으로 생각되는 경우가 많았다.

참고로 미국의 인류학자 클럭혼Clyde Kluckhohn은 인류학의 한 부문인 문화인류학을 다음과 같이 세분하였다.[7]

---

7  Clyde Kluckhohn, "Some Remarks on the Branches of Anthropology and on Anthropology's Relation to Other Disciplines", *The Central States Bulletin* Vol. 2, No. 1, 1947.

고고학archaeology   지나간 시대의 유물과 유지遺址의 연구

민족지학ethnography   현존한 민족의 관습이나 습속에 대한 순수한 기술記述

민족학ethnology   과거와 현재의 여러 문화의 비교 연구

민속학folklore   구비전승에 의하여 보존된 극·음악·설화의 수집과 분석

사회인류학social anthropology   근대적 공동사회와 사회구조의 연구

언어학linguistics   소멸한 언어는 물론 현재 사용하고 있는 모든 언어의 연구

문화와 성격culture and personality   일정하게 구별된 삶의 방식과 특징적 심리와의
관계 연구


한편 민속학을 사회인류학의 일부분으로 편입시킨 분류는 이미 영국 인류학의 체계를 단적으로 보여 주고 있는 "Notes and Queries on Anthropology"에서도 볼 수 있고, 미국에서도 민속학은 민족학(문화인류학) 분야로 확장되고 있다. 1957년 12월에 열린 '미국 민속학에 대한 견해A Theory for American Folklore'라는 심포지엄에서, 미국 민속학은 미국 문학·미국 정치학·미국 사상·미국 정신을 밝히는 여러 연구 분야와 위상을 같이하는 것이며 미국 문화 연구의 목적은 민속학의 지식을 통해서만 효과적으로 달성될 수 있다는 것이 지배적인 의견이었다.[8]

도슨Richard M. Dorson 교수는 미국 민속학자는 민속 연구와 더불어 미국의 역사와 문화를 연구해야 하며, 반면 미국 연구와 미국 문학을 연구하는 학자가 미국 문화에 대한 민속학적, 하부 문화적, 일반 민간의 여러 자료를 다루기 위해서는 민속학에 대한 기본적인 지식이 있어야 한다고 주장하였다. 또 민속학자가 종래의 아마추어적인 자료수집가나 공중오락가公衆娛樂家 이상의 존재가 되려면 먼저 민속에 대한 공통적, 이론적 바탕을 갖추어야 하며 그러기 위해서는 민속학과 미국 문화사 두 분야의 지식을 갖추어야 된다고 하였다. 그는

---

8  1957년 12월 27일 시카고에서 American Studies Association, American Anthropological Association, American Folklore Society 등 세 단체 주최로 개최된 심포지엄 'A Theory for American Folklore'에서의 여러 학자의 의견.

제9차 국제인류학과 민족학 회의에서 '현대 세계에서의 민속학'이라는 분과를 주재하여 오늘날 민속학은 과거를 연구하는 학문으로서뿐만 아니라 현재를 연구하는 학문으로서도 지향되어야 한다고 제의하였다.[9] 민속학은 좁은 의미의 구비문학이 아니라 인간과 사회를 이해하는 학문으로, 이제 그 이론과 테크닉으로써 잠재적 가치를 드러내기 시작한 신학문이다.

민속학은 민족과 문화(또는 인간과 사회)를 연구하는 과학으로 인류학 계열의 한 분과이며, 그것은 과거 과학인 동시에 현재 과학이어야 한다. 이제까지의 역사적 방법과 아울러 사회적 방법으로써 급변하는 현대 사회의 민속 연구에 더욱 주력해야 한다는 것이 최근, 특히 제2차 세계대전 후 세계 여러 나라의 민속학 연구의 동향이다. 인류학자는 제각기 특정한 전공 분야가 있지만 그에 앞서 전공 분야뿐만 아니라 그 외의 지식까지 두루 갖춘 일반적인 인류학자 general anthropologist가 되어야 한다는 말이 있다. 즉 현재까지의 인류학 각 분야에서 이룩한 성과를 딛고 서서 자기 분야의 특수 문제를 다룰 수 있어야 한다는 말이다. 민속학 연구가 종래의 기술적記述的 개별 연구로부터 탈피하기 위해서는 전문 분야를 세분하기보다는 상호 보완적 연구 중심으로 진행되어야 할 것이다.

이제까지 우리나라의 민속학 연구는 주로 역사적 연구에 주력하였다. 민속은 역사적으로 형성된 것이지만 민속학은 현재라는 한 시점에 집적된 여러 문화를 조사하고 그것을 출발점으로 하여 연구하므로 문화의 역사적 성격과 함께 현재적 성격도 주목해야 한다. 민속학의 연구 목표를 문화 발달 과정의 구명에 둔다고 해도 현재 문화의 구조적, 기능적 관계를 명확히 파악하여 그 기초 위에서 진행하여야 한다. 또 현재학적 연구를 목표로 한다고 해도 역사적 발전을 전제로 하여 현재의 민속의 구조와 기능을 구명하여야 할 것이다. 민속의 역사성을 주된 연구 목적으로 하든, 문화의 구조와 기능의 연구에 중점을

---

9 Richard M. Dorson, *Folklore in the Modern World*, Abstract: IXth International Congress of Anthropological and Ethnological Sciences, Mouton, 1973.

두든 간에, 그것은 연구자 자신의 선택에 좌우될 것이지만 민속학 연구의 이 두 경향은 나름대로 타당성을 가진다.[10]

민속학을 과거 과학으로 규정하느냐 아니면 현재 과학으로 규정하느냐는 매우 어려운 문제이다. 이것은 결국 연구자 개인의 주관적인 견해에 좌우될 것이며, 그 어느 쪽에 중점을 두든 타당성은 있다 할 것이다. 중요한 것은 문제 제기의 방향과 방법에 달려 있다.

민속학을 현재 과학으로 규정할 때 그것은 사회과학으로서의 민속학에 비중을 두는 것으로, 현실 생활의 실천적인 면과 긴밀하게 결부된다. 앞으로는 그동안 민속학의 주된 대상이었던 농어촌의 민속뿐만 아니라 대도시와 공업 지대의 주민, 노동자의 생활양식 그리고 그들에게 미치는 전통문화의 영향 등도 고려해야 한다. 이제 민속학은 과거 과학인 동시에 문화인류학이나 사회인류학과 상호 보완하는 방법을 통해 현재 과학으로 자리매김하는 중요한 과제를 남겨 놓고 있다.

민속학을 과거 과학으로 볼 때, 민속학이란 전통문화, 즉 개인주의·합리주의, 그리고 자본주의 문화로 특징지을 수 있는 서구 문화의 영향을 비교적 적게 받은 마을 공동체 문화의 유형과 기능, 그 발전과 변화를 기술하고 설명하는 과학으로 정의할 수 있다. 이러한 관점에서 볼 때 민속학은 과거 과학, 역사 과학으로 출발하였다 할 수 있다. 민속학은 원래 기록이 없는 민족의 역사 복원을 위해 성립한 민족학에서 파생된 과학이다. 나라마다 민속학 성립 조건에 차이가 있으나, 이 방법은 문명사회의 경우 기록이 거의 없거나 아예 기록되지 않은 일반인의 생활행위를 역사적으로 복원하는 데 응용되었다.

그러나 문명민족의 민속을 연구할 때 이용할 수 있는 문헌이 존재하는 한 그것을 최대한 활용해야 한다. 문헌 이외의 전승자료, 즉 행위, 언어, 물질, 기술 문화의 무기록 전승을 제1차 자료로 하여 인간생활을 연구하는 과학은 존재

---

10 關敬吾, 『民俗學』, 角川書店, 1963, 35~36쪽.

할 수 있으며 또 그 존재를 주장할 수 있다. 민속학이 바로 이에 해당하는 과학이다. 다만 문헌이든 전승자료든 또 물질이나 행위든 그 전제 조건을 무시하고 평면적으로 다루어서는 안 된다. 프레이저J. G. Frazer의 『황금가지The Golden Bough』가 베네딕트R. F. Benedict에 의해 비판받은 것도 바로 이 점이며,[11] 이제는 민속학이 개별적인 문화요소의 통일성 없는 비교 연구에 머무르는 시대는 지났다 할 것이다.

이미 방법론적 반성과 보다 심화된 조사로써 복합된 문화를 비교하여 민속의 역사적 복원과 기능적 관련을 관찰하려는 방법이 요구되었고, 또 그러한 연구 동향이 점차 중요하게 부각되고 있다. 이에 민속학은 과거 과학, 즉 역사 과학으로서 생활문화(민속)의 역사적 구명과 아울러 현재 과학, 즉 사회과학으로서 구조적 · 기능적 연구를 지향하며 상호 보완할 때 생활문화에 대한 보다 충분한 사실적 구명은 물론 과정적 · 내면적 이해가 가능할 것이다. 나아가 인류의 체질, 사회, 민족, 문화를 연구하는 인류학의 한 분야로서 그 일익을 담당하게 될 것이다.

그러면 영국의 번Burne이 제시한 민속학 연구 범위를 알아보기로 한다.[12]

신앙과 행위  ① 하늘과 땅 ② 식물계 ③ 동물계 ④ 인간 ⑤ 인조물 ⑥ 영혼과 저승 ⑦ 초인간적 존재 : 신앙, 숭배, 제사의 여러 유형 ⑧ 豫兆와 占卜 ⑨ 주술기법 ⑩ 질병과 민간요법
관습  ① 사회제도나 정치제도 : 오스트레일리아의 부족, 북아메리카 부족의 모권, 유럽의 부족, 폴리네시아의 귀족정치, 미개인의 군주정치, 비밀결사, 영국의 촌락공산체 ② 개인생활에서의 여러 의식 ③ 생업과 공업 ④ 달력, 祭日, 축제 ⑤ 놀이, 운동, 오락
설화와 민요 기타 구비전승  ① 설화 : 전설, 민담 ② 민요와 譚歌(ballads) ③ 속담과 수수께끼 ④ 속담과 같은 押韻的 어구나 지방마다 전해 오는 말

---

11  Ruth Benedict, *Patterns of Culture*, A Mentor Book, 1934, 55쪽.
12  Charlotte S. Burne, 앞의 책.

번은 민속학의 범위를 크게 신앙과 관습, 구비전승 등으로 나누고 있는데, 이는 영국 민속학의 출발 당시 folklore가 개별적 잔존 문화에 대한 연구이며 나아가 비교 민속학적 경향으로 민속학이 민족학이나 문화인류학(또는 사회인류학)으로 포괄될 여지를 이미 내포하고 있었음을 보여 주고 있다. 영국에서 민간전승 연구의 오랜 역사는 영국 민속학의 발달을 가져왔을 뿐만 아니라 유럽 여러 나라의 민속학 연구에 선구자 역할을 해 온 것도 사실이다.

한편 자국의 민속에 비중을 두고 민족의 특성 연구에 역점을 둔 독일 민속학의 연구 범위는 1920년대 모크E. Mogk(1854~?)가 제시한 바 있다. 여기서는 제2차 세계대전 뒤 프로이덴탈H. Freudenthal이 제시한 내용을 살펴보자.

**독일 민족성의 기초**  ① 민족Volk의 토지(독일 지리학) ② 민족의 발전(독일 민족사) ③ 민족의 형성(독일 형질인류학)
**상민(민족)의 표현수단과 표현형식(민족문화재)**  ① 민간언어 ② 민간음악 ③ 민간공작 ④ 상민의 몸짓
**상민(민족)의 신앙, 세계관, 민간의 예의(상민의 세계)**  ① 민간신앙 ② 상민의 지식 ③ 상민의 관습
**상민(민족)의 성격(민족의 본성)**
**상민의 집단구조(민족질서)**  ① 혈연구조 ② 연령구조 ③ 거주구조 ④ 노동구조 ⑤ 신분구조 ⑥ 종교구조[13]

이상은 모크가 제시한 ① 언어에 나타난 민족의 심성 ② 신앙에 나타난 민족의 심성 ③ 행위에 나타난 민족의 심성 ④ 제작물에 나타난 민족의 심성과 큰 차이가 없으며, 여전히 Volk(상민 또는 민족)에 대한 연구가 중심 과제임을 잘 보여 주고 있다.

일본의 경우 1884년에 비로소 인류학회가 창립되어 영국류의 진화주의적 인류학이 도입되면서 그 영향으로 민속학 연구가 시작되었다. 1913년 야나기

---

13  H. Freudenthal, *Die Wissenschaftstheorie der deutschen Volkskunde*, Hannover, 1955.

타 구니오柳田國男(1875~1962) 등이 『향토연구鄕土硏究』지를 창간한 이후 전통문화에 대한 연구를 시작하면서 일본의 민속학은 점차 과학적 색채를 띠게 되었다. 1926년 이후 종래 연구가 재정비되고 연구의 범위가 확대되고 분야가 세분되면서 민속학 연구는 융성기에 접어들었다. 1935년 야나기타를 중심으로 계획적인 민속조사가 실시되고 조사방법도 차차 정밀해지면서 분류색인이 만들어지는 등 실증적·이론적 연구와 함께 독립과학으로서의 기초가 마련되기에 이르렀다.[14]

이 무렵 일본의 시대상을 일본 민속학의 창시자인 야나기타 구니오를 중심으로 살펴보면, 이 시기는 근대 일본의 번성기로, 서구에 대한 후진성의 각성으로 민족주의가 고조되고 구미 문물의 유입에 저항하는 반면, 일본 고유문화에 대한 인식이 강화되고 그 보전을 희망하던 때였다. 이런 점에서 일본 민속학은 독일 민속학의 성격과 근본적으로 상통하는 점이 있다. 야나기타는 일관되게 일본적인 것, 일본 고유의 것에 대한 발견을 역설하고, 잔존 문화가 갖고 있는 민족의 고유하고 기초적인 문화로서의 가치를 인정하였다. 그리고 고유문화의 담당자로서의 상민층常民層의 의의를 중시하여 모든 분야의 일본 고유 생활양식을 그 연구 대상으로 삼는다고 하였다.

그러나 그의 연구방법은 근본적으로 영국 민속학folklore 또는 19세기 후반 유럽 일반의 학풍과 매우 상통하는 바가 있었다. 말하자면 프레이저류의 이른바 비교 귀납법에 의한 진화주의적 민속학의 방법으로, 일본 문화 연구에 서 그 공적은 인정받고 있으나 각 문화사의 병렬적 기술에 불과하다는 점과 개개의 고유문화를 복합화하고 구조화하여 종족ethnos 문화로서 파악하지 못하였다는 점에서 비판을 받고 있다.

야나기타 구니오는 일본 민속학의 범위를 ① 유형문화(의·식·주, 교통, 노동, 사회조직, 혼인, 탄생, 죽음, 행사, 제례 등) ② 언어예술(민담, 전설, 민요, 수수께

---

14 關敬吾,「日本民俗學の歷史」,『日本民俗學大系』권 2, 平凡社, 1980, 194쪽.

끼, 속담 등) ③ 심의현상心意現象(지식, 생활기술, 생활목적) 등 세 부문으로 나누고 이들 문화요소를 통하여 생활양식과 정신생활의 전체를 파악하려고 하였는데, 그의 연구는 종합적이기보다는 개개의 문화요소와 민간전승의 연구에 그친 감이 있다.

한편 오리쿠치 시노부折口信夫(1887~1953)는 일본 민속학의 범위를 ① 주기전승週期傳承(연중행사) ② 행사전승(관혼상제) ③ 언어전승(가요, 설화 등) ④ 행동전승(우연적, 반동적 행위) ⑤ 조형전승(건축, 그 외 여러 조형물 등) ⑥ 예술전승(음악·무용) 등 여섯 분야로 나누었다. 국문학자인 그는 민속학을 보조과학으로 생각했기에 그 범위를 크게 민간신앙, 구비문학, 예능 등 세 가지로 한정시킨 것 같다고 한다.[15]

이제까지 일본의 민속학 연구는 민족과 문화의 종합적 파악을 꾀하지 않고 개개의 문화요소나 민간전승 연구에 그친 감이 있다. 이는 민속학의 주요 목적의 하나인 문화의 전체 구조에 대한 인식과 파악을 간과한 결과로 보인다. 세키 게이고關敬吾는 개개의 문화요소를 전체적으로 관련지어 파악하기 위하여 각 공동체의 문화를 구조적·기능적으로 보고 그 결과를 상호 비교함으로써 일본 민족과 그 문화를 전체적으로 파악하고자 노력하였다. 그는 민속학의 조사 범위를 다음과 같이 규정하였다.

범위　① 마을(조사지)의 현상 : 입지조건, 생산상황(경지, 원야, 산림, 어장, 공장 등), 인구 ② 역사적 관계
사회　① 사회조직 : 마을조직, 가족·친족조직, 성집단, 연령집단, 노동조직, 사회계층, 정치조직, 신앙집단, 예능집단, 직업집단 등 ② 사회관습 : 사회규제, 상속관습, 소유권, 혼인형태·관습, 통과의례(탄생, 성년식, 성녀식, 돌잔치, 혼례, 장송), 예의범절 가르치기 ③ 연중행사(세시) : 생산력, 신앙행사
생산형태·관행　농업, 어업, 임업, 수렵·사육, 수공업, 상업, 교통·교역
물질문명·기술문화　주거·가옥, 食制, 의복·장식, 가구·생산용구, 기술

---

15 關敬吾, 앞의 책, 1963, 32쪽.

신앙 · 지식 · 세계관  ① 여러 신 : 祖靈, 本鄕神, 불교적 신격, 생산신, 자연신, 憑依神, 질병신, 요괴 · 유령 · 死靈 등 ② 제례 : 家祭, 부락제, 본향제, 참배 · 기원, 신들의 출현형태, 祭場 · 제의방법 · 제일, 제구, 제사조직, 당주 · 사제자, 종교적 인물(職業巫들) ③ 민간신앙 : 점복, 豫兆, 저주, 금기, 기타 미신과 미신적 행위

구비문예  ① 전설, 민담, 笑話, 수수께끼, 속담, 민요 등 ② 언어, 문법, 명명법, 특수 인명과 지명, 은어, 금기어 ③ 몸짓, 인사 기타 전달 양식

예능, 경기, 기예  ① 무용, 가구라神樂, 덴가쿠田樂, 후류風流, 사자무 등 ② 우란분盂蘭盆에 추는 輪舞, 염불춤, 모심기춤 ③ 시골 연극, 인형 놀리기, 인형극 ④ 경기, 줄다리기, 오락, 유희 ⑤ 가면, 악기 ⑥ 공예, 도기, 직물, 회화, 조각, 인형, 완구 등[16]


그리고 『일본민속학대계日本民俗學大系』(전 13권, 1958~1960)에서 다룬 민속학의 범위를 보면 아래와 같다.


사회와 민속  ① 지역과 사회(촌락) ② 연령집단 ③ 친족집단(혼인, 가족, 친족) ④ 신앙집단 ⑤ 예능집단 ⑥ 직업집단 ⑦ 사회계층 ⑧ 사회규제 ⑨ 사회와 개인(탄생, 육아, 유소년기, 성년식, 혼례, 장례식, 제사, 묘제)

생업과 민속  ① 농업(田 · 畓作) ② 어업 ③ 임업 ④ 광산업 ⑤ 수렵, 목축, 양잠 ⑥ 수공업(목공 · 석공 · 대장간 · 염색) ⑦ 교통 · 운반 ⑧ 수상교통과 민속 ⑨ 상업

생활과 민속  ① 주거(주거 변천, 구조, 건축, 창고, 건축의례, 우물, 난방) ② 식생활(식품 조달과 저장, 종류, 식품, 식사, 식기 등) ③ 의생활(복식, 의료, 일상옷, 나들이옷, 화장, 비옷 등) ④ 연중행사(세시) ⑤ 俗信 ⑥ 민간의료

신앙과 민속  ① 靈과 神 기타(가신, 부락신, 직업과 신, 자연과 신) ② 제례 ③ 외래종교와 민속(불교, 중국 신앙의 영향, 기독교, 민간신앙과 신흥종교)

예술과 오락  ① 예능(가구라, 덴가쿠, 부가쿠舞樂, 노가쿠能樂, 교겐狂言, 사자무, 풍년무, 풍어무, 인형극, 가면극 등) ② 경기와 오락 ③ 아동극

구비문예  ① 민화 ② 옛말 ③ 수수께끼 ④ 속담 ⑤ 命名과 조어 ⑥ 은어 ⑦ 방언(어휘, 음운, 문법)

민요

---

16 關敬吾, 앞의 책, 1963, 33~35쪽.

이상으로 대표적인 몇 나라의 민속학 연구 범위를 들어 보았는데, 이 책에서는 그 연구 범위를 서론에 이어 마을과 가족생활, 관혼상제, 의식주, 민간신앙, 세시풍속, 민속예술, 구비문학으로 잡았다. 그리고 필자들의 전공 분야와 다소 동떨어진 생업과 민속, 물질문화를 포함하지 못한 것을 유감으로 생각한다.

# Ⅳ 한국 민속학이 걸어온 길

우리나라는 근대화 이전 오랫동안 한문화漢文化의 절대적인 영향을 받으면서도 민속학의 시초라 할 수 있는 자기 문화에 대한 인식은 항상 이어져 왔다. 그 결실로 고려 중엽에 이르러, 특히 그 역사적 여건에 따라 김부식金富軾의 『삼국사기三國史記』에 대하여 승려 일연一然의 『삼국유사三國遺事』가 편찬되었다. 중국 『사기史記』의 정사체正史體 역사 서술 방식을 따른 『삼국사기』에 비하여 『삼국유사』는 우리나라 고대 민속을 다룬 고전적 텍스트로 고대의 설화, 가요와 점복, 풍수, 무속 등 민간신앙과 고대인의 우주관, 그 생활기록 등이 실려 있다. 고려 말의 몇몇 문집, 특히 이색李穡의 『목은집牧隱集』이나 이규보李奎報의 『동국이상국집東國李相國集』 등에서도 귀중한 민속자료를 얻을 수 있다.

조선조에 오면 『조선왕조실록朝鮮王朝實錄』을 비롯하여 『증보문헌비고增補文獻備考』, 『신증동국여지승람新增東國輿地勝覽』 등 관찬官撰 문헌들과 성현成俔의 『용재총화慵齋叢話』, 이규경李圭景의 『오주연문장전산고五洲衍文長箋散稿』, 홍석모洪錫謨의 『동국세시기東國歲時記』, 김매순金邁淳의 『열양세시기洌陽歲時記』, 이 밖에 실학과 학자들의 여러 저술, 예컨대 이익李瀷의 『성호사설星湖僿說』, 서유구徐有榘의 『임원십육지林園十六志』 등 많은 문헌사료에서 우리의 민속연구에 관한 자료를 얻을 수 있다.

그러나 한국에 서양 근대과학이 전래되고 과학적 자각에 의하여 민속의 여러 문제가 다루어진 때부터 우리나라의 민속학 연구가 시작되었다고 한다면 그 선구자로는 당연히 육당六堂 최남선崔南善(1890~1957)을 들 수 있다.

청, 일본, 러시아 등 당시 열강 제국의 침략에 대한 저항 속에서 우리의 민족적 자각이 싹텄고 그 속에서 최남선으로 대표되는 민족사학은 성장하였다. 특히 19세기 말 독립협회 활동을 전후하여 물밀듯이 밀려드는 서구 세력과 서구 문명에 대한 저항의 자세로 나타난 민족적 자각은 나중에 개화·계몽사상으로 고취되었다. 1910년 우리보다 한걸음 앞서 서구화를 꾀했던 일본에 나라를 빼앗긴 뒤 최남선의 민족사학은 "조선주의를 부르짖고 조선정신을 부활시키는 데" 그 사명을 두었다.

그는 1926년 3월 『동아일보』에 단군론檀君論을 발표함으로써 문헌사학에 기초하여 단군말살론檀君抹殺論을 주장하는 일본 학자들에게 정면으로 맞섰는데, 주로 민속학에 근거한 신화론을 내세워 반박하였다. 이어 「아시조선兒時朝鮮」(『조선일보』 연재, 1926년), 「삼국유사해제三國遺事解題」(『계명啓明』 제18호, 1927년), 「살만교차기薩滿教箚記」(『계명』 제19호, 1927년), 「불함문화론不咸文化論」(『조선급조선민족朝鮮及朝鮮民族』 제1호, 1928년) 등 일련의 민속학 관련 논문을 발표하고 단군신화에 나타난 조선정신을 발견하려고 하였다. 그는 단군을 단순히 건국의 시조인 개인으로 본 것이 아니라 원시사회의 신앙에 근거를 둔 종교적 제사장(무당)으로 이해하려고 하였다.

그가 불함문화권不咸文化圈이라고 주장한 동북아시아계 여러 민족의 공통된 신앙, 샤머니즘shamanism을 바탕으로 단군신화를 이해하려고 한 것은 우리 신화와 우리 문화에 대한 민속학적이며 민족학적인 최초의 연구 시도였다고 할 수 있다. 그러나 그의 단군 연구는 지나치게 현학적이라고 할 정도로 비교 연구에 치우쳐 있는 점 또한 사실이다. 한 사학자는 "허다한 연구가 있었지만 현재까지도 가장 신빙할 수 있는 단군신화 연구는 육당에게서 찾을 수밖에 없고", "육당의 단군 연구는 한국 고대문화 연구의 한발 전진이었음을 부인할 수는 없다"[17]라고 하였다. 그러나 "그의 한국관 내지 한국사관은 지극히 관념적

---

17  李基白, 「民族史學의 問題」, 『思想界』 1963년 2월호.

이요 종교적이었다"[18]라고 비판받기도 하였다.

이러한 그의 민족적 파토스pathos와 애국주의는 때때로 과학성에서 일탈하였고, 마침내 일제 말기 일제에 굴복하고 어용화됨에 이르러서는 그 민족적 신앙과 낭만주의, 민족적 파토스가 퇴조하여, 물기 빠진 모래알처럼 그에게 남은 것은 딜레탕티슴dilettantisme인 박학뿐이었다. 이것은 비단 그 개인의 비극에 그치지 않고 전전戰前 독일의 Volkskunde가 걸어온 길과 비슷한 한국 민속학 초창기의 비극이었다고 할 수 있다. 그의 박학의 소산으로 광복 후 『조선상식문답朝鮮常識問答』(1947)이 출판되었고 그 속에서 우리 민속에 대한 폭넓은 그의 민속학적 탁견을 엿볼 수 있다.

한편, 최남선과 거의 같은 시기에 주로 민속 관련 문헌자료를 정리함으로써 민속학에 공헌한 학자로 상현尙玄 이능화李能和(1869~1945)가 있다. 주로 종교사와 여속女俗 관계 자료들을 정리한 그의 선구적 업적은 능히 최남선에 견줄 만하다. 주요 저서는 다음과 같다.

『朝鮮佛教通史』(1918), 『朝鮮神教源流考』(1922), 『朝鮮儒教及儒教思想史』(1927), 『朝鮮巫俗考』(1927), 『朝鮮女俗考』(1927), 『朝鮮解語花史』(1927), 『朝鮮喪祭禮俗史』(1930), 『朝鮮道教史』(1961, 影印).

이능화는 『조선무속고』에서 한국의 여러 문헌자료를 모아 자신의 의견을 첨가하여 정리하고 있다. 이는 육당이 「살만교차기」에서 차플리카Czaplicka와 도리이 류조鳥居龍藏의 저서에 의거하여 샤머니즘 전반에 대한 개관을 설명하려 한 것과 퍽 대조적이다.

1930년대에 이르러서는 종래의 문헌자료를 근거로 한 논고나 외국 문헌의 역술譯述 등에 그치지 않고 민속학 연구의 본령이라고 할 수 있는 현지 조사를 겸한 연구가 시작되었다.

---

18 李基白, 앞의 글, 앞의 책.

1932년 4월에 송석하宋錫夏, 손진태孫晉泰, 정인섭鄭寅燮은 조선민속학회를 창설하고 1933년 우리나라 최초의 민속학회지인 『조선민속朝鮮民俗』을 창간한 데 이어 제2호(1934), 제3호(1940)까지 발간하였다. 손진태(1900~?)는 주로 민간신앙과 구비전승에 관한 연구를 하였는데, 그는 역사학도의 입장에서 문헌학적 연구와 더불어 현지 조사를 겸하였다. 광복 전에는 『조선신가유편朝鮮神歌遺篇』(1930), 『조선민담집朝鮮民譚集』(1930)을, 광복 후에는 『조선민족설화朝鮮民族說話의 연구』(1947), 『조선민족문화朝鮮民族文化의 연구』(1948)를 펴냈다. 그는 "한국 민속학의 연구 영역과 방법을 고고학, 인류학, 민속학, 사회학, 문화사, 비교문화론의 영역까지 넓히고 질을 심화시켰다"[19]라는 평가를 받았다.

송석하(1904~1948)는 "현지 조사로써 광범하게 민속자료의 조사·발굴·보존에 불멸의 공을 세웠으며"[20] 주로 민간 연희演戲 연구에 관심을 보였다. 그의 「오광대소고五廣大小考, 처용무處容舞·나례儺禮·산대극山臺劇의 관계를 논함」과 북청 사자놀음, 봉산 탈춤과 사당 등에 관한 논문들과 그 밖의 논문들은 사후에 『한국민속고韓國民俗考』로 출판(1960)되었다.

이 시기에 시인이자 번역문학가인 김소운金素雲(1907~1981)은 최초로 우리 민요를 수집하여 『조선구전민요집朝鮮口傳民謠集』(1933)을 출판하고 이것을 다시 발췌, 일역日譯하여 일본에 한국 민요를 소개하였다. 이 밖에 광복 전에 민족 의식에서 자기 문화에 대한 연구의 일환으로 민속학에 관심을 보인 사람들은 다음과 같다.

민요 분야  方鍾鉉, 李在郁, 高晶玉(『朝鮮民謠硏究』, 1949)
설화 분야  任晳宰, 鄭寅燮
국악 분야  咸和鎭, 李惠求, 鄭魯湜(『朝鮮唱劇史』, 1940)

---

19 金宅圭, 「民俗學」, 『文藝年鑑』, 한국문화예술진흥원, 1982, 40쪽.
20 金宅圭, 위와 같음.

연극 분야  金在喆(『朝鮮演劇史』, 1933)
복식 분야  李如星(『朝鮮服飾考』, 1947)


　광복 후 일제의 모든 학문적 금기taboo로부터 자유롭게 되었을 때 민족문화
를 찾겠다는 국학의 일익으로 민속학도 활기를 되찾게 되었다. 그러나 광복
후 한국전쟁을 겪는 국가적 혼란으로 인해 약 10년 동안 민속학의 본령인 현
지 조사는 어려운 형편이었고, 앞서 언급한 바와 같이 광복 전 연구들이 단행
본으로 간행되었을 뿐이다. 그 가운데 1946년에 전설학회傳說學會와 대한인류
학회大韓人類學會가, 1948년에 국립민족박물관(현 국립민속박물관)이 창립된 것
은 특기할 만한 일이다.

　1950년대 중기 들어 민속학계는 겨우 제걸음을 걷기 시작하였다. 최상수崔
常壽가 1955년에 한국민속학회를 발족한 데 이어 1957년에는 국어국문학회에
민속분과가 설치되었다. 같은 해에 한국가면극연구회가 설립되었으며 이어
1958년 한국문화인류학회가 발족되면서 민속학 분야의 연구는 활기를 띠게
되었다. 그리고 1970년에는 민속학회가, 1982년에는 비교민속학회가, 1990
년에는 한국역사민속학회가 각각 창립되었다.

　한편, 1961년 서울대학교에 개설된 고고인류학과는 1975년 인류학과로 개
편되었고, 1972년에는 영남대학교에 문화인류학과가 개설되었다. 1979년에는
안동대학에 민속학과가, 1980년에는 경북대학교에 고고인류학과가, 1983년에
는 한양대학교에 문화인류학과가 개설되었다. 이어 1988년에는 전북대학교와
목포대학교에 각각 고고인류학과가 그리고 강원대학교에는 인류학과(1999년
문화인류학과로 개칭)가, 1992년에는 전남대학교에 인류학과가 개설되었다.

　1950년대에 활동한 민속학자들은 주로 민요와 민속극 분야를 연구·정리한
데 비해 1960년대 민속학자들은 민간신앙과 구비문학 분야를 집중적으로 연
구한 것이 특색이었다고 할 수 있다.

　최상수는 『한국민간전설집韓國民間傳說集』(1958)에 이어 『하회가면극河回假面

劇의 연구』(1959), 『한국인형극韓國人形劇의 연구』(1961), 『해서가면극海西假面劇의 연구』(1967) 등 주로 설화와 민속극 논저를 냈고, 임동권任東權은 『한국민요집韓國民謠集』(1~6권, 1961~1981), 『한국민요사韓國民謠史』(1964), 『한국민요연구韓國民謠研究』(1974) 등을, 김영돈金榮敦은 『제주도민요연구濟州島民謠研究』(1965)를 저술하였다.

이두현李杜鉉은 『한국가면극韓國假面劇』(1969), 『한국의 가면극』(1979), 『한국의 탈춤』(1981), 『한국가면극선韓國假面劇選』(주석본注釋本)(1997) 등을 저술하여 역사민속학적 방법으로 전래하는 민속극을 총정리하였다. 김택규는 『동족부락의 생활구조연구』(1963)를 저술하였고, 장주근張籌根은 『한국의 신화』(1960)에 이어 『한국의 민간신앙』(1973), 『한국의 향토신앙』(1975)을 저술하는 등 민간신앙, 특히 무속 연구에 주력하였다. 김태곤金泰坤은 『황천무가연구黃泉巫歌研究』(1966), 『한국무가집韓國巫歌集』(1~4권, 1971~1980), 『한국무속연구韓國巫俗研究』(1981), 『한국무속도록韓國巫俗圖錄』(1982), 『한국민간신앙연구韓國民間信仰研究』(1983)를 냈고, 물질문화 부문에서 김광언金光彦이 『한국의 농기구』(1969)와 『한국의 주거민속지住居民俗誌』(1988)를 저술하였다.

이외 1970년 이후 간행된 주요 업적들은 다음과 같다. 먼저 구비문학 부문에서 장덕순張德順의 『한국설화문학연구韓國說話文學研究』(1970), 조동일趙東一의 『서사민요연구敍事民謠研究』(1970), 김열규金烈圭의 『한국민속과 문학연구』(1971), 『한국신화와 무속연구』(1977), 장덕순 외 3인 공저인 『구비문학개설口碑文學槪說』(1981), 임석재의 『옛날이야기선집』(1971), 『한국구전설화韓國口傳說話 1~12』(1987~1993), 유증선柳增善의 『영남의 전설』(1971), 성기열成耆說의 『한일민담韓日民譚의 비교연구比較研究』(1979), 최래옥崔來沃의 『한국구비전설韓國口碑傳說의 연구』(1981)가 출간되었고, 민간신앙 부문에서는 유동식柳東植의 『한국종교와 기독교』(1965), 『한국무교韓國巫敎의 역사와 구조』(1975), 장병길張秉吉의 『한국고유신앙연구韓國固有信仰研究』(1970), 최정여崔正如·서대석徐大錫 공저인 『동해안무가東海岸巫歌』(1974), 김영진金榮振의 『충청도무가忠淸道

巫歌』(1976), 최길성崔吉城의 『한국무속韓國巫俗의 연구』(1978), 『한국의 무당』 (1981), 『한국무속연구韓國巫俗研究』(1981), 서대석의 『한국무가韓國巫歌의 연 구』(1980), 이두현·이광규 공저인 『한국생활사』(1973), 이두현·이광규·장 주근 공저로 『한국민속학개설韓國民俗學槪說』(1974)이 출간되었다.

그리고 제주도 민속과 관련하여 진성기秦聖麒가 『남국南國의 민요』(1959), 『남국의 신화(1965), 『남국의 무속』(1962) 등 자료집을 내고, 현용준玄容駿이 『제주무속자료사전』(1980), 『제주도무속연구』(1986) 등 제주 무속이나 신화에 관한 많은 논문을 발표하였다. 또 최철崔喆은 『영동민속지嶺東民俗志』(1972)를, 박계홍朴桂弘은 『한국민속연구』(1973)를 발간하였다.

한국문화인류학회(초대 회장 임석재)가 문화공보부 문화재관리국(현 문화관광 부 문화재청)의 후원을 얻어 지난 1968년(전남지역)부터 1980년(관북지방)까지 전국민속종합조사를 실시하여 그 결과 보고서를 발행하였는데 전남편(1969), 전북편(1971), 경남편(1972), 경북편(1974), 제주편(1974), 충남편(1975), 충북 편(1976), 강원편(1977), 경기편(1978), 황해·평남북편(1980), 서울편(1979), 함남·북편(1981) 등이 그것이다. 한편, 한국정신문화연구원 어문연구실에서 는 『한국구비문학대계』 82권(1980~1988)과 『별책부록』 2권(1989)을 조사 발 간하였다.

광복 후 민속학계는 국문학도들이 주동이 되어 민속지를 정리하는 등 연구 방법으로 국문학적, 역사학적 접근 방법이 주류를 이루었다. 최근 들어서는 인류학을 전공한 젊은 학도들이 민속 연구에 참가하면서 인류학적 접근 방법 을 시도하려는 움직임이 보이고 있다. 민속학을 문화인류학과는 별개의 독립 과학으로 내세우는 입장도 있지만, 민속학은 민족학, 문화인류학 또는 사회인 류학과 함께 민족과 문화를 연구하는 인류학 계열의 학문이다. 이제 한국 민 족과 그 문화를 연구하는 학문으로서 민속학도 그 맡은 바 사명을 다할 수 있 도록 더욱 발전시켜 나가야 할 것이다.

최근 연구 동향으로는 한국·중국·일본 3국의 민속을 비교하는 비교민속학적 연구가 시도되고, 도시민속학적 연구도 논의되고 있다.

# V 외국인의 한국 민속 연구

한국 민속에 관한 외국인들의 첫 기록은 단편적이나마 3세기 무렵 한반도 여러 부족의 생활 모습을 기록한 『삼국지三國志』 위지魏志와 『한서漢書』, 『후한서後漢書』의 동이전東夷傳 그리고 고대 중국 사적들에서 찾아볼 수 있다. 그 후 고려시대 송나라 사신 손목孫穆이 지은 『계림유사鷄林類事』, 서긍徐兢의 『선화봉사고려도경宣和奉使高麗圖經』, 조선시대 명나라 사신 동월董越의 『조선부朝鮮賦』 등이 있다. 이 저서들은 중국 사신들이 우리나라에 머물면서 체험한 것을 적은 여행 견문록으로 당시 우리나라 민속을 알 수 있는 중요한 자료들이다.

19세기 중엽부터 한반도는 점차 서구 세력의 동점東漸의 와중에 휩쓸려 들게 되고, 서양인들의 민족지적 저술이나 견문록이 나타나기 시작하는데, 주요한 몇 가지를 살펴본다.

제정러시아 대장성 편의 『한국지韓國誌』(일본 농상무성 옮김, 1905), 클로드 샤를 달레Claude Charles Dallet의 Histoire de l'Englise de Corée(1874)(정기수 옮김, 『조선교회사서론』), 모리스 쿠랑Maurice Courant의 Bibliographie Coréenne(1894~1899)(김수경 옮김, 『조선문화사서설』), 호머 헐버트Homer B. Hulbert의 The Passing of Korea(1906) 등이다.

이상 여러 저서에는 서양인의 눈에 비친 조선왕조 최후(19세기 말엽)의 생활상들이 개괄적으로 기술되어 있어 귀중한 민속지적 자료라 할 수 있다. 특히 한국의 민간신앙에 관한 근대 과학적 관심은 개화기 선교사들에 의해 1900년을 전후하여 많이 나타나기 시작한다.

헐버트의 "The Korean Mudang and Pansu"(The Korea Review, 1903), 언더우드H. G. Underwood의 "The Shamanism of Korea"(The Religions of Eastern Asia의 제3장, 1910), 클라크C. A. Clark의 "Religions of Old Korea"

(1929) 등 몇몇 주요한 논고들이 발표되었다. 또 서울에서 발간된 서양인 선교사들의 기관지 *Korean Repository*(Vols. 1~5, 1892, 1895~1898), *The Korea Review*(Vols. 1~6, 1901~1906), *Korean Magazine*(Vols. 1~3, 1917~1919)과 지금껏 계속되고 있는 *Transactions of the Korean Branch of the Royal Asiatic Society* 등에서 그들의 한국 관계 연구논문들을 읽을 수 있으며, 한국은 주로 이들 매체를 통해 서방세계에 알려졌다.

광복 후 저서로는 매큔G. McCune의 *Korea Today*(Harvard U. Press, 1950), 오스굿C. Osgood의 *The Koreans and Their Culture*(1951) 그리고 캘리포니아 대학 편의 *Korean Studies Guide*(『근역고槿域攷』, 1954), 김한교Han-Kyo Kim 편의 *Studies on Korea: A Scholars Guide*(U. Press of Hawaii, 1980)가 나왔다. 최근에는 브란트V. R. Brandt의 *A Korean Village*(Harvard U. Press, 1971), 로저 자넬리R. L. Janelli와 임돈희D.Y. Janelli의 *Ancestor Worship and Korean Society*(Stanford U. Press, 1982), 로렐 켄들Laurel Kendall의 *Shaman, Housewives and Other Restless Spirits*(U. Press of Hawaii, 1985), *The Life and Hard Times of a Korean Shaman*(U. Press of Hawaii, 1988), 발라번B. C. A. Walraven의 *Muga: The Songs of Korean Shamanism*(1985), 디터 아이케마이어Dieter Eikemeier의 *Getanzte Karikaturen: Traditionelle Maskenspiele in Korea*(Belser Verlag, 1988), 유진 크네즈Eugene I. Knez의 *The Modernization of Three Korean Villages*(1951~1981), *An Illustrated Study of a People and Their Material Culture*(Smithsonian Institution Press, 1997) 등이 나왔다.

한편 일본인들에 의한 한국 민속학 분야의 연구는 조선총독부가 통치정책의 참고 자료를 얻기 위하여 실시한 여러 조사 사업에서 비롯되었다. 이들 조사 사업은 대부분 조선총독부의 지원하에 경성제국대학, 조선총독부 산하 중추원·조선사편수회가 중심이 되어 관官의 촉탁 형식으로 이루어졌다. 그중 주요한 몇 가지를 소개하면, 먼저 조선관습조사보고(1910~1912), 조선부락조사예찰보고(1923)와 동 특별보고(1924, 민가·화전민) 등이 나오고, 이어 조선민속자료(1924~1926, 조선의 수수께끼, 조선동화집, 조선이언집朝鮮俚諺集)가 나왔다. 그리고 1924년부터 1941년까지 『조사자료』(제1~47집)가 계속 발간되었는데, 주요한 것은 다음과 같다.

「朝鮮의 契」(1926), 「朝鮮의 鬼神」(1929), 「生活狀態調查」(其 1 水原郡 ; 其 2 濟州島, 1929), 「朝鮮의 風水」(1931), 「生活狀態調查」(其 3 江陵郡, 1931 ; 其 4 平壤府, 1932), 「朝鮮의 巫覡」(1932), 「朝鮮의 占卜과 豫言」(1933), 「生活狀態調查」(朝鮮의 聚落 其 5, 其 6, 1933 ; 其 7 慶州郡, 1934 ; 其 8 同族部落, 1935), 「朝鮮의 類似宗教」(1935), 「朝鮮의 鄉土神祀 部落祭」(1937), 「釋奠, 祈雨, 安宅」(1938), 「朝鮮의 鄉土娛樂」(1941), 「朝鮮의 在來農具」(1925), 「朝鮮의 服裝」(1927), 「朝鮮의 年中行事」(1934).

이처럼 의식주나 민간신앙, 풍속에 관한 여러 종류의 보고서들은 민속자료로서 1920년대와 1930년대에 채집되었다는 시대적 가치가 없지 않으나, 이용할 때 왜곡된 관점에 대해 경계해야 할 것이다.

한편 관이 주도한 조사 사업과는 달리 개인들도 한국 민속에 관한 논저를 펴냈다. 이마무라 도모에今村鞆는 취미 삼아 『조선풍속집朝鮮風俗集』(1914), 『조선만담朝鮮漫談』(1928), 『조선풍속자료집설朝鮮風俗資料集說』(1937) 등을 냈고, 아유가이 후사노신鮎貝房之進은 『잡고雜攷』(제1~12집)에서 민속극과 풍속에 관한 논고들을 다루고 있다. 아키바 다카시秋葉隆는 한국 민속 연구에 사회인류학적 접근을 시도하여 『조선무속의 연구』(아카마쓰 지조赤松智城 공저, 1937~1938), 『조선무속의 현지연구』(1950), 『조선민속지』(1954) 등을 냈고, 조선사를 전공한 미시나 아키히데三品彰英는 인류학적 관점을 도입하여 『건국신화논고』(1937), 『일선日鮮신화전설의 연구』(1943), 『신라화랑의 연구』(1943) 등을 저술하고, 오구라 신페이小倉進平는 『조선어방언의 연구』(1944)를 냈다.

이상 단행본을 중심으로 일본인들의 저술을 소개하였다. 그중에서 조선총독부 조사자료가 큰 비중을 차지하는데, 이 자료들은 주로 이마무라 도모에, 다카하시 도루高橋亨, 젠쇼 에이스케善生永助, 무라야마 지준村山智順, 오청吳晴, 이능화 등에게 위촉한 것이다. 젠쇼 에이스케는 조선 사회와 민속을, 무라야마 지준은 민간신앙을 조사하였다. 이마무라 도모에, 다카하시 도루, 미시나 아키히데 등은 문헌자료에 의한 논고에 비중을 두었다. 오구라 신페이, 젠쇼 에이스케, 무라야마 지준, 아키바 다카시 등은 문헌자료와 함께 현지 조사를 겸한 저술 활동을 하였다.

광복 후 일본인들의 저서로는 사회인류학적 연구 성과물인 이즈미 세이이치泉靖一의 『제주도』(東京大學東洋文化硏究所, 1966)와 한국 민속문화의 민족학적 연구 성과물인 요다 지호코依田千百子의 『조선민속문화의 연구』(瑠璃書房, 1985)가 있다. 이 밖에 스기야마 고이치杉山晃一 등 11명 공저로 출간된 『한국 사회의 문화인류학』(弘文堂, 1990)과 시마 무쓰히코嶋陵奧彦와 아사쿠라 도시오 朝倉敏夫 등 10명 공저로 최근 출간된 『변모하는 한국사회』(第一書房, 1998)가 있다.

# 제2장 마을과 가족생활

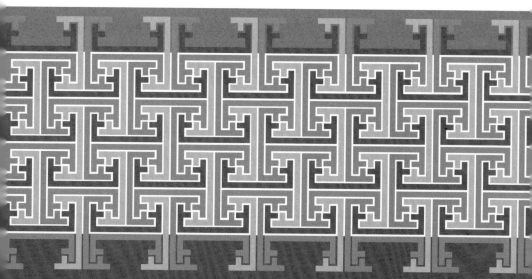

인간은 지구상에서 삶을 영위하기 시작한 태초부터 사회생활을 해왔다. 신앙이나 물질 등의 분야도 오랜 역사를 가졌지만 사회생활이야말로 비길 데 없이 역사가 오랜 인간 규범의 한 영역이다. 따라서 민속 중에서도 가장 오랜 부분이 사회생활이라 하여도 무방할 것이다.

사회의 민속이라 함은 사회생활의 관습을 의미하는 것으로 다른 민속 영역과 다른 점은 인간의 행위, 그것도 대인관계의 행위 또는 인간 대 인간의 행동 규범에 대해 연구하는 것이다. 인간 대 인간의 관계는 개인의 행위규범임과 동시에 집단의 규범이기도 하며, 더 나아가 집단행위는 물론 집단의 조직까지도 포함한다.

집단행위로서의 민속을 사회 민속이라 규정하였을 때 사회 내에는 무수한 기능 집단이 존재할 수 있다. 국가도 하나의 집단이요, 군대도 하나의 집단이요, 회사도 하나의 집단이다. 고차원적인 목적을 가진 이들 집단은 사회과학 관련 분야에서 각기 연구 대상이 되므로 이 장에서는 사회생활의 기본인 가족, 친족, 마을 등을 살펴보기로 한다.

가족이나 친족 그리고 마을은 전통적으로 오랜 역사를 가졌고, 목적을 가진 집단인 회사나 국가에 비하여 비영리적이며 비타산적인 사회집단이다. 이들은 공동운명체적 사회집단이며, 가족과 친족은 혈연血緣을 중심으로 한 혈연집단이고, 마을은 지연地緣에 의한 지연집단이다. 혈연집단과 지연집단은 기본원리가 다르다. 그러나 이 두 원리의 바탕 위에서 전통사회가 유지되기 때문에 사회 민속에서 가족과 친족 그리고 마을을 다루기로 한다.

# I 마을

근대화가 시작되기 이전 마을은 사람들이 살아가는 중요한 생활 단위였다. 지형에 따라 마을의 크기나 모습 등은 모두 다르지만, 흔히 마을이라 하면 수십 채의 집이 운집하여 외형상 표식이 가능하고 일상생활에서 협동하는 운명

공동체의 성격을 갖는다. 전통사회에서 사람들이 자신을 표시하는 방법으로 '어느 마을의 누구'라고 하거나 출가한 여자를 지칭할 때 출생지를 들어 '○○ 댁'이라 한 것은 마을이 운명공동체임을 말하는 것이다.

사람들은 추위를 막는 집이 필요하고, 수렵생활을 할 때부터 공동생활을 하여야 했으므로 우리나라에도 일찍이 구석기시대부터 집들이 모여 있었음을 유적을 통해 알 수 있다. 이것이 마을의 시초라면 우리나라에는 이미 구석기시대부터 마을을 이루고 산 것이었다.

마을이 어느 정도 일정한 모습을 갖추게 된 것은 농경생활을 하고 정주생활을 영위하면서부터일 것이다. 초기에는 규모가 그리 크지 않았을 것이다. 그러나 원삼국시대原三國時代는 이미 큰 마을들을 형성하였다. 『삼국지三國志』 위지 동이전에 보이는 읍邑이 어느 정도의 자연집단인지는 알 수 없으나, 현재의 자연부락보다는 컸을 것으로 짐작된다.

마을에 관해 비교적 구체적으로 기술하고 있는 최고最古의 문헌은 1933년 일본 도다이사東大寺 쇼소인正倉院에서 발견된 이른바 「신라촌락문서新羅村落文書」이다. 통일신라시대 서원경西原京(지금의 청주) 근처에 있던 4개 촌락의 인문지리를 기록한 이 문서에 따르면 첫째 마을에는 11호 142명, 둘째 마을에는 15호 125명, 셋째 마을에는 8호 69명 그리고 넷째 마을에는 10호 106명이 살았다. 이것으로 미루어 당시 마을은 현재의 마을보다는 규모가 작았던 것으로 생각된다.

신라시대의 마을이 흥미로운 것은 촌적에 인구를 기록하여 인구를 개별호수戶數에 따라 파악한 것이 아니라 마을을 단위로 하고 있다는 점이다. 예컨대 출생자 몇 명, 사망자 몇 명, 전출자 몇 명 등의 방법으로 기록하고 있다. 그리고 인구뿐만 아니라 소와 말, 나무의 수까지 상세히 기록하였다. 따라서 당시 마을은 현재보다 중요한 생활 단위였으며, 징병이나 과세課稅 등의 단위도 개별 호수가 아니라 마을이었을 것으로 추정된다.

그 후 시간이 흐르면서 마을의 규모는 점점 확대되었다. 근대화가 시작되기

이전 우리나라에는 약 5만 개의 자연부락이 있었다. 자연부락은 집들이 운집되어 외형상으로 구별할 수 있는 곳도 있으나 지형에 따라 집산촌을 이루는 곳도 있다. 보통 자연부락에서는 외형적 조건보다 마을 사람들이 서로 품앗이를 하거나 마을 다니기 등 집단행동을 통하여 함께 어울림으로써 자기 마을이라는 느낌을 갖고, 특히 동일한 마을 수호신에게서 보호를 받는다는 운명공동체 의식을 갖는다.

자연부락의 규모는 지형에 따라 크기도 하고 작기도 하다. 따라서 자연부락이 행정단위인 이里나 동洞과 반드시 일치하는 것은 아니다. 작은 마을은 몇 개가 합하여 하나의 이가 되거나 큰 마을은 한 마을이 몇 개의 동으로 나뉘기도 한다. 이 장에서는 자연부락을 대상으로 하여 살펴보기로 한다.

## 1. 마을의 형태

마을의 형태는 마을의 외적 모양으로써 구별하는 것으로 기준에 따라 매우 다양하다. 예컨대 지리적 위치(도시 가까이에 있느냐, 강변에 있느냐), 가옥의 밀집도(집촌이냐, 산촌이냐), 주민의 생업生業(농촌이냐, 어촌이냐) 등에 따라 여러 가지로 나눌 수 있다.

지리적 위치에 따라 마을을 분류하면 대도시 부근에 있는 것을 근교촌이라 하고 이와 반대로 대도시에서 원거리에 있는, 따라서 교통이 불편한 마을을 벽촌이라 한다. 섬에 있는 마을을 도서부락, 해안에 연해 있는 마을을 연해부락, 강에 연해 있는 마을을 연하부락, 산으로 둘러싸여 있는 마을을 산간부락이라 할 수 있다.[1]

또한 지세, 즉 마을이 위치한 환경에 따라 분류할 수도 있다. 우리나라에서 가장 흔한 마을의 형태는 이른바 배산임류부락背山臨流部落이다. 마을 뒤에 높

---

1 젠쇼 에이스케善生永助는 『朝鮮の聚落』 上篇에서 위치에 의한 마을의 분류를 시도하였다. 즉 서울 근교 소시가, 평양 부근 촌락, 도서부락, 연해부락, 연하부락, 배산임류부락, 산간취락, 국경도시 등 9개를 들고 이에 해당하는 부락을 일일이 열거하였다(211~214쪽). 그러나 이 분류법은 지나친 세분으로 말미암아 오히려 혼잡한 감이 있다. 따라서 이 책에서는 6종으로 분류하였다.

은 산이 있어 뒤에서 불어오는 바람을 막아 주고 앞은 훤하게 트여서 햇볕을 받되, 마을 앞으로 물이 흐르면 더욱 좋은 곳으로 여긴다. 평야에 마을이 있을 경우에는 배산이 없는 셈이다. 편평한 들에 자리잡은 마을을 평야촌이라 할 수 있다. 이와 달리 산간의 분지에 위치한 마을을 분지촌 또는 분지부락이라 할 수 있다.[2]

마을이 이루어진 형태, 즉 가옥의 밀집도에 따라 분류할 수도 있다. 가옥들이 비교적 조밀하게 모여 있으면 집촌이라 하고, 반대로 흩어져 있으면 산촌散村 그리고 몇 개씩 모인 집이 띄엄띄엄 떨어져 있으면 집산촌이라 한다. 평야일수록 집촌이 많고 산간일수록 산촌이 많아지는 경향이 있다.[3]

외형상으로 보아 분류할 수 있는 또 다른 기준은 마을의 크기에 의한 분류이다. 호수가 많은 부락은 대촌大村, 적으면 소촌小村, 그 중간이 중촌中村이다. 대·소촌의 기준은 학자마다 다르고 분류 또한 삼분법 이외에도 많이 있으나, 이 장에서는 대촌은 150호 이상, 중촌은 60호 이상 150호 미만 그리고 소촌은 60호 미만으로 규정한다.[4]

## 2. 마을의 종류

이미 마을의 형태에 대해 알아보았으므로 새삼스레 종류란 용어가 불필요할 것 같으나, 정확히 말해 앞에서는 외형에 의한 마을의 구별이라는 점에서 '마을의 형태'라고 하였다면, 여기에서는 내적 조건에 의한 마을의 구별이라는 의미에서 '마을의 종류'라고 하였다. 내적 조건은 우선 마을 사람들의 생업이 무엇이냐에 따라 분류할 수 있고, 또한 마을의 구성으로 분류할 수도 있다.

---

2 지세에 의한 분류로서 젠쇼 에이스케는 盆地취락, 高原취락, 臺地취락, 谿間부락, 濕地부락, 池泊부락 등 6개로 분류하고 있다(앞의 책, 225~235쪽).

3 젠쇼 에이스케는 형태에 의한 분류로서 집촌, 산촌, 單線路村, 십자로촌 등 4종을 들었다. 한 줄로 길가에 집이 늘어선 것을 단선로촌이라 하고 그것이 십자로 된 것을 십자로촌이라 하였는데 이것들은 오히려 집촌으로 분류할 수 있다(앞의 책, 235~245쪽).

4 젠쇼 에이스케는 부락의 크기를 30호 미만, 30호 이상 60호 미만, 60호 이상 100호 미만, 100호 이상 150호 미만, 150호 이상의 5급으로 나누었다(앞의 책, 270쪽).

이에 덧붙여 흥미로운 것은 마을의 명칭에 의한 구별이다.

명칭에 따른 마을의 종류로 여러 가지 예를 찾아볼 수 있다. 그 하나로 마을의 위치에 따라서, 예컨대 양지마을, 음지마을, 바깥마을, 안마을, 읍내리, 동부리, 양지리 등이 있다.

마을에 있는 건물에 따라 토성리土城里, 사리원沙里院, 교촌리校村里, 교동리校洞里 등이 있다. 서원이 있는 곳은 대체로 교동, 교촌이라 부른다. 이와 유사한 것으로 큰바위 등 특정물에 따라 마을 이름을 붙이기도 했으니 입석리立石里, 즉 선돌마을이 그 한 예이다.

도덕 또는 신앙과 관련지은 마을 이름으로는 효자리, 효자동, 은덕리 등을 들 수 있다. 이 경우 길吉, 덕德, 성聖, 효孝, 인仁, 홍興 등이 마을 명칭에 많이 쓰인다. 그리고 기억하기 쉽게 김씨마을, 박씨마을, 이씨마을 등 그 마을의 지배적 성씨를 좇아 이름을 붙인 경우도 많다. 이런 마을을 한자화한 경우 장張, 김金, 최崔, 안安, 차車 등이 붙는다.

산업과 관련 있는 마을 이름으로는 마장리馬場理, 어촌리漁村理 등이 있고, 많이 쓰이는 한자로는 임林, 마馬, 장場, 금金, 은銀 등이다. 주위의 경치와 관련된 마을 이름으로는 선유리仙遊里, 청량리淸凉里, 우이리牛耳里 등이 있고, 생긴 모양에 따른 것으로는 용두리龍頭里, 개평리介坪里 등이 있다.

동물이나 식물의 이름을 따서 마을 이름을 지은 경우도 많다. 전자의 예로는 호리虎里, 학리鶴里 등이 있으며, 많이 사용되는 동물명은 호虎, 학鶴, 마馬, 저猪, 귀龜, 우牛 등이다. 후자의 예로는 오야리梧野里, 도동리桃洞里, 매동梅洞 등이 있고, 주로 송松, 죽竹, 연蓮, 유柳, 이梨, 율栗 등이 많이 사용된다.

이러한 마을의 명칭, 특히 한자화하지 않은 순수한 우리말로 불리는 마을 이름을 전국적으로 수집·분류하고 그 분포를 보면 흥미 있는 연구자료가 많이 나올 수 있다. 이 자료로 첫째, 우리 민족의 성격을 파악할 수 있으며, 둘째, 마을이나 지방에 얽힌 이야기를 수집할 수 있고, 셋째, 마을 이름의 분포로 주민의 이동도 어느 정도 짐작할 수 있을 것이다.

그러나 마을을 분류하는 보다 일반적인 방법은 주민들의 생업에 따라 농촌, 어촌, 광산촌 등으로 나누는 것이다. 이 가운데 우리나라에 가장 많은 것으로는 농사를 주로 하는 이른바 농촌이다. 농촌이라고 할 경우 마을 주민의 몇 퍼센트가 농민이어야 한다는 규정은 물론 없다. 엄격하게 말하면 농촌도 밭농사를 위주로 하는 마을과 논농사를 위주로 하는 마을, 밭농사·논농사 이외에 다른 농작물을 위주로 하는 농촌 등으로 구별할 수 있으나, 통틀어 농촌이라 한다.

우리나라는 3면이 바다로 둘러싸여 해안선이 길기 때문에 농촌 다음으로 많은 마을이 어촌이다. 그러나 어촌의 경우 주민들이 순전히 어업에만 종사하는 예는 거의 없다. 오히려 반농반어촌半農半漁村이 많다. 어촌은 주로 섬지방이나 해안선에 접해 있는 마을로 대촌이 많고 어민들의 성격에 따라 농촌과는 마을 분위기가 다르다.

우리나라에는 산간 지대가 많기 때문에 산간촌, 즉 산촌山村이 많다. 산촌은 분지에 집촌 형태를 이루거나 계곡을 따라 집산촌을 이루고 있다. 산촌에서는 주로 밭농사와 산나물 채집을 생업으로 하고 있다.

근년에는 뚜렷하지 않으나, 얼마 전만 하더라도 특유의 성격을 가진 특수부락이 있었다. 그 한 예가 화전火田부락이다. 화전만을 일구며 살아가는 사람들이 그들의 가옥은 비록 서로 떨어져 있어도 이웃이라는 유대감을 갖고 부락을 형성하였다. 한때 국가에서 이들을 공비로부터 보호하기 위하여 한곳에 집결시켜 집촌을 이루게 하고, 집과 경작지 또는 농우農牛를 주어 정착시키려고 하였다. 한편, 같은 산촌이면서 근래에 많이 생긴 마을이 광산부락이다. 광맥에 따라 광산이 개발되면서 이에 취업하는 사람들이 가족들을 거느리고 들어와 마을을 형성하고 살게 된 것이다.

이외의 특수부락으로는 시장이 있어서 번창하는 시장부락, 나루터가 있어서 발달한 도선장부락渡船場部落, 온천 개발로 생긴 온천부락 등을 들 수 있다. 이 중에서 온천부락은 거의 모두 관광지로 개발되었고, 도시로 승격한 예도 있다.

옛날에는 역이 있었던 역촌부락, 산성이 있었던 산성부락, 수영水營이 있었던 수영부락, 병영兵營이 있었던 병영부락 등이 있었으나, 근래에는 그 성격을 찾기 힘들게 되었다. 이러한 유에 속하는 것으로 사원부락, 미신부락, 이족吏族부락, 승려부락, 재가승在家僧부락, 백정부락, 무녀부락, 관노부락, 토막土幕부락 등이 있었으나, 요즘 이들의 흔적을 찾기란 매우 힘들다.[5] 이러한 특수부락은 그 이름에서 마을의 성격을 쉽게 짐작할 수 있다. 그러나 광복 후, 특히 한국전쟁을 겪으면서 사람들의 지역적 이동이 많았기에 오늘날에는 특수마을의 성격이 거의 없어져 버렸다.

마을의 특성이 많이 사라지기는 했지만 그래도 쉽사리 파악되는 것은 동족부락이냐 비동족부락이냐 하는 것과 양반부락(반촌班村)이었느냐 상민常民부락(민촌民村)이었느냐 하는 성질상의 구별이다. 동족부락이면서 반촌일 경우, 우선 외형상으로 마을에 종가, 재실齋室, 비각 등 위풍 있는 기와집이 눈에 띈다.

# II 마을의 생활

마을은 위치와 크기 또는 기와집의 유무에 따라 구별되고, 마을의 성격에 따라 분류할 수 있다. 그러나 이러한 외적 조건이나 형태보다 마을의 내적 특성이 사회 민속에서는 중요하다. 그러면 마을의 특성을 내적 조건에서 살펴보기로 한다.

## 1. 마을의 구성

우리나라 전국에 분포한 농촌 마을들은 어느 하나 같은 것이 없다 할 정도로 예외 없이 다른 모습이다. 마을마다 같은 특수성은 외형이나 형태뿐만 아니라 마을을 이루고 있는 주민의 성씨 그리고 이들의 활동 등에 따라 저마다의 특수성을 가지고 있다. 그러나 전통사회의 우리나라 마을들은 공통점도 가지고 있

---

5 이상의 분류는 젠쇼 에이스케의 분류로서 1935년 그가 조사할 당시만 해도 이런 특수부락의 성격들이 분명하였던 것으로 보인다(앞의 책, 245~265쪽).

다. 그러면 한국 농촌의 실상을 파악하기 위하여 한 마을을 실례로 선정하여 그 구성을 살펴보기로 한다.

선정된 대양리大陽里 마을은 극히 평범한 마을로서, 이 마을을 통해 한국 농촌의 단면을 볼 것이다. 그리고 다음의 내용은 1970년의 자료를 기초로 하고 있음을 미리 밝혀둔다.

대양리는 충청북도 보은군 탄부면에 속하는 이里로서 자연 발생적으로 성립된 부락이다. 남으로 두돈산이 이어지는 산기슭에 가옥들이 옹기종기 모여 있는 집촌으로 마을 앞에는 너른 들이 펼쳐져 있고 그 한가운데를 내〔川〕가 흐르고 있다. 이른바 배산임류背山臨流의 지형 조건을 가진 전형적인 농촌 마을이다.

이 마을로 가려면 대전에서 보은행 버스를 타고 두 시간 정도 걸려 보은군에 도착한 후, 다시 경상북도 상주행 버스를 타고 약 30분쯤 가다가 관기리官基里에서 내린다. 도로변인 이 마을에서 동남 방향을 향해 도보로 15분쯤 걸어가다 보면 탄부면 소재지에 이르고 여기서 다시 남으로 15분 가량 가면 대양리에 다다른다.

대양리와 가장 가까운 이웃 마을은 탄부면 소재지인 하장리下長里이다. 이곳은 면사무소 이외에 경찰지서, 보건지소, 농협지소, 의용소방서 등이 있는 면面 내 행정과 치안의 중심지이다. 교육기관으로는 북서쪽으로 약 2km 떨어진 덕동리에 초등학교가 있으며, 중학교는 면소재지인 하장리에 있다. 우체국 역시 이곳에 있다.

대양리 마을 주민들은 약 3km 떨어진 보은-상주 간 지방도로변의 관기리장이나 약 8km 떨어진 보은장을 이용하여 물품을 구입한다. 일상용품을 구입할 때는 관기리장을, 제수나 명절 음식, 농기구를 구입할 때는 보은장을 주로 이용한다.

마을에는 18년 전 설립된 장로교회가 하나 있으나 마을 사람들 가운데 초·중·고등학생을 제외한 성인은 6가구만 교회에 다닐 뿐이고, 노년층 특히 부인들은 북쪽으로 8km 거리에 있는 법주사法住寺에 다닌다.

　이곳에는 아직 전기가 가설되지 않아 주민들이 불편을 느끼고 있으나, 그보다 더한 불편은 지방도로변까지 가려면 걷는 것 이외에 달리 교통편이 없다는 점이다. 따라서 외지로 나가기 위해서는 부득이 버스가 다니는 관기리까지 약 3km를 걸어 나가 30～40분마다 운행하는 버스를 타야 한다.

　그러나 이곳 주민들은 마을을 떠나기 위해서는 먼저 마을 앞 냇물을 건너야 하는데, 여기에는 나무로 만든 다리가 하나 있을 뿐이다. 여름에 비가 조금만 내려도 다리가 유실될 위험이 있고, 더욱이 홍수라도 나면 아예 떠내려가기 때문에 주민들은 며칠이고 외부와 고립되기도 한다. 얼마 전까지도 이곳의 다리 건설은 선거 때마다 민원해결의 주요 과제로 등장했다. 이른바 '선거다리'인 것이다.

　이와 같은 자연·인문환경을 가진 대양리에는 총 138가구에 783명이 살고 있으며, 가구당 평균 가구원은 5.7명 가량이다. 그러면 이 마을이 어떤 속성을 가진 사람들로 구성되었는가를 알기 위해 몇 가지 통계를 살펴보기로 하자. 먼저 마을 주민들의 연령구조를 알아보기 위해 성별·연령별 통계를 살펴보면 〈표 2-1〉과 같다.

　표에서 알 수 있듯이 남녀 성性에 따른 구성비는 여자가 남자의 1.1배에 이른다. 또한 연령별로 전체의 44.9%를 차지하는 14세 이하와 21%를 차지하는 60세 이상 노년층은 남녀의 구별이 심하지 않으나 청장년층은 여자가 남자보

| 〈표 2-1〉 | | | | | | 대양리 성별 · 연령별 통계 | | | | | | | | | | | | (1971. 12. 31 현재) |
|---|---|---|---|---|---|---|---|---|---|---|---|---|---|---|---|---|---|---|
| 연령<br>성 | 0<br>〜<br>4 | 5<br>〜<br>9 | 10<br>〜<br>14 | 15<br>〜<br>19 | 20<br>〜<br>24 | 25<br>〜<br>29 | 30<br>〜<br>34 | 35<br>〜<br>39 | 40<br>〜<br>44 | 45<br>〜<br>49 | 50<br>〜<br>54 | 55<br>〜<br>59 | 60<br>〜<br>64 | 65<br>〜<br>69 | 70<br>〜<br>74 | 75<br>〜<br>79 | 80<br>이<br>상 | 계 |
| 남 | 39 | 71 | 67 | 36 | 8 | 16 | 20 | 15 | 25 | 17 | 22 | 11 | 14 | 7 | 4 | 0 | 1 | 373 |
| 여 | 41 | 71 | 63 | 46 | 20 | 11 | 21 | 28 | 23 | 14 | 18 | 24 | 11 | 5 | 7 | 4 | 3 | 410 |
| 계 | 80 | 142 | 130 | 82 | 28 | 27 | 41 | 43 | 48 | 31 | 40 | 35 | 25 | 12 | 11 | 4 | 4 | 783 |
| % | 10.2 | 18.0 | 16.7 | 10.5 | 3.6 | 3.5 | 5.2 | 5.5 | 6.1 | 4.0 | 5.1 | 4.5 | 3.2 | 1.5 | 1.4 | 0.5 | 0.5 | 100 |

다 많은 수를 이루고 있는데, 이것은 한국 농촌의 일반적인 성별 인구분포이기
도 하다.

이곳 주민들의 성별·학력별 통계는 〈표 2-2〉와 같다. 이것은 현재 재학 중
인 사람들을 모두 포함한 수치이다.

〈표 2-2〉　　　　　　　　　大양리 성별·학력별 통계　　　　(1971. 12. 31 현재)

| 성＼학력 | 미취학 | 문맹 | 한글 해독 | 초등교 | 중학교 | 고교 | 대학교 | 계 |
|---|---|---|---|---|---|---|---|---|
| 남 | 75 | 17 | 45 | 186 | 39 | 9 | 2 | 373 |
| 여 | 70 | 76 | 37 | 203 | 20 | 4 | 0 | 410 |
| 계 | 145 | 93 | 82 | 389 | 59 | 13 | 2 | 783 |
| % | 18.5 | 11.9 | 10.5 | 49.7 | 7.5 | 1.7 | 0.2 | 100.0 |

이 표를 보면 초등학교를 졸업했거나 재학중인 사람의 수가 전체의 반수에
이르고, 문맹자는 여자 쪽에 편중되어 있으며, 대학을 졸업했거나 재학중인 사
람은 2명에 불과하다.

이 마을 가구주들의 직업별 통계는 〈표 2-3〉과 같다. 표를 보면 농업에 종
사하는 가구주가 전체의 90.6%를 차지하고 있어 생업으로 보아 대양리가 전
형적인 농촌임을 알 수 있고, 그중 자작농은 93명으로 전체의 67.4%에 달한

〈표 2-3〉　　　　　　　　　大양리 직업별 통계(가구주)　　　　(1971. 12. 31 현재)

| 직업 | | 수 | % | 직업 | 수 | % |
|---|---|---|---|---|---|---|
| 농업 | 지주 | 2 | 1.5 | 목사 | 1 | 0.7 |
| | 자작 | 93 | 67.4 | 정미업 | 1 | 0.7 |
| | 자소작 | 10 | 7.2 | 임업 | 1 | 0.7 |
| | 소자작 | 12 | 8.7 | 양조업 | 1 | 0.7 |
| | 소작 | 3 | 2.2 | 교사 | 1 | 0.7 |
| | 농노 | 5 | 3.6 | 정부구호대상 | 1 | 0.7 |
| | 소계 | 125 | 90.6 | 불분명 | 3 | 2.2 |
| 광업 | | 2 | 1.5 | | | |
| 이발업 | | 2 | 1.5 | 계 | 138 | 100.0 |

다. 특히 이 마을은 양잠이 성행하여 탄부면 내에서 양잠으로 가장 높은 수익을 올리고 있다.

이 마을 가구주들의 성씨별 통계는 〈표 2-4〉와 같다. 대양리에서 10가구 이상의 동족이 거주하는 성씨로는 수원 백씨白氏, 능성 구씨具氏, 경주 김씨金氏, 안동 김씨가 있을 뿐이고 나머지는 10가구 미만이다. 이 중 특히 수원 백씨와 능성 구씨는 동족으로서 과거 반가班家를 이루었다고 하며, 이들의 동족 조직은 아직 잔존해 있다. 따라서 이 마을은 비록 수적으로는 어느 성씨나 과반수에 훨씬 모자라나 내용으로 볼 때 두 성씨가 지배적인 동족부락이라 할 수 있다. 그러나 능성 구씨가 여러 파로 갈라져 있는 데 반해 수원 백씨는 하나의 파로 동족을 이루고 있다는 것을 감안한다면 오히려 한 동족이 우세한 동족부락이라 해야 할 것이다.

지금까지 한국 농촌 마을의 구성의 단면을 살펴보기 위해 대양리의 자연·인문환경을 소개하고 이 마을 주민 또는 가구주의 성비, 학력, 직업, 성씨의

| 〈표 2-4〉 | | 대양리 성씨별 통계(가구주) | | (1971. 12. 31 현재) |
|---|---|---|---|---|
| 본관 성 | 수 | | 본관 성 | 수 |
| 수원 백 | 33 | | 안동 권 | 2 |
| 능성 구 | 24 | | 인동 장 | 3 |
| 경주 김 | 15 | | 장수 황 | 2 |
| 김해 김 | 4 | | 양천 허 | 2 |
| 선산 김 | 2 | | 정안 차 | 1 |
| 안동 김 | 12 | | 정일 정 | 1 |
| 경주 이 | 1 | | 파평 윤 | 1 |
| 한산 이 | 5 | | 경주 손 | 1 |
| 전주 이 | 5 | | 순흥 안 | 1 |
| 화순 최 | 8 | | 진주 강 | 1 |
| 밀양 박 | 5 | | 단양 우 | 1 |
| 옥천 전 | 3 | | 불분명 | 3 |
| 충주 박 | 1 | | | |
| 울산 박 | 1 | | 계 | 138 |

분포 등을 보았다. 물론 이 자료들은 1970년대 초의 것으로 오늘날과 상당한 차이가 있을 수 있으나, 이를 통해 농촌의 실례를 짐작하는 데는 충분하다고 본다.

## 2. 마을의 구조

지금까지 주로 마을의 외형적인 면만을 보았다. 그러면 마을에 어떠한 공식·비공식 조직이 있으며, 그들의 활동과 구조는 어떠한가에 대해 알아보기로 한다.

마을의 공식적 조직으로는 마을 내 행정기관인 이장과 반장, 의결기관인 이개발위원회里開發委員會가 있다. 이장은 한 마을의 공식적 지도자로서 면의 모든 행정과 지시사항을 부락민에게 전달할 뿐만 아니라, 마을 주민을 대표하여 민의民意를 행정기관에 전하는 중간 통로 역할을 한다. 이장은 마을의 모든 일에 책임을 지고, 마을 내 여러 조직의 장長이 되기도 하며, 마을 공동재산의 관리를 책임진다.

이장은 매년 정월 대보름 전후 또는 연말에 열리는 마을총회에서 선출되는데, 일단 선출되면 본인이 개인 사정으로 사직하거나 불미스러운 일이 없는 한 연임되는 수가 많다. 따라서 20여 년 동안 연임하는 이장을 간혹 볼 수 있다. 근래에는 이장의 연령층이 점차 낮아지고 있다.

선출된 이장은 면장의 임명을 받는다. 이장은 면으로부터 매월 받는 일정 금액 외에 마을 주민들로부터 봄·가을에 보리와 쌀을 가구당 두 말 정도씩 받는데, 그중에서 5되씩을 반장들에게 나누어 준다. 또한 마을의 수입이 있으면 접대비 일정액을 받는다. 규모가 작은 마을에서는 이장이 받는 공식적 보수가 이보다 훨씬 적다. 반장의 수는 마을의 규모, 가옥의 집산 등에 따라 약간의 차이가 있으나, 대략 20호를 단위로 1명의 반장을 둔다. 보통 그 반의 가구주들이 모인 반회에서 돌아가면서 반장을 뽑거나 이장이 직접 뜻이 맞는 사람을 임명하는데, 반장은 주로 이장과 마을 주민 간의 연락을 맡아 이장을 보좌한다.

반장의 보수는 이장이 마을 주민들로부터 받는 춘추 곡식 중 일부를 분배받는 정도이다.

마을의 의결기관인 이개발위원회는 마을마다 그 구성이 약간씩 다르다. 대양리의 경우 이장을 위원장으로 하고 7~9명의 위원으로 구성되는데, 위원들은 대부분 마을 유지有志들로서 주로 대농大農이거나 전직 이장, 반장, 학식이 높은 사람들이 선출된다. 이들은 마을 주민 전체 모임에서 선출되기도 하나 보통 이장이 추천하고 면장이 임명한다. 이들은 마을 발전을 위한 주요 사업 계획을 토의 · 결정하는 것을 주임무로 하는데, 농로 개발이나 교량 건설, 마을회관 건립 등을 의결한다. 이개발위원회는 정기 모임을 갖지는 않으나 마을에 중요한 일이 있을 때마다 이장이 소집한다. 이장 · 반장의 업무를 감독하는 일도 겸하기 때문에 대체로 장년이나 노년층이 맡게 된다. 뒤에 다시 거론하겠지만 이개발위원회의 활동이 활발하면 마을의 발전이 빠른 반면 유명무실할 경우 반대의 현상이 나타난다.

이 밖에 행정조직이 아닌 공적 조직으로 부인회, 청년회, 4H클럽 등이 있다. 부인회는 '어머니회' 또는 '자모회'라고도 부르는 부인들의 조직으로 20대 이상 50대 이하의 부인들로 구성된다. 주로 하는 일은 절미節米 · 저축운동, 부엌 개량사업, 가족계획 실시사업 등이며, 기능이 활성화된 곳에서는 생활용품을 공동구입하여 판매하는 구판장을 운영하기도 한다. 매월 1회 정도 모여 월례회를 갖고 활동방안을 논의한다. 임원으로는 회장, 부회장, 총무 등을 둔다.

청년회는 40대 이하 기혼 가구주들로 구성되는 것이 보통인데, 마을 내 각종 건설사업을 위한 노동력 동원, 부락의 방위, 지붕 개량사업 등을 담당한다. 이들의 활동은 향토예비군이 창설(1968년)된 이후부터 점차 미미해졌다.

4H클럽은 10대 청소년들로 구성되는데, 영농기술의 습득, 마을 도서의 확보, 공동가축사육 등의 활동을 하며, 매년 열리는 4H클럽 경진대회에 참가한다. 그러나 점차 교육이 보편화됨에 따라 청소년들의 상급학교 진학률이 높아지고 또 인근 도시로의 진출이 빈번해지며 학교 또는 먼 통학 거리 등의 이유

로 집회가 어려워지면서 이 또한 유명무실해졌다.

이들 공적 조직 외에 연령층별 친목회 등이 있으나 마을마다 양상이 다르므로 여기서는 생략한다.

마을의 공식 · 비공식 조직 외에 가장 큰 모임으로 대동회大同會를 들 수 있다. 대동회는 마을총회로 불리며, 1년에 한 번 또는 두어 차례 각 집의 가구주들이 모여 지난해의 결산보고를 듣거나 새해 예산을 확정하며 이장의 공헌 여부에 따라 이장을 다시 선출하기도 한다. 대동회는 마을에서 열리는 가장 큰 연중행사로 보통 음력 정월 초순이나 중순에 새마을회관 또는 동사무소에서 열리는데, 동제洞祭를 지내는 곳에서는 그 결과보고를 겸하기도 한다.

대개 마을은 공동재산을 갖고 있는데, 동회관, 동사무소, 창고 외에 전답이나 임야가 있고, 동제를 지내는 곳에서는 당집도 가지고 있다. 그러나 어느 마을에나 있는 재산은 역시 생활과 밀접한 관계가 있는 혼상구婚喪具와 상여집이다. 마을에서는 이를 개인에게 빌려 주고 임대료를 받아 마을 운영자금으로 쓰기도 한다. 생활이 좀더 나은 마을에서는 마을 공동재산을 운용하여 현금을 보유하기도 하며, 이를 빌려주고 그 이자를 받는 수도 있다.

그러면 이상에서 살펴본 여러 단체의 임원 선출방법에 대해 알아보자. 농민들의 말에 따르면 지도력, 학식 등 인물 중심으로 뽑는 것 같지만 실제로는 가격家格에 의해 좌우되는 예가 많은 것으로 보인다. 동족부락이거나 동족부락의 성격을 띤 곳에서는 더욱 그러하다. 즉, 외적으로 한 성씨의 수가 많지 않을지라도 내적으로 그 성씨가 주도권을 잡으면 마을 전체의 움직임이 그에 따르게 되고, 그 성씨가 아니면 이장이 될 수조차 없는 사례를 많이 볼 수 있다. 말하자면 마을의 주도자는 마을의 여러 가지 역학관계에 의해 선출되고, 그러한 역학관계를 바탕으로 마을을 지도하게 된다.

새마을 사업을 원만히 진행하기 위해 마을마다 새마을 지도자를 두었다. 지붕 개량, 농로 확장, 정지 사업, 농작물 증산, 변소 개량, 취락 개선 등 일이 많아 이장 단독으로는 지도하기 어려워 둔 것이다. 그러나 이장과 새마을 지도자는 결국 한 마을에 두 지도자가 있는 결과가 되어, 마을에 따라 두 사람이 조화 롭게 협조하기도 하고 대립하기도 하였다.

다음으로 일상생활, 인보조력隣保助力의 필요에서 생겨난 각종 비공식적 조 직이 있다. 상포계喪布契, 쌀계, 친목계 등 각종 계는 심리적 연결 단체가 되고, 품앗이는 이웃끼리 품을 주고받음으로써 근린생활의 기초적 조건을 제공하 고, '마을돌이'는 정치적·오락적 연결단위가 된다. 이들에 대해 구체적으로 살펴보기로 하자.

계는 그 종류만 해도 목적에 따라 위친계爲親契, 상포계, 쌀계, 친목계, 동갑 계, 살림계, 반지계, 혼인계, 자녀계, 돈계, 어촌계 등 여러 가지가 있다.

어느 농어촌을 막론하고 가장 일반적인 계는 위친계라고 불리는 상포계로 서 계원 상호간에 부모의 상을 당하면 미리 규약에 정한 대로 쌀, 술, 마포 등 일정한 물건 또는 현금을 마련해 주는 것이다. 이 계는 뜻이 맞는 이웃 또는 친 구들이 모여 한 말 가량의 쌀이나 또는 일정액의 현금을 내어 어느 정도 적립 금이 마련되면 이자를 운용함으로써 원금을 불리고, 그 수입으로 상을 당한 계 원에게 부조를 하는 것이다.

계를 운영하기 위해 계장 1명과 규모에 따라 유사有司 약간명을 두는데, 계 장은 별다른 사유가 없는 한 유임하지만 유사는 윤번제로 맡아 한다. 어떤 마 을에서는 최근에 상을 당한 사람이 유사직을 맡기도 한다. 계원 중 누군가 상 을 당하면 유사가 모든 계원에게 통지하여 전 계원이 모이면, 각기 한 가지씩 분담하여 상주를 돕는다. 계원끼리는 밤샘 등 몸부조와 상여를 메는 것을 의 무적으로 하기도 한다.

쌀계는 살림을 불리거나 농지를 구입하기 위해 조직하는 것으로, 처음에 쌀 을 몇 말씩 내어 이를 기금으로 이자를 늘려 소요되는 경비에 보태고, 매월 또 는 매년 계원 한 사람에게 계미를 타게 한다. 친목계는 연령층별 또는 가까운 이웃이나 친구들이 조직하는 계로 서로의 유대를 강화하고 친목을 더욱 돈독히 하기 위한 것으로, 그 세부적인 목적에 따라 상포계의 성격을 띠거나 쌀계 또는 기타 계의 성격을 띠기도 한다.

동갑계는 같은 나이의 청장년들이 모여 만든 계이고, 살림계는 부인들이 시계, 찬장, 냉장고 등 가재 구입을 목적으로 만든 계이다. 혼인계는 주로 혼기를 앞둔 처녀들이 혼수품 장만을 위해 만든 계로서 반지계도 여기에 속한다. 자녀계는 자녀들의 상급학교 진학을 위해 주로 부인들이 조직하고, 돈계는 급히 돈이 필요할 때 또는 목돈을 마련하기 위해 만든 것으로 이 역시 부인들이 많이 한다.

한편 농촌의 대동계와 비슷한 성격을 가지고 있는 어촌계는 그 구성원이 모든 마을 주민이 아니고 마을에 따라 일정한 자격 제한을 두고 있다. 예컨대 연간 60일 이상 어업에 종사하는 사람들로 구성된 계로서 어촌 가구당 1명의 가족원이 이에 가입한다. 어촌계가 제대로 운영되는 곳을 보면 바다에서 잡아온 어물의 공동판매를 마을 스스로가 해결하는 등 어촌생활의 중심이 되고 있다. 어촌계는 어민들이 어업협동조합(현 수산업협동조합)으로부터 융자를 받는 일도 주선하는 등 많은 활동을 하기에 면·이장의 행정계통과는 별도로 어민에게는 아주 중요한 조직이다. 여기에는 임원으로 계장과 총대 1~2명이 있고, 이들은 어촌계원 총회에서 투표로써 선출되는데, 때로는 이권이 개입되어 치열한 경쟁을 벌이기도 한다. 계장은 어촌계를 대표하고, 총대는 실무자로서 어업협동조합회의에 참석하여 어민과 관련 있는 중요한 의결을 한다.

지금까지 살펴본 여러 가지 계는 그 목적이 원칙적으로는 상부상조와 친목 도모에 있다. 세부적으로는 부모의 상에 대비하거나 자녀의 진학, 혼인, 살림 장만 등 경제적인 측면도 무시할 수 없을 정도로 농어촌 지역에서 성행하고 있다.

품앗이는 농사일이 바쁜 때 노동을 서로 교환하여 상호 부조하는 것으로 특히 모심기나 벼베기, 탈곡할 때는 농민이면 누구나 가까운 이웃, 친구들과 품앗이를 한다. 즉, 한쪽에서 다른 한쪽의 일을 도와 주면 도움을 받은 쪽에서 자신의 노동(품)을 상대방에게 제공함으로써 품을 갚고 서로 농사일을 돕는데,

이때 이웃이 가장 가까운 사이가 된다.

마을돌이는 각종 정보를 교환—그것이 살림이나 농사에 대한 것이든 정치적인 것이든—하는 수단이다. 주로 왕래하는 단위는 친구나 친척이 되겠지만 꼭 일정하게 정해진 것은 아니며, 평소 생활하는 중에 특히 가까운 사이이기 마련이다. 마을돌이는 정치적으로 이용되기도 하지만 서로 왕래함으로써 오락적인 기능을 갖기도 한다. 마을돌이의 대상이 누구인가를 조사함으로써 품앗이나 계와 같이 마을 내의 인간관계를 파악할 수 있는 좋은 자료를 얻을 수 있다.

이러한 비공식 조직을 가진 마을은 그 나름의 질서로 유지되는데, 이것을 보통 마을 관행이라 한다. 하나의 조직이 원만히 운영되기 위해 규칙을 정하듯이 마을마다 공동생활이 원만하도록 규약을 가지고 있는데, 대동회라 불리는 마을총회에서 이를 제정한다. 마을총회에서는 또 이장의 보수로 주민들이 갹출하는 춘추곡의 양과 그 시기, 대동회의 개최일자, 이장의 선출방법이나 그 임기, 마을 공유재산의 구입·처분, 마을 공동행사 등을 결정한다. 앞에서 언급한 바 있듯이 대개의 마을은 공유재산을 가지고 있고 그것으로써 갖가지 행사—예를 들어 동제, 기우제, 부역 등—를 치른다.

근래 새마을 사업으로 생활 전반에 걸친 혁신이 이루어지면서 동제나 기우제는 미신행위로 취급되어 많이 없어지기는 했으나, 여전히 어촌·산촌 등지에서 중요한 신앙행위로 취급되며 부역負役은 더욱 강화되고 있다. 부역에는 농로 개설이나 보수, 교량 건설 등이 있으며, 만일 참석해야 할 때 불참할 경우 하루 노임에 해당하는 일당을 지불해야만 한다.

이와 같이 각 마을 조직은 그 나름대로의 행사를 가진 까닭에 주민들은 다른 마을의 주민과 심리적인 거리감을 갖게 된다. 따라서 운명공동체로서의 마을은 제각기 전통을 가지므로 새로운 이주자는 그 마을의 전통에 익숙해지기까지 상당한 곤란을 겪기도 한다. 〈제5장 민간신앙〉에서 자세히 언급되겠지만, 마을마다 부락신을 모심으로써 공동체 의식은 더욱 강화된다. 그래서 아무리

가까운 이웃 마을이라 하더라도 역시 '우리 마을'만 못한 것이다.

한국 농촌에서 개인은 많지 않은 각종 집단의 조직망으로 연결되어 있기에 대인관계의 접촉 대상이 적은 반면 그 빈도가 잦고 유대가 강하며 깊다. 즉 직면적直面的, 반복적, 정의적情意的이다.

그리고 마을 내 집단이 여러 가지로 얽혀 있어 부락의식이 더욱 강하다. 다시 말해 마을 내 모든 인간관계는 혈연, 이웃, 친구, 계원契員 간에 다양하게 이루어져 다면적이고 중복적이다. 따라서 개인의 말과 행동의 자유는 지극히 제한받는다.

농촌 사회의 특성을 종합해 보면 경제, 토지, 교통 면에서 봉쇄적이다. 그리고 사람들이 비교적 정주하기를 좋아하고 지연, 혈연을 엄격히 구분하는 점에서 전통적이다. 개인의 이탈을 허용하지 않고 사상·감정이 대체로 공통한 등질사회이다. 개인은 어디까지나 가족단위로 행동하고 생각하므로 가족주의 의식이 강하다.

물론 도시는 이러한 농촌 사회와는 다른 도시만의 독특한 성질을 가졌으나 여기서는 언급하지 않기로 한다.

지금까지 한국의 마을, 특히 농촌을 중심으로 그 형태와 종류, 구성과 구조를 살펴보았다. 다음으로 농촌에서 가족과 친족은 어떠한 성질과 양상을 띠고 있는가를 보기로 한다.

# Ⅲ 가족

가족은 마을 생활의 기본단위일 뿐만 아니라 친족의 기본이 되는 단위이다. 따라서 가족은 마을이 자연집단의 성격을 강화하기 이전부터 그리고 친족조직이 발달하기 이전부터 존재하였던 사회집단 중 가장 기초집단이다.

특히 우리나라의 오랜 사상적 지도이념인 유교는 기독교나 불교와 달리 가족을 중시하였다. 유교의 사회원리는 모든 인간은 가족의 한 사람으로서, 가족이

편안할 때 사회가 평화롭고, 사회가 평화로울 때 국가 또한 안전하다고 보았다.

농경의 시작으로 정착생활을 하면서 중요하게 인식된 가족은 유교원리에 의해 더욱 강화되었고, 부계 질서를 비롯하여 친족제도가 발달하였다. 그러면 전통사회에서의 우리나라 가족의 모습이 어떠했는지를 가족의 형태, 가족의 유형 그리고 가족의 제도로 나누어 살펴보기로 한다.

## 1. 가족의 형태

가족의 형태란 비교적 쉽게 파악할 수 있는 가족의 외적 형태를 말하며 주로 통계로 분석된다. 이를테면 가족의 인원수에 대한 분석인데 이때 가족의 구성, 구성원의 종류 등이 중요한 요소이다. 그러나 선행되어야 할 것은 가족이란 대체 무엇이냐 하는 정의이다.

우리가 흔히 사용하는 가족 관련 용어로는 가족, 가구家口, 식구, 호구戶口, 세대, 집 등이 있다. 이들은 서로 비슷한 것 같으면서도 조금씩 다른 의미를 가지고 있다.

가구란 1955년 제정된 대통령령 제1033호의 규정에 따르면 "주거와 가계를 같이하는 자" 혹은 "독신으로서 주거를 가지고 단독생활을 하는 자"를 말하며, 당시 내무부 통계국에서 실시한 제1회 간이인구조사 이전에는 가구의 동의어로 세대라는 용어를 사용하였다. 말하자면 가구와 세대는 행정용어이고 호구도 이에 속한다.

식구라는 말은 가족의 구성원을 가리키는 것으로 가족과는 구별되는 개념이며 일상용어라 할 수 있다. 이에 비해 집이란 건물, 구성원, 가족의 사회적 지위 등을 나타내는 극히 추상적인 개념이다.

이처럼 가족에 대한 유사 용어가 많고 그 정의 또한 여러 가지이다. 이 글에서는 가족이란 "결혼에 의하여 결합된 부부와 그 부부의 자녀를 구성원으로 주거를 공동으로 하며, 경제적으로 하나의 단위를 이루는 것"이라고 정의하고자 한다. 여기에 좀더 부언한다면 가족은 사회적으로 공인된 부부와 부모, 자녀 그리고 부모를 중심으로 한 형제 자매의 관계, 즉 혈연관계를 맺고 있으며, 한 울타리 안 또는 한 지붕 밑에서 주거와 경제생활을 함께 영위하는 집단이다.

가족을 분류하는 데는 여러 가지 방법이 있을 수 있다. 예컨대 구성원의 수에 따라 가족을 분류하여 인원수가 많으면 대가족, 적으면 소가족이라 한다. 가족 구성원이 어떤 관계의 사람들이냐에 따라 직계가족, 방계가족으로 구분하기도 하고, 세대별 구분으로 1세대 가족, 2세대 가족, 3세대 가족 등으로 분류하기도 한다.

가족의 구성을 파악하는 데는 인원수 또는 구성원과 가구주와의 관계에 따라 살펴보는 것이 일반적이다. 인원수에 의한 경우 평균 가족원수와 가족의 크기로 나누어 볼 수 있다.

평균 가족원수는 가족원의 평균치를 산출하는 것, 즉 전 인구 수를 가족수로 나누는 것으로 전국인구조사나 전도인구조사와 같이 대규모 인구를 파악하는 데 신속하고 유리한 방법이다. 1955년 통계에 의하면 1명인 가족을 제외한 우리나라 평균 가족원수는 5.29명이고, 도시의 평균 가족원수는 농촌보다 약간 적게 나타났다. 따라서 우리나라 가족은 평균 5명 내외로 이루어진 소가족임을 알 수 있다.

가족의 크기는 가족 구성원 수에 따라 가족의 수를 파악하는 것으로 예를 들어 1명 가족이 얼마, 2명 가족이 얼마 하는 식으로 나타낸다. 〈표 2-5〉는 가족과 가구의 인원별 통계를 백분율로 표시한 것이다. 여기서 분명한 것은 가족원과 가구원의 수가 일치되지 않는 경우가 많다는 점이다.

가족의 크기는 가장의 직업별, 연령별 또는 학력별로 통계를 산출할 수 있고, 도시와 농촌 또한 한 마을과 다른 마을을 비교할 수 있다. 가족의 평균 인원수 통계는 전국적 규모나 비교적 넓은 지역 통계에 편리한 반면, 가족의 크기에 관한 통계는 비교적 소규모 지역 비교에 유리하다.

한편 가족의 구성을 파악하는 데 수적인 파악 이외에 가족의 구성원이 어떤 사람들로 이루어졌느냐, 즉 가구주와 어떠한 관계의 사람으로 이루어졌느냐

〈표 2-5〉                         인원별 가구와 가족의 백분율

| 인원별 | 가구 | 가족 |
|---|---|---|
| 1명 | 2.50 | 3.24 |
| 2명 | 6.84 | 8.37 |
| 3명 | 12.83 | 14.10 |
| 4명 | 16.29 | 16.90 |
| 5명 | 17.44 | 16.73 |
| 6명 | 15.15 | 14.52 |
| 7명 | 11.45 | 10.81 |
| 8명 | 6.49 | 6.16 |
| 9명 | 4.97 | 4.42 |
| 10명 | 3.71 | 3.52 |
| 11~15명 | 1.79 | 1.10 |
| 16~20명 | 0.11 | 0.03 |
| 21~25명 | 0.03 | - |
| 계 | 100.0 | 100.0 |

를 분석할 수 있다. 이것은 가족 구성원을 신분에 따라 구별하고, 이것을 가구주를 중심으로 구분하여 도표에 표시하는 것이다. 예를 들어 가구주, 배우자, 배우자의 혈족, 자, 자의 배우자, 손, 손의 배우자 등으로 분류하는 것인데 이를 예시하면 〈표 2-6〉과 같다. 이 통계는 한 지역 또는 보다 넓은 지역을 대상으로 비교하면 가구주를 중심으로 근친자 중 어떤 사람이 어느 정도의 가족 구성에 포함되어 있는가를 쉽게 알 수 있다.

〈표 2-6〉에 의하면 1966년 현재 우리나라 가족의 평균 인원은 서울이 부산이나 대구와 같은 지방 대도시보다 적고, 직계가족 이외의 방계친을 포함하는 범위도 좁았다. 전국 군 지역은 전국 지방도시보다 평균 가족원수도 많았고 방계친을 포함하는 수와 범위도 넓었다. 그리고 전국 도시는 부산과 대구 등 지방 대도시보다 평균 가족원수는 적었으나 방계친을 포함하는 수와 범위는 넓었다.

| 〈표 2-6〉 | | 가족의 구성원 분석 | | | | (단위 : 1,000명) | |
|---|---|---|---|---|---|---|---|
| | 서울시 | 부산시 | 대구시 | 전국 도시 | 전국 군 지역 | 전국 |
| 가구주 | 281 | 189 | 85 | 938 | 2,863 | 3,801 |
| 배우자 | 208 | 154 | 61 | 713 | 2,291 | 3,004 |
| 배우자의 혈족 | 13 | 6 | 3 | 23 | 13 | 36 |
| 자 | 651 | 467 | 213 | 2,233 | 6,957 | 9,190 |
| 자의 배우자 | 22 | 18 | 5 | 92 | 552 | 644 |
| 손 | 36 | 19 | 14 | 182 | 976 | 1,157 |
| 손의 배우자 | 1 | | | 1 | 18 | 19 |
| 증손 | 1 | | | 1 | 26 | 27 |
| 부 | 6 | 3 | 4 | 25 | 87 | 112 |
| 모 | 28 | 25 | 9 | 124 | 524 | 648 |
| 형제 | 24 | 19 | 5 | 78 | 260 | 338 |
| 자매 | 20 | 10 | 5 | 60 | 197 | 257 |
| 형제자매의 배우자 | 1 | 1 | 1 | 4 | 83 | 87 |
| 조카 | 13 | 11 | 4 | 45 | 127 | 172 |
| 조부모 | 2 | 1 | | 7 | 40 | 47 |
| 백숙부고모 | | 1 | 1 | 4 | 7 | 11 |
| 백숙모 | | | | | 2 | 2 |
| 종형제자매 | | 1 | 2 | 4 | 2 | 6 |
| 조카의 배우자 | | | | | 6 | 6 |
| 종손 | | | | | 4 | 4 |
| 계 | 1,307 | 925 | 412 | 4,535 | 15,035 | 19,568 |
| 한 가족 평균 인원 | 4.65 | 4.89 | 4.85 | 4.83 | 5.25 | 5.15 |

* 1인가족 포함.

## 2. 가족의 유형

지금까지 언급한 것보다 쉽게 가족의 유형을 파악할 수 있는 또 다른 방법으로는 가족의 유형을 살펴보는 것이다. 사회인류학에서는 기호를 사용하여 가족관계를 나타내는데, 이로써 가장 단순한 핵가족을 표현하면 그림 2-1과 같다.

남자는 △, 여자는 ○, 결혼관계는 =, 자녀관계는 │, 형제자매관계는 ─로 표기하였다. 그림 2-1은 부부와 2남 1녀로 구성된 핵가족을 나타낸 것이다. 부부 중 남자는 왼쪽에 여자는 오른쪽에 두고 형제 자매는 연령순으로 왼쪽에서 오른쪽으로 표시한다.

그림 2-1. 핵가족 모형도

그림 2-2는 경기도 광주군 중부면 엄미리의 가족 유형을 나타낸 것이다. 이 통계는 1972년 2월 현재 자료이며, 당시 총 인구는 431명에 총 호수는 72호였다. A 유형은 부부와 그 자녀로 이루어진 경우이고, B형은 부부가 그의 미혼

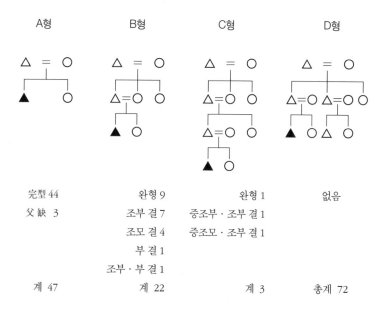

| A형 | B형 | C형 | D형 |
|---|---|---|---|
| 完型 44 | 완형 9 | 완형 1 | 없음 |
| 父 缺 3 | 조부 결 7 | 증조부 · 조부 결 1 | |
| | 조모 결 4 | 증조모 · 조부 결 1 | |
| | 부 결 1 | | |
| | 조부 · 부 결 1 | | |
| 계 47 | 계 22 | 계 3 | 총계 72 |

그림 2-2. 엄미리의 가족 유형

자녀와 결혼한 한 아들과 그의 처자와 동거하는 경우이며, C형은 B형이 한 세대 더 연장된 경우이다. 그리고 D형은 부부와 결혼한 아들들이 그들의 처자와 부부의 미혼 자녀와 동거하는 경우이다. 물론 그림 2-2는 정형만을 표시한 것이므로 A형에 자녀 또는 부모 중 어느 일방이 없는 경우도 있고, B, C, D형 역시 여러 가지 변형이 있을 수 있다.

엄미리는 A형이 65.3%, B형이 30.5%, C형이 4.2%이고, D형은 없었다. 물론 이 수치가 한국 농촌 가족의 유형별 분포를 대표할 수는 없으나, 지난 1995년 최초의 인구조사통계에 따르면 A형이 전국적으로 69%나 되는 것으로 나타났다.

위에서처럼 가족 유형을 쉽게 알기 위해 A, B, C, D형으로 표시하였으나 사회인류학에서는 A형, 즉 부부와 미혼 자녀로 구성된 가족을 핵가족nuclear family 또는 기본 가족elementary family이라 하고, B형, 즉 3세대 가족이되 제일 윗대와 중간대에서 각기 결혼한 한 부부가 포함되는 것을 직계가족stem family이라 한다. C형은 직계가족이 한 세대 더 확장된 것으로 4대 직계가족이라 할 수 있다. D형은 제일 윗대는 물론 다음 대에 결혼한 모든 자식을 포함하기에 직계가족과는 다른 개념으로 확대가족extended family이라 한다.

사회인류학에서 사용하는 용어에 따라 엄미리의 가족 유형을 말하면 이곳에는 핵가족과 직계가족이 있을 뿐 확대가족은 없는 셈이다. 현지 조사에서 간혹 확대가족이 발견되지만, 그것은 가구주의 차자次子 또는 그 이하의 아들이 분가하기 전 잠시 존재하는 극히 일시적인 경우라 할 수 있다. 따라서 우리나라의 가족 유형은 주로 핵가족과 직계가족이다.

가족 유형에 대한 사회인류학의 분류 방법을 세대generation에 기준을 두고 구분한다면 핵가족은 1세대 또는 2세대 가족이 되고, B형은 항상 3세대 가족, C형은 4세대 가족이 되고, D형은 3세대 내지 4세대 가족이 된다.

세대별 유형을 전국적인 규모로 조사한 통계에 따르면 1세대 가족은 9.1%, 2세대 가족은 63.4%, 3세대 가족은 26.1%, 4세대 가족은 1.4%, 5세대 가족은

0.05%를 나타내고 있는데, 이것을 앞에서 설명한 유형과 비교하기는 곤란하다.

사회인류학에서 핵가족, 직계가족, 확대가족으로 나눈 가족 유형은 아주 기본적이고 전형적인 것만을 다룬 것으로, 실제로는 수많은 변형이 있어 학자에 따라서는 가구주와 그 직계친 세대수의 대소 또 그 직계친 배우자의 유무에 따라 21개 형으로 구분하고, 여기에 3개의 유형을 조정하여 63개로 구분하기도 한다.

### 3. 가족 제도

가족 제도는 가족 내에서의 역할과 분업, 가족 구성원 간의 권리와 의무를 비롯하여 가계계승 권리의 이양 등에 대한 가계의 존재 방식을 결정하는 것이다. 이 글에서는 가계에서 가장 중요한 재산상속과 가계계승에 한정시켜 살펴보기로 한다.

가장이 관리하던 가족의 재산을 관습에 따라 일정한 조건이 갖추어지고 때가 되면 자녀들에게 넘겨 주는 것을 재산상속이라 한다. 재산상속을 살피고자 할 때 문제가 되는 것은 집집마다 구체적으로 행하여지는 관행과 국가에서 정한 법과는 간극이 있다는 점이다. 현행 상속법에 의하면 재산은 자녀와 배우자에게 분배되며 출가한 딸도 비록 감소된 양이지만 상속받을 권리가 있다. 그러나 실제로는 딸과 배우자에게 상속하지 않고 아들을 위주로 한 부자父子 상속이 보편적으로 행해지고 있다. 이 글에서는 관습법을 중심으로 살펴보기로 한다.

농촌에서 재산상속 관행을 물으면 대체로 다음과 같이 답한다. 아들이 두 사람일 경우 장남에게 재산의 2/3를 주고 차남에게 1/3을 주며, 아들이 셋이면 장남에게 재산의 반을 주고 나머지를 차남과 삼남三男이 균분均分하고, 아들이 넷이면 장남에게 재산의 1/3을 주고 차남 이하가 나머지를 균분한다. 이처럼 어느 경우든 장남을 우대하는 재산상속을 장자우대불균등상속長子優待不均等相 續이라 한다. 장남을 우대하는 이유로는 흔히 봉제사奉祭祀, 부모 봉양, 접빈객

등을 들고 있다. 말하자면 장남은 부모가 생존시 봉양해야 함은 물론, 사후에는 제사를 받들며 손님을 접대하기 때문에 다른 아들보다 많은 재산을 준다는 것이다.

장자우대불균등상속은 하나의 이상형이며, 실제로 재산상속은 지방의 관습, 시대의 풍조, 각 가정의 재산의 정도, 가격家格의 고하 그리고 재산상속시 사정 등에 따라서 다르게 행해진다. 이것을 모두 망라하기는 어려우나 재산상속 유형은 대체로 다음과 같이 몇 가지로 나눌 수 있다.

첫째 유형은 가격家格도 높고 재산도 많은 형으로 이 경우 장남과 차남 이하의 재산상속 비율에 큰 차이가 없는 것이 특색이다. 둘째 유형은 가격은 높으나 재산이 많지 않은 형으로, 이 경우 장남에게 재산이 집중하는 경향이 있다. 셋째 유형은 가격은 높지 않으나 재산이 많은 형으로 아들들에게 똑같이 나누어 주려는 경향이 있다. 넷째 유형은 가격도 낮고 재산도 많지 않은 형으로 장남에게 재산이 집중되는 경향이 있다.

우리나라에서는 분가分家문제가 재산상속과 관련된다. 앞서 가족의 유형에서 보았듯이, 우리나라에는 장남 위주로 구성된 직계가족과 차남 이하가 분가하여 이룩한 부부가족이 존재한다. 차남 이하의 아들은 결혼 후 부모와 동거하다가 일정한 시기가 되면 분가하여 독립가구를 형성한다. 분가의 시기는 부모의 생전에 이루어지되 지방의 관습, 시대의 풍조 그리고 집안의 조건 등에 의해 달라진다. 촌로村老들의 말에 의하면 예전에는 결혼 후 10년이 넘도록 부모와 동거하였다 한다. 왜냐하면 분가할 재산을 마련하기까지 그만큼의 시기가 필요했으며, 새로 시집온 며느리가 시가의 가풍을 익히는 데도 그만큼 오랜 기간이 필요하였기 때문이다. 그러나 최근에는 혼기를 넘겨 결혼하는 이른바 만혼晚婚 경향이 있어 결혼과 동시에 분가하는 예가 흔하다.

부모와 동거하는 장남의 경우 언제, 어떻게 가장권家長權을 계승하느냐 하는 것도 중요한 문제이다. 가장과 장남과의 가계계승은 시어머니와 며느리의 주부권 이양과도 밀접한 관계가 있으며, 지방에 따라 몇 가지 유형이 있다. 현재까지 연구된 바에 의하면 안방물림이 행하여지는 경상남·북도와 강원도, 안방물림이 없는 서부 지역 그리고 제주도만의 특수 형태로 나눌 수 있다.

안방물림이란 안방을 점유하던 시어머니가 일정한 연령이 되면 며느리에게 집안의 주부권을 인계하고 건넌방으로 물러앉음으로써 며느리가 안방을 차지하는 것을 말한다. 주부권을 인계하는 상징으로 광과 뒤주의 열쇠를 넘겨주며, 가풍에 따라서는 잔치를 하기도 한다. 이것을 계기로 가장과 장남 사이에도 가장권 계승이 이루어져 가장권을 양도한 아버지는 사랑방을 아들에게 물려주고 작은사랑 또는 건넌방으로 물러앉는다. 이러한 가계계승을 인도형引渡型 혹은 지역에 따른 분류로 동남형이라 부르기도 한다.

이와 반대로 안방물림이 없는 곳에서는 시어머니가 죽기 전에는 안방을 며느리에게 물려주지 않고 아버지 또한 아들에게 사랑방을 물려주지 않는다. 그러므로 이것을 종신형 혹은 지역 분류로 서남형이라 한다. 종신형 가계계승의 경우 부모가 노쇠하여 가장권이나 주부권을 유지하기가 힘들면 권한의 일부를 아들, 며느리에게 대행하는 경우도 있다. 따라서 종신형에서는 점진적 가계계승이 이루어지는 셈이다.

제주도에서는 혼례식을 올린 며느리가 독립된 취사생활을 할 수 있어야 비로소 신랑 집으로 신행新行을 한다. 따라서 며느리는 처음부터 한 울타리 내에서 시어머니와 동거하되 별도의 취사 단위를 이루어 남편과 자녀의 식사만 마련한다. 또 며느리는 바깥채를 사용하고, 취사도 따로 한다. 후에는 창고도 따로 갖고, 밭도 따로 소유하기 때문에 마치 셋집을 사는 것과 같다. 시부모가 건재하다가 시어머니가 사망하면 며느리는 시아버지의 끼니를 보살펴 드린다. 그러나 시아버지가 사망하고 시어머니 혼자 계실 경우에는 그러지 아니한다. 말하자면 제주도에서는 결혼한 여인이 하나의 취사 단위를 형성하는 것이다. 이러한 유형을 제주형 혹은 가계계승상 분리형이라 한다.

이와 같이 우리나라의 가계는 장남 위주로 계승되고, 차남 이하는 결혼 후 조만간 살림을 나서 분가함으로써 큰집과 작은집, 즉 본가와 분가의 관계를 이루게 된다. 그리고 본가의 가계계승은 크게 종신형, 인도형, 분리형 등 세 유형으로 나뉜다.

# Ⅳ 친족

## 1. 당내친

형제, 4촌으로 무한히 확대되는 친족이 하나의 제도나 조직을 이루기 위해서는 일정한 범위로 한정하여야 한다. 그 첫째 기준으로 고조高祖가 같은 사람들의 범위가 있는데, 이를 일러 동고조同高祖 8촌이라 하거나 달리 표현하여 당내친堂內親이라 한다.

동고조8촌이나 당내친은 부계친, 즉 친족의 범위를 말한다. 흔히 말하는 친척에는 친족뿐만 아니라 어머니로 이어지는 외가, 처와 연결된 처족도 포함되므로 여기에서는 친족과 친척 등의 개념을 정리하고 분명히 할 필요가 있다.

우리나라에서 널리 사용하는 용어로 '일가一家'니 '집안'이니 하는 말이 있다. 이것은 좁은 의미로는 가족을 의미하지만 "우리 집안에 그러한 사람이 없다"라고 말할 때는 가족의 범위를 넘어선 당내친의 범위를 말한다. 이것을 한자로 나타낸 것이 일가이다. 문헌에 보이는 용어로는 친속親屬, 친척親戚, 족속族屬 등이 그것이다. 이것은 모두 무리를 의미한다.

『사례편람四禮便覽』에서는 부계, 모계, 처계를 포함하는 모든 친속의 무리를 친척이라 하였다. 친척은 말하자면 부계친, 모계친, 처계친을 총망라하는 용어이다. 부계친을 부당父黨, 모계친을 모당母黨, 처계친을 처당妻黨으로 표시하기도 한다. 또한 부당을 친족, 모당을 외척外戚 그리고 처당을 인척姻戚이라 한다. 부당을 또한 종족宗族, 모당을 모족母族 그리고 처당을 처족妻族이라고도 한다. 이를 통틀어 삼족三族이라 부르기도 하고 친족, 외척, 인척을 따라 일족이당제一族二黨制라 하기도 한다.

이러한 구분법 이외에 친족간에는 그 원근을 정하는 계산법이 있다. 그것이 바로 촌수법寸數法이다. 우리나라의 친족 계산법은 직계친에서는 자신을 중심으로 부와 자를 1촌, 조부와 손을 2촌, 증조와 증손을 3촌, 고조와 현손(손자의 손자)을 4촌이라 한다. 또한 방계친에서는 자신과 형제가 2촌, 백부나 숙부와는 3촌, 백부나 숙부의 자와는 4촌이 된다.

이에 관해서는 그림 2-3을 보면 쉽게 이해할 수 있다. 흔히 친척의 멀고 가까운 관계를 나타내는 말로 촌寸을 사용한다. 좁은 의미의 친족은 그냥 ○촌이라 부르나 외척은 외○촌, 인척은 처○촌으로 부른다.

이와 같은 친족의 구조원리에 의하면 형제 자매를 제외하고는 어떤 개인도 친족의 범위는 중복될 수 있으나 동일하지는 않다. 그리고 자신이 속한 친족은 다계多系로 분지, 확대되어 무한히 넓어질 수 있으나, 실제로는 일정한 범위 내로 한정된다. 우리나라의 친족 명칭이나 친족 호칭도 이와 마찬가지이다.

인류학에서는 친족 용어kinship terminology를 친족 호칭terms of address과 친족 명칭terms of reference으로 구분한다. 호칭이란 상대방을 맞대어 부르는

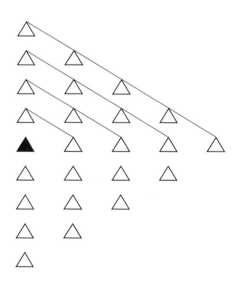

**그림 2-3.** 우리나라의 친족 계산법

것이고, 명칭이란 자신의 친족을 제3자에게 말할 때 사용한다. 예를 들어 자신의 어머니를 이를 때 맞대고 "어머니"라고 하는 것은 호칭이요, 제3자에게 "저의 어머니입니다"라고 할 때의 '어머니'는 명칭이다.

호칭이든 명칭이든 근친과 관련된 용어는 다양하다. '아빠'와 같이 줄여서 부르는 축소어diminutive word가 있는가 하면 애칭도 있으며 또한 산 자와 죽은 자에 따라서도 다르고 지역에 따른 방언도 많다.

우리나라의 친족 명칭은 부계, 즉 부당을 기준으로 하고 있다. 그 범위는 부당에서 직계친의 4대 위와 아래까지이며, 부계인 친종親從부터 8촌까지 그리고 고종姑從부터 6촌까지이다. 외가인 모당에서는 4대 위와 2대 아래까지이며, 외종은 재종, 즉 6촌까지 그리고 이종은 4촌까지이다. 처가의 경우 2대 위와 아래까지로 한정되고, 처사촌도 친족 범위에 포함시킨다.

친족 명칭은 친족의 범위를 나타낼 뿐만 아니라 친족 내에서의 원근을 표시하기도 하는데, 원근의 정도에 따라 대인관계에서 일정한 권리와 의무를 부담한다. 예를 들어 일상생활에서 본가와 분가 사이의 왕래나 협동이 필요할 때 그리고 관혼상제 등 큰 일에 서로 돕고 도움을 받는 것 등이다.

친족간의 권리와 의무는 그 거주 지역 또는 친족관계의 원근에 따라 달라지기 때문에 어떤 관계에는 어떤 권리와 의무가 있다고 단정하여 말할 수는 없다. 대체로 권리·의무 관계를 뚜렷이 찾아볼 수 있는 것으로는 상례에서의 상복喪服과 상기喪期를 들 수 있다.

상복의 종류는 상의 경중에 따라 참최斬衰, 재최齊衰, 대공大功, 소공小功, 시마緦麻로 나눈 오복제도五服制度에 따른다. 참최란 상주들이 입는 상복을 굵은 삼베로 만들고 옷의 마름, 하제下際 등을 집봉緝縫하지 않은 극히 남루한 것이고, 위로 갈수록 차츰 마포(삼베)의 굵기가 가늘고 하제도 집봉한 것으로 상복의 질이 좋아진다. 상복 이외에 상장喪裝도 일정한 격식이 있어 관, 두건, 요경腰絰, 이履, 효장孝杖 등이 각각 다르고, 여자의 죽채竹釵, 개두蓋頭 등도 각기 다르게 정해져 있다.

상기는 참최로부터 시마에 이르기까지 3년, 기년, 9월, 5월, 3월 순이다. 실제로는 만 2년, 1년, 8개월, 4개월, 2개월이 된다.

이와 같이 상복은 친족 간의 원근에 따라 복服의 중重과 경輕이 구분되고, 상기에도 길고 짧음이 있다. 이를 계산하는 방식은 복잡하므로 여기서는 생략한다.

그러나 근래 들어 이러한 유복친有服親의 개념은 직계친의 범위로 한정되는 경향이 급격히 늘어나고, 친족 간의 권리와 의무 관계도 점차 소원해지는 것이 오늘의 현실이다.

## 2. 당내 조직

당내친이란 부계출계父系出系에 의한 가족들이 동고조 8촌 부계친을 범위로 하나의 집단을 이룬 것을 말한다. 이것은 상례에서 부계 유복친의 범위와 같고 친족 명칭의 범위와도 일치한다.

당내친은 고조를 기준으로 분가한 형제들이 확대된 것이므로 대체로 같은 동리 또는 근거리에서 생활하므로 일상생활에서 접촉할 기회가 많다.. 즉, 당내친을 중심으로 품앗이를 하거나 농기구를 빌려 주거나 또는 크고 작은 길흉사吉凶事에 서로 협조하는 행위가 이루어진다. 자손이 없어 양자를 들일 경우에도 대개 당내친 내에서 결정한다.

당내는 동고조 8촌을 범위로 하기에 제사 역시 고조까지만 모시고 5대조 이상은 1년에 한 번씩 지내는 시제時祭로 넘기는데, 이를 오세즉천五世則遷이라 한다. 당내 아집단亞集團으로는 이종禰宗, 조종祖宗, 증조종曾祖宗, 고조종高祖宗 등 4종의 집단이 있다.

이종이란 부종父宗이라고도 하는데, 부친을 시조로 하고 그 자식에 이르러 친형제를 통합하니 맏형이 부종을 이루고, 조종은 조부를 중심으로 사촌형제들을 통합하는 종宗으로 적장손嫡長孫이 조종을 이룬다. 증조종이란 증조를 중심으로 재종형제再從兄弟, 즉 6촌 형제를 통합하며, 고조종은 고조를 중심으로 삼종형제三從兄弟, 즉 8촌 형제를 통합하는 것으로 이것이 바로 당내이며, 일반적으로 가장 뚜렷한 종이다.

당내의 구조적 특징은 본가─분가의 관계가 일차적이며, 분가 상호 간에는 직접적인 관계를 맺지 않는 데 있다.

당내 조직의 중요한 기능인 제사에는 기제사忌祭祀와 차례茶禮 등 두 가지가 있다. 기제사는 부父로부터 4대조까지 양위兩位(죽은 부부)의 제사를 종가에서 기일에 행하는 것이고, 차례는 연중 철마다 지내는 것이다. 차례는 보통 연 4회 원단(새해), 한식, 단오, 추석에 행하거나 단오를 제외하여 연 3회 행하기도 한다. 또한 차례는 절제節祭로서 각 계절마다 새로운 음식을 만들어 조상에게 바치는 제사인 데 반해, 기제사는 고조 고비考妣(돌아가신 아버지와 어머니)의 기일 자시子時에 드리는 제사로서 이때는 제수를 진설하는 방식이 가풍과 가격에 따라 다르다.

제차祭次에도 각기 차이가 있으나 대략 다음과 같다. 참신參神─강신降神─초헌初獻─독축讀祝─아헌亞獻─종헌終獻─첨작添酌─개반삽시開飯揷匙─합문闔門─계문啓門─헌다獻茶─철시복반撤匙覆飯─사신辭神─철찬撤饌─음복飮福 순으로 진행하게 된다.

고조의 종손, 즉 당내의 승중손承重孫일 경우는 기제사를 올리는 횟수가 최소한 연 8회나 되고, 선조 중 서모, 서조모 등이 있을 경우는 10회가 넘는 때도 있어 종손·종부는 기제사와 차례를 합하여 연 15회 정도의 제사를 지내는 경우도 있다. 이것은 이름 있는 집안일수록 그 정도가 더하여 제사를 성대히 지내는 것을 가문의 자랑으로 삼기도 한다.

근래에는 기제사도 조부대까지 한하는 경향이 있으며, 제주도의 경우 부대父代의 기제사를 형제들이 번갈아 가면서 지내기도 한다. 당내친은 4대 봉사奉祀를 위한 제사 집단으로서 5대가 넘으면 시제로 넘긴다.

## 3. 문중

4대가 지나 집안에서의 기제사를 끝내고 위패를 매안埋安(신주를 무덤 앞에 파묻음)한 조상들을 위해 지내는 제사를 시제라 한다. 기제사의 대상이 되는 조상의 수는 제한되어 있으나 시제의 경우 큰 씨족일수록 무한하게 많을 수 있다. 시조로부터 직계 5대조에 이르는 조상의 시제를 위하여 조직된 것이 문중門中이다.

시조로부터 5대조까지의 모든 조상은 문중의 중심 조상인 파시조派始祖 또는 중시조中始祖가 될 자격을 갖는다. 그러나 모든 조상이 파시조가 되는 것은 아니다. 시조가 상대上代에 속할 뿐만 아니라 높은 벼슬을 했거나 유명한 학자로 이름을 드높인 현조顯祖 또는 한 지방에 입향한 입향조가 파시조가 되는데, 현조를 중심으로 문중이 조직된다.

## 4. 성과 본

부계 친족집단인 문중은 중시조를 중심으로 조직되기도 하지만 시조를 중심으로 하는 경우도 있다. 우리나라의 경우 각 성씨들이 모시는 시조들은 흔히 고려 말 조선조 초기에 생존한 인물이다. 그렇다고 한 성씨가 이때 시작한 것이 아니고 보다 오래된 원시조가 있기 마련이다. 대체로 원시조로부터 구체적인 시조까지는 족보에 이름만 있고 묘소는 없다.

원시조로부터 후손으로 이어진 집단을 성씨와 본관으로 표시한다. 동성동본同姓同本이면 한 조상에서 유래된 형제·자매이기 때문에 결혼을 할 수 없다. 지난 2000년 통계청이 실시한 인구주택총조사 결과 2000년 11월 1일 현재 우리나라에는 286개 성씨(귀화인 제외)가 있는 것으로 나타났다.

성姓의 창립과 득실로 인해 동성이라 하더라도 반드시 남계혈통이라 할 수는 없다. 따라서 본本을 정하는 것이다. 본은 남계혈통 시조의 발상지 또는 장기간의 거주지로 이는 곧 남계혈통을 표시하는 것이다. 그러므로 동성동본은 곧 씨족을 의미한다.

원래 본은 본관, 본적, 향관鄕貫 등으로도 부른다. 본관은 개인이 마음대로 바꿀 수 없으나 임금이 사관賜貫할 때는 가능하였다. 그러나 본관 역시 중복되는 예가 많아 본관과 성을 조합하여 6종류로 구별하기도 한다. 즉, 동성이본, 이성동본, 동성동본의 동족同族과 동성이본 · 이성동본 · 동성동본 3종의 이족異族이 그것이다.

예를 들면 동족으로서 동성이본의 예로 강릉 김씨와 광주 김씨, 이성동본의 예로 김해 김씨와 김해 허씨가 있고, 동성동본의 예는 가장 흔한 것으로 족외혼의 대상이 된다. 그리고 이족으로서 동성이본의 예는 전주 이씨, 연안 이씨, 한산 이씨 등 그 시조가 다르나 같은 성을 취한 경우이고, 이성동본의 예는 경주 최씨, 경주 이씨, 경주 김씨와 같이 그 시조가 동향이나 이성을 취한 경우이며, 마지막으로 동성동본의 예로는 남양 홍씨를 들 수 있는데 여기에는 토홍土洪과 당홍唐洪이 있어 각기 이족이라 하나 동족으로 보기도 한다.

성이 여러 종류이듯이 본 역시 그 종류가 많다. 대성인 김씨는 285본, 이씨는 242본, 박씨는 127본, 최씨는 128본 그리고 정씨鄭氏는 122본이 있다. 이외에 본이 수십 개인 성씨가 있는가 하면 하나인 성씨도 있다.

동성동본이라 하더라도 씨족에 따라서 그 수가 수만 명에 이르기도 한다. 따라서 동성동본의 씨족은 각기 파派를 갖게 된다. 파는 씨족마다 그 수가 각기 다르다. 파가 발생하는 중요한 동기는 씨족 내에서 유명한 고관高官이나 이름 있는 문인이 나오는 것이다. 파는 다시 파를 낳기도 하는데 전주 이씨의 경우 역대 왕의 별자別子를 파시조로 하여 200여 파를 이루고 있다.

이렇게 각 파는 유명 선조를 중심으로 일파를 형성하는데 이때의 시조를 파시조라 하고, 파시조를 중심으로 조직된 집단을 문중 또는 종중宗中이라 한다. 따라서 파시조의 시호나 정주지명定住地名을 따서 '○○문중'이라 칭한다. 그리고 이들 동성동본 씨족 전체를 일컬어 '경주○씨문중' 등으로 부르기도 하는데, 이때는 각 파가 모두 여기에 소속된다. 문중은 파에 따라 여러 개가 있을 수 있으며, 파는 있어도 문중이 없는 경우도 있다.

근대화와 도시화로 인하여 지방에 근거지를 둔 문중이 약화되면서 도시를 중심으로 씨족들은 종친회宗親會를 발달시켰다. 종친회가 번성하면서 족보를 간행하고 시조묘를 성역화하는 등의 사업을 전개하였다. 특히 씨족 전체를 포함하는 종친회는 장학회를 두어 후손들의 향학열을 북돋우고 씨족의 단결을 도모하고 있다.

문중은 시조와 파시조를 중심으로 묘소나 재실, 재각을 가지며 그 운영 비용을 마련하기 위해 위토답位土畓을 소유한다. 문중 재산의 관리와 처분 또는 특별한 사업을 행하기 위해 문중마다 그 구성원인 종원들이 모여 총회를 갖는데, 이를 종회宗會 또는 문회門會라고 한다. 총회는 뒤에서 살펴볼 종중과 구별하기 위해 종계宗契라고도 한다.

종계는 그 명칭이 뚜렷이 없으나 시조를 중심으로 한 대종계와 그 이하의 소종계가 있다. 소종계는 파시조를 중심으로 이루어지므로 수가 많고, 가끔 중시조가 시조보다 더 유명한 때에는 중시조를 중심으로 한 중종계를 형성하기도 한다. 총회인 종계 모임에는 종원 중 남자 성인들만 참석하고 여자는 참석하지 않는 것이 보통이며, 시제가 끝난 후에 열리는 것이 일반적이다.

총회는 그 산하에 의결된 사항을 집행하거나 문중의 재산을 관리하며 시제를 행하기 위해 종회를 둔다. 총회인 종계는 의결기관이고, 문중 또는 종중은 집행기관이며, 종회를 위한 일련의 규약을 종약宗約 또는 종규宗規라 한다. 근래에는 종회를 종사위원회宗事委員會라는 명칭으로 부르는 문중도 있으나 그 기능은 같다. 한 가지 주의할 것은 종회가 종계와 문중을 둘 다 의미한다는 점으로, 두 가지를 제대로 구별해야 할 것이다.

문중 내에는 보통 시조를 중심으로 한 종회를 비롯하여 중시조 또는 파시조를 중심으로 한 종회, 입향조를 중심으로 한 종회 등을 두는데, 자손이 번성하거나 높은 벼슬을 많이 한 명문거족의 종회는 규모가 상당히 크다. 이에 따라 종회의 명칭은 '파평○씨 △△종회'와 같이 본관과 성씨를 먼저 쓰고, 이어 파명을 붙여 사용하기도 한다.

종중이나 문중에는 종손宗孫이 있다. 종손은 종중의 중심 인물이 되는 조상의 직계승중손直系承重孫으로 대대로 종가에 거주하며 가묘를 지키고 시제를 주관하며 종족을 대표하는 위치에 있다. 더욱이 파종손이 아닌 대종손의 경우는 지손支孫으로부터 극진한 존경을 받고, 종회에서 항상 상석을 차지하는 특권이 있다. 그러나 종손의 지위는 출생과 함께 결정되므로 종손이 연소하거나 종사에 불충실할 경우를 대비하여 제사권을 담당한 종손과는 달리 종회를 대표하며 종사를 처리할 사람을 따로 선출한다. 이를 종회장, 종장 또는 문장門長이라 하며, 종원 중 연령, 항렬, 학식이 높은 사람으로 총회에서 선출하는 것이 보통이다. 그 임기는 종신제일 수도 있으나 근래에는 대체로 2년 또는 4년제로 한다. 왜냐하면 과거에 종신제로 한 결과 너무 나이가 많아 종사를 계속하여 담당하지 못하는 예가 때때로 있었기 때문이다.

간혹 문중을 대표하는 우두머리인 종손과 문장이 서로 양립함으로써 분열이 일어나는 수도 있다. 문중에 따라서는 종손의 권한이 강화된 곳도 있고, 문장에게 권한이 집중되는 경우도 있으나, 실제로는 종손과 문장의 인품에 따라 상황이 크게 좌우된다.

문장 밑에는 여러 명의 유사有司가 있어 문중이 집행한 사무를 처리한다. 보통 임기는 2년이며, 문중의 일에 밝거나 각 파를 대표하는 사람들로서 문장이 임명하거나 종회에서 선출한다. 유사는 시조 또는 중시조의 재실을 담당하여 그 위토답을 관리하거나 각 파 시조에 딸린 파별 재산을 관리하고 시제를 주관하는 등 종족의 규모에 따라 여러 종류가 있다.

지금까지 본 바와 같이 문중이 갖는 중요한 기능은 종중재산을 관리하고 시제를 주관하는 일이다. 중요한 종중재산으로는 선조 대대의 묘소를 모신 선산先山과 제사 비용의 근원이 되는 위토답이 있다. 선산은 시조 또는 파시조로부터 후손에 이르기까지 그 묘소를 마련하기 위해 대대로 물려받은 임야이며, 시조 또는 파시조의 묘소는 가장 양지바른 곳에 큰 봉분을 하고 있는 것이 보통이다. 위토답을 달리 일컫는 용어에는 여러 가지가 있으며, 여기서 나오는 산물 또는 소작료 등의 수입은 제사를 지내는 이외에 분묘 수축, 석물 시설, 재실 건축, 종가 유지, 족보 간행, 종회 개최 등의 비용으로 사용한다. 따라서 위토답을 처분하는 것은 중대한 문제이므로 종회에서 결정한다.

시제를 지내는 것이 종회의 중요한 기능의 하나임은 이미 언급하였다. 시제는 연 1회 4대 봉사의 대상이 지난 5세 선조 이상의 제사를 묘소에서 행하는 것으로, 묘제 또는 시향時享이라고도 하며 제일祭日은 대개 음력 10월 초순이나 중순이다.

시제는 시조부터 시작하여 중시조, 파시조의 순으로 대를 따라 지내는데, 선조가 많은 종중에서는 여러 날 계속되기도 한다. 경우에 따라서는 묘소가 한군데 모여 있지 않아 여러 곳을 다니느라 10월 한 달을 시제 참석으로 보내는 수도 있다. 생전에 명성을 떨쳤던 선조는 시제 때 많은 종원들이 모이고 제물도 거창하므로 참석한 제관의 수나 제물을 보고서도 묘소의 주인공이 어떠한 인물이었는가를 짐작할 수 있다.

시제의 제차는 명문거족에 따라 조금씩 차이가 나는데, 자세한 것은 제3장 '관혼상제'에서 다룰 것이므로, 여기서는 시제 전후의 행사에 대해서만 약술하기로 한다.

시제를 행하는 날짜는 각 문중이 이미 정한 바 있어 종원들은 모두 알고 있으므로 따로 통지를 하지 않는다. 시제 전날 시조 또는 중시조의 재실에 많은 종원들이 모여 제관祭官을 선출하여 공고하게 된다. 제관으로는 삼헌관三獻官과 독축讀祝, 집사執事 등이 있는데, 이 중 특히 중요한 삼헌관은 초헌관初獻官을 종손, 아헌관亞獻官을 문장, 종헌관終獻官을 연고항고자年高行高者가 담당하는 것이 일반적이다.

제관을 뽑은 후 다음날 제일에는 시조로부터 차례로 제사를 지내되 시조 또는 중시조의 제사가 끝난 후에는 파에 따라 파시조를 중심으로 제사를 올리게 된다. 일단 그날의 제사를 마치고 저녁이 되면 모두 음복을 하는데, 이때 각 파에서는 미리 준비한 제물을 참석한 종원들에게 나누어 주며 "○○파의 제물입니다"라고 아뢴다.

음복이 끝나면 종회가 열리는데 유사는 지난 1년간 종중 업무와 결산을 보고하고, 문장 같은 어른이 그날 지낸 시제를 평가하기도 한다. 또한 각지에 흩어졌던 지손들이 오랜만에 자리를 함께하므로 서로 인사와 정보를 교환하며 문중의 소식을 듣는다. 문장이나 유사를 새로 뽑아야 할 경우 이때 선출하게 된다.

시제 외에 종회의 중요 사업은 족보의 간행이다. 족보는 종족인의 계보를 작성한 것으로 대동보大同譜와 파보派譜 두 종류가 있다. 대동보는 동성동본에 해당하는 한 씨족의 시조에서 그 지손에 이르기까지 모든 계통을 엮은 것으로 대개 1권으로 되어 있다. 이에 반해 파보는 한 씨족에서 분파한 각 파의 계통록으로 지손이 번성한 경우에는 여러 권이 되기도 한다. 보통 족보라 함은 이 파보를 말하는 것이다.

오늘날 전하는 우리나라 최초의 족보는 1476년(조선 성종대) 간행된 안동권씨보安東權氏譜일 것으로 추정하고 있으며,[6] 간행이 비교적 활발해지는 시기에 대해서는 16세기 중엽으로 보는 학자도 있다.

족보는 흔히 30년마다 한 번씩 편수·간행되는데, 그 순서는 종회에서 간행을 의결하면 따로 편수위원회가 조직되고, 여기서 각 파로 작보作譜 사실을 통지하면 각 파에서는 그 지손들에게 이를 알린다. 각 지손들은 자손의 족계, 족원의 생졸년월일, 관직, 여서女壻, 외손 등을 기록한 단자單子를 보내고 위원회에서는 이를 수집, 정리하여 검토한 후 족보를 작성한다. 족보 간행 경비는 종중에서 일부 부담하기도 하지만, 집집마다 어른과 아이에 따라 일정액을 부담하는 것이 보통이다.

족보는 시조로부터 차례로 한 세대에 한 칸씩 아래로 내려 쓰며 동항렬同行列은 같은 난에 쓴다. 내용은 명名(이름), 자字(본·이름 외 부르는 이름), 호號(본

---

6 金斗憲, 『韓國家族制度研究』, 을유문화사, 1954, 71~73쪽.

명이나 자 이외에 쓰는 아명雅名), 시호를 쓰고, 생졸生卒의 왕조간지월일王朝干支 月日을 쓴다. 또한 관직, 봉호封號, 과방科榜(과거에 급제한 자의 성명을 발표하던 방목) 등 요즘 말하는 개인의 인적 사항을 쓰고, 배우자의 관貫, 성姓, 부父, 조 부, 증조의 관명, 생졸년월일까지도 기재한다. 이외에 분묘의 소재지, 좌향坐 向, 형태 등에 이르기까지 한 개인의 일생은 물론 그의 배우자 또는 고조까지 의 일대를 약술해 놓는다.

이러한 종회와 달리 종약은 종원을 통괄하는 기본 규약으로서 위에서 말한 문장·유사의 선출, 종중재산의 관리나 처분 등 종중의 중요 사항이 기록되어 있다. 이 밖에 종원의 단결이나 연락을 목적으로 조직된 종친회 또는 화수회花 樹會가 있다. 이는 주로 외지에 나가 있는 종원들의 편리를 위한 조직으로 출 발하였으나, 근년에는 대도시에 전국을 망라하는 종친회를 두고 문중이나 종 중이 행할 수 없는 대사업을 수행하기도 한다.

이상의 친족 제도와 친족 조직 등은 조선조에 들어와서 『주자가례朱子家禮』 가 보급되면서 체제를 갖추어 조선 사회의 근간을 이루었다. 그러나 오늘날 문중에 대한 일반 종원들의 태도도 많이 변모해 예전과 같은 거창한 시제나 재 실 등은 점차 그 모습을 잃어가고 있다. 더욱이 8·15 광복으로 민주주의가 도입되면서 반상班常의 차별이 없어지고, 토지개혁으로 지주와 소작 관계가 분열되고 위토답이 많이 줄어들어 문중의 기능이 크게 약화되었다. 게다가 최 근 가정의례준칙의 시행으로 이러한 추세는 더욱 계속될 전망이다.

이 시점에서, 그동안 주로 노년층이 지내던 각종 제사와 전통적인 친족 제도 가 기독교 신자의 증가와 청년들의 도시지향적인 세태에 따라 어떻게 변모될 것인가가 우리들의 큰 관심사이다.

# 제3장 관혼상제

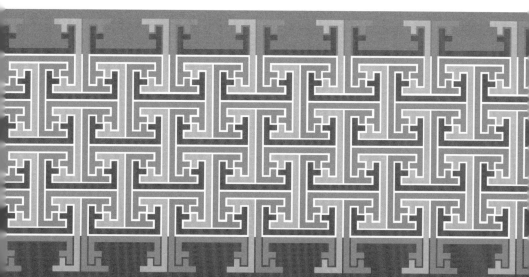

예로부터 우리 민족은 예禮를 숭상하였다. 관혼상제冠婚喪祭란 우리나라의 4례, 즉 대표적인 네 가지 예를 말하는 것으로 관례, 혼례, 상례, 제례를 총칭하는 것이다. 이와 비슷한 사회인류학 용어로 통과의례rites of passage가 있다. 이는 프랑스의 인류학자이자 민속학자인 방 주네프A. van Gennep가 처음으로 사용한 용어로, 개인이 일생을 통해 반드시 통과해야 하는 의례를 말한다. 구체적으로 출생의례, 성년식, 결혼식, 장례식이 여기에 포함된다.

통과의례와 관혼상제의 내용은 서로 중복되기도 하지만 그렇지 않은 것도 있다. 이를테면 통과의례에 있는 출생의례가 4례에는 없고, 4례에 있는 제례는 통과의례에 속하지 않는다. 이 장에서는 통과의례를 중심으로 출생, 성년, 결혼, 상례를 서술하기로 한다. 그런데도 장의 제목을 관혼상제라 한 것은 통과의례라는 용어가 우리에게 익숙하지 않은 까닭이다.

조선조의 사상적 근간이 된 주자학朱子學은 특히 예치禮治를 중요하게 여겼으며, 올바른 예법은 관혼상제, 즉 4례를 제대로 시행하는 것이었다. 이러한 4례의 표준이 된 것이 『주자가례朱子家禮』(일명 『주문공가례朱文公家禮』)였으며, 서민에게까지 널리 알려진 예서禮書는 『주자가례』를 우리나라 실정에 맞게 해석한 『사례편람四禮便覽』이었다.

유교가 국시國是였던 조선조에서는 가족을 교화의 단위로 하고, 개인이 교화하는 구체적 행위로서 가례家禮를 장려하였다. 가례란 사사로이 일반 가정에서 지켜지는 예절에 불과하지만, 조선조는 여기에 교육적 의미를 부과하여 올바로 지내지 않는 사람을 문책하는 등 그 시행을 적극적으로 장려하였다.

이 장에서는 실제 행하여졌던 4례와 이에 더하여 출산의례를 살펴보기로 한다.

# I 출산의례와 관례

출산의례란 출산에 따르는 의례를 말한다. 이 절에서는 좀더 확대하여 자녀를 갖기 위해 행하는 여러 가지 기자祈子행위를 비롯하여 임신, 출산, 산후의례로 나누어, 각 과정에 따르는 금기와 행위에 중점을 두어 살펴보기로 한다.

## 1. 기자祈子

결혼을 한 남녀의 최대 의무이자 소망은 자녀를 낳는 일이다. 우리나라에서의 결혼은 곧 자녀의 출산을 전제로 하는 것이며, 심지어 결혼의 목적이 자녀, 특히 아들을 낳는 데 있었다. 따라서 결혼을 하면 으레 자녀를 낳아야 한다는 것은 불문율이었다.

그러므로 결혼하여 여러 해가 지나도록 자녀가 없으면 당사자인 부부는 물론이고 온 가족이 근심을 한다. 더욱이 남자가 장손이거나 여러 대 독자인 경우 친척들도 걱정을 하게 된다. 따라서 자녀를 낳도록 기원하고 만일 딸만 낳았다면 아들 낳기를 빌게 된다. 이와 같이 자녀를 낳기 위한 갖가지 행위를 기자행위라 하는데, 그 방법으로는 치성만 드리는 치성기자와 주술적인 방법을 사용하는 주술기자 등 두 가지가 있다.

첫째, 치성기자는 산이나 절 등지에서 어떤 일정한 대상물에 대해 부부가 공들이기를 하는 것으로 부인들이 주로 한다. 특히 산에 가서 치성을 올리는 산제山祭가 보편적으로 많이 행해진다.

산제의 방법은 여러 가지이며 대상물이나 제물祭物도 다양하고 기간이 길 경우 몇 달 간 계속되므로 대단히 힘들다. 치성의 대상물로 가장 흔한 것은 거석기암巨石奇岩이다. 즉, 큰 바위나 선바위로서, 대표적인 예로 서울 서대문구 영천 고개 오른쪽에 높이 보이는 선바위를 들 수 있다. 다음으로 샘〔泉〕과 거목이 대상이 되는데, 이들이 합쳐진 샘바위 또한 그 대상이다. 이러한 대상물들은 대부분 산신이 깃들였다고 생각되는 것 또는 그 자체로 영험이 있다고 생각되는 것이다. 공물供物의 방법은 단지 정화수를 한 그릇 떠놓고 비는 것부터 온갖 제물을 갖추고 비는 것까지 여러 가지가 있다.

치성을 드리는 동안에는 당사자인 주부는 물론이고 온 집안 식구들이 일정한 금기禁忌를 지켜야 하며, 대상신 앞에 음식을 차려 몸과 마음을 단정히 하고 빈다. 빌 때는 손을 합장하여 비비며 절을 하는 형태가 가장 일반적이다. 치성은 한 번에 그치지 않고 며칠 내지 몇 달 동안 계속하는 경우도 있어 그 고통이 여간 아니다.

산치성山致誠 이외에 절에 가서 부처님이나 산신에게 비는 절치성도 있다. 절에서는 스님이 치성의 방법을 일러주며 그 기간이 길면 백일까지 가는데 이를 백일기도라고 한다. 이 밖에 집에서 올리는 치성도 있다. 집의 모퉁이 방위를 보아 손없는 방향 좋은 곳을 정해 깨끗이 한 다음 가족들 모르게 새벽마다 정화수를 떠놓고 음식을 장만하여 비는 것이다. 이때 치성 드리는 대상은 주로 칠성님, 조왕님 또는 삼신할머니가 된다. 또한 무당에게 치성을 의뢰하여 마을의 성황당이나 당산나무에게 빌기도 한다.

둘째, 주술기자는 아기를 낳기 위해 특별한 행위를 하거나 별다른 음식을 먹음으로써 그 힘으로 잉태하려는 것인데, 이때의 행위는 몰래 하는 것이 특징이다.

가장 보편적인 방법은 치성자가 아기를 낳은 산모에게 쌀과 미역을 가져가 첫국밥을 해주고, 그 집의 쌀과 미역을 가져다 국밥을 만들어 먹는 방법과 산모에게 새 옷을 해주고, 대신 산모가 진자리(아이가 갓 태어난 그 자리)에서 입던 옷을 얻어 와 입는 것이다. 아기를 낳은 집과 관계된 것으로 금줄을 훔쳐 와 집안에 모시거나 아기를 많이 낳은 부인의 월경대를 훔쳐 차는 방법도 있는데, 모두 상대방 모르게 해야 한다.

이와 같이 자녀를 갖기 위한 치성 방법은 무수히 많다. 결혼한 부인들이 그들의 최대 소망인 자녀를 갖지 못했을 때 하는 고행은 상상 이상으로 어렵고 험난하다. 이로 미루어 우리의 전통사회에서 자녀의 출산, 특히 아들을 얻고자 하는 욕구가 얼마나 강하였는가를 엿볼 수 있다.

갖가지 고행을 겪고서 임신을 하든 또는 자연스레 임신을 하든 일단 아기를 갖게 되면 그때부터 출산하기까지 임신부는 여러 가지 금기를 지켜야 한다.

금기에는 음식물에 대한 것과 행위에 대한 것 두 가지가 있다. 물론 이 두 가지는 소극적인 방법이며, 한약을 달여 먹는다든지 닭이나 생선 등 육류를 먹는 적극적인 방법도 있다. 여기서 살펴보려는 것은 소극적인 방법이다.

먼저 음식물에 대한 금기 사항의 예로는 오리고기를 먹으면 아기 손발이 오리처럼 되고, 토끼고기를 먹으면 아기눈이 새빨갛게 되므로 먹지 않아야 하며, 초상난 집의 음식을 먹어서는 안 된다는 등 지방에 따라 여러 가지가 있다. 행위 금기는 임신부뿐만 아니라 가족들에게도 해당된다. 가장 보편적인 것은 임신부가 불을 넘어다녀서는 안 된다는 것이다. 그 외에 일상생활에서 음탕한 소리는 귀에 담지 말며, 추하고 나쁜 것은 보지도 말고, 마음을 편안히 갖고, 남을 흉보지 않으며, 고된 일을 삼가고, 초상난 집에는 가지 말고 혼사에는 참석하지 말라는 등 여러 가지가 있다.

음식과 행위 금기는 주술적인 것이기는 하나 한편으로는 그럴 듯한 일면도 있는데, 어쨌든 임신부가 모든 일에 조심하고 행동에 유의하라는 것으로 볼 수 있다. 그러나 일단 임신한 후부터는 기자 의례를 치를 때보다 삼가고 조심해야 하는 정도가 덜한 것은 사실이다.

## 2. 출산

임신부가 만삭이 되어 해산일이 가까워 오면 온 집안이 그 준비에 바빠진다. 오늘날 도시에서는 가정 형편이 웬만하면 병원에서 아기를 분만하거나 조산원의 도움을 받는 것이 보통이나, 농촌에서는 간혹 마을 내 모자보건 요원의 손을 빌리거나 재래식으로 분만하기도 한다. 이를 구체적으로 살펴보면 다음과 같다.

흔히 첫 아이는 친정에 가서 낳는 경우가 많다고 하나 보통 임신부가 살던 자신의 집 방에서 분만한다. 산모가 아기를 낳을 기미가 보이면 방에 불을 때서 덥게 하고, 시어머니가 없거나 미숙하면 마을에서 아기를 많이 낳았거나 많이 받아 본 할머니에게 해산바라지를 부탁한다. 이때 해산바라지하는 사람을

'삼할머니'라고 한다. 아기를 받을 사람의 도움으로 산모는 아랫목에 짚을 깔고 뒤처리할 수건 등을 준비한 뒤 검은 치마를 입고 눕는다. 요즘은 짚 대신 장판이나 비닐을 깔기도 한다.

산실 윗목에는 '삼신상'을 차리는 경우가 많은데, '삼신상'은 지방에 따라 '삼지랑상', '재앙상', '지앙판', '삼신지앙' 등 여러 가지로 불린다. 상을 차리는 방법도 지방마다 차이가 있으나 보통 깨끗한 짚을 깔고 상을 놓은 뒤 쌀, 정화수, 미역을 상 위에 올려 놓는다.

삼신은 삼신三神이라고도 쓰지만 산신產神을 일컫는 말인 듯하다. 삼신은 아이를 잉태하게 해주거나 낳게 해주며, 성장을 도와주는 일종의 아동보호신이다. 흔히 백지를 접어 윗목의 벽 북쪽에 모시기도 하지만, 아무 표시를 하지 않고 모시기도 하는 등 그 형태는 다양하다.

아이를 낳을 때 순산을 하면 다행이지만 특히 첫 아이는 어렵게 낳는 경우가 흔하다. 따라서 진통이 오래 계속될 때에는 산모를 병원에 데려가기도 하지만, 그렇지 못할 때에는 주술적인 방법으로 대처하는 수가 많다. 주술적인 방법을 몇 가지로 분류하여 보면 ① 산모에게 어떤 물건을 부착하거나 ② 산모에게 무엇을 먹이거나 ③ 산모의 자리를 옮기거나 ④ 가족들이 특정한 행위를 하는 것 등이 있다.

산모에게 물건을 부착하여 안심시키는 방법으로는 남편의 옷을 산모에게 덮어 주거나, 남편의 이름을 쓴 종이를 산모의 발바닥에 붙여 주거나, 아이를 많이 낳거나 순산한 여자가 산모의 배를 만지는 방법이 있다. 산모에게 특별히 먹을 것을 주는 예로는 남편이 샘에 가서 물을 한 입 머금고 와서 그것을 산모 입에 넣어 주거나, 메밀대나 수수를 삶아 마시게 하거나, 달걀에 참기름을 섞어 먹이는 것이 있다. 이외에도 남편이 산모를 업고 집을 한 바퀴 돌거나, 산모를 꿇어앉히고 물을 뿌려 주거나, 집안 식구들이 서랍을 빼놓거나, 신발을 뒤집어 놓기도 한다. 이 밖에도 난산을 막기 위한 주술적 방법, 즉 안산법安産法은 지방마다 다양하다.

순산이든 난산이든 일단 아기가 완전히 나오면 조산원은 미리 준비한 가위와 실로 태胎를 자른다. 자른 태는 짚이나 종이에 싸서 일정한 방위를 보아 놓고, 아기는 깨끗한 수건으로 닦아 준다. 예전에는 3일이 지나야 목욕을 시켰으나 요즘은 바로 목욕을 시키기도 한다. 태는 보통 3일째 되는 날 또는 3일 이내에 처리한다. 우리나라의 태처리 관습으로는 작은 항아리에 넣어 뚜껑을 닫은 뒤 땅에 매장하거나 물에 띄워 보내거나 불에 태우는 방법이 있다. 대체로 태우는 방법을 따르는데, 이때도 일정한 방위가 있어 이를 소태방燒胎方이라 한다.

　아기를 낳으면 곧 '인줄'을 쳐서 외부인의 출입을 금한다. 인줄은 '금줄' 또는 '금구줄'이라고도 하며, 대부분 집의 정문에 달아 두지만 해산한 방 앞이나 부엌에 치기도 한다. 인줄은 왼새끼를 사용하며, 여기에 남녀의 성을 표시한다. 지방에 따라 약간의 차이는 있으나 대개 남자의 경우 고추, 숯, 짚을 달고, 여자의 경우 짚, 숯, 종이 또는 솔잎을 달아 준다. 이것은 일종의 분리의례로 집안 식구들도 삼가고 조심하지만 외인外人, 특히 부정한 사람—상주나 상가 사람 등—의 접근을 금하고자 함이다. 인줄은 한이레 또는 세이레에 걷는다. 산모에게는 첫국밥을 해 주는데 이것은 흔히 삼신상에 올렸던 쌀과 미역으로 마련한다. 이때 고기를 넣지 않고 끓인 소국을 주는 것이 보통이다.

　아기가 세상에 태어난 지 3일째부터 산후의례가 시작된다. 이날 아침 산모는 쑥물로 몸을 씻고 아기도 따뜻한 물로 목욕을 시키는데, 첫날은 위로부터 아래로, 이튿날은 아래로부터 위로 씻기면 발육이 고르다고 한다. 지방에 따라서 이날 삼신상을 치우는가 하면 한이레에 치우는 경우도 있다. 집안 식구들은 비로소 이날부터 산실에 출입할 수 있다.

　보통 아기의 생후 7일째를 '한이레' 또는 '첫이레'라고 한다. 이때 쌀깃(강보襁褓)을 벗기고 깃 없는 옷을 입히며 동여 맸던 팔 하나를 풀어 놓는다. 형편이 여의치 못한 집에서는 산모가 이날부터 비교적 쉽고 힘겹지 않은 일을 시작한다. 두이레 되는 날에는 깃 있는 옷에 두렁이(어린아이의 배로부터 그 아래를 둘러 가리는 치마 같은 옷)를 입히고, 나머지 팔 하나마저 풀어 놓는다. 그리고 세이레 되는 날 비로소 아래 위의 옷을 제대로 갖춰 입히게 된다.

세이레, 즉 삼칠일(21일)이 되는 날은 산실이 완전히 개방되고 인줄도 거두어 버림으로써 그동안의 모든 금기가 해제되는 날이다. 이날에는 이웃이나 친척들이 선물을 가지고 아기 구경을 오는데, 아기를 낳은 집에서는 이들에게 미역국과 밥을 대접하고, 삼신할머니에게도 한 상 푸짐히 대접한 뒤 삼신상을 거둔다. 출산일의 행사가 분리의례라면, 이날은 통합의례를 행하는 날이다.

세이레가 지난 후 아기를 위한 가장 큰 의례는 백일百日이다. 요즘은 의술의 발달로 유아사망률이 높지 않으나, 20세기 초만 해도 태어난 지 백일 이내에 사망하는 수가 많았다. 따라서 어려운 시기를 넘기고, 하나의 생명체로서 존재할 수 있게 된 것을 축하하는 것이 곧 백일이다. 이때 집안에서는 찾아온 친척, 이웃 등 손님들에게 융숭한 대접을 하고, 손님들은 아기의 수명이 오래 이어지도록 실을 가져오거나 옷을 가져와 축하를 한다. 요즘에는 백일잔치보다 돌잔치를 더 성대하게 하고, 백일은 기념 사진이나 찍고 그냥 넘기는 수가 많다.

그림 3-1. 돌잔치

아기가 태어난 지 1주년 되는 날이 돌이다. 돌은 아기에게도 중요한 일이지만 온 집안의 큰 경사이기도 하다. 멀고 가까운 친척들을 초대하여 잔치를 벌이며, 손님들 또한 여러 가지 선물을 가져와 아기의 장래가 잘 되기를 축원한다. 대개 돌떡이라 하여 백설기나 수수팥떡을 만들어 손님에게는 물론 이웃에게도 돌리는데, 떡을 받은 집에서는 빈 접시를 보내지 않고 선물과 함께 보낸다.

이날 가장 중요한 것은 '돌잡이'라 하여 떡, 실, 돈, 활과 화살(주인공이 여자아기면 활과 화살 대신 자, 바늘, 가위를 준비한다), 책, 종이, 붓, 먹 등을 준비하여 이를 아기 마음대로 가지게 하여 집는 것에 따라 성격·장래성·수명·재복財福 등을 점친다. 돌잡이를 달리 일컬어 시주試周라고도 하며, 마음에 맞는 물건을 고르게 하고 장래를 점친다 하여 시아試兒, 시수試晬라고도 한다.

백일잔치든 돌잔치든 늘 성대히 치르는 것은 아니다. 집안의 경제력 정도에 따라 차이가 있으며, 도시와 농촌 간 또는 아이의 성별이나 자녀의 순위에 따라서도 양상이 다르다. 돌잔치를 끝으로 출생의례는 일단 끝나는 셈이다. 기타 출산과 관련된 것으로 태몽, 태점, 출산시간의 길흉, 작명 등이 있는데 여기서는 생략한다.

## 3. 관례冠禮

관례는 어린이가 성인이 되었다는 것을 상징하기 위해 갓[冠巾]을 씌우는 의식이다. 이때 갓이란 성인임을 표시하기 위해 머리에 얹는 모자를 의미한다. 관례를 치르기 전에는 어린이였으나 일단 관례를 치른 후에는 사회의 한 성원으로서 이때부터 성인 사회에 참여할 수 있는 자격을 얻게 된다. 결혼은 이 이후에 할 수 있음은 물론이다.

관례는 중국의 것을 받아들여 고려 광종 16년(965)에 왕자에게 원복元服의 예를 행한 이후 주로 상류층에서 행해져 온 것으로, 오늘날 말하는 성년식 initiation과 거의 같은 것으로 보인다. 이와 비슷한 성격의 고대 행사로 신라의 화랑제도를 드는 학자도 있다.

관례는 보통 남자는 20세, 여자는 15세 전후에 행해지는데, 이 시기는 관례를 받는 자가 정신적·육체적으로 성숙된 시기, 즉 사춘기에 이른 때로서 조선 후기에는 10세 전후에 행해지기도 하였다.

관례는 빈賓(주례자)의 주관하에 거행되며 주요 의식은 삼가례三加禮이다. 즉, 가관건加冠巾, 재가모자再加帽子, 삼가복두三加幞頭 등 세 가지 절차가 그것이다. 초가初加에서는 관례자의 쌍상투를 합해서 쪽을 찌고, 망건에 관을 씌우며 삼규삼三袿衫을 벗겨 심의深衣를 입힌다. 재가에서는 초가에서 쓴 관건을 벗기고 사모紗帽를 씌우며, 심의 대신 조삼에 가죽띠를 매고 계혜繫鞋를 신게한다. 삼가에서는 복두를 씌우며 난삼襴衫에 띠를 띠고 신을 신긴다. 이 세 가지 의식은 일정한 격식에 따라 엄숙하게 진행되며, 매번 주례자인 빈이 축사를 낭독한다.

여자의 관례는 계례笄禮라 한다. 이것은 머리를 올려 쪽을 찌고 비녀를 꽂는 의례로, 예서에 의하면 남자의 관례와 같이 주관자와 주례자가 있다. 계례의 주관자는 어머니가 되고 주례자는 별도로 빈을 청한다. 머리를 올리고 사당에 고하며 호號를 정하는 것은 관례와 유사하다.

관례는 남자가 일단 성년기에 달하면 상중 기간을 피하여 가장家長을 비롯한 친척이 참석하여 장로의 인도로 가관착복加冠着服을 행하는 의식이다. 예가 끝나면 자字가 수여되고, 사당에 고한 뒤 참석자들에게 절을 하는 것이 보통으로 이후부터 성인으로서 인정받게 된다. 여자의 경우 혼례 중에 관례가 포함되어 있어 별도로 치르지 않았다.

오늘날 전통관례는 민속에서 사라져 버렸다. 이는 1894년 갑오경장 때 단발령을 시행한 이후 머리를 땋지 않고 상투를 떼어 버림으로써 그 의의를 상실한 것이 결정적인 계기가 된 것으로 보고 있다.[1]

---

1 張德順 외, 『韓國의 風俗』, 문화공보부 문화재관리국, 1970, 265쪽.

그러나 관례는 어디까지나 일부 상류층에서 행한 것이고, 일반 서민들은 이미 오래전부터 혼례에 포함되어 있어 별도로 행하지 않았다. 따라서 관혼상제 중 관례만은 오늘날의 민속도 아니고, 과거 일반 대중의 민속도 아니었음을 알 수 있다.

# Ⅱ 혼례

사람은 대부분 일생에 한 번은 결혼하게 마련이다. 물론 비구(니)나 신부, 수녀 또는 독신주의자들은 이 원칙에서 제외되겠지만, 대부분의 사람들은 결혼을 하여 가정을 가지게 된다. 따라서 결혼의 의례인 혼례婚禮는 사람의 일생에서 중요한 계기가 되는 만큼 복잡한 절차를 거치는 것은 당연한 일처럼 보인다.

혼인은 남녀의 결합을 사회적으로 인정받는 의식이다. 『주자가례』에는 의혼議婚, 문명問名, 납길納吉, 납징納徵, 청기請期, 친영親迎 등 6례가, 『사례편람』

그림 3-2. 혼례

에는 의혼, 납채納采, 납폐納幣, 친영 등 복잡한 의례순서가 정해져 있다. 이것은 어디까지나 기본을 말한 것이지 꼭 그대로 지켰던 것은 아니며, 형편에 따라 많은 변화를 거듭해 왔다.

특히 8 · 15 광복을 전후로 예식장에서 치르는 신식 혼례가 생겼는데, 여기서는 주로 우리나라 고유의 혼례를 중심으로 혼인의 의미나 제도보다는 의례의 과정에 중점을 두어 고찰하기로 한다.

## 1. 의혼議婚

혼인할 나이가 된 자녀를 가진 집에서는 혼인 문제에 상당히 신경을 쓰게 된다. 그도 그럴 것이 혼인은 인륜지대사人倫之大事이며, 혼인을 잘 하느냐 못하느냐에 따라 그 사람이 어떤 삶을 살아가느냐가 좌우되기 때문이다. 따라서 멀고 가까운 친척 또는 이웃에게 적당한 혼처를 부탁하기도 한다. 여기서 중매인仲媒人의 역할이 시작된다.

구식 혼인에서 중매인의 역할은 중요하다. 예전에는 전문적인 중매인도 있어 이를 중매쟁이, 중매꾼이라 하였는데 흔히 혼삿말이 오가는 쌍방의 어느 한쪽 친척이 중매인이 되는 수가 많았다. 이렇게 해서 일단 중매가 있게 되면 양가에서는 서로 상대 집안의 사정에 대해 탐문하고, 궁합을 보거나 당사자의 사람됨됨이 등을 여러 가지 방법으로 알아본다.

요즘은 당사자 간에 맞선을 보기도 하고 양가 부모가 먼저 만나기도 하지만, 예전에는 당사자의 부모끼리 중매인을 통해 일단 혼인시키기로 합의하여 정혼하면 신랑 집에서 신부 집에 사주四柱와 청혼서를 보내는 것이 상례였다. 이를 납채라 한다. 사주는 백지白紙에 신랑의 생년월일시를 적어 5칸으로 접어 큰 봉투에 넣은 뒤 앞면에 '사주'라 쓰고 뒷면에는 '근봉謹封'이라 써서 싸릿대에 끼우고 청홍실로 매어 사주보에 싸서 중매인이 신부 집에 전한다.

사주를 받은 신부 집에서는 허혼서許婚書와 택일擇日을 보내는데, 허혼서에도 일정한 양식이 있다. 택일은 '연길涓吉'이라고도 하며, 전안년월일奠雁年月

日과 납폐시일納幣時日을 기입하되 양가의 서신은 모두 주혼자인 부모의 명의로 한다.

납폐는 신랑 집에서 신부 집으로 함을 보내는 것을 말하는데, 지방마다 양식이 다양하다. 경상도에서는 함을 보내기 전에 날을 잡아 '봉치' 또는 '송복送服'이라는 절차가 있어 신랑 집에서 신부 집에 한살림을 보내기도 하였다. 납폐는 혼인 전날에 보내거나 혼인 당일 신랑의 초행길에 보내기도 하는데, 지방에 따라서는 함에 많은 물건을 넣어 보내기도 한다. 그러나 예전에는 보통 신부 치마저고릿감 두 벌 정도와 예장서라는 혼서지를 넣어 보냈다. 혼서지는 일종의 혼인문서인 셈이다.

복잡한 구식 혼인 절차와는 달리 근래에는 약혼식에서 예물이 교환되고 사주가 오가거나 납폐만을 결혼 전날 신랑의 친구들이 가져가는 등 많은 변화가 나타나고 있다.

## 2. 혼례식

구식 혼인에서 납폐와 친영이 이 의식에 해당하는데, 여기서는 혼례식을 중심으로 한 의례절차에 대해 살펴보기로 한다.

혼례를 올리기 위해 신랑이 신부 집에 가는 것을 초행初行이라 한다. 신부 집이 멀면 아침 일찍 떠나야 하는데, 이때 동행자로는 신랑 집을 대표하여 신랑의 아버지 또는 할아버지, 두 분 다 사망했으면 큰아버지가 가는데 이를 상객上客이라 한다. 이외에 함과 관복 또는 오리를 갖고 가는 '함진아비'와 '중방'이 따른다. 또한 후객이라 하여 2~3명이 더 따르기도 한다.

신랑 일행이 신부의 마을에 다다르면 신부 집에서 '대반對盤' 또는 '인접人接'이라 일컫는 안내원이 나와 이들을 '정방'으로 안내한다. '정방'이란 신랑 일행이 잠시 여장을 풀고 쉬는 곳으로, 한 집의 사랑채와 방 하나를 빌려 신랑이 온 방향에서 신부 집을 지나지 않는 곳으로 정한다. 신부 집에서는 이들에게 간단한 술상을 차려 오고, 요기가 끝나면 신랑은 집 안에서 사모관대를 갖

그림 3-3. 신랑의 초행

추어 화려하게 차려 입고 함진아비는 납폐시에 맞추어 신부 집에 들어간다.

신부 집에서 납폐 준비를 위해 따로 멍석을 깔아 상을 놓고 병풍을 쳐놓으면 함진아비는 함을 벗어 상 위에 놓는다. 이때 신부 측에서 다복한 여자가 이를 받아 안방으로 가져가 깔고 앉으면서 "복 많이 왔네" 하고 소리치면 신부 어머니는 함에 손을 넣어 처음 잡히는 옷감의 색이 무슨 색인가를 본다. 함진아비에게는 수고했다며 노자를 주고 술을 대접한다.

납폐가 끝나고 나면 곧 혼례식을 거행하게 되는데, 신부 집 앞마당에 천막을 치고 휘장을 두르고 가운데에 대례상을 준비한다. 이 상을 '친영상親迎床' 또는 '교배상交拜床'이라고도 한다. 상 위에는 보통 촛대 두 개와 송죽이나 사철나무를 꽂은 꽃병, 밤, 대추, 쌀, 보에 싼 암탉과 수탉 그리고 청홍실과 쪽바가지 두 개를 놓는다. 이것은 지방마다 다소 차이가 난다.

신랑이 입장함으로써 혼례식이 시작된다. 흔히 식순을 알리기 위해 글을 많이 배운 노인이 홀기笏記(혼례나 제례의 의식 때 그 순서를 적은 글)를 부르게 된다. 혼례식은 홀기에 따라 진행되며 순서는 대개 다음과 같다.

하마下馬  예전에는 신랑이 가마나 말을 타고 왔으므로 행했으나 요즘은 흉내만 내느라 문 앞의 쌀가마를 딛고 넘어선다. 이 절차는 생략하기도 한다.

찬자읍서입贊者揖婿入  문에 들어선 신랑을 대반이 안내하여 들어온다. 지방에 따라서는 "主人迎婿門" 하고 신부 아버지가 맞아들이는 수도 있다.

전안청奠雁廳  대반이 신랑을 전안청에 안내한다.

종자봉안수지서從者奉雁授之婿  木雁(나무로 만든 기러기)을 들고 신랑 뒤를 따라온 사람이 신랑에게 목안을 주면 신랑은 두 손으로 공손히 받들고 있다.

서집안북향궤婿執雁北向跪  신랑이 목안을 들고 奠雁床 앞에 무릎을 꿇고 앉되 방향은 북향으로 한다.

치안어지 봉안치우탁상置雁於地 奉雁置于卓上  신랑이 목안을 전안상 위에 놓는다.

면복흥재배俛伏興再拜  신랑이 잠시 허리를 구부렸다 일어서서 큰절을 두 번 한다. 이때 신부 어머니는 목안을 싸서 빨리 신부가 있는 안방에 던지는데 이것이 바로 서면 첫아들, 누우면 딸을 낳는다고 한다. 이것으로 소례인 전안례, 즉 부부의 맹서가 끝난다.

찬자인서贊者引婿  대반이 신랑을 안내하여 자리를 옮긴다.

교배석전交拜席前  신랑이 안내를 받아 대례 올릴 교배상 앞에 온다. 이때 신랑은 상 동쪽에 선다.

관세위남향립盥洗位南向立  손을 씻고 남향으로 선다. 대반이 떠온 물에 손을 씻는 체만 하고 수건으로 닦고 남향하여 선다. 지방에 따라서는 신부가 나온 후에 하기도 한다.

부인교배석전婦引交拜席前  지방에 따라서는 "新婦出" 하기도 한다. 원삼 족두리에 곱게 단장한 신부가 양쪽으로 인접의 부축을 받으며 얼굴을 가린 채 광목을 깔아 놓은 위를 걸어 대례상 서쪽에 선다.

관세위북향립盥洗位北向立  신부가 손을 씻고 북향하여 선다. 그러나 옆에 있는 인접이 손만 적실 뿐이다.

서읍부취석婿揖婦就席  신랑이 먼저 대례상을 마주 보고 제자리에 서서 약간 고개를 숙여 읍하면 신부는 제자리에서 신랑을 마주 보고 선다.

신부재배新婦再拜  신부가 신랑에게 큰절을 두 번 한다.

서답일배婿答一拜  신랑이 신부에게 큰절을 한 번 한다.

신부우재배新婦又再拜  신부가 다시 두 번 절한다.

신랑우답일배新郎又答一拜  신랑이 다시 답으로 한 번 절한다. 이것으로 교배례가

끝난다. 다음으로

**신랑신부각궤**新郎新婦各跪　신랑 신부가 제자리에 앉는다.

**근배례재행여지**쯀拜禮再行如之　합근례를 행하라는 것이다. 첫 잔과 둘째 잔은 각자 마시고, 셋째 잔을 교환하거나 첫째 잔은 신부가 신랑에게, 둘째 잔은 신랑이 신부에게 주고 셋째 잔은 교환하기도 한다.

**대례필**大禮畢　이것으로 혼례의 핵심인 소례·대례가 모두 끝난다.


대례가 끝나면 신부가 병풍을 쳐놓은 안방에 먼저 들어가고 신랑은 후에 들어가거나 다른 방으로 가기도 한다. 이때 신랑은 '관대벗김'이라 하여 사모관대를 벗고 신부 집에서 만든 옷으로 갈아 입는다.

이어 신랑은 간단한 요기상을 받고 이것을 물리고 난 뒤 상객과 함께 별도의 큰상을 받는다. 여기 올린 갖가지 음식은 후에 신랑 집으로 보낸다. 상객은 사돈댁 어른과 인사를 나눈 뒤 보통 혼례일에 돌아간다.

신부는 혼례를 치른 그날로 신랑과 함께 시댁으로 가는 일도 있는데 이를 '당일우귀'當日于歸라 하고, 3일 신방을 치르고 가는 것을 '삼일우귀'三日于歸라 한다. 지방에 따라서는 신랑이 일단 집으로 갔다가 신부 집에 재행하여 신부를 데려가기도 한다. 또, 신랑이 집까지 오가는 번거로움을 덜기 위해 신부 마을을 벗어나 옆 마을에서 하루 자고 다음날 신부 집으로 가서 삼일우귀를 하기도 한다. 이런 재행을 인재행이라 한다.

신랑과 신부가 첫날밤을 보내기 위해 신방에 들면 '주안상'이라는 간단한 술상이 들어간다. 신랑·신부는 간단히 요기한 후 신랑이 신부의 족두리와 예복을 벗기고 잠자리에 드는데, 이때 '신방엿보기'[2]라 하여 가까운 친척이나 이웃들이 신방의 창문을 뚫어 구경한다.

이튿날 신부는 아침 일찍 일어나 죽이나 떡국을 신랑에게 대접한다. 아침 식

---

2　이 문제에 대해서는 張德順(앞의 책, 274~276쪽)과 宋錫夏(『韓國民俗考』, 日新社, 1960, 87쪽)가 대체로 신방의 돌발적인 사고 예방을 위해서라는 데 동의하고 있으나, 그 폐해가 몹시 심했던 것만은 사실이다.

사 후 신랑은 신부의 부모와 가까운 친척 어른들에게 인사를 드리고 오후에는 신부 측 젊은이들이 '신랑다루기' 또는 '동상례東床禮'를 하는데, 예전에는 신랑을 거꾸로 매달아 놓고 발바닥을 때리는 등 그 폐단이 심하였다. 3일째 되는 날 신랑과 신부 일행이 신랑 집으로 떠나는데 이를 신행新行이라 한다. 예전에는 '해묵이' 또는 '달묵이'라 하여 해를 넘기고 달을 넘긴 후 신랑 집으로 가는 경우도 있었다.

구식 혼례식은 이처럼 절차가 까다롭고 복잡하다. 그러나 오늘날 도시에서는 물론 농촌에서도 구식혼을 하는 이들이 별로 없고, 대신 예식장, 교회 또는 공회당 등에서 혼례식을 올리는 것이 대부분이다.

### 3. 신행新行

신부가 친정을 떠나 시집으로 가는 것을 신행이라 한다. 신행길에는 신부와 함께 많은 사람이 동행하게 되는데, 대체로 신부 집을 대표하는 상객, 신부 시중을 드는 수모(신부에게 딸려 단장을 꾸며 주고 예절을 거행하게 받들어 주는 여자) 또는 하님(계집종) 그리고 짐꾼이 따르고 신랑이 앞장을 선다. 이때 신랑은 말을 타고 신부는 가마를 탄다. 신부 측 상객도 신랑 측과 마찬가지로 그 아버지나 할아버지가 되고, 수모는 이모나 고모 혹은 친척 중 젊은 부인이 가거나 하님이 간다.

신부가 신랑의 마을에 이르면 신랑이 신부의 마을에 갔을 때와 같이 정방에 들어 쉬었다 가기도 하나, 일반적으로 바로 신랑 집에 들어간다. 이때 집 앞에 짚불을 피워 이것을 뛰어넘게 하거나 양쪽에 불을 피워 지나가게 하며, 소금이나 팥 또는 목화씨 등을 뿌림으로써 부정을 쫓는다.

신부의 가마가 마루 앞까지 와서 내리면 신랑이 가마 문을 열어 주고 신부는 가마에서 나와 정한 방에 들어간다. 이때 신부가 가마에서 내리면 신부 가마에 깔았던 짚방석을 지붕 위에 던진다. 이것은 신부가 도착했다는 것을 표시하는 것이다. 방에 들어간 신부가 고개를 숙이고 자리에 앉아 있으면 간단한 요기상이 들어오고, 조금 뒤에 신부와 상객은 신랑 집에서 준비한 큰상을 받는다. 이 역시 별로 손대지 않고 물리면 상에 있는 음식을 빠짐없이 광주리에 담아 신부 집에 보낸다.

신부가 시집에 와서 드리는 인사가 곧 폐백幣帛인데, 이를 구고례舅姑禮라고도 한다. 신부는 미리 친정에서 준비해 온 대추, 밤, 술, 안주, 과일 등을 상 위에 놓고 시부모와 시집의 어른에게 근친의 차례로 큰절을 하고 술을 올린다. 제일 먼저 신부, 즉 며느리에게 절을 받은 시부모는 치마에 대추를 던져 주며 부귀다남富貴多男하라고 당부한다. 이때 신부는 시부모와 시집 식구들에게 줄 옷이나 버선 등 선물을 내놓는다.

다음날 아침 신부는 일찍 일어나 몸단장을 하고 시부모에게 문안 인사를 올린다. 이 문안 인사는 시부모가 그만두라고 할 때까지 계속되지만 보통 3일 내에 그친다.

시집에 온 지 3일 동안 신부는 부엌에 출입하지 않는 것이 일반적이다. 이 기간 동안 가까이 있는 친척들은 신부를 식사에 초대한다. 그러면 시어머니가

**그림 3-4.** 신부연석新婦宴席

새 며느리를 데리고 다니며 인사를 시키고, 시댁의 친족 관계 등 여러 가지 사정을 일러준다. 새 며느리의 일상생활은 시집에 온 지 나흘째 되는 날 부엌에 출입함으로써 시작된다.

예전에는 시집와서 첫 농사를 다 지어 수확한 곡식으로 떡과 술을 만들어 친정에 첫 나들이, 즉 근친觀親을 갔으나 요즈음은 신행한 지 1주일 내에 신랑·신부가 같이 근친을 간다. 신랑이 초행 갔다 3일 만에 신행이 있었으면 신랑에게는 재행再行이 되는 셈이다. 재행을 갈 때에는 신부의 친족이 음식을 장만하여 신랑을 초대하며, 이때 부모가 안내를 맡아 신랑을 신부의 친족들에게 인사시킨다. 이렇게 며칠을 지내고 신랑·신부가 본가에 돌아오면 비로소 신부는 한 집의 며느리로서 주부로서의 본격적인 살림을 시작한다.

오늘날 관례는 완전히 자취를 감춰 행하는 사람이 없으나, 나머지 의례 중 특히 혼례는 많은 변화를 거듭하여 예의 순서나 내용이 많이 약화되거나 생략되었다. 더욱이 현대 자유혼의 풍조는 이러한 의례 관습의 변화를 촉진하는 한 요인이 되었다.

# Ⅲ 상례

사람은 누구나 세상에 태어나면 반드시 죽게 마련이다. 사람이 일생에서 마지막 통과하는 관문이 죽음이고, 이에 따르는 의례가 상례喪禮이다. 상喪이란 원래 사망을 뜻하여, 특히 자녀가 부모의 사망을 말할 때 상이라 한다. 따라서 상은 애哀를 뜻하며, 친상 또는 방친상旁親喪이라고도 한다. 한편 상이란 사람의 죽음에 대하여 애도의 뜻을 나타내는 행위를 의미하기도 한다. 이러한 상을 친상과 구분하여 거상居喪이라고 한다.

상은 조상숭배에서 비롯된 체제의 일종으로 제祭와 함께 선인에 대한 의례로서 상례를 흉례凶禮, 제례를 길례吉禮라 한다. 이 중 상례는 유교의 영향을 가장 많이 받은 영역으로 그 절차와 형식은 오늘날에 이르기까지 변화가 가장 심하지 않다. 여기서는 사람의 임종부터 염습殮襲, 출상出喪, 대소상大小祥 그리고 제령除靈의 예에 이르기까지 초종初終, 습렴襲殮, 치장治葬 그리고 흉제凶祭로 나누어 고찰하기로 한다.

## 1. 초종初終

부모의 병이 위독하여 운명할 기미가 보이면 병자를 시신 모실 안방이나 대청으로 모시는데, 남자는 정침正寢에 여자는 내침內寢에 옮겨 모신다. 이를 천거정침遷居正寢이라 한다. 즉 남녀가 죽음에 임하여 정침에 천귀遷歸함으로써 남녀의 구별을 명백히 하고 죽음을 정正히 맞게 하려는 것이다. 그러나 이것은 반가班家의 습속일 뿐 일반민은 안방으로 모시는 것이 통례이다. 자손들은 집 안팎을 조용하게 하고 개복改服한 다음 부모의 손발을 잡고 숨을 거두는 것을 지켜보는데, 이를 임종이라 하고 임종을 못 보는 것을 큰 불효로 여긴다.

임종할 방에 옮겨진 부모는 동쪽에 머리를 두게 하고 새 옷으로 갈아 입히고 바로 뉘어 놓는다. 혹 유언이 있으면 머리맡에 앉아 받아 적는다. 『사례편람』의 예서에는 임종시 남자는 남자의 손에, 여자는 여자의 손에서 숨을 거두어야 한다고 하나, 이는 남녀 내외법內外法의 일종으로 생각되며, 잘 지켜지지 않는다. 마지막 숨이 단절되는 것을 분명히 하기 위해 솜을 입 위에 놓고 숨이 그치는 것을 지켜보는 것을 속광屬纊이라 한다.

사망이 완전히 확인되면 모여 앉았던 자손들이 애곡벽용哀哭擗踊하니, 즉 소리를 질러 비통하게 곡을 하고 가슴을 치며 발을 구른다.

한편 밖에서는 떠나는 영혼을 부르는 고복皐復을 한다. 예서에는 망인의 웃옷을 가지고 지붕에 올라 왼손으로 옷깃을, 오른손으로 허리를 잡고 북쪽을 향해 흔들면서 남자는 관직명이나 자字를, 여자는 이름을 부르게 되어 있다. 고복이 끝나면 지붕에서 내려와 고복한 옷을 시신의 가슴 위에 얹는다. 고복하는 옷은 벼슬을 지낸 사람이었으면 공복公服 또는 심의深衣를, 그렇지 못한 사람이면 심의나 도포를, 여자이면 저고리를 사용한다.

근래 행해지는 고복은 마당에 서서 지붕을 보고 오른손으로 망인의 속적삼을 잡고 왼편으로 흔들면서 망인의 주소, 성명을 말한 뒤 "복, 복, 복" 하거나 그냥 세 번 "복"만 부르거나 또는 "돌아다보고 옷이나 가져가시오" 하고 외치기도 한다. 그리고 속적삼은 지붕 위에 던져 두었다가 후에 내려서 시신 가슴 위에 얹는다. 이 또한 지방마다 조금씩 차이가 있다. 고복은 떠나가는 영혼을 다시 불러 재생시키는 일종의 초혼의례이며, 흰 적삼을 지붕 위에 얹는 것은 타인에게 상가임을 알리고자 함이다.

고복에 이어 사자상使者床 또는 사잣밥을 차리는데, 이에 대해서는 예서에 없다 하여 차리지 않는 집도 있으나 차리는 경우가 많다. 사자상은 사자가 3명이라 생각하여 밥 세 그릇, 반찬, 돈, 짚신 세 켤레 등을 멍석이나 푼주 위에 올려 놓거나 상 위에 올려 놓는데 이때 상주들은 두 번 절하고 곡을 한다.

한편 방 안에서는 망인을 지켜보던 처와 자녀들이 머리를 풀어 피발被髮하고 패물 등을 빼고 흰 두루마기를 입는다. 부상父喪이면 왼쪽 팔을, 모상母喪이면 오른쪽 팔을 끼지 않는 좌단우단左袒右袒의 격식을 갖추고 시신 앞에 엎드려 근신한다. 망인의 친자는 3일 동안 밥을 먹지 않고, 기공期功 이하 가까운 친척들은 식사량을 줄이는 것이 원칙이다.

고복이 끝나면 시신이 굳기 전에 시신을 반듯이 놓고 간단하게 묶어 놓는데, 이를 '수시收屍' 또는 '소렴小殮'이라 한다. 예서에는 풀솜으로 입과 코를 막는 정도이지만 우리나라의 상속喪俗은 그에 비해 복잡하다. 우선 나무 세 토막 또는 짚 세 뭉치를 베개처럼 만들어 윗목에 괴거나 또는 머리만 윗목으로 가게 하고, 그 위에 칠성판 또는 시송판이라는 널판을 놓는다. 널판 위에 시신을 놓되 손을 앞으로 모아 겹치게 한 다음 허리까지 묶고, 다리는 나란하게 하되 발바닥을 위로 치키며, 엄지발가락을 끈으로 매고 시신을 몇 군데 묶은 뒤 홑이불을 덮어 두며 앞에는 병풍을 쳐놓는다. 지방에 따라 송판 대신 대나무를 발 모양으로 엮어 사용하거나 부엌문 또는 창문을 송판 대용으로 사용하기도 한다. 하지만 한결같이 칠성판 밑을 베개 모양으로 괴어 놓고 시신을 거두어 가

볍게 묶어 놓는 점은 공통적이다.

병풍 앞에는 작은 상을 놓으니 이를 시사전始死奠이라 한다. 이 상에는 혼백魂帛을 만들어 놓고 생전에 먹던 음식보다 나은 포혜주과脯醯酒果를 차려 둔다. 예서에 의하면 혼백은 백견白絹을 결結하여 만든 것이라 하나 일반적으로 쓰는 것에는 두 가지 종류가 있다. 하나는 종이를 접어 사통팔달四通八達이 되게 하여 오색실로 묶은 것이며, 다른 하나는 청·적·백 세 가지 색실로 정자井字가 되게 만든 것으로 혼백은 작은 상자에 넣어 상 위에 둔다.

상은 흔히 갑자기 당하는 일이므로 상사喪事를 여럿이 분담한다. 이를테면 상주喪主, 주부主婦, 호상護喪, 사빈司賓, 사서司書, 사화司貨, 찬축贊祝 등이 나누어 처리한다. 상주는 주상자主喪者로 시신을 지키고 시사전 앞에서 봉사하는 사람인데 적장자가 이에 해당한다. 만일 적장자가 없으면 승중장손承重長孫, 차적자손次嫡子孫, 첩출자손妾出子孫 순위로 정한다. 일단 상주가 정해지면 형제들은 상주 유고시 동거친同居親으로서 그를 대리하여 분향할 수 있되 여자는 상주가 될 수 없다.

주부란 며느리들을 통솔하여 상사를 치르는 여자로 주로 망인의 처가 되는데, 만일 처가 없으면 상주의 처가 대신한다. 호상이란 상주를 도와 여러 가지 상무喪務를 집행 처리하는 사람으로 근친 중에 예에 밝은 사람이 맡는다. 사빈은 외청에서 빈객을 접대하는 사람으로 망인의 친구 중에서 뽑는다. 사서와 사화는 상사 중 기록할 사항과 재화를 관리하는 사람으로 근친이나 친구 중에서 택한다.

찬축贊祝은 원래 찬과 축을 말하는 것이다. 찬은 찬명贊鳴이라고도 하는데 의례 때 창唱하는 사람이다. 축은 축문을 읽는 사람으로 친족이나 친구 중에서 택한다.

상보喪報를 알리는 부고訃告는 급한 상사를 널리 알리는 것이 무엇보다 중요하다. 근친에게는 직접 사람을 보내 알리지만 먼 친척이나 친구에게는 사서가 부고장을 만들어 통지하고 관에 계출한다. 부고는 원래 간단하게 '姓名(상주

이름)大人 某官公'이라 하고, '以宿患今月某日別世專人訃告'라 하여 연월일과
호상 성명에 '上'이라고만 기입하던 것이다. 요즘에는 언론 매체의 부음란에
서 흔히 볼 수 있듯이 상주와 자손, 사위의 이름까지 적고 있다.

## 2. 습렴襲殮

습렴은 시신을 목욕시킨 후 묶어 관에 넣는 것을 말하는데, 크게 습襲과 대
렴大殮의 과정이 있다. 습은 시신을 목욕시키고 의복을 갈아 입히는 것이며,
대렴은 시신을 단단히 묶고 입관하는 것이다. 예전에는 운명한 당일에 습하고
다음날 대렴하였으나, 요사이는 한꺼번에 하므로 '습렴한다' 또는 간략히 말
해 '염한다'라고 표현한다.

습할 사람은 습에 필요한 의금衣衾과 기구, 즉 습의와 솜 없는 홑이불인 복금
復衾, 시신을 묶을 교포絞布, 시신을 놓을 칠성판, 반함飯含에 필요한 것을 가지
고 시신이 있는 방으로 들어간다. 먼저 시신을 시상屍床 위에 놓은 채 시신을
묶었던 끈을 풀고 옷을 벗긴 후 미지근한 물에 향나무를 우려낸 향수를 솜에
찍어 시신을 씻긴다. 예전에는 전신을 씻겼으나 근래에는 얼굴, 손등, 발등 등
에 몇 번 향물을 찍어 문지르는 정도이다.

시신을 목욕시키고 머리를 빗긴 후 여상女喪의 경우는 버드나무 비녀를 꽂는
다. 손톱과 발톱 등을 깨끗이 깎고 떨어진 머리카락을 모아 베로 만든 작은 주
머니인 조발낭爪髮囊에 넣는다. 조발낭은 모두 4개로 관에 넣거나 습의 소매나
버선 등에 넣는다.

다음에는 수의襚衣, 즉 습의를 입힌다. 옛날에는 소렴에 입히는 염의와 수의
가 따로 있었으나 지금은 염의가 없다. 수의로는 적삼, 고의, 도포, 두루마기를
입히고, 버선을 신기며, 행전과 대님을 치고, 손은 주머니 모양의 악수幄手로
감싸며, 얼굴에는 면건을 덮는다. 옷을 입힐 때는 홑이불을 덮은 후 네 귀를 사
방에서 잡아 시신이 보이지 않도록 한다.

습이 끝나면 반함이라 하여 물에 불린 쌀을 버드나무 수저로 세 번 입에 떠

넣는다. 이것은 망인이 저승까지 가면서 먹는 식량이다. 쌀을 넣을 때는 입의 오른쪽과 왼쪽 그리고 가운데에 모두 세 번을 넣되 처음 떠넣으면서 "백석이요", 다음에는 "천석이요", 이어 "만석이요"라고 외친다. 그런 다음 동전을 물리는데 지방에 따라서는 주옥을 물리기도 한다.

반함에 이어 교포로 시신을 묶는 염을 한다. 교포는 세로로 묶은 뒤에 가로로 묶는데, 가로의 매수는 시신의 크기에 따라 5매듭 또는 7매듭으로 묶는다. 순서는 발끝에서 위로 3매듭 묶은 다음에 머리로부터 아래로 묶어 내려가며 가운데 부분을 제일 나중에 묶는다. 묶는 방법은 교포 한 자락을 두 가닥으로 쪼개어 시신이 고루 싸이게 하는데, 오른쪽 교포는 위로, 왼쪽 교포는 밑으로 가게 하며 매듭을 짓지 않고 틀어서 끼운 후 남은 가닥은 다음 가닥 밑으로 끼운다. 교포를 다 매면 고깔이라 하여 창호지 접은 것을 교포로 묶은 사이 사이에 끼워 밑으로 향하도록 한다. 고깔은 집안 사람이나 친구들에게 만들게 하여 꽂기도 한다. 이것은 망인이 저승의 열두 대문을 지날 때 문지기에게 씌워 주는 것이라 한다.

이어 시신을 입관入棺하는데 지역에 따라 바로 입관하기도 하고 칠성판에 묶어 입관하기도 한다. 칠성판이란 시신 크기만 한 송판에 북두칠성을 그린 것으로 그 위에 시신을 놓고 칠성칠포, 즉 일곱 자 일곱 치로 된 베로 감는다. 칠포를 감는 방법은 두 가닥으로 쪼개어 끝에 한 자 정도는 붙여 두고 발부터 싸맨 후 어긋 매며 싸 올라가고, 포의 끝은 매듭을 짓지 않고 바늘로 꿰맨다.

입관은 지금地衾이라고 하는 홑이불을 관 위에 팽팽히 걸쳐 놓고 그 위에 시신을 놓은 후 차츰 홑이불을 늦추어 관 바닥에 시신이 닿도록 한다. 시신의 어깨나 허리, 다리 주변의 빈 곳은 짚이나 종이 또는 헌 옷으로 채우는데 이를 보공補空이라 한다. 이렇게 시신이 흔들리지 않게 한 후 그 위에 다른 홑이불인 천금天衾을 덮고 관 뚜껑을 닫은 후 나무못을 친다. 입관 때는 망인을 마지막 보는 때이므로 자녀들은 호곡벽용號哭擗踊한다.

입관이 끝나면 널 위에 남자는 '某貫公之柩'라 쓰고, 여자의 경우는 '某封某

**그림 3-5. 본종오복도**本宗五服圖

| | | | | | | | | | |
|---|---|---|---|---|---|---|---|---|---|
| | | | | 고조부 재양삼월 | 고조모 재양삼월 | | | | |
| | | | 종증조 시마 | 증조부 재양오월 | 증조모 재양오월 | 증조고모 시마 | | | |
| | | 재종조 시마 | 종조 소공 | 조부 재양일년 | 조모 재양일년 | 왕고모 소공 | 종조고모 시마 | | |
| | 재종숙 시마 | 당숙 소공 | 백숙부모 대공 | 부 참양삼년 | 모 재양삼년 | 고모 대공 | 종고모 소공 | 재종고모 시마 | |
| 삼종형제 시마 | 재종형제 소공 | 종형제 대공 | 형제 부장기 | 자기 | 처 재양일년 | 자매 대공 | 종자매 대공 | 재종자매 소공 | 삼종자매 시마 |
| | 재종질 시마 | 당질 소공 | 질 부장기 | 장자 참양 | 장자부 재양일년 | 질녀 대공 | 종질녀 소공 | 재종질녀 시마 | |
| | | 재종손 시마 | 종손질 소공 | 손 부장기년 | 손부 소공 | 종손질녀 소공 | 재종손녀 시마 | | |
| | | | 종증손 시마 | 증손 부장기년 | 증손부 소공 | 종증손녀 시마 | | | |
| | | | | 현손 부장기년 | 현손부 소공 | | | | |

氏之柩'라 쓴다. 지방에 따라서는 상하만 기입하기도 한다. 다음으로 짚과 종이를 섞어 외로 꼰 밧줄로 관을 동여맨다.

그런 다음 혼백을 영좌靈座에 안치하고 영영靈影을 놓고 명정銘旌을 오른쪽에 걸쳐 놓는다. 이때 상제들은 지금까지 입었던 통건과 소복을 벗고 복제에 따라 상복을 입고 성복제成服祭를 지낸다. 상복은 망인과의 가깝고 먼 정도에 따라 참최, 재최, 대공, 소공, 시마 등 5종으로 나뉘어 베의 질을 달리하고 부속물도 달리한다.

복인服人은 각기 자신의 처지에 맞는 상복을 갖춰 입고 명정을 세우고 영좌 앞에 제수를 차려 분향하고 상주부터 차례로 잔을 올리고 절을 하는데 이것을 성복제成服制라 한다. 이때 술잔은 보통 제사와 달리 한 잔만 올린다.

성복 후에는 비로소 조문객을 맞이하여 상주와 절을 한다. 흔히 조문객은 집을 떠나 상가에 오기까지 다른 사람과 이야기하지 않는 것이라 한다. 조상弔喪 와서는 영좌 앞에 분향하고 곡을 한 다음 두 번 절한 후 상주에게 절하면서 "상사 말씀이 무슨 말씀입니까" 또는 "갑자기 변고를 당하여 망극하십니다"라는 말로 조의를 표하는데, 이때 상주는 곡하면서 조문객과 맞절을 한다.


## 3. 치장治葬

장葬이란 시신을 지하에 매장하는 것을 말한다. 먼저 장지葬地와 장일葬日을 정한 후에 출상한다. 장지는 이른바 명당자리를 고르는데, 주로 풍수사, 지관들이 풍수지리설에 따라 여러 가지를 고려하여 적지適地를 선정한다.

『예기禮記』에 의하면 사회계급에 따라 장기葬期와 장일이 각각 다른데, 이를테면 대부大夫는 사망 후 3개월, 선비는 1개월이 지나야 장례를 지내도록 했다. 기한 전에 지내면 불회不懷라 하였고, 기한이 지나면 태례怠禮 또는 태례殆禮라 하였다. 요즈음은 3일장이나 5일장이 일반적이다.

모든 준비가 끝나면 출상 전날 저녁에 빈 상여를 가져오고, 선소리꾼과 상여를 메는 상여꾼들이 모여 '상여놀이'를 한다. 상여놀이는 상여꾼이 빈 상여나 혹은 상여 위에 복인을 태우고 서로 발을 맞추어 보고 마당을 몇 바퀴 도는 것이다. 지방에 따라서는 모여서 상여줄을 꼬기도 한다. 한편 상갓집에서는 상여를 잘 메어 달라고 술대접을 한다.

옛날에는 장사 지내는 날 신주를 만들어 혼백과 같이 영좌에 두고 상주, 복인들이 관을 들고 가묘에 고한 후 관을 내갔으나, 지금은 지방紙榜으로 대신하고 가묘도 거의 없어져 그냥 나간다. 관이 방을 나올 때는 세 번 올렸다 내렸다 하거나 관으로 바가지를 깨뜨리거나 도끼나 톱으로 문지방을 약간 치고 나오기도 한다.

방에서 관을 내온 후 상여 앞에 관을 놓거나 상여에 얹고 집에서 마지막으로 제를 올리는데 이것을 발인제發靷祭라 한다. 발인제는 상주부터 차례대로 행사하되 단작 단배로 한다. 발인제가 끝나면 상여관이 상여를 들고 세 번 올렸다 내리는 동작으로 하직 인사를 한 후 상여를 어깨에 멘 다음 상여머리를 돌려 집을 나선다.

행렬의 순서는 맨 앞에 명정이 서고, 다음에 혼백과 영영, 향합 등 영좌에 놓았던 것을 담은 영여靈輿가 따르며, 다음에 공포功布, 만장輓章, 운아삽雲亞翣 등이 열을 짓고 그 뒤로 상여, 상주, 복인, 문상객의 순서로 뒤따른다. 예전에는 상여 앞에 귀신을 쫓는다는 가면을 쓴 사람이 칼춤을 추고 갔는데 이를 방상方相이라 한다.

『예기』의 기록에는 없으나 농촌에서 요즘 많이 행하는 것으로 노전제路奠祭가 있다. 이는 행상 도중에 상여를 놓고 영여 앞에 제상을 차려 다시 한번 모두가 잔을 올리며 절을 하는 것으로 길에서 지내는 제祭라 하여 노전제라 한다. 지방에 따라서는 차자次子나 극진한 친구가 망인을 그냥 보낼 수 없어 영구靈柩가 자신의 집 앞을 지날 때 제사를 올리는 것이라고도 한다. 또한 마을 앞을 떠나는 마지막 행사라 하여 고별제라 하기도 한다. 노전제를 지낸 후 여자들은 집으로 돌아가는 경우가 많다.

상여가 출발하면 장지에서는 광중壙中을 파기 시작한다. 산역山役이 시작되기 전에 간단히 음식을 차려 놓고 부정不淨 없는 사람이 산신제를 지낸 다음 땅

그림 3-6. 상례喪禮

을 헐기 시작한다. 지방에 따라서는 산신제 다음에 개토제를 지내기도 있다. 상여가 장지에 도착하면 상여 옆에 영좌를 설치하고 과물果物을 차려 조문객의 조문을 받는다.

산역은 지관의 명에 따라 한다. 굴토가 끝나면 예전에는 굴 껍질과 회(석회)를 섞어 구덩이 내부를 발랐는데 이를 회격灰隔이라 한다. 천광穿壙과 회격이 끝나고 하관할 시간이 되면 지관은 하관下棺을 명하는데, 이때 살煞이 있는 사람은 잠시 자리를 피하게 한다.

때를 맞춰 상제들은 상여에서 관을 운반하여 끈을 매고 천천히 광내에 내린다. 지방에 따라서는 관은 넣지 않고 시신만 넣기도 한다. 이때 관이나 시신은 지관이 정한 금정金井(틀)과 시신의 방향에 꼭 맞게 광내에 놓여져야 한다. 시신은 보통 머리를 북쪽으로, 발을 남쪽으로 향하게 하니 이를 좌향座向이라 한다.

관이 반듯이 놓이면 관 옆 빈 곳에 석회나 세사細沙, 황토 등으로 관 높이까지 채우는데 이를 보토補土라 한다. 시신만을 묻을 때는 시신의 윗면까지 덮는다. 그리고 상주가 동심결同心結(납폐에 쓰는 실 또는 염습의 띠를 매는 매듭 따위)을 산역하는 사람들에게 건네면 그들이 시신 가슴 위에 얹는다. 그 위에 명정을 까는데 지방에 따라서는 명정 위에 다시 동천개라 하여 참나무나 버드나무 또는 대나무를 홀수가 되게 나란히 놓는다. 관째 묻는 곳에서도 동천개를 덮는 수가 있다. 또, 동천개를 다 덮은 후 머리 쪽의 것을 하나 벗겨 놓고 제사를 지내는 곳도 있다.

이 모든 것이 끝나면 상주가 먼저 흙을 한 삽 광내에 붓고 산역하는 사람들이 비로소 매장을 한다. 이때 상주는 삽으로 흙을 떠서 붓기도 하고 또는 옷자락에 흙을 담아 시신 또는 관의 위, 중간, 아랫 부분 등 세 곳에 조금씩 붓기도 한다. 흙이 어느 정도 쌓이면 한 번 다진 후에 다시 흙으로 광내를 채운다. 한편 산역을 하는 도중 그 옆에서는 영좌와 탁자를 놓고 글을 쓰는 제주題主를 하였으나, 근래에는 신주를 모시는 사람이 드물다.

광내가 메워지고 평지와 같은 높이가 되면 평토제平土祭를 지낸다. 지방에 따라서는 봉분을 만든 뒤 평토제를 지내기도 한다. 평토제가 끝나면 상주는 영좌의 신주나 혼백을 모시고 오던 길을 되짚어 집에 간다. 집에 다다르면 주부가 곡을 하면서 이를 맞아 상청喪廳에 모신다. 지방에 따라서는 마루에 광목으로 칸을 만들어 상청을 이루기도 하고, 아예 방 하나를 비워 빈실을 만드는 곳도 있으며, 마당에 별도의 상막喪幕을 지어 빈소라 하는 곳도 있다.

## 4. 흉제

치장이 끝난 후 길제吉祭까지의 제사를 흉제凶祭라 한다. 이는 영좌가 산에서 반혼하여 반혼제返魂祭를 지내면서부터 탈상까지의 제사를 의미한다. 반혼제는 시신을 묻고 신주나 혼백만을 모시고 지내는 첫 제사로, 지방에 따라 곡만 하기도 하고 초우제初虞祭를 겸하기도 한다.

우제란 위안하는 제사라는 뜻이니 시신을 보내고 영혼을 맞이하여 지내는 제사로 초우제, 재우제再虞祭, 삼우제三虞祭가 있다. 초우제는 장사 지내는 날에 지내는 것으로 장지가 멀어서 당일 영좌가 집에 돌아오지 못하면 주막집에서라도 지내야 된다. 재우제는 초우제를 지낸 뒤 처음 맞는 유일柔日, 즉 을乙, 정丁, 기근, 신辛, 계일癸日에 지내고, 삼우제는 재우제 뒤 첫 강일剛日, 즉 갑甲, 병丙, 무戊, 경庚, 임일壬日에 행하는 것이다.

우제의 절차는 대개 다음과 같다. 우선 집사자執事者가 영좌 앞에 나물, 과일, 포, 술 등을 진설하고, 준비가 끝나면 혼백을 열어 놓는다. 이때 상주 이하 온 가족이 들어와 곡을 한다.

강신降神   집사자가 곡을 그치게 한 후 상주가 분향하고 두 번 절한다. 술잔에 술을 따라 오른손으로 술잔을 들고 茅沙 위에 조금씩 세 번을 부어 반 잔쯤 남겨 제자리에 놓고 두 번 절한 후 물러선다.

진찬進饌   어육 등을 먼저 놓고 다음에 밥과 국을 놓고 떡, 부침, 三炙(소적, 육적, 어적) 등을 차례로 상 위에 진설한다.

**초헌初獻**  상주가 앞으로 나아가 무릎을 꿇고 잔을 받아 술을 붓고 다시 집사자에게 주면 집사자는 잔을 받아 제자리에 놓는다. 밥뚜껑을 열어 놓고 初虞 축문을 읽는다. 축문 읽기가 끝나면 일동은 엎드려 곡을 하고 초헌관이 두 번 절한다.

**아헌亞獻**  두 번째 잔을 올리는 것으로 주부가 담당한다. 술을 따라 올린 뒤 일동이 곡하고 아헌관이 네 번 절한다.

**종헌終獻**  세 번째 잔을 드리는 것으로 망인과 가장 가까운 근친이 올리며 남녀 가리지 않는다. 술을 올리고 종헌관만 곡을 하고, 남자는 두 번 절하고 여자는 네 번 절한다. 마지막 잔이라 撤酒하지 않는다.

**유식侑食**  집사자가 술잔을 마저 채우고 밥에 수저를 꽂고 젓가락을 올려 놓는다.

**합문闔門**  상주 이하 모두 문 밖에 나가 문을 닫고 잠시 기다린다.

**계문啓門**  기침을 하고 상주가 문을 열고 들어오면 일동이 따라 들어온다. 국그릇을 물리고 숭늉을 올린 다음 수저로 밥을 세 번 떠서 숭늉 그릇에 넣는다. 축관이 예가 끝났음을 고하면 집사자는 수저를 거두어 제자리에 놓고, 상주 이하 모두 곡하고 두 번 절한 뒤 축관은 혼백을 닫고 축문을 태운다.


초상 후 3개월이 지나면 강일剛日을 정하여 졸곡제卒哭祭를 지낸다. 이는 그동안 수시로 하던 곡을 그치는 날로 그 절차는 우제와 같다. 그러나 전과 같이 아침, 저녁으로 밥과 국 등 망인이 늘 먹던 음식을 영전에 올리면서 조석곡朝夕哭을 한다. 졸곡제를 지낸 이튿날은 부제祔祭라 하여 소목昭穆의 서열에 따라 망인의 조고위祖考位, 즉 조부와 같이 제상을 병설竝設해 놓고 제사를 지낸다.

초상 1주년 되는 날 올리는 제사를 소상小祥이라 한다. 제사의 절차는 우제와 유사하나 이때는 먼 친척도 오고 문상객도 온다. 따라서 음식을 차려 조문객을 대접하고 다른 제사보다 크게 지낸다. 기년복朞年服을 입은 사람은 소상이 끝나고 탈상脫喪한다.

초상 후 만 2년이 되는 날이 대상大祥이다. 대상 때는 소상에 비해 조문객이 더 많이 오기도 하며 성대하게 제사를 지낸다. 소상 이후에는 조석곡을 그치고 대상 때는 영좌를 철회하여 신주를 가묘에 안치하고 효장孝杖을 폐지한다. 이어서 지내는 제사인 담제禫祭를 지내지 않으려면 대상에 탈상한다.

그림 3-7. 소상小祥

담제는 대상 후 2개월째 되는 달 정일丁日이나 해일亥日을 택하여 지내는 제사이다. 禪은 澹이라고도 하는데, 이는 효자의 심정이 담제에 이르러 담연평안澹然平安하게 되었다는 뜻이다. 이때 탈상하는 것이 원래의 예이다. 길제吉祭는 대상 이후 백일 되는 정일이나 해일에 조상의 신주를 고쳐 쓰고 제사를 지내는 것이다.

이상의 상례는 우리나라에 유학이 정착되면서 이룩된 의례이다. 유교에 의해 절차와 내용의 틀을 잡았으나 유교 이외의 불교, 도교, 풍수지리설, 무속 등의 여러 요소 또한 많이 혼합되어 있다. 그러나 유교원리를 국가의 지도이념으로 삼고 예로써 사회질서를 구축하던 조선조에 이르러 4례 중 상례는 일반 서민에 이르기까지 비교적 철저히 지켜졌다고 생각된다. 다시 말해서 조선시대 모든 원리의 연원은 조상숭배에서 비롯된 것으로 첫째 상제의 제制, 둘째 종법宗法의 제, 셋째 종족의 제, 즉 3종을 가장 중요하게 여겼음을 잘 알 수 있다.

오늘날 상례는 많은 변화를 거듭하여 지역적인 변형이 나타나고 있을 뿐 아니라, 특히 도시의 경우 그 절차, 행사, 복식 등이 지나칠 정도로 간소해지고 변질되고 있다.

# Ⅳ 제례

상례보다 더 중요한 예가 제례祭禮이다. 조상숭배를 도덕 실천의 본보기로 여긴 만큼 조선조에서는 4례의 으뜸이 제례였다. 따라서 통과의례에 속하지 않는 제례를 통과의례의 하나로 삼으면서 관혼상제 4례는 종교적 성격을 갖게 되었다.

원래 고려 말 중국으로부터 받아들인 예서에 의하면 대부 이상은 3대를 제사하고 6품 이상은 2대를 제사하며 7품 이하 서민들은 부모만을 제사하라고 하였다. 그러나 이러한 차등의 원리가 지켜지지 않아 양반부터 서민에 이르기까지 모두 4대를 제사 지내는 이른바 4대 봉사가 행해졌고, 나라에서도 오히려 장려하기에 이르렀다. 다시 말해 제사를 조상숭배의 구체적 실현으로 보았고, 유교를 종교로 여기게 된 것이다. 제2장 '가족제도'에서 이미 언급한 것과 같이 우리나라의 재산상속이 장자우대불균등상속인 것도 바로 제사에서 비롯된 것이다. 말하자면 제사는 사회제도의 중심이었던 것이다.

『사례편람』에 의하면 제례에는 사시제, 시조제, 선조제, 이제禰祭, 기일제, 삭망제, 속절제 그리고 묘제 등 8종이 있다. 사시제란 춘하추동 중월仲月에 길일을 택하여 고조에서 선친까지 제사하는 것이다. 시조제는 대종大宗에서 동지에 시조에게 제사하는 것이다. 선조제는 시조 이하 친진親盡한 조상에게 입춘에 제사하는 것이다. 이제는 계추季秋(음력 9월)에 선친에게 제사하는 것이다. 기일제는 고조 이하 조상의 기일에 행하는 제사이다. 삭망제는 매월 초하루와 보름에 제사하는 것이다. 속절제는 설날, 상원, 한식, 삼질, 단오, 유두, 추석, 중양 등에 지내는 제사이다. 묘제는 묘소에서 1년에 한 번 지내는 제사이다.

그림 3-8. 제례祭禮

예서에는 이와 같이 8종의 제사가 명기되어 있으나 실제로 행하여진 것은 차례, 기제사, 시제사 등 3종이었다. 차례란『사례편람』에서 말하는 속절제 중에서 4가지만을 행하는 것이고, 기제사란『사례편람』의 기일제, 시제사란『사례편람』의 묘제를 말한다.

이외에 오늘날에도 예의를 갖추는 집에서는 사람을 모시고 조석례와 삭망제를 지내기도 하나, 이들은 주로 조선조 말까지 성행하였다. 현재 삭망제를 지내는 집은 거의 없는 형편이다. 그리고 차례도 설날과 추석, 연 2회로 한정되었다. 다음으로 오늘날 볼 수 있는 기제와 차례, 시제를 살펴보기로 한다.

## 1. 기제忌祭

기제란 기일에 지내는 제사로 기사忌祀 또는 기제사忌祭祀라고 한다. 기일은 정해져 있으며, 시간 또한 원칙상 기일 첫 시간인 자시子時에 지내는 것이다. 그러나 광복 후 우리나라에 12시가 되면 통행을 금하는 통행금지제도가 생겨, 통행이 금지되기 전에 자손들이 제사를 지내고 각자의 집으로 돌아가야 하기에 어쩔 수 없이 저녁 9시나 10시에 제사를 지내는 관습이 생겼다. 이는 결국 기일 전날 저녁에 제사를 지내는 것이 되므로 집안에 따라서는 아예 기일 저녁에 지내기도 한다.

기제사는 집에서 모시는 고조까지의 조상 제사이기 때문에 고조까지 모시는 당내 종가에서는 최소한 1년에 8회의 기제사를 지내는 셈이다. 만일 조상 중 재혼하신 분이 있으면 기제사 횟수는 그만큼 많아진다. 집안에 따라 기제사에 내외분을 같이 모시기도 하는데, 이것을 합사合祀라 한다. 이와 달리 기제 당사자 한 분만을 모시는 제사를 단사單祀라 한다.

기제를 주관하는 제주는 종손이다. 따라서 당내 종손이 고조부의 기제를 올리며, 그의 8촌까지의 지손들이 종손댁에 모인다. 당내 종손이 증조부의 제사를 올리면 그의 6촌까지는 의무적으로 참가한다.

제사 올리기 수일 전부터 마음과 몸을 깨끗이 하고 정성을 들이니, 이것을 재계齋戒라 한다. 종부宗婦도 재계를 하고 정성으로 제수를 장만한다.

제상을 차리는 것은 집집마다 다르고 제사를 잡수시는 조상의 위位에 따라 제찬도 다소 다르지만, 예로부터 우리나라는 제사를 중히 여겼던 만큼 어느 정도 통일되어 있다. 제상은 홍동백서紅東白西, 어동육서魚東肉西, 생동숙서生東熟西, 두동미서頭東尾西, 좌포우혜左脯右醯, 우반좌갱右盤左羹 등의 원칙에 따라 차리며, 같은 종류의 제수는 홀수로 차린다. 즉, 신위에서 볼 때 붉은 색의 과실은 동쪽에 흰 색의 과실은 서쪽에, 어찬魚饌은 동쪽에 육찬肉饌은 서쪽에, 생선의 머리는 동쪽에 꼬리는 서쪽에, 왼쪽에는 포脯를 오른쪽에는 식혜를, 반盤은 오른쪽에 갱羹은 왼쪽에 차림을 말한다. 그리고 제주로부터 첫 줄에 조과, 둘째 줄에 나물, 포, 식혜, 셋째 줄에 탕, 넷째 줄에 적, 편, 국수 그리고 다섯째 줄에 밥, 국, 잔을 놓는 차림이다.

제찬의 규모는 탕이 몇 개냐에 따라 평한다. 흔한 상차림은 3탕3채6과상이고, 큰 상의 경우 5탕6채8과상 정도이다. 3탕이란 육탕, 계탕, 어탕을 말하고, 5탕은 여기에 두부탕, 계란탕을 더한 것이다. 제상 앞에 제사와 향을 놓는다.

제사의 순서는 앞서 본 흉제와 유사하다. 처음 강신이 있고 초헌, 독축, 아헌, 종헌을 하며 개반삽시라 하여 밥그릇을 열고 수저를 꽂고, 합문과 계문이 있으며, 헌다가 있고, 사신으로 끝이 난다. 제사가 끝나면 제사상을 약간 옮기고, 제사에 참가하였던 사람들이 제찬을 나누어 먹으니 이것을 음복이라 한다. 음복까지 행하여야 비로소 예가 끝나게 된다.

## 2. 차례茶禮

차례는 명절에 지내는 제사로 예전에는 1년에 4회, 즉 설날, 한식, 추석, 동지에 거행하였다. 그러나 근년에는 보통 1년에 2회, 설날과 추석에 지낸다. 기제와 달리 차례는 명절 아침에 지내는 제사이다. 차례는 아침에 지내되 집안에 모셔진 조상 모두를 한 상에 맞이하여 지내는 것으로 제수와 절차에는 차례만의 특색이 있다.

차례의 제수는 설날에는 떡국을 올리고 추석에는 햅쌀밥으로 지은 뫼(진지)를 올린다. 예전에 여러 번 차례를 지냈을 때는 그때마다 계절음식을 올렸다. 예컨대 유두에는 국수를 그리고 동지에는 팥죽을 뫼 대신 올렸다.

한편 절차상의 특색으로는 제주祭酒를 세 잔 올리는 것이 아니라 한 잔씩만 올렸고 독축하지 않는다는 점이다. 그러나 차례도 제사이기 때문에 크게 다르지 않고 대체로 비슷하였다. 무엇보다도 엄숙하게 지냈으며, 설날과 마찬가지로 차례에 이어 집안 어른에게 세배를 올린다. 또한 마을 어른들을 일일이 찾아다니며 세배를 드리고, 같이 노는 일이 계속되어 마을이 축제 분위기에 휩싸인다.

차례를 지낼 때는 많은 후손들이 한곳에 모이기 때문에 더욱 축제 분위기가 고조된다. 지방에 따라 다르지만 어떤 지방에서는 고조가 모셔진 종손댁의 차례에 모든 후손이 참석하고, 이어서 분가한 증손대의 작은집 차례에 모두가 참석한다. 다시 조부모가 모셔진 작은집으로 가고, 이어 부모대의 분가에 가서 차례를 지내기도 한다. 또 이와 반대로 모든 자손들이 각자의 집에서 차례를 지낸 후 조부가 모셔진 곳으로 모이고, 다음으로 증조부, 끝으로 고조부가 모셔진 큰집으로 가서 지내는 곳도 있다.

## 3. 시제時祭

시제는 묘제라고도 하며 4대 봉사가 끝나 기제를 잡수시지 못하는 조상, 즉 5대조부터 위로 거슬러 올라가 시조에 이르기까지 모든 조상을 위해 드리는 제사이다. 주로 묘소에서 행하여지기 때문에 묘제라고 하며, 1년에 1회 거행되기에 세일제歲日祭라고도 한다. 시제를 위해 조직된 것이 문중이다.

문중마다 그 문중이 모셔야 하는 조상의 수가 정해져 있다. 그러나 문중의 제사를 아무 때나 지내는 것이 아니라 성씨마다 정한 날이 따로 있어 윗대의 조상부터 지낸다. 적은 수의 조상을 모신 문중과 성씨문중에 비해 수만 명의 조상을 가진 대성大姓은 시제를 지내는 것이 결코 단순하지 않다.

특히 한 성씨의 흥망성쇠에 따라 윗대 몇 분의 묘소는 원고향에 있고, 다음 몇 대는 서울에 있으며, 다음 몇 대는 전라도에 있고, 다음 몇 대는 경상도에 흩어져 있을 수 있다. 이럴 경우라도 윗대의 시제를 먼저 지내고, 다음 대로 가야 한다. 따라서 조상이 많고, 흥망성쇠의 정도가 심하였던 성씨의 후손들은 10월 한 달 동안 전국을 다니며 조상의 시향에 참석하기도 한다. 시제는 윗대로부터의 세대원리를 지켜야 하지만, 음력으로 10월을 넘기지 않는 것이 보통이다. 따라서 성씨들은 선산의 위치와 세대를 잘 계산하고 후손들을 배정하여 시제를 지낼 수 있도록 일시를 정한다.

시제는 묘소에서 거행되는 제사이기 때문에 집안에서 지내는 기제나 차례와는 또 다른 특징이 있다. 낮에 지낸다는 것 이외에 집 밖에서 지내기 때문에 자신의 성씨와 문중을 외부에 과시할 수 있는 기회이기도 하다. 따라서 시제는 제수도 많고 참가자도 많으며, 특히 유명한 조상의 시제에는 더 많은 후손들이 모이고 제수도 푸짐하며 장엄하게 지낸다.

여러 지방에 흩어져 살고 있는 후손들이 시제를 지내기 위해 모이는 장소로서 혹은 이들의 숙식을 위해 문중들은 재실齋室을 마련한다. 문중은 모신 후손들 중에서 파派와 거리 등을 고려하여 제관을 임명하고 이것을 재실에 써서 붙이기도 한다. 초헌관은 보통 종손이 담당하는 것으로 미리 정해져 있지만 아헌, 종헌, 독축, 판진설, 찬인, 봉향, 봉노, 봉작, 전작 사전 등 여러 제관은 당일에 선정한다.

제수의 종류와 고인 제수의 높이 등은 문중에 따라 그리고 조상에 따라 다르다. 특히 제수에 정성을 들이는 문중의 경우 화려하기 이를 데 없다. 진설은 기제사 때와 같게 하고 묘가 합장인 경우 두 분이 상을 받게 된다.

시제는 집 밖에서 하고 많은 사람이 모이기에 흔히 홀기笏記에 따라 제사를 진행한다. 특히 제관이 많기 때문에 시제는 기제보다 절차가 복잡하여 오랜 시간이 소요된다. 예컨대 초헌관이 앞에 나서 무릎을 꿇고 잔을 올리며 절을 하는 모든 동작 하나하나를 홀기에 따르게 하고 또 헌작 잔에 술을 붓는 사람, 잔을 받아 상 위에 놓는 사람 등 몇 명의 독작에 이르기까지 또한 일일이 홀기에 준하도록 한다. 이외의 제사 절차는 기제와 같다. 다만 야외에서 거행되기에 합문, 계문 절차는 없다.

제사가 끝나면 음복을 하고 제상에 올렸던 모든 음식은 거리가 멀어 참석하지 못한 후손에게 고루 나누어 주기 위해 참석한 모든 동족들에게 싸준다. 음복이 끝나면 대부분 종계宗契나 문중의 총회를 행하는데 예산·결산보고를 비롯하여 1년간 문중에 있었던 일, 당일 제사비용 등을 보고한다. 문중에 따라서는 문중 노인들이 그날 거행한 제사의 진행에 관해 평을 하거나 상 위에 차려진 제수에 대한 소감을 말하기도 한다. 이로써 시제가 모두 끝난다.

광복 이후 한국전쟁을 겪으면서 우리는 궁핍한 생활을 하였고 이에 따라 전통문화의 보존을 거추장스러운 것으로 생각하였다. 그러나 6·25의 도탄에서 생활이 복원되면서 관혼상제는 옛모습을 회복하는 것이 아니라, 예컨대 혼·상례의 경우 낭비, 과시욕, 가문자랑 등 허세를 표시하는 것으로 되었다. 더욱이 부유층과 권력층의 호화로운 혼례식이나 막대한 혼수 그리고 결혼식장에서의 고액 부조와 답례품의 교환 등은 한국 전통문화가 가졌던 관혼상제와는 거리가 멀 뿐만 아니라 사회적인 규탄의 대상이 되기도 하였다.

이에 정부는 지난 1973년 「가정의례준칙」을 제정하였다. 이에 따르면 결혼할 때 청첩장을 배포할 수 없고, 하객은 축의금을 낼 수 없으며, 주인은 답례품을 줄 수 없도록 되어 있다. 또한 장례시 상복 대신 검은 양복을 입게 하고, 장례식을 간소하게 하며, 탈상을 1주년으로 하는 등 이 법의 제정목적은 여러 가지 가정의례를 행할 때 허례허식을 피하고 그 의식절차를 간소화·합리화함으로써 낭비를 억제하는 데 있었다.

그러나 이러한 혼례와 장례는 제대로 지켜지지 않았다. 그것은 가정의례준칙이 간소화한 것보다 혼수, 예단과 같은 것이 문제였기 때문이다. 말하자면 국가가 의례에 관여하는 데 한계가 있었기 때문이다. 그래서 지난 1999년 8월 31일 「가정의례준칙」을 폐지하고, 같은날 「건전가정의례준칙」을 공포하였다. 종래의 준칙이 규제 중심이었다면 「건전가정의례준칙」은 자율적인 정착에 역점을 두고 있다.

이에 따라 최근 들어 청첩장 배포가 다시 가능하게 되었고 축의금과 답례품의 교환이 부활되었다. 반면 혼례식이 주례의 축사만으로 끝나는 등 지나치게 간소해졌으며, 많은 신혼부부들이 예식장을 빌릴 수 없어 장엄하여야 할 혼례식이 시장 바닥에서 올리는 것과 같이 되었다. 또한 장례도 장례사가 주관하거나 종교 단체에서 맡는 경우가 많아졌다. 도시에서는 종래 입었던 상복이 검은 양복으로 대치되었고 탈상 기간도 1년 또는 백일 탈상으로 간소해졌다.

이러한 간소화의 경향과는 달리 오늘날 도시에서는 자녀의 교육을 위해 제례가 다시 부활하고 있다.

# 제4장 의식주

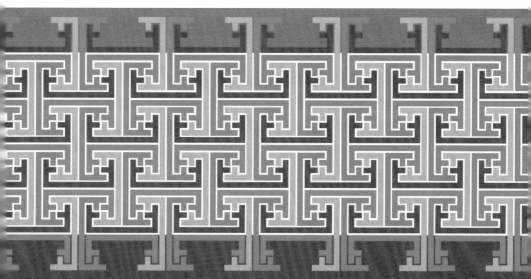

# Ⅰ 의생활

## 1. 한국 의생활의 특징

　의생활은 기후와 주생활 그리고 기타 생활양식 등에 의해 제약을 받는다. 우리나라의 기후를 보면 위도상 온대와 아한대에 걸쳐 있어 겨울에는 최저 영하 30℃까지 내려가며, 여름에는 영상 30℃ 이상까지 오르기도 한다. 그리고 비교적 봄·여름·가을·겨울 등 계절의 변화가 뚜렷하다. 그러므로 우리나라 옷은 추위를 막고 더위를 피하기에 알맞은 저고리〔衣〕와 바지〔袴〕, 치마〔裳〕로 구성된 북방 호복胡服 계통이다.

　가옥은 오랜 옛날 혈거穴居, 즉 동굴에서 살다가 정착생활을 시작한 뒤로는 우리 고유의 난방법인 온돌을 발달시켜 점차 널리 사용되면서 의복에도 많은 영향을 준 것이 사실이다.

　한국 복식의 특징을 요약하면 첫째, 백의숭상白衣崇尙이다. 이것은 처음에는 경제적 여건, 예컨대 염색에 많은 비용이 들어서 베나 무명을 그대로 입었던 이유에서 비롯되었다. 나중에는 의식복장儀式服裝, 즉 흰 상복의 영향으로 점차 습관화된 것으로 여겨진다. 백의숭상에 대해 어떤 학자는 과거 우리 민족의 태양숭배사상과 결부시키기도 했지만,[1] 조선시대에는 선비의 기호에도 맞아 민족의 습성같이 되었다. 이로 인해 세탁에 많은 노력과 비용을 들여야 하는 불편을 감내해야 했다.

　둘째로 여자복식의 제도화를 들 수 있다. 가부장제 생활 풍토 속에서 여성의 신체 일부, 즉 가슴이나 허리, 다리의 곡선을 드러내는 것을 수치로 여긴 결과 여자복식의 발달이 제약을 받았다.

　또 기후 조건으로 목욕을 자주 하지 않았고, 온돌 생활로 인해 속옷(츤의襯衣)의 발달이 부진했으며, 지나친 숭화사상崇華思想으로 관인계급의 복식마저

---

1　최남선, 『兒時朝鮮』, 동양서원, 1927, 135~136쪽.

중국복식을 채용하는 등 한국 고유복식의 전개를 저해받았다. 더구나 강력한 중앙집권적 관료정치의 시행으로 사사로이 부를 축적할 수 없었으며, 지방마다 고유한 것을 가질 수 없었다. 기타 복식에 관한 여러 가지 금령으로 복식문화의 발달을 제한하였다. 또한 남녀 관계의 지나친 규제로 폐쇄적인 복식의 유행을 가져왔는데, 이 또한 한국 고유복식의 자유로운 전개를 저해하는 요인이었다.

이와 같이 외래의, 주로 중국식 관복과 한국 고유복장, 남성복과 여성복 그리고 중앙과 지방의 대립 등은 의생활에 있어서도 이중구조의 양상을 보여 주고 있다.

## 2. 선사시대와 삼국시대의 의생활

옛날 우리나라 북방에 거주하던 동호東胡 여러 민족은 갖옷〔裘〕을 입었고, 숙신인肅愼人이나 옥저인沃沮人들은 돼지 가죽옷을 입고, 겨울에는 돼지 기름을 몸에 두껍게 발라 추위를 막았으며, 여름에는 척포尺布로 앞을 가렸다는 기록이 『후한서後漢書』와 『삼국지三國志』 위지 동이전 등에 보인다. 이러한 기록은 우리나라 원시복식의 양상을 암시하는 중요한 자료이며, 민속적으로도 함경도와 제주도에 개가죽 두루마기가 근래까지 전해 왔다. 이로 미루어 우리나라 상고인들의 수렵생활기 복식조형은 가죽 관두의貫頭衣로 추측된다.

이 가죽옷의 형태는 동물 가죽 그대로 사용하여 팔, 다리, 머리만 드러낼 뿐 온몸을 덮게 되어 있었다. 여기에 소매를 달면 저고리와 흡사한 옷이 된다. 즉, 상고의 가죽옷〔皮衣〕을 크기를 작게 하거나 관두의에 소매를 단 것이 저고리이다. 당시 저고리는 직령直領, 즉 깃이 직선이며, 여밈은 좌임左衽으로, 소매는 좁고, 허리에 띠를 매었다. 그리고 옷감의 재료로는 마포, 갈포, 견포 등을 썼다. 하의 또한 북방계통의 바지였다. 중국에서는 이러한 저고리와 바지를 일컬어 호복胡服(오랑캐 복식)이라고 하였는데, 그들 또한 이를 모방해서 입었다.

관모冠帽의 형태는 고구려 벽화를 보면 입자형笠子型 두식頭飾(머리장식)이 보이지만 변상관모弁狀冠帽, 즉 고깔 모양이 기본 형태였다. 신은 화靴로서 목이 긴 형태였으며 남방계통인 짚신이 또 하나의 전통을 지니고 오늘날까지 전해 오고 있다.

이같이 우리나라 고유복식의 기본형은 유襦(저고리), 고袴(바지), 상裳(치마), 포袍(두루마기)를 중심으로 관을 쓰고 이履(신)를 신은 모습이었다.

여기서 주목할 것은 저고리는 고구려, 백제, 신라 등 삼국이 모두 같은 형태이고, 남녀 구별 없이 같은 옷을 입었던 것 같고, 길이는 엉덩이가 덮일 정도로 길었으며, 여밈이 좌임으로 중국과 다르다는 점이다. 중국에서는 좌임을 호복이라 하여 그들과 이민족을 구별하는 큰 특징으로 삼았다.

동서고금東西古今을 막론하고 좌左와 우右의 이 같은 상징적 이원론을 볼 수 있다. 이를테면 남좌여우, 옷의 좌임·우임, 벼슬의 좌의정·우의정 등이 있고, 이 밖에 의식주나 사회조직 등에서도 같은 유별원리를 볼 수 있다. 중국의 음양사상의 영향과 함께 이러한 이원론은 우리 민속에서도 앞으로 구명되어야 할 문제의 하나이다.

그림 4-1. 고구려 무용총舞踊塚 벽화

또 고구려 벽화를 보면 웃옷의 깃〔領〕, 옷섶〔襟〕, 도련〔裾〕이나 소매 따위에 색다른 천으로 끝을 두른 것을 볼 수 있는데 이것이 선襈이다. 선의 색과 폭, 문양에 따라서 개인의 미적 감각을 표현했을 뿐만 아니라 계급의 차이도 나타냈던 것 같다. 즉, 선은 남녀노소를 막론하고 널리 사용되었는데, 귀족계급은 바탕천과 색의 구별이 뚜렷하며 가식加飾이 많은 반면 신분이 낮을수록 색의 차이가 나지 않고 불분명했다. 오늘날 반회장저고리에서 볼 수 있는 끝동 또한 선의 일종이다. 이로써 끝동이 오랜 옛날부터의 유습임을 알 수 있다.

한때 세상을 떠들썩하게 한 일본 다카마쓰高松 총塚 벽화의 여인도를 보면, 치마가 땅에 치렁치렁할 정도로 길이가 길고 치마폭도 넓다. 허리에서부터 치마 단까지 잔주름이 잡혀 있으며, 치마 끝에 역시 선이 있을 뿐만 아니라 색동치마이다. 이 복식은 분명히 고구려 계통의 것으로 생각되며, 요즈음의 색동이 아득한 옛날 이미 치마에 쓰였음은 민족의 색감이 또한 얼마나 오랜 것인가를 절감하게 한다.

삼국의 옷은 기본적으로 좁은 소매와 바지에 좌임형의 북방계였고, 차츰 중국 옷의 넓은 소매와 치마, 우임형에서 영향을 받아 광수廣袖와 폭넓은 대구고大口袴를 귀족계급에서 받아들인 것 같다.

두루마기〔袍〕는 덧옷(겉옷)을 통칭하는 것인데, 표의로 바지·저고리 위에 입는다. 방한의 목적도 크지만 의례적인 요소가 작용하였으므로, 외래의 영향을 많이 반영하여 내려왔다고 할 수 있다. 포의 원류는 상고의 피구皮裘에 있는데, 포를 짧게 하면 유襦가 된다. 고구려 벽화를 보면 신분에 따라 포의 형태가 달랐는데 장수관포長袖寬袍는 의식용이거나 귀족용이고, 착수상포窄袖狀袍는 하인용이었다. 고구려식으로 허리띠가 있는 포는 고려 중엽까지 서민사회에 존속하였던 것으로 보인다.

찬란한 금관으로 상징되는 신라의 복식문화는 진덕여왕眞德女王 2년(648)에 김춘추金春秋가 당唐으로부터 의대衣帶를 받아 온 뒤부터 당풍의 관복제도로 바뀌었다. 『삼국사기三國史記』에 따르면 법흥왕法興王 때 이르러 비로소 여섯 마을[六部]의 복식을 그 존비尊卑에 따라 규정했는데, 태대각간太大角干으로부터 선저지先沮知벼슬에 이르기까지 관직의 높고 낮음에 따라 옷의 빛깔을 달리하였다. 즉 자의紫衣, 비의緋衣, 청의靑衣, 황의黃衣의 순으로 네 가지 색깔에 따라 구분하였다.

흥덕왕興德王 때의 복식금제服飾禁制로 미루어 신라의 남복男服을 살펴보면 관모는 복두幞頭였고 표의表衣(두루마기)는 상·하 통복으로 4두품 이상이면 금주표의錦紬表衣를 입었으며 평민은 마포 또는 갈포로 된 옷을 입었다. 바지도 표의와 같았다. 4두품 이상은 반비半臂를 입었는데, 조선조 쾌자快子와 같은 것이나 소매가 있었고 팔꿈치에 닿는 정도의 길이였다. 평민도 견포로 된 저고리를 입을 수 있었다. 남녀 모두 허리띠가 있었는데 평민은 동철銅鐵로, 여자는 능견綾絹으로 하였다. 버선[襪]은 면주綿紬도 사용하였는데 주로 관복용으로 생각된다. 신은 자피紫皮를 금했으니 우피를 사용한 듯하며, 이履는 마리麻履로 미투리였다.

그림 4-2. 신라토기(짚신배杯)

신라의 여복女服으로 먼저 평민녀平民女의 경우 황黃·자紫·비홍緋紅 이외의 소素·청靑·묵색墨色 계통의 옷을 입었다. 재료는 주로 마포나 저포, 갈포였다. 비녀는 유석鍮石, 빗은 나무, 버선은 무늬 없는 마포나 저포였다. 허리띠는 능견 이하를 써야 했고 쓰개〔帔〕는 사용할 수 없었다. 바지는 거친 명주〔紬〕 이하, 치마는 견 이하, 저고리는 명주·견·면주포를 입을 수 있었다. 웃옷(표의)은 면주포, 웃옷에 두르는 허리띠는 능견 이하를 쓸 수 있고, 관은 쓰지 못하였다. 그리고 신은 미투리〔麻鞋〕가 고작이었다.

이에 비하여 진골녀眞骨女, 즉 귀족계급의 옷은 호화 찬란하였다. 복색으로는 왕포색王袍色인 자황색赭黃色 이외의 모든 색을 입을 수 있었으며, 포는 26승升에서 28승까지의 고운 의차衣次를 사용할 수 있었다. 비녀〔釵〕는 황금 비녀이고, 빗은 대모玳瑁였다. 신은 갖신에 능견류를 배접하고, 버선은 능견류였다. 공식 나들이 때의 화靴는 자피紫皮에 능견을 배접하고, 머리로부터 쓰는 쓰개는 화려한 문양이 있는 능라綾羅를 사용하였다. 내상內裳, 표상表裳, 고袴, 배당背襠, 내의內衣, 반비半臂, 표의表衣 등 중국식 의제에 화려한 능견류를 사용하고, 관을 썼다. 귀걸이, 목걸이, 반지 등은 금이나 옥을 사용했다. 나들이 갈 때 귀족녀는 우차를 타되 능견의 보료를 깔고, 세면細綿의 안질개는 앞뒤로 하여 심청深靑·벽자碧紫의 휘장을 달고, 홍紅, 비緋, 취벽翠碧의 사마絲麻로 된 낙강絡綱을 달고 다녔다. 또 진골녀에서 평민녀에 이르기까지 말을 탔으며, 마구馬具도 화려하였다.

## 3. 고려시대의 의생활

고려시대의 복식은 예로부터 전해 오던 고유복식에 당제, 송제, 중국화된 거란제, 원제 등 여러 복식의 영향을 받았다. 이는 고려조가 북방 여러 민족의 침입으로 말미암아 많은 수난을 겪은 시대임을 보여 주는 것이다.

다음은 고려시대 복식의 변천을 간명하게 서술하고 있는 『고려사高麗史』 여복지輿服志 서문이다.

고려의 태조(918~943)는 개국 초 일이 많고 초창기이기 때문에 신라의 옛 제도를 그대로 따르고 있었다. 광종(950~975)에 이르러 비로소 벼슬아치들의 공복을 정하니 이에 존비·상하의 차등과 위엄이 밝혀지나 (원의 침입으로) 현종(1010~1031)이 남방에 蒙塵하고 개경이 불에 타 각종 서적이 흩어지고 없어져 제도가 새로 정비되어 그 상세함을 알 수 없다. 毅宗(1147~1170)조에 平章事 崔允儀가 나라의 제도를 추스려 모으고 당의 제도를 받아들여 『詳定古今禮』를 제정하였다. 위로는 왕의 冕服·輿輅로부터 儀衛鹵簿에 미치고, 아래로는 백관관복이 실리지 않음이 없어 대대적인 제도가 갖추어졌다. 원에 服事한 이래 開剃辮髮하고, 胡服을 입기가 거의 백 년이나 되었다. 명이 들어서자 明太祖 高皇帝가 공민왕(1351~1374)에게 면복을 하사하고 왕비·군신에게도 옷을 하사하여, 이로부터 의관문물이 뚜렷이 예전으로 돌아가고 빛나기에 이르렀다.

당시의 의복제도를 살피는 데 있어 현재로는 『고려사』 여복지와 서긍徐兢의 『선화봉사고려도경宣和奉使高麗圖經』(이하 고려도경)이 가장 기초적인 문헌자료이다. 『고려도경』에 의하면 왕의 복식은 다음과 같다.

상복常服으로는 오사烏紗 고모高帽에 소매가 좁은 담황색 포를 입고, 금벽으로 수놓은 자색라紫色羅의 늑건勒巾을 띠고, 국관사민國官士民과 회동할 때의 조복朝服으로는 복두·속대束帶를 하였다. 또 중국 사신이 이르렀을 때는 자라紫羅 공복을 입고 상홀象笏과 옥대를 갖추었다. 평복으로는 조건皀巾, 즉 검은 두건을 쓰고 백저포白紵袍를 입어 일반 백성과 다를 바가 없었다. 제복祭服으로는 면복冕服을 입고 옥규玉圭를 들었다. 이러한 고려 왕의 복색은 송나라 황제의 복색과 큰 차이가 없는 것으로, 특히 조선조에 이르러서는 금령으로 기휘忌諱하였던 황색 옷을 중국 황제의 복색과 비교하면서 입었다는 것은 고려 왕실의 자주성 있는 태도였다 할 것이다.

관복官服은 제복, 조복朝服 등 용도에 따라 그리고 무관복, 향리복 등 계급에 따라 달리 착용하였다. 고려시대 관복의 특색은 숭문비무崇文卑武 사상의 영향을 받았고, 고구려와 신라의 고분에서 보는 바와 같은 진보된 군기복軍器服이 퇴화일로에 있었다는 것이다.

『고려도경』에 나와 있는 고려 초기의 여복을 살펴보자. 머리장식으로는 조라 皁羅로 만든 몽수蒙首를 썼다. 몽수는 후대의 너울〔羅兀〕로서 길이 8척에 세 폭으로 만들어 얼굴만 내놓고 머리에 덮어 썼는데, 땅에 끌릴 정도로 길었다. 몽수는 귀부인만 쓰는 것으로 그 값이 금 한 근 값과 맞먹었다. 이것은 조선조에 이르러 개두蓋頭라고도 하였다. 포는 백저포로 남자 주의周衣(두루마기)와 비슷하였다. 바지는 무늬 있는 능견으로 만든 폭이 넓은 바지로 생초生綃로 안을 받쳤다. 요대腰帶는 감람빛의 허리띠(감람늑건橄欖勒巾)로 채색끈에 금방울(채조금탁采縧金鐸)을 달고 비단향낭(금향낭錦香囊)을 찼다. 치마는 가을·겨울에는 황건을 쓰고 색의 짙고 옅음만 있었을 뿐 상·하 계급의 구별 없이 입었다.

불교국이었던 고려의 승려복은 가사袈裟와 편삼偏衫(승려 웃옷)이 주가 되었다. 색은 대중이 즐기는 청·적·황·백·흑 등 5색을 피하여 괴색壞色(청·황·적·백·흑 등 정색正色이 아닌 혼합된 색을 말함)이나 회색으로 하였다. 인도에서는 카사야Kasaya 하나로 사시사철을 났으나, 중국에 전래되어 상의가 되었고, 다시 우리나라와 일본에도 전해졌다. 우리나라는 고유복 위에 가사를 걸쳤다.

고려시대의 승려복으로 국사, 율사는 가사를 걸치고 그 밑에 장수편삼長袖偏衫을 입고 자상紫裳을 입었다. 대덕大德은 단수편삼短袖偏衫에 토황색 괘자掛子를 입고 황상黃裳을 입었다. 비구는 토황색 포나 자의, 납의(누비옷)를 입었다. 재가화상在家和尚은 백저착의白紵窄衣에 조백으로 허리띠를 하였다. 이러한 승려복은 오늘까지 크게 변하지 않고 전승되고 있는 것 같다.

서민복식은 삼국시대 이후 별다른 발전이 없었다. 유자儒者나 농상農商, 공기工技, 민장民長 할 것 없이 대부분 조건을 썼는데, 그 값이 비싸 쌀 한 섬에 해당하므로 가난한 백성은 도저히 갖추지 못하였다고 한다. 그러나 건을 쓰지 않으면 죄수와 같다 하여 대신 대나무로 만든 관을 만들어 썼는데, 방립형과 송낙형 두 가지가 있었다.

포(두루마기)는 선비의 것은 흑대黑帶·혁리革履에 검은색 명주로 만든 소매

넓은 포(조주위구早紬爲裘)로 중국식이었다. 민장은 조주위구에 검은색 무소뿔로 장식하여 만든 띠(흑각속대黑角束帶)와 검은 가죽신(오혁구리烏革句履)을 신었다. 농상공기農商工技는 흰 모시포(백저위포白紵爲袍)였다. 그리고 이때 선이 없어지고 일반 백성의 포에 띠가 없어져 현재의 두루마기와 비슷한 형태였던 것으로 보인다.

## 4. 조선시대의 의생활

조선 초에는 어떻게 하면 원元의 체제로부터 벗어나서 명明의 체제에 충실할 것인가를 두고 지배층은 물론 피지배층까지 노력했던 흔적이 실록 등에 보인다. 국초의 법제는 태종, 세종대에 이미 완성 단계에 이르고, 세조, 예종대에 『경국대전經國大典』의 편찬으로 완성되었다.

조선조 문무관 관복제도는 명나라의 제도를 그대로 따랐다. 이것은 모화(사대)사상과 함께 일반인과 관원의 의복을 구별하고자 한 위정자들의 유별관념에서 비롯된 것이다. 명의 사여賜與를 통해서 면복, 조복, 제복, 공복, 상복 등을 그대로 사용하였다. 청淸이 건국한 후에도 의관은 그대로 명제明制를 따르고 조금씩 변역시킨 것으로 보인다.

조복과 제복을 조선 말기를 기준으로 살펴보면 다음과 같다. 조복 의관은 당초모양문唐草模樣文으로 된 부분과 목잠木簪은 금칠을 했고 나머지는 검었다. 탕건宕巾 위에 관을 썼고 저고리, 바지, 두루마기를 입고, 그 위에 소매 없는 장의長衣로 일종의 긴 상의인 답호褡穫를 입었다. 고제古制에서는 백초중단白綃中單 답호 위에 청삼靑衫을 입고 상裳을 둘렀다. 홍삼을 청삼 위에 입는데 길이가 청삼보다 좀 짧았다. 폐슬蔽膝은 원래 따로 있었으나 후세에 홍삼에 꿰매었다. 후수後綬는 홍삼 위에 뒤로 하여 찬다. 그 상부의 두 개의 원환에 금ㆍ은ㆍ동 구별이 있다. 그 위에 띠를 하고, 띠의 양쪽에 패옥佩玉을 찬다. 이것이 이른바 금관조복金冠朝服이다.

제복 의관은 조복과 같은 문양의 전면 소부분과 목잠의 구멍 둘레에만 금칠을 하고 그 외는 전부 검다. 그리고 조복의 홍삼만 벗고 그 위에 제복을 입었는데, 방심곡령方心曲領, 즉 제복의 깃 위에 덧대는 둥근고리 모양의 흰 천을 걸쳤다. 후수를 늘이고 옥대를 띤다. 태종 이후 모든 관리가 사모紗帽를 썼고, 편복便服에는 흑립을 썼다. 사모·단령團領은 조선 말까지 의관문물의 표신標信으로 여겼다.

여기서는 자세히 논할 수 없으나, 갓(흑립·백립)은 우리나라에서 발달시킨 가장 우아하고 정교한 머리장식의 하나이다. 이른바 사모관대紗帽冠帶는 직품職品에 따라 단령의 색을 달리하고, 가슴과 등에 흉배胸背를 하여 문무文武의 구별은 물론 관직의 높고 낮음을 나타냈다. 당상관은 홍단령, 당하관은 초록단령, 과거에 급제하면 누런 단령과 초록 안을 받친 앵삼鸎衫에 복두를 쓰고 야자띠〔也字帶〕를 하였다.

흉배는 문관은 학, 무관은 호랑이를 수놓았는데, 당상관은 두 마리, 당하관은 한 마리로 나타냈다. 원래 흉배는 단종 이후 문무 당상관으로 대군은 기린麒麟, 도통사는 사자獅子, 제군諸君은 백택白澤이었다. 문무1품은 공작孔雀, 2품은 운안雲鴈, 3품은 백한白鷴이었고, 무관 1·2품은 호표虎豹, 3품은 웅표熊豹, 대사헌은 해태로 정하였다. 이후로는 상복常服에 흉배를 하고 사모로 관가에 출입하였으며 백립白笠으로는 궁궐에 들어갈 수 없었다.

무관이 출동할 때 입었던 옷은 융복戎服인데, 맹호수猛虎鬚를 꽂은 주립朱笠에 갓끈이 달리고 철릭〔天翼〕을 입었는데, 치마처럼 주름이 잡힌 철릭은 사방이 두루 막혀 있었다. 활과 화살을 넣는 동개와 환도를 차고 등채〔藤策〕를 들었다. 신은 수혜자水鞋子를 신었다.

구군복具軍服은 홀태바지를 입고, 굵은 베로 지은 속등거리에는 칼과 동개를 찰 쇠고리를 달았다. 위에 푸른 동에 붉은 소매를 단 동달이를 저고리 위에 입고 붉은 안을 받친 검은 전복戰服·답호를 껴입었다(직책에 따라 색이 다르다). 겨드랑이를 튼 데로 속등거리 고리에 칼과 동개를 찼다. 머리에는 밀화패영蜜花貝纓과 꼬꼬마가 달린 전립戰笠을 썼고 전대, 팔찌를 했다. 직책에 따라 병부·밀부를 갖추었고 등채를 들고 수혜자를 신었다.

이 밖에 소리小吏들의 복식을 약술하면 나장羅將은 깔때기를 쓰고 '王' 자를 새긴 까치등거리를 입고 주장朱杖을 짚었다. 별감別監은 공작미孔雀尾 장식을 꽂은 초립을 쓰고 누런 웃옷을 입었다. 서리胥吏는 평정건을 쓰고 붉은 단령을 입고 술띠를 하였다.

사인복士人服에서 몇 가지를 들어 보면, 심의深衣는 중국 조사복朝士服인 현단玄端에서 유래한 것으로, 조선조에는 사인복으로 주자학도들이 입었던 것 같다. 나중에는 수의壽衣로 쓰이고, 조선 말에는 재복齋服으로 되었다. 도포는 뒷솔기를 트고 덧폭이 붙어 있었다.

중치막이 양반들의 일반 웃옷인 것처럼 도포는 선비들의 일반 웃옷으로 조선 말에 두루마기로 변모되어 오늘에 이르고 있다. 이 밖에 학창의, 소창옷, 두루마기, 전복·답호·사규삼四䙆衫 등 선비나 도학자들의 일반 웃옷이 있었다. 상주의 옷으로 중단, 직령이 있으나 제복은 상주의 예복으로 조복과 같으나 다만 베로 만들었다.

남자들의 의관이 서인과 승려를 제외하고는 모두 중국 복식을 따랐던 데 비하여 여복은 고유복식에 가까웠다. 그래서 『태종실록太宗實錄』에도 의관제도가 모두 화제華制(중국 제도)를 따르고 있는데, 오직 여복만이 옛날 풍습을 그대로 따르고 있으니 이것도 중국식으로 고쳐야 하지 않겠느냐는 상소문이 여러 번 나온다. 여복은 삼국시대 이후 기본구조인 저고리와 치마가 전승해 왔다. 이 밖에 중국복식에서 유래한 장삼, 원삼, 활옷, 당의, 스란치마, 단속곳, 족두리, 화관, 버선 등이 있다. 그러나 이것은 모두 우리 양식으로 알맞게 변용된 것이어서 그 의의가 크다.

그러면 고유색이 짙은 여복에 대해서 간단히 살펴보자. 조선시대 들어 저고리가 점점 짧아지는데 이는 고려시대 이후 몽골풍의 영향인 것 같다. 그리고 예전에는 치마와 바지를 함께 겸용하던 것이 치마만 입게 되었다.

조선 태종 12년(1412) 당시 여복으로는 노의露衣, 오군襖裙, 장발長髮, 몽두리

蒙頭里 그리고 머리에 쓰는 입모笠帽와 저포苧布가 있었다. 노의, 오군, 입모는 귀부인의 복장이고, 장삼은 중간계층, 몽두리는 하층민이 주로 하였다. 모시나 명주 수건 또한 하층민들이 썼다.

조선조 여인들의 복색은 개두, 저고리〔赤古里〕, 치마, 말군襪裙, 버선〔襪〕, 신〔鞋〕의 순서로 되어 있다. 이러한 기본 복색은 시대에 따라 짧아지거나 길어지면서 조선시대 말까지 내려왔다.

다음은 조지훈趙芝薰의 시「고풍의상古風衣裳」의 한 대목이다. 이 시는 조선조 이후 여인복식의 고전미를 잘 나타내고 있다.


파르란 구슬빛 바탕에
자지빛 호장을 받힌 호장저고리
호장저고리 하얀 동정이 환하니 밝도소이다.


살살이 퍼져내린 곧은 선이
스스로 돌아 곡선을 이루는 곳
열두폭 기인 치마가 사르르 물결을 친다
초마 끝에 곱게 감촌 雲鞋 唐鞋


개화기에 들어서면서 고종 31년(1894) 갑오경장 이후 조정 벼슬아치들의 대례복은 흑단령으로 하고, 진궁進宮 통상예복은 주의(두루마기), 답호 흑색으로 하였다. 이어 수구파의 맹렬한 반대에도 불구하고 대세의 흐름은 어찌할 수 없어 단발령이 단행되고 양복을 입는 서구화 과정에서 우리의 포제袍制는 주의일색周衣一色이 되고 말았다. 간혹 도포를 입는 이가 있고 혼례에 사모관대를 하기도 하였으나 점차 볼 수 없게 되었다.

당시 왕의 편복便服을 살펴보면, 옥색 갑사 주의, 회색 마고자, 옥색 삼팔유 동의대, 남색 발문단 토수, 회색 바지 등으로 오늘날 남성복과 별 차이가 없다.

오늘날 우리의 복식 구조는 과거 중국복식과 우리 복식을 겸용하던 이중 구조에서 서양식 양복과 고유복식이라는 구조로 바뀌었다. 한때 35년 동안이나 일본 제국주의의 지배하에 있었으나, 중국의 영향을 받던 때와 마찬가지로 의복은 거의 영향을 받지 않았다. 이것은 민족 문화에 대한 우위감정이 강하게 작용한 결과이다.

현재 우리의 의복 구조는 양복 착용이 일반화된 모습이다. 한복을 입더라도 양복으로부터 차용한 호주머니가 달린 조끼를 입고 두루마기에 갓 대신 중절모를 쓴다. 대님을 매고 구두를 신으며 개화경(안경)에 개화장(지팡이)을 짚고 다닌다. 처음에는 갓 쓰고 자전거 타는 격이라 어색했지만 점차 조화를 이루고 있다. 여성복도 마찬가지이다. 치마 저고리에 구두를 신고 여성용 두루마기에 밍크나 여우 목도리를 두르며 핸드백을 들어도 전혀 어색하지 않다. 그러나 우리 미감에서 조화의 한계점을 찾고 있는 것은 사실이다. 의례용으로는 긴 치마를, 일상 편복으로는 조끼치마를 양장 스커트처럼 입을 수도 있다. 한복과 양복의 이 같은 이중구조 속에서 주택의 경우와 마찬가지로 어떻게 조화의 미와 실용성을 찾을 것인지 아직은 과도기에 놓여 있다.

끝으로 의복 관련 문화재 지정과 기능보유자를 들어 보면 다음과 같다.

**중요무형문화재(2002년 현재)**
제 4 호  갓일(笠子匠, 凉太匠, 總帽子匠)—기능보유자 吳松竹(작고), 高丁生, 金仁,
          鄭春模, 朴昌榮, 張順子, 高在九(작고), 田德基(작고), 牟晚煥(작고)
제14호  韓山모시짜기—기능보유자 文貞玉, 方蓮玉
제22호  매듭장—기능보유자 崔銀順, 金喜鎭
제28호  나주의 샛골나이—기능보유자 金晩愛(작고), 魯珍南
제32호  곡성의 돌실나이—기능보유자 金點順
제37호  靴匠—기능보유자 黃漢甲(작고, 종목해제)
제66호  網巾匠—기능보유자 林德洙(작고), 李受汝
제67호  宕巾匠—기능보유자 金功春
제80호  刺繡匠—기능보유자 韓尙洙, 崔維鉉
제87호  명주짜기—기능보유자 曺玉伊

제89호　針線匠—기능보유자　鄭良婉

중요민속자료

제 1 호　德溫公主 唐衣 1着

제 2 호　沈東臣 金冠朝服 1襲

제 3 호　光海君 내외 및 상궁 옷 4착

제 4 호　畏齋 李端夏 내외 옷 1습

제 6 호　思潁 金炳翼 일가 옷 9착

제13호　經山 鄭元容 衣帶 1括

제21호　南以興將軍 유품 1괄

제22호　尹拯 家의 유품 1괄

제29호　泗溟大師의 錦襴袈裟와 長衫 2착

제36호　鄭忠信將軍 유품 1괄

제37호　蔚山二休亭所藏出土服飾 1괄

제38호　鄭公淸 유품 1괄

제40호　安東洪氏壽衣 1괄

제41호　雲鳳繡香囊 1點

제42호　日月繡陀羅尼 주머니 1점

제43호　五爪龍王妃補 1점

제44호　傳高宗翼善冠 1점

제45호　傳高宗 갓 1점

제46호　傳高宗 佩玉 1점

제47호　別錢괴불 1점

제48호　東宮妃圓衫 1점

제49호　傳王妃黃圓衫 1점

제50호　玉色明紬 장옷 1점

제51호　囍雲紋緞 장옷 1점

제52호　光華堂圓衫 1점

제53호　土黃色明紬 저고리 2점

제54호　皇后翟衣 1점

제55호　東宮妃靑舃 1점

제 56 호    壽福七寶石榴紋黃褐緞唐衣 1점

제 57 호    壽福七寶石榴寶相花紋黃褐緞唐衣 1점

제 58 호    袞龍袍付龍紋補 2점

제 61 호    靑絹衣 1점

제 62 호    高宗紗祭服 1점

제 63 호    王妃綠圓衫 1점

제 65 호    興宣大院君麒麟胸背 1점

제 66 호    九章服 2점

제103호    傳王妃唐衣 1점

제109호    淸州出土順天金氏衣服 11점

제110호    朴信龍將軍衣帶 1괄

제111호    金德齡將軍衣服 1괄

제112호    長興任氏衣服 1괄

제113호    洪鎭宗衣服 1괄

제114호    果川出土廣州李氏衣服 1괄

제115호    李洞夫人東萊鄭氏衣服 1괄

제116호    淸原求禮孫氏墓出土遺物(의복) 15점

제117호    淸原傳朴將軍出土遺物(의복) 34점

제118호    中原金緯墓出土遺物(의복) 17점

제121호    興完君衣服

제209호    金涵의 묘 출토의복

제210호    고종의 누비저고리

제211호    덕온공주의복

제213호    姮娥唐衣

제214호    興宣大院君紫的團領

제215호    光海君妃短背子

제216호    尹用求遺物

제217호    안동김씨 묘 출토의복

제218호    鄭蘊의 祭服

제219호    世祖代의 白絹回裝赤古里

제220호    英祖大王의 道袍

# Ⅱ 식생활

## 1. 선사시대의 식생활

3면이 바다로 둘러싸인 우리나라는 북쪽으로 유라시아 대륙과 접해 있고, 대한해협을 사이에 두고 일본 열도와 이웃하여 있다. 기후는 4계절의 변화가 비교적 뚜렷한 온대에 속해 있다.

지세는 서울을 중심으로 하여 북쪽과 동쪽은 높고 산악 지대가 많은 데 비하여 서쪽과 남쪽은 비교적 완만한 평야를 이루고 있다. 지세로 보아 유리한 남쪽 평야에는 벼농사가 일찍부터 발달하였다. 높고 한랭한 관북지방에서는 귀리(연맥燕麥)를, 황해도와 평안도에서는 밀(소맥小麥)과 조를 재배하였으며, 보리(대맥大麥)는 비교적 전국적으로 경작되어 왔다. 이같이 주식이 되는 곡류의 종류는 기온에 따라 전국적으로 다양하며, 예로부터 농사는 천하의 대본〔農者天下之大本〕이라 일컬었던 만큼 농업국에 알맞은 천혜의 자연환경을 가졌음을 실감한다. 반면 우리 식생활 문화에 크게 이바지해 온 수산자원의 중요성이 간과되고 지나치게 농업 위주로만 생각한 일면이 있다.

우리의 자연환경과 관련한 과거 식생활을 살펴보자. 상고의 수렵·채집경제시대에는 바다에서 조개류·해조류·생선류를 원시적인 방법으로 얻고 나무열매 등을 채집하여 식량으로 하였다. 신석기 후기(기원전 2000~기원전 1000년경)에 이르러 무늬 없는 토기인들이 북으로부터 이주해 오면서 농경이 시작되고 잡곡이 재배되었다. 기원전 7세기 이전 벼농사가 시작되었음은 관련 유물의 출토로 밝혀졌다. 이어 정부 차원의 권농정책勸農政策과 적합한 자연조건 등에 힘입어 벼농사가 널리 보급되었고, 그에 따라 각종 가공법이 발달했으며 기타 식품류도 재배하게 되었다. 어업의 발달과 연이은 중국 문화의 유입, 이를테면 13세기에 이르러 몽골 등 북방족의 영향으로 북방식품이 전래되었다. 16세기에는 임진왜란을 계기로 해서 남방식품이 그리고 19세기에 이르러서는 서구 음식의 유입 등으로 우리 식생활은 변환을 거듭하면서 오늘에 이르렀다.

먼저 우리나라 민족 형성 초기단계인 수렵·채집경제시대의 식량은 원시적인 방법으로 쉽게 채집할 수 있는 조개류였다고 생각된다. 이는 김해 패총(조개무덤)을 비롯한 기타 지역에서 발굴된 수많은 패총으로 알 수 있다. 그 대부분이 굴과 백합류이며 이 밖에도 30여 종을 헤아리는 조개류가 발견되었다.

조개류와 함께 여러 가지 생선류도 좋은 식량이었다. 도미, 삼치, 상어, 고래, 성게류와 물개, 담수어류를 식용하였을 것이며, 또 미역, 다시마, 김과 같은 해조류도 채집하였으리라 추측된다. 바다와 강에서 채집된 각종 어패류가 식량 공급원으로 된 것은 오랜 옛날부터의 일로 오늘까지 계속되고 있다.

한편, 산간인들의 식량은 수렵 대상이었던 야생동물로 주로 사슴류와 멧돼지, 토끼, 우마류 등이었다. 뼈는 여러 가지 용구로 그리고 수피獸皮는 옷으로 이용하였다. 이외 도토리와 기타 나무열매나 씨앗 그리고 식물의 뿌리나 줄기도 좋은 식량이었을 것으로 생각된다.


## 2. 원시 농경시대의 식생활

청동기시대(기원전 10세기~기원전 4세기)에 접어들어 본격적인 농경기술이 중국으로부터 들어왔을 뿐만 아니라 쌀도 함께 우리나라에 소개되었다고 한다. 청동기 후기(기원전 300년경)에는 벼농사가 전국에 퍼져서 물가 저습지에서 재배되었고, 내륙에서는 화전법火田法에 의하여 주로 피〔稗〕와 기장〔黍〕을 경작한 것 같다.

3~4세기경 벼농사와 쌀밥이 보편화되기까지 주로 피, 기장, 좁쌀, 보리, 콩과 삼〔麻〕 등이 경작되었다. 그중 맥류麥類(대맥·소맥)는 피, 기장, 좁쌀류보다 조금 후에 중앙아시아로부터 도입되었다.

이같이 농경이 시작된 뒤로는 곡물을 주요 식량으로 삼았으리라고 생각되는데, 여러 유적에서 토기와 함께 발굴되고 있는 연석碾石(맷돌)과 시루가 이를 증명하여 준다. 당시 원시 농경의 모습은 『삼국지』 위지 동이전과 같은 문헌에서도 단편적으로나마 엿볼 수 있다.

이미 이 시기부터 떡과 술을 제사에 쓰고 식음하였는데, 술의 종류는 주로 막걸리 같은 곡주였으리라고 생각된다. 이외에 과실로는 밤, 대추, 실백, 배가 있었음이 위의 문헌에서 보인다. 도토리도 먹었으며, 구근류球根類로 마(서여薯蕷)를 재배하였다. 그리고 일찍부터 쑥과 마늘을 먹었음은 단군신화의 이야기로도 짐작할 수 있다. 조미료는 소금을 썼고 개, 닭, 소, 돼지, 말 등을 가축으로 길렀다.

식품을 조리한 흔적은 당시의 주거지와 토기 유물 등에서 알 수 있다. 연석으로 곡물 알갱이를 찧거나 빻아서 화로에 익혔을 것으로 보인다. 또 시루(증甑)의 발견으로 미루어 밥을 지을 때 지금처럼 끓이지 않고 쪄서 먹었을 것으로 추측된다. 한편 수렵을 주로 하던 한반도 동북, 서북 지방에서는 고기 요리법이 일찍 발달되어 우리 선조들의 육류조리법인 찜〔煮〕과 구이〔炙〕가 중국에까지 알려지기도 하였다.

## 3. 삼국시대의 식생활

최근 꽃가루 검사에 의하면 기원전 1500년경 이미 우리나라 서남에서 쌀이 재배되었으며, 청동기시대 후기인 기원전 300년경에는 청동, 철기기술과 함께 벼농사 재배법을 일본 기타큐슈北九州 지방에 전했다고 한다. 그 후 1~2세기에 이르러 고구려, 백제, 신라 삼국이 정립한 이후 벼농사 기술은 널리 퍼졌고, 쌀밥이 보편화된 것은 3~4세기경으로 보인다.

이는 고고학적 발굴 결과뿐만 아니라 『삼국지』 위지 동이전의 기록에 의해서도 추측할 수 있다. 즉, 고구려조高句麗條에는 "좌식座食하는 자는 만여구萬餘口가 되고, 하호下戶는 미량어염米糧魚鹽을 멀리서 날라다 공급한다"라고 하였다. 변한조弁韓條에는 "토지가 미비美肥하여 오곡과 도종에 좋다"라고 하였고, 동옥저조東沃沮條에는 "매장을 할 때 와력瓦𤭯(질그릇 솥)에 쌀을 넣는다"라고 하였다. 이 밖에 『삼국사기』나 『삼국유사』의 관계 기록을 보더라도 당시의 벼농사와 미곡의 보편화를 짐작할 수 있다.

기타 곡류로는 피, 기장, 좁쌀, 콩, 보리와 함께 녹두, 귀리, 팥이 식용으로 쓰였다. 이외 수산물과 수조육류獸鳥肉類도 중요한 식량 공급원이었다.

삼국시대부터 전국적으로 벼농사가 시작되었고 기타 곡물의 증산으로 비로소 농경사회의 면모가 갖추어진 한편, 어업도 발전하였다. 고구려에서는 잉어를 못 속에 양식하였고, 압록강 유역에는 민물고기를 비롯한 어류 자원이 많았다 한다. 백제는 서·남해안 어장에서 수확하는 수산물을 조공무역의 형태로 중국에 보냈다. 신라는 동·남해안에 좋은 어장을 갖고 있었으며, 8세기 초에는 이미 잠수가 가능하여 깊은 수중에서 채취한 다시마〔昆布〕 생산이 중국에까지 알려졌다.

통일 신라(7세기 초) 이전까지 우리나라 연안에서 잡히던 어류와 해조류는 새우, 조기, 상어, 돌고래, 가자미, 숭어, 붕어, 말린 문어, 다시마 등으로 오늘날과 큰 차이가 없다.

수조육류로는 상고부터 식용하던 사슴, 멧돼지와 가축으로 기르던 소, 말이 있었고, 2~3세기에는 우경牛耕, 즉 소를 이용하여 농사를 지었다. 신라는 몇몇 섬 지역에 귀족계급을 위한 방목장이 있었고, 고구려는 봄·가을로 경렵競獵(야생동물 사냥)이 있어 사슴과 멧돼지를 잡아 하늘과 산천에 제를 지냈다고 하였으니 야수, 조류, 소, 닭 등이 식용으로 쓰였을 것이다. 부여에서는 전쟁을 하기 전 하늘에 제사 지낼 때 소를 잡아 그 굽을 보고 길흉吉凶을 점쳤다―굽이 벌어지면 흉凶, 그렇지 않으면 길吉하다고 여겼다―고 한다.

7세기 중엽에는 간장과 된장을 담그기 시작하였다. 감미료로 꿀을 쓰고 기름도 사용하였다. 이 밖에 저장식품으로 포脯와 젓갈이 있었다. 그리고 이때 이미 무와 상추도 있었다.

특기할 것은 『당서唐書』 신라조新羅條에 있는 "夏以食置氷上"에서 알 수 있듯이, 여름에 얼음을 사용했다는 것이다. 『삼국사기』 권 4 지증왕智證王 6년(505)조에 보면, 이때부터 겨울에 소관사所管司로 하여금 장빙藏氷, 즉 얼음을 저장하였다가 여름이면 나누어 주도록 하였다고 한다. 신라 유적으로 잘 알려져 있는 석빙고도 지증왕 때 건립된 것이며, 얼음을 저장하던 풍습은 고려시대를 거쳐 조선조에 이르기까지 계속되었다.

그러나 여름에 얼음을 사용할 수 있었던 계급은 일부 상류층에 한하였다. 귀족과 관리로 대표되는 지배계급은 주로 군사·정치·교육·제사 등을 맡았으며, 피지배계급인 하호들은 주로 생산을 담당하였다. 이에 따라 식생활 수준도 지배·피지배계급 사이에 확연한 차별이 있었음은 물론 심지어 기명器皿 사용 등에도 계급에 따르는 제한이 생기게 되었다.

고구려의 부세賦稅를 보면 백성들에게 빈부에 따른 차등과세 원칙하에 인두人頭에 따라 포와 곡물로써 세금을 부과하였다. 호별과세는 곡물로만 하였다. 백제도 풍년·흉년에 따라 포·견·사·마·미곡으로 부세하였다. 이러한 부세 외에 부역을 부담하거나 공물도 바쳐야 했다.

고구려 소수림왕小獸林王 2년(372)에 비로소 우리나라에 불교가 전래되었고 이어 백제와 신라에도 전해졌다. 불교와 더불어 수입된 대륙문화는 삼국시대 우리 문화에 지대한 영향을 주었다. 식생활 면에서 볼 때 특기할 것은 차의 전래인데, 이와 함께 다식茶食이나 유밀과油蜜果가 성행하였다. 차를 마시는 풍속과 더불어 고려시대에는 고려자기로 만든 아름다운 차구류茶具類, 공예품을 생산하였다. 그리고 불교의 영향으로 도살금지屠殺禁止를 명한 예가 빈번했으며, 어민을 천시하는 풍조 또한 여기서 비롯된 것이 아닌가 생각된다.

차의 전래는 신라 선덕여왕善德女王 때이나 재배는 흥덕왕興德王 3년(828) 지리산에 심도록 한 것이 시초이다. 그 후 차를 마시는 풍속이 널리 성행하였다. 초기에는 불전에 바치거나 주로 상류사회에서만 상용되었으나, 차차 일반에게도 보급되면서 특히 고려대에 이르러 널리 퍼지게 되었다. 오늘날에는 과거의 음차 풍속이 일반에게 거의 없고, 대신 커피나 홍차를 마시는 서양의 차문화가 일반화되었으니 금석지감을 느낄 뿐이다.

## 4. 고려시대의 식생활

고려는 건국 이후 일찍부터 동과 서북변에 접해 있던 여진인女眞人, 거란인契丹人들과의 접촉이 빈번했을 뿐만 아니라 그들의 투항이나 혹은 교역을 통해 생활 풍습의 영향을 많이 받았다. 여진인과 거란인들은 수렵·목축에 능하였으므로 그들의 남하로 고기 요리법이 전래되었다. 그리고 수만에 달하는 투항인들은 정착하면서 주로 응장鷹匠과 도살업屠殺業에 종사하였고, 그들만의 특수부락을 형성하였다. 후예들은 조선조 말까지 백정白丁으로서 도살업에 종사하였다.

고려의 식생활을 요약하면 태조太祖 왕건王建부터 권농정책에 힘써 미곡 생산이 급증하고, 보리·기장·콩·팥·녹두·호마 같은 전곡田穀도 경작되었다. 미곡 생산이 늘어나면서 쌀밥이 일반화되었을 뿐 아니라 유밀과의 발전과 성행을 가져왔다. 유밀과는 곡분으로 만든 것으로 지금의 약과류인데, 차를 마시는 풍습과 더불어 널리 퍼졌다. 연등회, 팔관회, 제향, 향연에는 반드시 유밀과상이 차려졌다.

고려는 초기부터 도염원都鹽院을 두어 소금을 국가 전매로 하였고 연안 어업도 발달하였다. 『고려도경』 잡속조에 보면 나라에 양과 돼지가 있으나 왕공귀인王公貴人이 아니면 먹지 못하고, 일반 백성은 해품海品을 많이 먹는다 하였다. 해품의 종류로는 미꾸라지, 전복, 방합, 진주조개, 새우, 게, 문합文蛤, 굴, 거북, 해조, 다시마를 들고 있다. 이외에 살조개, 고래, 소라고둥류와 서해안에서 주로 잡히는 조기, 청어 등이 있었다. 그러나 고려는 숭불사상의 영향으로 때로 어업을 금하기도 하고 육식 금령을 내리기도 하였다.

고려시대에 와서 기명은 자기瓷器, 칠기漆器, 금은기金銀器, 금은도기金銀塗器, 동철기銅鐵器 등 다양하게 발달하여 고려 문화의 극치를 보여 주었다. 특히 고려 문화의 상징인 자기는 세계적으로 유명하였으며, 각종 차구茶具, 향로香爐, 주기酒器 등이 정교하게 제작되었다. 이와 함께 단칠丹漆 또는 흑칠黑漆한 식사용·음차용의 상반류床盤類와 연탁宴卓, 좌탑坐榻, 식탁포食卓布, 힐막纈幕, 수막

繡幕, 촉대燭臺, 문석文席, 문유門帷 등 연회와 식사용 제구가 눈부시게 발달하였다.

고려 왕조는 고종 19년(1232) 몽고의 침입을 피해 강화로 천도한 뒤 1259년까지 27년 동안이나 강도江都(강화)에 머무르면서 전후 6, 7차에 이르는 전투를 치러야만 했다. 1258년 몽고와의 강화에 응하면서 충렬왕忠烈王 때부터는 몽고의 사위 나라(부마국駙馬國)가 되었고, 그 후 80여 년 동안 원나라와 일가 관계를 맺었는데, 이전의 여진족, 거란족과는 또 다른 관계였다.

그동안 국왕 이하 양국의 관인, 귀족, 관리, 문인, 학자, 기술자, 상인, 유예인遊藝人 등의 빈번한 왕래나 귀화, 혼인, 물품교역 등으로 양국은 문화교류가 활발하였다. 따라서 식생활에 끼친 영향도 컸다. 상화霜花, 즉 원으로부터 만두류의 제조법과 소주燒酒가 전래되었다. 소주는 화주火酒 또는 아라길주阿剌吉酒라고도 하는데, 이는 아라비아어 'Arag'에서 온 말이다. 소주는 원래 회회인回回人, 즉 페르시아인에게서 수입한 문화의 하나였다. 포도주와 두부가 보급되었음도 고려 말 문헌에 처음 보인다. 사탕과 후추는 당시 상류계급의 기호품으로 많이 쓰이면서 원으로부터 수입하는 중요 품목의 하나였다. 사탕은 이미 고려 초에 있었고, 후추도 유구국琉球國으로부터 가져왔다.

## 5. 조선시대의 식생활

『신증동국여지승람新增東國輿地勝覽』 토산조土産條에 의하여 1500년경 조선조 각 지방에서 산출된 식품 종류의 대강을 알 수 있다. 소채류는『도문대작屠門大嚼』과『음식지미방飲食知味方』그리고『임원경제지林園經濟志』에 수록된 바로도 알 수 있다.

다만, 특기할 것은 17~18세기에 걸쳐 고추, 호박, 토마토(남만시南蠻柿), 옥수수, 낙화생, 완두, 동부, 감자, 고구마, 수박 등 전에 없던 것들이 많이 유입되었으며, 대부분 널리 재배되어 오늘에 이르고 있다. 이 중 고추, 호박은 임진왜란(1592~1598) 때 일본인들에 의해 유입된 식품이다. 그 후 호박은 한국 서민의 필수 부식품인 동시에 구황식품救荒食品이었다. 고추는 지금까지도 중요한 조미료의 하나인데, 김치나 고추장의 주재료이며 한국요리에 꼭 필요한 식품이다.

특히 조선조의 식생활은 오늘까지 그 명맥이 이어져 오는 것인 만큼 식품류의 조리법과 찬물류饌物類, 식품금제食品禁制, 간장·된장을 비롯한 조미료류, 김치류의 변천, 주류, 향토 요리, 구황식품 등 논급되어야 할 많은 문제들이 있으나 여기서는 절식節食, 시식時食만을 다루기로 한다.

우리나라에서는 예로부터 정월 원일元日, 입춘立春, 상원上元, 2월 삭일朔日, 3월 3일, 한식寒食, 4월 8일, 5월 단오端午, 6월 유두流頭, 삼복, 7월 칠석七夕, 8월 추석秋夕, 9월 9일, 10월 오일午日, 11월 동지冬至, 12월 납향臘享·제석除夕 등을 평일과 다른 절일節日로 삼고 특별 요리, 즉 절식을 장만해 먹으면서 그날을 기리는 풍속이 있었다. 우리나라 세시풍속에 대해서는 제5장에서 자세히 다룰 것이므로, 여기서는 다소 중복되기는 하지만 『동국세시기東國歲時記』에 나타난 절식 관련 기록만 옮기기로 한다.

(1) 정월 원일

이날 대접하는 음식을 세찬歲饌이라 하고, 이때의 술을 세주歲酒라고 한다. 세주에는 초백주椒柏酒와 도소주屠蘇酒가 있다. 세주는 중국에서 유래한 약양주藥釀酒로 일반인들은 청주를 사용하였다. 이는 상원의 귀밝이술이라 하여 차가운 청주 한 잔을 마신다는 것으로도 알 수 있다.

세찬의 으뜸으로는 떡국(병탕餠湯)을 들 수 있다. 맵쌀가루를 쪄서 목제 안판案板 위에 놓고 자루 달린 떡메로 쳐서 길게 만든 떡이 흰떡인데, 이것을 얄팍하게 동전같이 썰어 장국에 넣고 쇠고기나 꿩고기를 넣어 끓인 것이 떡국이다. 떡국으로 제사도 지내고(떡국 차례), 손님에게 대접하기도 한다. 속담에 나이 먹는 것을 일컬어 "떡국을 몇 그릇째 먹었느냐"라고 한다.

정월 고사告祀에는 시루떡을 쓴다. 맵쌀가루를 시루 안에 깔고 삶은 팥을 겹겹으로 펴되, 쌀가루를 더 두툼하게 간다. 시루의 크기에 따라 혹 찹쌀가루를 몇 겹 더 넣어 찌기도 한다. 이것으로 새해에 신에게 빌기도 하고 또 삭망전朔望奠에 올리기도 한다. 정초 외에 어느 때나 신에게 빌 때에는 보통 시루떡을 쓰는데, 동제나 굿, 고사 때 사용하는 시루의 크기는 각각 다르며, 시루째 올려야 한다. 이것은 시루떡이 제수祭需로서 이른바 곡령穀靈, corn-spirit의 빙의체 憑依體이기 때문으로 해석된다.

(2) 입춘

입춘일이면 경기도 산골 지방 6읍(양근楊根, 지평砥平, 포천抱川, 가평加平, 삭녕 朔寧, 연천漣川)에서는 움파(총아葱芽), 멧갓(산개山芥), 승검초(신감초辛甘草) 등을 진상하여 오신반五辛盤을 한다. 멧갓은 이른 봄 눈이 녹을 때 산 속에서 자라는 개자芥子이다. 더운물에 데쳐 초장에 무쳐 먹는데, 그 맛이 매우 맵다. 고기를 먹은 뒤 입가심으로 좋다. 승검초는 움에서 기르는 당귀의 싹이다. 깨끗하기가 은비녀의 몸체 같다. 꿀을 찍어 먹으면 매우 좋다. 모두 이른 봄 산뜻한 미각을 돋울 수 있는 것들이다.

(3) 상원

찹쌀에 대추, 밤, 기름, 꿀, 간장 등을 섞어 함께 찐 후 잣을 박은 것을 약밥 (약반藥飯)이라 하는데, 이것은 대보름날 절식이다. 이것도 제사 지낼 때 쓴다.

신라의 옛 풍속을 다루고 있는 『동경잡기東京雜記』에 보면 "신라 소지왕炤智王 10년 정월 보름날 왕이 천천정天泉亭에 행차했을 때 날아온 까마귀가 왕을 일깨워 주었으므로, 우리나라 풍속에 보름날을 까마귀에게 제사하는 날로 삼아 찰밥(약밥)을 만들어 까마귀에게 제사함으로써 그 은혜에 보답하는 것이다"라고 하였는데, 이로부터 시절음식이 되었다. 이로써 대보름에 찰밥으로 까마귀에게 제사하는 유래는 신라시대부터인 것을 알 수 있는데, 이것은 동남아 일대에 널리 분포되어 있는 까마귀 제사의 한 예이다. 오늘날 민속에도 찰밥이나 밥을 까마귀나 까치가 먹으라고 내놓고, 이것을 까마귀 제祭 지낸다고 한다.

또, 오곡으로 잡곡밥을 지어 먹거나 배춧잎과 김으로 밥을 싸서 먹는데, 이것을 복쌈(복리福裏)이라고 한다. 귀밝이술이라 하여 청주 한 잔을 차게 하여 마시기도 한다.

이른 새벽에 날밤, 호두, 은행, 무 같은 것을 껍질째로 깨물면 1년 내내 무사태평하고, 종기나 부스럼이 나지 않는다고 한다. 이것을 '부럼 깐다'고 한다. 북쪽에서는 단단히 얼어서 군은 엿을 깨무는데 이것을 치교齒較라 한다.

또 박나물이나 버섯 말린 것, 콩나물 순 말린 것(대두황권大豆黃卷), 순무, 무 등을 묵혀 두었다가―이것을 진채陳菜라고 한다―반드시 이날 나물로 무쳐 먹는다. 오이고지, 가지고지, 시래기 등도 모두 버리지 않고 말려 두었다가 삶아서 먹는데, 이런 나물들을 먹으면 더위를 타지 않는다고 한다.

정월 보름 전 붉은 팥죽을 쑤어 먹기도 한다. 복날에도 팥죽을 쑤지만 지금은 동지 팥죽이 일반적이다.

### (4) 2월 삭일

중화절식中和節食이라 하여 송편(송병松餅)을 만들어 먹는다. 정월 보름날 세워 두었던 화간禾竿에서 벼이삭을 내려다 흰떡을 만든다. 크기는 손바닥만 하게 혹은 달걀만 하게 만드는데, 콩을 불려서 소를 만들어 넣고, 시루 안에 솔잎을 겹겹이 깔고 넣어서 찐다. 푹 익힌 다음 꺼내 물로 닦고 참기름을 바른다. 이것을 종들에게 나이 수대로 나누어 먹인다. 그래서 속칭 이날을 노비일이라고 한다. 농사일이 이때부터 시작되므로 노비에게 먹이는 것이라 한다. 떡집에서는 팥, 까만콩, 푸른콩을 소로 넣거나 혹은 꿀을 섞어 싸기도 하고, 불린 대추와 삶은 미나리를 넣어 떡을 만들기도 한다.

### (5) 3월 3일

이날 진달래꽃을 따다가 찹쌀가루에 반죽하여 둥근 떡을 만들어 기름에 지져 먹는데 이것을 꽃전(화전花煎)이라고 한다. 영남의 풍속에 부녀자들이 이날 산과 들에서 화전놀이를 하며 지은 규방가사閨房歌辭에는 화전가가 많이 전한다. 또 녹두가루를 반죽하여 익힌 것을 가늘게 썰어 오미자국에 띄우고 꿀을 섞고 잣을 곁들이는데, 이를 화면花麵이라 한다. 이때 진달래꽃을 녹두가루에 반죽하여 만들기도 한다. 또 녹두로 국수를 만들어 붉은색으로 물들이기도 하는데, 이것을 꿀물에 띄운 것을 수면水麵이라 한다. 이것들은 시절음식이며 아울러 제사에도 쓴다.

(6) 한식일

술, 과일, 포, 식혜, 떡, 국수, 탕, 적 등의 음식으로 제사 지낸다. 이것을 절사節祀라 한다.

(7) 춘절시식

춘절시식春節時食의 으뜸으로 묵무침(탕평채蕩平菜)이 있다. 청포묵을 만들어 잘게 썰고 돼지고기, 미나리, 김을 섞고 초장을 쳐서 먹는데 봄날 저녁에 먹으면 좋다.

달걀을 깨뜨려 끓는 물에 넣어 반쯤 익혀서 초장을 친 것을 수란水卵이라 한다. 노랗고 작은 조개와 조기로 국을 끓여 먹기도 한다.

이 무렵 잡히는 생선으로 밴댕이(소어蘇魚)는 안산 내륙 해안에서, 제어鱭魚(웅어, 속명으로는 위어葦魚)는 한강 하류 고양이나 행주에서 잡힌다. 봄이 끝날 무렵 이 고기들을 잡아 진상하고, 생선 장수들도 거리로 다니며 판매한다. 횟감으로 좋다. 또 복사꽃이 떨어지기 전 복어에 파란 미나리와 기름, 간장을 섞어 국을 끓이면 그 맛은 참으로 진기하다. 복어를 꺼리는 사람은 숭어로 대신하는데, 이 또한 시절 생선으로 훌륭하다.

마를 캐서 쪄 먹거나 혹은 꿀을 발라 썰어 먹기도 한다. 술집에서는 과하주過夏酒를 만들어 판다. 이외에도 소국주小麴酒, 두견주杜鵑酒, 도화주桃花酒, 송순주松筍酒 등이 있는데, 모두 봄에 빚는 좋은 술들이다.

소주는 공덕孔德의 독막에서 빚는 술이 가장 이름 있다. 평안도 지방의 감홍로甘紅露와 벽향주碧香酒 또한 유명하다. 이외 황해도 지방에는 이강주梨薑酒, 호남 지방에는 죽력고竹瀝膏·계당주桂當酒, 충청도 지방에는 노산춘魯山春 등이 이름난 술들이다.

떡집에서는 멥쌀로 희고 작은 떡을 방울 모양으로 만드는데, 그 속에 콩으로

소를 넣고 머리 쪽을 오므린다. 그 방울 같은 떡에 오색 물감을 들여 다섯 개를 이은 것을 꼽장떡(산병散餠)이라 한다. 또 오색의 둥근 떡(환병環餠)을 만드는데, 소나무 속껍질과 제비쑥을 섞어 만든다. 큰 것을 마제병馬蹄餠이라 한다. 또 찹쌀에 대추의 살을 섞어 시루떡을 만들기도 하는데, 모두 봄철에 먹는 시절떡이다. 이 무렵 채소 장수들은 배추 새싹을 짊어지고 다니며 판다. 순무도 새로 나와 시절음식으로 좋다.

(8) 4월 8일

석가탄일이라 소연素宴을 차리는데, 석남石南 잎으로 만든 떡이나 혹은 느티나무의 연한 순을 넣어서 만든 느티떡 그리고 볶은 검은콩과 삶은 미나리 나물 등을 준비한다. 떡을 파는 집에서는 찹쌀가루를 반죽하여 한 조각씩 떼서 술을 넣고 쪄 부풀어 오르게 하여 방울같이 만들어, 그 속에 삶은 콩을 꿀에 섞어 소로 넣고 그 위에 대추의 살을 발라 함께 쪄내는데 이를 증편(증병蒸餠)이라 한다.

화전을 만들 듯이 노란 장미꽃을 따다 떡을 만들어 기름에 지져 먹기도 한다. 생선을 잘게 썰어 익혀 외나물, 국화잎, 파싹, 석이버섯, 익힌 전복, 달걀 등을 섞어 먹는데, 이것을 어채魚菜라고 한다. 또 생선을 두껍고 넓게 잘라 조각을 만들어 그것으로 쇠고기 소를 싼 것을 어만두魚饅頭라 한다. 이것을 초장에 찍어 먹는다. 삶은 미나리를 파에 섞어 회를 만들고 후춧가루와 간장을 얹어 술안주로 먹는다. 이것들이 모두 초여름 시절음식이다.

(9) 5월 5일

단오날 내의원內醫院에서는 청량제의 일종인 제호탕醍醐湯을 진상하고, 쑥잎을 따다 짓이겨 멥쌀가루에 넣고 녹색이 우러나도록 반죽하여 떡을 만든다. 단오를 수릿날이라고도 하므로 떡을 수레바퀴 모양으로 만들기에 이 떡을 수레떡이라고 한다.

서울 풍속에서는 이때 메주를 소금물에 넣어 항아리에 장을 담가 겨울을 날 준비를 한다.

(10) 6월 유두

이달 15일이 유두이다. 이날 모여 액막이로 술을 마시는 유두연流頭宴을 한다. 멥쌀가루나 찹쌀가루를 쪄서 긴 다리같이 만들어 둥근 떡을 만들거나 잘게 썰어 구슬같이 만든다. 그것을 꿀물에 넣어 얼음을 채워 먹거나 제사를 지낸다. 이것을 수단水團이라 하며, 물에 넣지 않은 것은 건단乾團이라고 한다. 또 밀가루를 반죽하여 콩이나 깨에 꿀을 섞은 소를 싸서 쪄 먹는데 이것을 상화병霜花餠이라 한다.

밀가루를 맷돌질하여 기름에 지져 나물 소를 싸거나 콩과 깨에 꿀을 섞은 소를 싸서 각기 다른 모양으로 오므려 만든 것을 연병連餠이라 한다. 또 잎 모양으로 주름을 잡아 오므려 붙이고, 채롱에 쪄서 초장에 찍어 먹기도 한다. 이것들이 모두 유두일에 먹는 시절음식이며 제사에 쓰기도 한다.

(11) 삼복 절식

개를 삶아 파를 넣고 푹 끓인 것을 개장이라고 한다. 닭이나 죽순을 넣으면 더욱 좋다. 또 개국에 고춧가루를 풀고 밥을 말아서 시절음식으로 먹기도 한다. 그렇게 하여 땀을 흘리면 더위를 물리치고 허한 것을 보충할 수 있다. 개장 대신에 육개장이나 삼계탕을 먹기도 한다.

중국 고사에 삼복에 개를 잡아 4대문에 제사 지내고 충재蟲災를 막았다고 하는데, 개를 잡는 일은 곧 복날의 옛 행사라고 하였다. 우리나라 풍속도 시초에는 이와 유사한 주술종교적 행사와 관련이 있었던 것으로 생각된다. 더구나 붉은 팥죽을 쑤어 초복, 중복, 말복에 모두 먹는다 하였는데, 이것도 역시 액막이의 의미가 있다.

삼복에는 얼음을 관청에서 나누어 주었다. 여름철 시절음식으로 밀로 국수를 만들어 청채靑菜와 닭고기를 섞고, 어저귀국(백마자탕白麻子湯)에 말아 먹기도 하였다. 또 미역국에 닭고기와 국수를 넣고 물을 약간 쳐서 익혀 먹는다. 호박과 돼지고기에 흰떡을 썰어 넣어 볶기도 하고, 굴비 대가리를 섞어 볶아 먹기도 한다. 또 밀가루에 호박을 썰어 넣고 반죽을 하여 기름에 부치기도 한다.

이것들이 모두 여름철 시절음식으로 조촐한 별식들이다. 참외와 수박도 더위를 씻는 좋은 음식이다.

### (12) 8월 추석

떡집에서는 햅쌀로 송편(송병)을 만들고 또 무와 호박을 섞어 시루떡도 만든다. 찹쌀가루를 쪄서 반죽하여 떡을 만들고 삶은 검은 팥이나 누런 콩가루, 깨를 바르는데 이것을 인절미라고 한다. 또 찹쌀가루를 쪄서 달걀같이 둥글게 만들고, 삶은 밤을 꿀에 개어 붙이는데 이것을 율단자栗團子라고 한다. 이외 토란단자도 있는데 햅쌀로 빚은 술과 함께 모두 가을철 시절음식이다.

### (13) 9월 9일

중구절식重九節食에는 빛이 누런 국화를 따다 찹쌀떡을 만드는데, 이것을 국화전菊花煎이라고 한다. 3월 삼짇날 진달래떡을 만드는 방법과 같다. 이외 배와 유자, 석류, 잣을 잘게 썰어 꿀물에 탄 화채花菜를 만들어 시절음식으로 먹고 제사에도 쓴다.

### (14) 10월 오일

10월 오일午日에는 팥으로 시루떡을 만들어 외양간에 갖다 놓고 고사 지내며 말의 건강을 빈다.

이달에 내의원에서는 우유를 끓여 만든 음료를 왕에게 바친다. 10월 1일부터 정월까지 계속한다. 서울 풍속에 화로 가운데 숯불을 피워 놓고 번철을 올려 놓은 다음 쇠고기를 기름, 간장, 달걀, 파, 마늘, 고춧가루에 조리하여 구워 먹는데, 이것을 난로회라고 한다. 지금의 전골이나 불고기라 할 수 있다. 또 쇠고기나 돼지고기에 무, 오이, 훈채, 달걀을 섞어 장국을 만드는데, 이것을 열구자 신선로라고 한다.

메밀가루로 만두를 만드는데 채소, 파, 닭고기, 돼지고기, 쇠고기, 두부로 소를 만들어 싸서 장국에 익혀 먹는다. 메밀 만두 외에 밀가루 만두인 변씨만두卞氏饅頭도 있다. 또 멥쌀떡, 꿩고기, 김치, 만두 등 시절음식이 있으며, 김치가 가장 맛있을 때이다. 이즈음의 반찬 중 가장 좋은 것은 두부인데, 가늘게 잘라 꼬챙이에 꿰어 기름에 부치다가 닭고기를 섞어 국을 끓인 것을 연포국(연포탕軟泡湯)이라 한다.

어린 쑥을 뜯어 쇠고기와 달걀을 섞어 끓인 것을 애탕艾湯이라 한다. 또 쑥을 찹쌀가루에 섞어 떡을 만들고, 볶은 콩가루를 꿀에 섞어 바른 것을 애단자艾團子라고 한다. 또 찹쌀가루로 동그란 떡을 만들어 삶은 콩을 꿀에 섞어 바르되, 붉은빛이 나는 것을 밀단고蜜團餻라고 한다. 이것들은 모두 초겨울의 시절음식이다.

찹쌀가루에 술을 쳐서 반죽하여 크고 작게 잘라 햇볕에 말렸다가 기름에 튀기면 고치같이 부풀어 오르는데 속은 비어 있다. 이것에 흰깨, 검은깨, 흰콩가루, 푸른콩가루를 엿으로 붙인다. 이것을 강정(건정乾飣)이라 한다. 이 또한 이달부터 시절음식의 하나로 시장에서 많이 판다. 이외 오색 강정, 잣 강정, 매화 강정 등이 있다. 또 홍색과 백색 강정이 있는데, 이것은 설날과 봄철 민가에서 제수용으로 쓰거나 세찬으로 손님을 대접할 때 쓴다. 강정은 지금도 절식으로 흔히 쓰인다. 서울 풍속에 무, 배추, 마늘, 고추, 소금 등을 버무려 독에 김장을 담근다. 여름철 장담그기와 겨울철 김장담그기는 민가의 중요한 연례행사이다. 이것은 서울뿐만 아니라 전국적인 풍속이며, 예나 지금이나 마찬가지이다.

(15) 11월 동지

동지에는 팥죽을 쑤는데, 찹쌀가루로 새알 모양(새알심)을 만들어 죽 속에 넣어 꿀을 타서 시절음식으로 제사에 쓴다. 그리고 팥죽을 집 안팎에 뿌려 상서롭지 못한 것을 쫓는다. 이 무렵 청어가 잡히는데 종묘와 사당에 먼저 올린다. 또 대구와 생복生鰒이 제철이기도 하다.

서울의 겨울철 시절음식으로 설렁탕이 있다. 제주목濟州牧에서는 귤, 유자, 귤감을 진상한다. 이를 치하하기 위하여 과거를 실시하였는데 이것을 감제柑製라고 하였다.

메밀국수를 무김치, 배추김치에 말고 돼지고기를 섞은 냉면冷麵도 이 무렵의 시절음식이다. 또 잡채와 배, 밤, 쇠고기, 돼지고기 썬 것과 기름, 간장을 메밀국수에 섞은 비빔국수(골동면骨董麵)도 있다. 평안도 냉면이 제일 유명한데, 추운 겨울 뜨거운 온돌방에 앉아 먹는 냉면이야말로 제일가는 시절음식일 것이다. 동치미와 수정과도 시절음식이다.

(16) 납일

동지 후 세 번째 미일未日을 납일臘日이라 하는데, 내의원에서는 각종 환약을 만들어 납약臘藥이라 하여 진상하였다. 납일에 지내는 제사인 납향臘享에는 산돼지와 산토끼 고기를 사용하였다. 또 참새를 잡아 어린이에게 먹이면 마마를 깨끗이 없앤다 하여 이날 그물을 쳐서 참새를 잡거나 총으로 쏘아 잡기도 한다. 지금껏 이날에는 새를 잡아 먹으면 좋다고 전해 온다.

1970년 음식 관련 중요무형문화재 제38호로 조선왕조 궁중음식이 지정되었으며, 기능보유자로 황혜성黃慧性(1920~ )이 인정되었다.

# Ⅲ 주생활

## 1. 선사시대의 주거

우리나라 선사시대의 주거는 대부분 땅을 널찍하게 파고 그 위에 지붕을 올린 반지하식의 이른바 움집(수혈식竪穴式 주거)이었다. 이 밖에 동굴주거洞窟住居 또는 마루가 높은 고상주거高床住居 등이 드물게나마 있었던 것으로 생각된다.

고고학자들은 선사시대 주거를 빗살무늬토기 문화기의 주거와 무늬없는토기 문화기의 주거로 나눈다. 최근까지 상당수의 선사시대 주거지들이 남북한에서 골고루 발굴됨으로써 당시 주거 문화와 생활상을 이해하는 데 많은 도움을 주고 있다.

이 시기는 사람들이 주로 어로와 수렵으로 생계를 유지한 수렵·채집경제 단계였으며, 말기에는 원시적인 농경도 가능했던 것으로 보인다.

발굴 결과에 의하여 이 시기 주거공간을 복원하여 보면, 화로와 주거 출입구의 반대쪽, 즉 집 안쪽에 해당되는 부분은 여성들의 공간으로 취사와 관련된 일들이 행하여졌다. 출입구 가까운 부분은 주로 남자들의 거처였으며, 구석진 곳은 물건들의 보관 장소였던 것 같다. 대체로 석기가 출토되는 부분은 남성들의 작업 공간이고, 토기가 출토된 부분은 여성들의 활동 공간이었던 것으로 추정된다.

문헌에 나타난 고대 민가의 모습으로는 『삼국지』 위지 동이전 마한조馬韓條에 보이는 반지하식 가옥인 움집과 변진조弁辰條에 보이는 귀틀집(누목식累木式 주거) 그 밖에 천막식天幕式, 몽고포蒙古包와 같은 궁륭식穹窿式 등을 들 수 있다. 이들 4종의 가옥 형식은 모두 북방 대륙계통에 속하는 것임을 알 수 있다. 한편 원두막이나 창고와 같은 고상식高床式 건물도 있었는데, 이는 남방계 형식으로 생각된다.

여기서 주목할 것은 『삼국지』 위지 동이전 예조濊條에 보이는 "질병과 죽음을 심히 꺼려서 사망자가 있으면 곧 그 집을 버리고 새 집으로 옮겼다"라는 기록이다. 미개 민족들은 사령死靈을 두려워하여 사람이 죽으면 그 집을 비우고 새로운 집으로 이사하는 예가 지금도 있는데, 예濊의 습속도 이와 유사한 것으로 보인다. 그러나 같은 책 동옥저조東沃沮條에 장법葬法에 관한 기록이 다음과 같이 보인다. 즉 "사람이 죽었을 때 임시로 가매장하였다가 시신이 썩어 뼈만 남았을 때 그 뼈를 추려 일가가 함께 묻힌 곽중槨中에 안치한다"라고 하였다. 『수서隋書』 동이전 고구려조에는 "사람이 죽으면 옥내에 가매장하였다가 3년 만에 길일을 택하여 뼈를 추려 본장本葬을 한다"라고 하였다. 이 같은 기록은 우리나라 고대의 복장제複葬制를 보여 주는 기록이다. 필자도 영남 지방의 민속을 조사하면서, 사망한 어른을 거처하던 사랑방이나 그 마루 밑에 가매장하였다가 해물解物이 된 다음에 본장을 하였다는 이야기를 들었다.

또 『진서晉書』 숙신씨조肅愼氏條에 "夏則巢居, 冬則穴處"라는 구절이 보이는데, 이로써 겨울에는 수혈식 주거에서 살고, 여름에는 마루가 높은 고상식 거주로 옮겨 살았던 것으로 생각된다.

## 2. 삼국시대의 주거

『삼국지』위지 동이전 고구려조에 고구려의 주택에 대한 다음과 같은 기록이 보인다. 즐겨 궁실을 만들고 주거의 좌우에는 큰 건물, 즉 제당을 세워 귀신과 영성靈星, 사직社稷을 제사 지냈으며, 큰 창고는 없고 집집마다 제각기 작은 창고를 가졌는데, 그 이름을 부경桴京이라 하였다. 그 풍속으로 혼사가 결정되면 신부 집에서 집 뒤쪽에 작은 집을 만들어 사위가 들게 하였는데, 이것을 서옥壻屋이라고 하였다.

고구려의 주거는 문헌 외에 고분벽화에도 남아 있어서 그 모습을 대략적으로 알 수 있다. 위 인용 기록에 나타난 건물들은 대부분 당시의 지배계급 또는 대가大家라고 불리던 사람들의 주거 양상이었다. 즉, 하호下戶라고 불리던 사람들이나 일반 서민들의 주택 건물을 말하는 것이 아니다. 따라서 이들 서민이나 하호들의 주거는 여전히 수혈식이거나 원시적인 지상건물이었던 것으로 생각된다.

그러나 『구당서舊唐書』와 『당서唐書』 동이전 고려(고구려)조에는 다음과 같은 기록이 보인다. 민가는 산골짜기를 따라 위치하고 지붕은 풀이나 띠로 이은 초옥이며, 왕궁, 관부官府, 불로佛盧 등의 건물은 기와로 지붕을 이었다고 한다. 여기서 특히 주의할 구절은 "가난한 백성들은 추운 겨울에 장갱長坑을 만들어 따뜻하게 한다"라는 대목이다. 이것은 분명히 온돌과 비슷한 난방시설이 있었음을 의미하는 것이다. 즉, 7세기 초 이미 온돌이 보급되었음을 알 수 있다. 한국 고유의 채난법採暖法인 온돌의 원형으로 보여지는 유적이 두만강 유역 신석기시대 반지하식 주거지에서 발굴된 바 있다. 그리고 13~14세기에 이르러 우리나라 전체 민가에서 온돌을 사용하였다.

여기서 말하는 '장갱'이라는 것은 만주 일대 민가에서 볼 수 있는 항炕 또는 항상炕床이라고 불리는 온돌과 유사한 난방시설이라고 생각된다. 항은 실내

한쪽만 덮힐 수 있는 것인데, 고구려인들의 장갱은 처음에는 부뚜막에서 실내의 일측항으로, 후에 삼측항으로 개조되었다가 실내 전면 온돌로 발달했던 것으로 생각된다.

『구당서』의 기록을 고찰하여 볼 때 불교 전래 후 고구려에서는 궁전과 관부, 사찰 등의 건물에는 기와를 올렸다. 그리고 고분벽화를 참고하여 짐작하건대 기둥과 그 위에는 두공斗栱을 얹었고, 도리와 보(양樑)로 가구架構함으로써 현재 볼 수 있는 궁전 건물과 유사했다고 생각된다. 궁전 이외에도 지배계급 또는 귀족, 부호들의 저택도 이에 준하는 건물이었을 것으로 짐작된다. 그리고 일반 서민들의 주택은 온돌을 사용하였으므로 대부분 지상건물이었을 것이며, 초옥은 최근까지도 볼 수 있었던 지방의 초가집과 큰 차이가 없었을 것으로 생각된다. 이 무렵 수혈식 주거는 이미 주택의 주류에서 밀려 점차 사라진 것으로 보인다.

한편 고구려에서는 지배계급 사이에 신라에서처럼 가사제한家舍制限에 대한 기록이 없는 것으로 미루어 주택의 규모나 양식에 일정한 제한이 없었던 것 같다.

백제의 주택에 관해서는 고찰할 만한 자료가 거의 없다. 다만, 『당서唐書』 백제조百濟條에 "俗與高(句)麗同"이라고 한 바와 같이 불교 전래 후 주택 모양은 고구려와 비슷했을 것으로 짐작된다.

신라의 주택에 관한 자료도 백제와 마찬가지로 문헌자료 외에는 없으나 백제에 비해 좀더 풍부하다. 『삼국사기』권 33 잡지雜志 제2 옥사조屋舍條에 따르면, 성골을 제외한 진골, 이하 6두품, 5두품, 4두품, 백성에 이르기까지 모든 계급과 계층에 대하여 주택의 규모, 양식 그리고 용재에 제한을 규정하고 있다.

그중 4두품 이하 백성에 이르기까지의 규제를 살펴보자. 실室의 길이와 넓이는 15척을 넘지 못하며, 건축 용재로 산느릅나무를 쓰지 못하였다. 또 옥개 부분에 조정천장藻井天障을 시설하지 못하고, 처마 끝에 막새기와를 달지 못하였다. 지붕에는 치미鴟尾, 용두龍頭 등의 장식을 하지 못하고, 부연浮椽, 두공斗

栱, 현어懸魚를 달지 못하게 하였다. 또 금, 은, 동으로 건물을 장식하지 못하며, 기단과 계단은 산석山石을 쓰지 못하게 하였다. 장벽墻壁(담과 벽)은 높이가 6척을 넘지 못하고 또한 그 지붕에 보를 가구하지 못하며, 석회를 칠하는 것을 금하였다. 대문과 사방문을 만들지 못하며, 마구간은 말 두 마리 정도를 들일 수 있게 하였다. 이 밖에도 벼슬이 높은 사람들에게 규제된 장식시설은 당연히 금지되었다.

규제 내용들로 보아 당시의 주택 모습과 건물의 양식 등을 어느 정도 짐작할 수 있는데, 대체로 불교 문화와 더불어 도입되고 발달한 건축 양식임을 알 수 있다.

이 밖에 주택에 관한 기록으로는 『삼국사기』와 『삼국유사』 헌강왕조憲康王條를 보면, "백성의 집을 기와로 덮고, 초옥으로 하지 않으며, 밥을 짓는 데 숯을 사용하고 나무를 때지 않는다"라고 하였다. 이것은 당시 사회의 태평함과 부유함을 말한 듯한데, 지금 생각하기에도 그것은 특별한 지위나 경제력을 가진 소수 계층의 일로 일반 서민주택까지 그러한 형편이었다고는 할 수 없다. 지금도 경주에 남아 있는 와옥瓦屋에서 기와의 윤택 있는 아름다움이나 지붕선의 조화된 멋은 한옥의 대표적인 미로 여겨지며, 이는 신라시대 이후 오랜 전통의 영향이라고 생각된다.

신라에 온돌이 있었다고 단정할 만한 구체적인 자료는 없으나, 여러 가지 방증으로 보아 존재했을 가능성은 충분하다.


## 3. 고려시대의 주택

고려시대의 주택 양상을 구명할 만한 당시 유구遺構는 거의 없어 역시 문헌자료에 의하여 짐작할 수밖에 없다. 그중에서도 주택에 대하여 구체적인 기록이 남아 있는 문헌은 고려 인종 1년(1123) 우리나라에 온 송나라 사신 서긍徐兢이 지은 『고려도경』이다.

이 책 권 3 민거조民居條에 따르면 "왕성王城은 비록 크기는 하나 돌이 많고 메마른 언덕과 산으로 이루어져 평지가 적으므로, 그 민가의 형세가 높고 낮음이 마치 벌집이나 개미 구멍 같고, 띠로 지붕을 이어 가까스로 비바람을 막을 정도이며 크기는 겨우 서까래 두 개를 걸친 것에 지나지 않았다. 부자들 집에는 얼마간 기와를 이었으나 그것도 열 명 중 한둘뿐이다. 옛날에는 창우倡優가 사는 집은 장간長竿을 세워 양가와 구별하였다고 들었으나 지금은 그렇지 않다"라고 기록되어 있다.

이 기록은 당시 개경의 주택상을 지나치게 축소하여 묘사한 것 같은데, 주택의 실내 상황은 같은 책 권 28 와탑조臥榻條에 다음과 같이 설명하고 있다. "침대 앞에 작은 의자를 놓고 가리개를 세워 각기 비단을 걸쳐 덮었다. 또 큰 자리를 깔았으며 가구들의 모양은 전혀 이풍夷風(오랑캐풍)을 느끼게 하지 않았다. 그러나 이것은 국왕이나 귀신貴臣, 중국 사신을 위한 시설일 뿐이며, 서민들은 주로 흙침대를 사용하는데, 땅을 파서 화항火炕을 만들고 여기서 잠을 잔다. 이 나라 겨울은 매우 추우나 무명이나 솜 따위가 드물다"라고 하였다. 여기에서 귀족 계급의 생활은 송宋의 영향으로 그 나라 귀족들과 별로 다를 바 없을 정도로 풍족하였고, 일반 서민들은 온돌에서 기거하였음을 알 수 있다.

난방시설로서의 온돌은 고려시대 이르러 거의 일반화된 것 같은데,『목은집牧隱集』이나『보한집補閑集』,『동국이상국집東國李相國集』 등의 문집은 온돌을 난돌暖堗 또는 화돌火堗 등으로 표현하고 있다. 한편『동국이상국집』후집後集을 보면 당시 도읍지나 상류 계급의 집에서는 그들의 주택에 전적으로 온돌을 채용하지 않았던 것 같고, 지방이나 서민 계급에 속하는 사람들 사이에서는 온돌이 널리 보급됐던 것으로 생각된다.

## 4. 조선시대의 주택

조선조의 주거는 비교적 그 유구가 많이 남아 있으며, 문헌자료 또한 많이 전한다. 지난 1989년 문화재위원회는 주택 관련 중요민속자료로 다음과 같은 가옥들을 지정하였다.

江陵 船橋莊, 求禮 雲鳥樓, 昌寧 河丙洙 家屋, 月城 孫東滿 家室, 永川 鄭在永 가옥 및 山水亭, 井邑 金東洙 가옥, 慶州 崔植 가옥, 三陟 新里 너와집, 경주 塔洞 金憲璔 古家屋, 高敞 申在孝 古宅, 濟州 城邑 趙一訓 가옥, 高平五 가옥, 李英淑 가옥, 韓奉一 가옥, 高相殷 가옥 등 5廓, 良洞 樂善堂, 李源鳳 가옥, 李源鏞 가옥, 李東琦 가옥, 李熙太 가옥, 守拙堂, 二香亭 등 7곽과 良洞 水雲亭, 心水亭, 安樂亭, 講學堂 등 8棟, 河回 北村宅, 柳時柱 家屋, 玉淵精舍, 南村宅, 主一齋 등 5곽, 遠志精舍, 賓淵精舍, 謙岩精舍 등 5동, 樂安城 朴義俊 가옥, 梁圭喆 가옥, 李漢皓 가옥, 金大子 가옥, 朱斗烈 가옥, 崔昌羽 가옥, 崔善準 가옥, 金小兒 가옥, 郭炯斗 가옥 등 9동, 妙洞 朴熿 가옥 1곽, 海平 崔相鶴 가옥 1곽, 淸道 雲岡 故宅 1곽, 永川 鄭容俊 가옥 1곽, 英陽 瑞石池 1곽.

이외 86채를 더 지정하였고, 안동 하회마을과 제주 성읍 민속마을 그리고 월성 양동마을 또한 중요민속자료로 지정하였다. 그러나 최근 들어 도시화와 산업화의 급격한 물결 속에 많은 주택 유구들이 무참히 제거되거나 파괴되어, 민족의 생활양식과 직결된 문화재가 나날이 사라져 가고 있어 그 보존 대책의 마련이 시급하다.

### (1) 건축 규제와 가대 제한

조선 왕조의 기반이 굳어진 세종대에 와서 대소 인원의 주택 규모가 제멋대로 커지기 시작하자, 세종 13년(1431)에 이르러 비로소 가사규제를 정하였다.

이에 따르면 왕王의 친자親子와 친형제·공주는 50칸, 대군은 60칸, 2품 이상은 40칸, 3품 이하는 30칸, 서인은 10칸을 넘지 못하였다. 또 주초柱礎(주춧돌) 외에는 숙석熟石(다듬은 돌)을 사용하지 못하게 하고, 화공花栱, 진채단청眞彩丹靑을 금하였다. 사당과 부모상전父母相傳의 가사家舍 및 무역 가사 등은 그 예외로 하였다. 그리하여 일차적으로 주택의 칸수와 초석 및 세부 장식 등에 규제가 가하여졌으나, 건축부재의 크기에 제약이 없어 실효를 거두지 못하였고, 정해진 규제조차 지키지 않는 자가 많아 세종 31년(1449)에 이르러 제2차 개정건축규제가 정해졌다. 그러나 항상 대소 인원들에 의한 유제건축踰制建築이 행하여졌던 모양으로, 『조선왕조실록朝鮮王朝實錄』에는 각 왕대에 가사유제에 관한 기록들이 많이 보인다. 가사제한 외에 가대家垈에 대한 규제도 태조 이후 있었다.

### (2) 주택의 점지와 구성

도시 주택이냐 지방 주택이냐에 따라 주택의 점지占地가 다르다. 주택이 밀집한 도시 주택은 도로와 인접 주택과의 관계에 제약을 받아 대문은 방위에 상관없이 도로에 면하여 만들어지고, 또 안채는 대체로 대문을 향하여 만들어진다. 그러나 중류 이상의 주택으로 비교적 대지가 넓을 경우에는 안채 또는 사랑채를 남향 또는 동남향으로 짓기도 한다.

이와 달리 지방 주택, 특히 농촌 주택은 주택의 점지가 자유로워 지형이나 방위 모두 비교적 이상적인 장소를 선택하여 지을 수 있다. 대부분 주택지는 북고北高 · 남저南低의 지형을 택하며, 특히 북쪽에 산을 두고 남쪽이 넓게 트인 자리를 좋아한다. 그러므로 대문은 남쪽으로 놓이며, 안채는 대문을 향하여 남향하게 된다.

주택의 공간은 건물 내부의 공간인 방과 건물 외부의 공간인 마당으로 이루어져 있다. 일반 주택의 방에는 안방, 건넌방, 웃방, 마루방, 부엌, 사랑방 등이 있고, 중류 이상 규모가 큰 주택에는 이 밖에 행랑방, 청지기방, 찬방과 각종 광이 있을 뿐만 아니라 따로 독립된 건물인 별당과 사당도 있다. 건물 외부의 공간인 마당은 건물과 건물 또는 담과 벽 등으로 둘러싸인 공간인데 바깥마당, 사랑마당, 안마당, 별당마당, 뒷마당 등의 구별이 있다.

특기할 것은 조선조 남녀 간의 심한 내외內外로 주택 공간이 안채와 사랑채로 크게 구분되었다는 점이다. 또 가부장제 가족제도로 인하여 건물들의 합리적인 평면 구성보다 가부장의 권위와 위풍을 과시하는 데 치중하였다. 또 그들 가부장의 일상생활이 대부분 사역인(집안에서 부리는 사람)들에 의하여 이루어졌기 때문에 동선의 합리적인 계획이 전혀 고려되지 않았다. 대신 필요한 공간을 적당히 병렬하는 경향 등이 보인다. 이제 각 방의 기능을 설명하기로 한다.

## 1) 안방

주택의 제일 안쪽에 위치하는 안방(내방內房)은 주부의 거처이며, 침실이다. 식사도 이 방에서 한다. 외인 남자의 출입을 금하는 곳으로, 남자로서는 다만 남편과 그의 직계비속의 출입만 허용된다. 주부의 실내 생활 대부분이 이루어지는 이곳은 가정생활의 중추부이며, 각종 광 열쇠나 귀중품들이 보관된다.

## 2) 웃방

좀 규모가 큰 주택에서 볼 수 있는 웃방(상방上房)은 안방에 이어 위쪽에 위치하는 방이다. 대개 마루방 쪽에 있는 경우가 많다. 이 방은 안방에 준하는 방으로, 역시 주부나 그의 어린 자녀들이 거처한다.

## 3) 건넌방

건넌방(월방越房)은 마루방이 있는 형식의 주택에서 볼 수 있는데, 마루방을 사이에 두고 안방과 마주 보는 위치에 있다. 보통 주인의 성년이 된 자녀나 노부모들이 거처하는 경우가 많다.

## 4) 마루방

주택에서 마루방(대청大廳)만은 바닥이 온돌이 아닌 널마루로 되어 있다. 중남부 지방과 도시 주택에서 흔히 볼 수 있는 방으로 안방과 건넌방 사이에 있으며, 안방이나 건넌방에 거처하는 사람들의 공용공간이기도 하다.

각 방으로 통하는 통로로서의 기능과 여름철 거실로서의 기능을 가진 곳이다. 중남부 지방 민가에서 마루는 중요한 장소로 남쪽으로 향하게 하였고, 보통 2칸 혹은 3칸 정도의 크기로 천장은 가설되지 않는다. 보통 마루에 가택신인 성주를 모신다. 굿이나 고사 같은 종교적 행사는 마루를 중심으로 진행된다. 마루방에는 장식용 가구나 기물을 놓아 화려하게 꾸미고, 근래 와서는 도시 한옥에서 마루방 전면에 유리문을 넣어 서양의 응접실처럼 꾸미기도 한다.

## 5) 부엌

보통 흙바닥으로 되어 있고 기단 상면보다 낮다. 부엌(주방廚房)에는 안방이나 웃방으로 통하는 온돌 아궁이가 있기 때문에 가정의 취사장이다. 또, 부엌 상부는 안방에서 이용할 수 있는 다락이 있어 의류나 실내용품 또는 식기류의 수납고 구실을 한다.

### 6) 사랑방

안방 또는 건넌방과 격리된 주택 공간으로서의 사랑방舍廊房은 주인의 거실 이자 접객장소이다. 주택 공간 중에서 가장 개방적이며 외부와 가까운 공간 이다. 규모가 큰 주택이거나 남부 지방에서는 흔히 독립된 건물인 사랑채로 짓기도 하는데, 그 경우 마루와 온돌방으로 구성된다. 여기에는 가장 장식적 인 기물들이 놓이며, 방안에는 문방구 또는 문방 가구 등이 많아 서재로 꾸미 는 것이 우리나라의 전통이다.

### 7) 행랑방

대문채에 연결되어 담에 붙여 만들어진 행랑방行廊房은 보통 중류 이상의 주 택에서 많이 볼 수 있다. 노비를 비롯하여 집안일을 거들어 주는 사람들의 거 처로서, 외부에 가까운 행랑방에는 남자 사역인이 그리고 안방에 가까운 행랑 방에는 여자 사역인들이 거처한다.

### 8) 청지기방

중류 내지 상류 가정의 비서 또는 서기의 역할을 하는 사용인, 즉 청지기가 거처하는 방으로 행랑방의 하나라고 할 수 있으며, 사랑방에서 가장 가까운 곳 에 있다. 가정의 모든 재산 관리와 섭외·서무 등의 사무를 취급하는 곳이다.

### 9) 별당

중류 이상의 주택에서 볼 수 있는 별당別堂은 완전히 독립하여 대지 한쪽에 만들어진다. 이 건물은 이미 은퇴한 노주인이 여생을 즐기는 곳으로, 가장 화 려하고 장식적인 의장意匠이 쓰이며, 흔히 정원수를 심고 연못도 만든다. 마루 방과 온돌방이 배치되어 정취 있는 공간이다.

### 10) 사당

사당祠堂은 선조의 위패를 봉안하는 곳으로 중류 이상의 주택에서 볼 수 있다. 보통 대지의 뒤쪽에 담을 쌓아 독립하여 만들며, 단칸 또는 3칸 정도의 건물이다. 내부는 하나의 공간으로 되어 있고, 바닥은 보통 온돌이다.

이 밖에 고방과 또는 헛간, 방앗간, 측간(이것도 중류 이상의 집에는 안채용과 사랑채용이 따로 있다), 외양간, 대문, 장독대 등이 부속된다. 마당은 바깥마당, 사랑마당, 안마당, 별당마당 등으로 구분된다.

### (3) 서민 주택의 평면

조선시대는 사대부, 중인, 농·공·상으로 이루어진 엄격한 계급사회였다. 이 중 서민은 주로 농·공·상업을 담당한 계급이다. 그들의 직업이나 빈부의 차, 지방차에 따라 주택에도 약간의 차이가 있으나 대체로 안방·건넌방·부엌·사랑방이 있으며, 도시나 중남부 지방 주택에는 마루방이 있다.

도시 주택의 평면을 보면 그 대지가 고정되고 넓지 않기 때문에 제한된 대지 내에서 가장 효과적으로 필요한 방을 구성해야 하므로, 필연적으로 대지 둘레에 여러 개의 방을 배치하게 된다. 그러므로 평면 형태는 대지 형태(대개 사각형이지만)에 따르게 되며, ㄱ자, ㄷ자 혹은 ㅁ자형의 건물 배치가 되고, 대지 가운데에 마당을 둔다. 이렇게 세워진 건물은 서로 연결되어 대개의 경우 한 지붕으로 이루어져 있다. 이것이 서울형 주택의 대표적인 예이다.

이와 달리 농어촌 지방의 주택은 비교적 자유롭게 넓은 대지를 얻을 수 있어 대지의 경계에 담장을 돌리고, 그 안에 적당히 필요한 건물들을 배치하게 된다. 그렇기 때문에 평면 배치를 보더라도 지방 주택은 보통 안채, 사랑채, 대문채 그리고 헛간채 등이 독립된 건물이며, 뒷간(측간)은 거름 취하기가 편리하게 출입구 가까운 곳에 마련한다.

이러한 서민 주택의 유형은 서울형, 함경도를 중심으로 하여 평안북도·강원도 북부를 포함하는 북부형, 평안남도와 황해도 북부를 중심으로 하는 서부형, 경기도를 중심으로 하여 황해도 남부·강원도 남부·충청도 지방을 포함한 중부형, 전라도·경상도를 포함한 남부형 그리고 제주도형 등으로 대별할 수 있다.

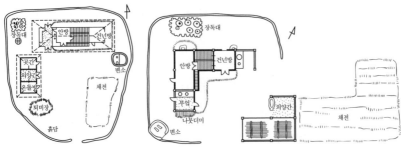

남부형 농가 : 부산시 동래구

중부형 농가 : 경기도(자료 : 朱南哲)

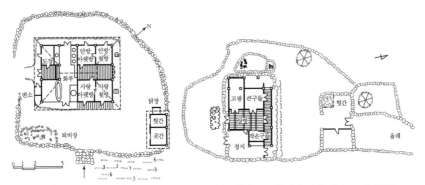

북부형 농가 : 강원 신리

제주도형 농가 : 한림읍 명월리(자료 : 金鴻植)

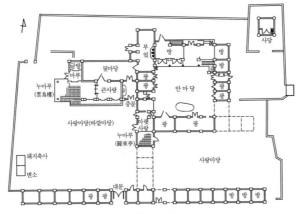

양반가 : 전남 구례 운조루(자료 : 金正基)

그림 4-3. 지역별 주택 평면도

그리고 크게 북부형과 남부형으로 나눌 경우 북부형의 특징은 내분형內分型이고, 남부형은 외연형外延型이라고 할 수 있다. 남부형은 말집(일간두옥一間斗屋)이라고 하는 부엌이 붙은 안방 하나만 있는 가장 단순한 평면 구성을 비롯하여 중류와 상류 주택으로 갈수록 방을 하나씩 덧붙여 가는 형이라 할 수 있다. 북부형은 이와 달리 한 지붕 안에 부엌, 안방, 웃방, 아랫방, 고방, 외양간, 방앗간까지 포함한 양통형兩通型 또는 전자형田字型이다.

이것은 지방문화의 신구新舊와 기후의 차이 등에서 비롯되었지만, 기본형을 중심으로 앞서 열거한 북부형, 서부형, 서울형, 중부형, 남부형, 제주도형에서도 마찬가지의 차이가 생겨난다.

설날이 되면 중남부 지방에서는 농악대가 걸립乞粒을 위해 집집마다 돌며 매귀埋鬼 또는 지신地神밟기를 해 준다. 마루에서 성주굿을 올린 뒤 부엌에서 조왕굿을 하고, 이어 장독굿, 고방굿을 한다. 다음으로 우물에서 용왕굿을 하고 나서 뒷간굿, 대문굿, 마당굿, 거리굿 순으로 집의 각 부분 수호신에게 농악을 울리며 축원하여 1년 내내 평안하고 행운이 있기를 빌어 준다. 그러나 근대화 물결에 따라 초가 지붕이 기와 지붕이 되고 부엌이 널마루로 바뀌었다. 또 대청에는 서양식 유리문을 넣고 스테인리스 조리대와 냉장고가 갖추어진 풍족한 세상이 되었다. 그래서 더 이상 성주님도 조왕님도 할 일이 없어 모두 떠나 버린 것 같다.

오늘날 한국 주택의 실태는 외형은 한식이면서 내부는 의자식 거실과 침실 등이 온돌방과 공존한다. 부엌도 입식으로 개량되고 있다. 또 외형은 양식이라도 온돌방이나 장독대를 갖추는 실험적이고도 과도기적인 시점에 놓여 있다. 서양의 편리함을 추구하면서도 한국적 풍토와 생활 감각에 맞는 조화로운 주택이 완성되려면 서구화, 근대화에 직면한 우리 전통 문화 자체의 재편성, 재통합이 이루어져야 할 것이며, 주생활도 중요한 일익을 담당하게 될 것이다.

# 제5장 민간신앙

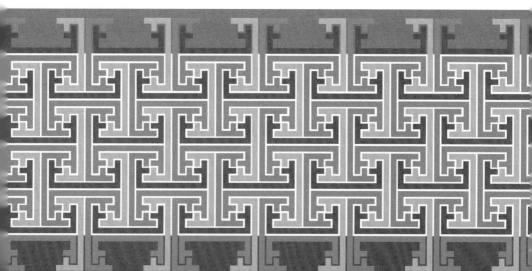

# I 서설

## 1. 민간신앙의 성격

 '민간신앙'이란 말은 folk-belief, folk-religion 등을 번역한 말이다. 민간신앙은 태초부터 인간 본연의 종교적 욕구에서 자연 발생한 자연종교성을 가지며, 계시, 교조, 교리 등이 없고, 교단 또한 조직적이지 않다. 그리고 기성종교의 입장에서 보면 윤리성이 없고 속신俗信들과 밀접해서 사회적인 폐해를 빚은 일면도 있다. 그러나 민간신앙의 중요성은 그 유구한 역사성과 대다수 민중 생활과의 밀착성에 있으며, 이는 결코 가벼이 여길 수 없다.

 민간신앙은 나라에 따라서는 국가종교로 승화되기도 한다. 인도의 힌두교, 일본의 신도神道 등이 그 대표적인 예이고, 유대교 또한 민간신앙에서 성장하였다. 한국도 이와 비슷한 예가 있다. 즉, 고려 말까지 고구려 동맹의 전통 위에 불교나 기타 외래문화들을 수용하고 원초 이래 민간신앙을 결부시켜 국왕 임석하에 거행한 팔관회가 그것이다. 이는 호국, 전사령戰死靈 위안, 기복祈福 등의 종합대제의로서 이른바 전래의 토착신앙을 국가종교로 승화시킨 흔적을 충분히 엿볼 수 있다. 요컨대, 연중행사인 농경의례가 문헌기록에 처음으로 나타난 것이 『삼국지』위지 동이전에 보이는 여러 부족국가部族國家들의 제천의식이며, 그것은 민족종교로 승화되었다가 조선조 이래 민간신앙화해서 오늘날 동제洞祭의 원류를 이루었다.

 무속에서도 신라 2대 왕인 남해차차웅南解次次雄의 '차차웅'은 국왕, 무당, 존장자의 칭호였다. 그래서 신라의 금관도 시베리아계 샤먼shaman의 관冠을 조형祖型으로 한 무왕관巫王冠으로 보기도 한다. 이렇게 보면 남해왕이 왕의 여동생에게 시조묘들을 사제司祭하게 했다는 것도 제정祭政분리성을 엿볼 수 있는 상대上代의 무속적 국가권력구조의 일면을 말하는 것이라 할 수 있다.

 고구려가 요동성遼東城에서 네 번에 걸친 수隋·당唐 대군을 맞아 싸우는 와중에도 시조신 고주몽을 제사 지내고, 사제무녀司祭巫女가 성이 반드시 안전하리라고 예언했다는 『삼국사기』의 기록을 통해서도 우리는 무속이 지닌 국가 종교성과 강한 군민결속의 사회적 기능들을 모두 엿볼 수 있다. 이러한 예에서 우리는 오늘날의 민간신앙들이 예전에는 국민결속, 사회통합, 예술활동, 인간심성순화 등 여러 기능을 다하고 있었음을 짐작할 수 있다.

조선시대 들어 유교儒教를 국시國是로 삼으면서 고려시대의 국가적 제의祭儀들을 폐지시키는 한편, 불교와 민속종교들을 철저히 억압하였으며, 유교제례만을 적극 장려하였다. 따라서 민간신앙은 서민층으로 침잠할 수밖에 없었고, 더 이상의 내용적인 발전이나 사회적인 기능은 기대할 수 없었다. 결국 오늘날의 민속종교는 서민층의 수요에 부응해서, 더구나 그것을 미신시하는 표층사회로부터 배척되고 위축되면서도 연면히 이어온 존재이다. 또한 다분히 주술적이요 기복祈福적이며, 윤리성이 적고, 관념적인 내세관이나 까다로운 철학성과는 거리가 멀다. 그렇지만 그것은 서민의 종교적 욕구이며, 가식 없는 소박한 신앙이고, 여전히 유구한 민족생활의 전통 위에서 고유성을 보존·전승하고 있는 중요한 맥박이다.

지금도 한국인에게 뿌리 깊은 유교적 관념의 하나로, 흔히 민속종교라고 하면 무조건 미신시하고 타파의 대상으로 생각하는 경향이 있다. 그러나 민속종교는 결코 원시적인 미신의 잡다한 집합체는 아니다. 흔히 합리성, 과학성의 결여를 들어 민속종교를 비판하지만, 이는 민속종교만 해당되는 것이 아니라 기성 종교에서도 과학으로는 설명할 수 없는 비합리적인 요소가 많다. 오히려 과학으로는 설명되지 않는 것이 종교의 본질이라 할 수 있다.

가신신앙家神信仰은 남성 위주의 유교 체제에서 억눌려 지내던 한국 여성들의 마음의 귀의처이며, 그 모성애에 힘을 주는 신앙이었다. 동제는 촌락사회의 통합과 일체감을 심어 줌으로써, 혈연적인 종파성이 앞서는 한국 사회구조에 지연적인 화합과 질서를 부여했다. 따라서 이제는 민속 보존이나 문화재 보존을 위해서도 이에 대해 제대로 조사·연구하여 과거 민중생활의 기층을 이해해야 할 것으로 생각된다.

## 2. 한국의 종교 구조

1995년 문화체육부가 집계 발표한 한국의 종교 통계는 〈표 5-1〉과 같다.[1] 이 중 신도수 총계를 보면 약 8,210만여 명으로 당시 실제 인구인 4,450만여 명보다 훨씬 많다. 이것은 각 종교 단체에서 신도수를 과장해서 보고한 것으로 보인다. 그러므로 보다 신빙성이 높은 1995년 인구 및 주택 센서스 집계를 토대로 우리나라의 종교 구조에 대해 살펴보기로 한다.

센서스 자료에 의하면 불교 신도수는 1,032만여 명으로, 총인구 대비 23.2%에 해당한다. 신도수로는 불교가 우리나라 최대의 종교이다. 기독교 신도수는 신구교를 합해서 1,171만여 명이다. 특히 주목할 사실은 근래 들어 기독교 신도수가 급격히 증가하고 있다는 사실이다. 개신교 인구는 1995년 인구센서스를 기준으로 할 때 876만여 명으로, 총인구 대비 19.7%에 달한다. 10년 전보다 비율로는 3.6%, 절대수로는 227만여 명이 늘어나는 등 최근 한국 종교 중에서 가장 큰 성장을 보이고 있다.

| 〈표 5-1〉 | | 한국의 종교 통계 | | (단위 : 명) |
|---|---|---|---|---|
| 종교 | 교직자 수 | 신도수 | | |
| | | 종교 단체 제출 자료 집계(2002) | 인구 및 주택 센서스 집계(1995. 11. 1) | 인구 및 주택 센서스 집계(1985. 11. 1) |
| 불교 | 41,362 | 37,495,942 | 10,321,012 | 8,059,624 |
| 개신교 | 124,310 | 18,727,215 | 8,760,336 | 6,489,282 |
| 천주교 | 12,536 | 4,228,488 | 2,950,730 | 1,865,397 |
| 유교 | 31,833 | 6,004,470 | 210,927 | 483,366 |
| 천도교 | 5,670 | 996,721 | 28,184 | 26,818 |
| 원불교 | 2,455 | 1,337,227 | 86,823 | 92,302 |
| 대종교 | 358 | 477,342 | 7,603 | 11,030 |
| 기타 종교 | 280,685 | 12,864,820 | 232,209 | 175,477 |
| 합계 | 499,209 | 82,132,225 | 22,597,824 | 17,203,296 |

---

1 文化觀光部, 『2003 문화정책백서』, 2003, 364~365쪽.

물론 각 종교단체에서 과장하여 보고한 수치일 테지만, 지난 1972년 원불교를 합한 불교계 신도수는 867만 명이었던 반면, 신구 기독교 신도수는 425만 명으로 불교계의 절반도 되지 못하였다.[2]

그러다가 1980년에는 불교계 신도수인 1,327만 명에 대해서 신구 기독교계 신도수는 850만 명으로 절반 이상 웃돌다가,[3] 1985년 센서스 집계 때는 신구 기독교계 신도수가 불교계 신도수보다 오히려 많은 것으로 나타났다.

그 밖에 유교 신도수가 21만여 명으로 나타나는데, 유교는 조선시대 이후 치국이념이지 종교로 보기는 어렵다. 기타 종교는 주로 신흥종교들을 가리킨다.

종래 이 통계에는 민간신앙 관련 자료는 미신으로 간주해 무시해 버린 탓으로 포함되지 않았는데, 이에 대해 외국인 학자들은 오히려 미신적 요소는 기성 종교에도 다 있는 것이므로, 한국인은 이것을 미신으로 보아서는 안 된다면서 통계의 신빙성에 의문을 제기하기도 했다.[4] 필자가 별도로 수집한 대한승공경신연합회大韓勝共敬信聯合會(이하 경신회)의 자료에 따르면, 무점업자巫占業者가입 총수는 48,980명이며, 무당이 대부분인 교직자教職者의 전국 추산 총수는 208,424명이었다.[5] 다만 경신회 간부들의 말로는 이들의 80% 정도가 문맹이어서 조직적 지도나 관리가 어렵다고 한다.

교단의 조직성이 없어 정확한 신도수는 알기 어렵더라도 추산 총수 20만 명과 이미 가입한 약 5만 명에 달하는 무점업자 수는 가히 놀랄 만한 높은 수치이며, 이것이 한국 민간신앙의 오늘날 실정이다. 그러므로 이들에 대해서는 좀더 자세한 파악과 이해, 대책 수립이 절실히 필요하다.

한韓·중中·일日 3국에 분포하는 종교의 구조는 유교와 민간신앙, 불교, 기독교 등으로 서로 유사성이 있다. 대만이나 중국과의 직접 비교에는 어려움이

---

2 文化公報部, 『韓國의 宗敎』, 1972, 23쪽.

3 文化公報部, 『宗敎團體現況』, 1980, 23쪽.

4 A. Guillemoz, 「韓國人의 宗敎心性」(韓國人의 再發見 9回—西歐人이 본 韓國人), 월간 『對話』 제34호, 1973, 37~40쪽.

5 大韓勝共敬信聯合會中央本部 1973년도 현황 자료, 8쪽.

있어—중국의 경우 '孔敎打倒'에 공산화되어 더욱 비교하기 어렵다—일본과 개략적으로 비교해 보면 다음과 같다. 일본은 인구 1억 명 중 신도神道계 8,346만 명, 불교계 8,328만 명, 기독교계 83만 명, 제교諸敎 677만 명이다. 수치로 볼 때 종교 인구가 모두 17,434만 명으로 실제 인구의 거의 2배에 달한다.[6]

물론 이 결과는 일본의 각 가정에서 기본적으로 신단神壇, 불단佛壇을 두는 이중성 때문이기도 하다. 그리고 일본의 신도는 한국의 무속 동제들과 깊은 관련이 있다. 무속이 신도의 일부로 수용되어 일본 나름대로 발전·변화된 것이다. 두 나라 비교에서 다소 특이한 점이라면 인구수가 일본이 한국의 3배에 달하나 기독교 인구는 한국(835만 명)의 1/10인 83만 명밖에 되지 않는다는 점이다.

로버트 벨라R. Bellah는 일본 신도 연구 결과 일본의 가족과 국가는 세속적 집단인 동시에 종교적 집단이며, 일단 유사시에는 가장이나 통치자를 2차 신으로 삼고 결속하여 금욕윤리와 소비억제, 자기희생 등을 감수한다고 했다. 그는 이것이 막스 베버M.Weber의 경제 근대화 이론에 합당하며, 신도의 힘이 민족 에너지로 승화되어 패전과 도탄 속의 일본을 20여 년 만에 경제 대국으로 성장시킨 원동력이었다고 주장했다.[7]

바로 이 점이 신도의 종교적 특이성이며, 일본인의 성격personality의 단면이라 할 수 있다. 그런데 놀라운 것은 한국에서는 미신으로 간주하는 동제와 무속이 일본에서는 국가종교로 승화하고, 경제 근대화의 원동력이 되었다고 평가되는 사실이다. 물론 나라마다 다른 종교 구조일 수밖에 없지만, 이토록 상반되는 기능으로 논평되는 사실이 놀랍다. 이것은 한국인이 한국 종교의 성격을 제대로 이해하는 데에도 여러모로 도움이 될 것이다.

---

6 日本文化廳, 『宗敎年鑑』, 1970, 73쪽.
7 R. Bellah, *Tokugawa Religion*(堀一郎·池田昭 옮김, 『日本近代化と宗敎倫理』, 未來社, 1968), Free Press, 1957, 276~278쪽.

# Ⅱ 무속

## 1. 무속의 개념과 기능

한국 무속은 샤머니즘shamanism 분포권에 속하며, 흔히 샤머니즘이란 말로 불리고 있다. 그러나 샤머니즘의 개념을 간단히 규정짓기는 어렵다. 엘리아데 M. Eliade는 그의 저서 『샤머니즘Shamanism』에서 북아시아, 중앙아시아, 남북 아메리카, 동남아시아, 오세아니아 등지에 널리 분포하는 하나의 원초적 종교 형태로 샤머니즘을 다루고 있다. 그리고 그 역사에서도 멀리 구석기시대 수렵 문화에서부터 샤먼적 요소가 부분적으로 발견된다는 몇몇 학자들의 견해를 인용하고 있다.[8]

실로 샤머니즘은 거의 전세계적으로 분포하는 종교 현상이며, 역사적으로도 선사시대부터 수렵, 목축, 농경 등 각 문화층을 기능해 온 방대한 문화 복합체이다. 따라서 지역이나 시대마다 그 국가나 사회의 문화들과 결부되어서 순기능도 하고 역기능도 하면서, 다양화된 샤머니즘에 대해서 일정한 공통개념을 설정하기는 매우 어려운 일이다.

그래서 엘리아데도 샤머니즘은 'ecstasy(망아忘我, 탈혼脫魂)의 테크닉'이라고 '일단의 규정'을 내리고 있다.[9] 즉, 샤먼shaman은 다른 종교 사제자들과는 달리 엑스터시 상태에서 신령들과 직접 교섭한다는 것인데, 이 점에 대해서는 많은 학자들의 견해가 일치하고 있다.

'shaman'이라는 술어도 퉁구스어의 '신령을 조종하고 지배하는 자'라는 'saman'에서 온 말[10]로, 엑스터시 상태에는 두 가지 유형이 있다. 하나는 샤먼의 혼이 천상 지하로 왕래하는 북아시아적인 비상형飛翔型이고, 다른 하나는 신령이 샤먼에게 강림하는 동남아시아적인 빙의형憑依型이다.[11] 흔히 무당에

---

8 M. Eliade, *Shamanism: Archaic Techniques of Ecstasy*, Pantheon Books, 1964, 503쪽.

9 M. Eliade, 위의 책, 4쪽.

10 M. Eliade, 위의 책, 4쪽, 495쪽.

11 M. Eliade, 위의 책, 5쪽, 506쪽.

게 "신이 내렸다"느니 "지폈다"느니 하는 한국 무속의 유형은 이를테면 빙의 형에 속한다. 한국에서는 빙의, 즉 신내림을 통해 무당이 굿에서 내린신의 뜻을 대신하여 말하는 것을 공수(신탁神託)라 한다.

그러나 한국적 엑스터시로 신이 내렸다느니 공수니 일컫는 것은 중부 이북의 무당에게 한하는 것이다. 남부에서도 신이 내렸다는 여자 점장이들은 많다. 그러나 한국 사람들이 정통무속으로 생각하는 호남 지방의 단골 무당들에게서는 엑스터시나 공수 현상은 볼 수가 없다. 결국 한국 무속은 위에서 규정한 샤머니즘의 정의와는 다소 차이가 있다. 그렇다고 그 정의를 전적으로 무시할 수는 없으며, 그것을 참고로 하되 우리 나름대로의 연구와 설명이 필요하다.

샤머니즘은 기능면으로도 그 광대한 분포와 장구한 역사 때문에 단순하지 않다. 일찍이 반자로프D. Banzaroff는 시베리아 샤먼의 세 가지 기능으로 사제자역, 무의역巫醫役, 점복예언자역이라 말한 바 있다.[12] 지금껏 한국 내에도 서해안의 크고 작은 섬지방이나 강원도 두메산골에는 전기도 없고 병원과 의사는 물론 약방조차 없는 지역들이 많은데, 위급한 때를 대비하여 도리 없이 위세 가지 기능을 다하는 사람들이 존재할 수밖에 없다.

즉, 서해 섬지방에는 '선거리'라는 중년 이상의 할머니들이, 강원도 두메산골에는 '복재[卜者]'라는 중년 이상의 남자들이 농업을 겸하면서 침도 놓고, 푸닥거리도 하고, 점도 치며, 안택安宅이나 동제시 축원 등을 맡아서 하고 있다.

그러나 앞서 살핀 바대로 한국 무속은 샤머니즘 분포권 내에서 삼국시대부터 국가 종교로서 요동성 내 군민의 결속이나 국가통합의 사회적 기능, 금관 같은 예술품 산출의 기능에 이르기까지 다양하고 활발하게 발휘되고 있었다. 그러나 그 다양한 기능들은 조선조 이후 사라지고 무속은 주로 서민층에만 머물게 되었다. 서민층에서의 무속 전승에 대해서 무라야마 지준村山智順은 반자

---

12  M. A. Czaplicka, *Aboriginal Siberia: A Study in Social Anthropology*, Clarendon Press, 1914, 191쪽.

로프가 말한 사제, 무의, 점복예언 외에 예능오락적인 기능을 첨가했다.[13] 나아가 필자는 특히 제주도 심방(제주도에서 무당을 일컫는 말)에 한해서는 옛 모습을 간직한 신화의 전승 직능을 첨가할 만하다고 본다.

그러면 간단히 무속의 역사를 더듬어 보고, 각 지방의 무속의 실정에 대해 살피기로 한다.

## 2. 무속의 역사

### (1) 고대

우리나라에서 발굴된 청동기 유물 중 거울(다뉴세문경多紐細文鏡), 방울(팔주령八珠鈴), 칼(세형동검細形銅劍) 등은 오늘날 사용하는 금속무구金屬巫具인 명두明斗, 방울, 신칼과 같은 종류로서 유구한 한국 무속의 확실한 초기 증거물이다. 이 신성무구들은 청동기시대 형성된 고조선의 건국설화인 단군신화에 보이는 천부인天符印 3개와도 견주어 생각할 수 있다. 그중에서 방울은 특히 종류가 많아 무당의 가무 형태가 다양했음을 암시해 준다.

또 최남선, 이병도李丙燾는 고대의 무속으로 고조선의 시조 단군을 마한의 '천군天君'과 유사한 무격 제사장으로 간주했다.[14] 그러나 오늘날 단군은 사제자들이 봉사하던 신으로 보지 실제 인간인 제사장으로 보지 않는다. 동·서양을 막론하고 제우스Zeus, 단군, 산신할머니, 성조대감 할 것 없이 신이란 원칙적으로 실재 인물은 아니다. 이것은 사소한 문제 같지만, 예컨대 국가 원수가 남산에 단군동상을 세우자고 했던 때처럼 커다란 사회적 반향을 일으킬 수 있다. 그리스Greece도 신전神殿이며, 일본도 신사神社일 뿐 동상을 세우지는 않았다. 이것은 신화학에 관한 지식이 절실하게 필요한 문제이다.

### (2) 삼국시대

『삼국사기』에서는 신라 2대 왕 남해차차웅을 가리켜 '차차웅' 혹은 자충慈

---

13  村山智順, 『朝鮮の巫覡』, 朝鮮總督府, 1932, 167쪽.
14  李丙燾, 『한국사』(고대편), 乙酉文化社, 1959, 78쪽.

充이라 하였다. 통일신라 때의 유명한 문장가인 김대문金大問은 말하기를 "이는 무당을 이르는 방언으로 사람들은 무당이 귀신을 섬기고 제사를 숭상하는 까닭에 이를 두렵게 여기고 공경하므로 드디어는 존장자를 칭하여 자충이라 하였다〔次次雄或云慈充 金大問云 方言謂巫也 世人以巫 事鬼神尙祭祀 故畏敬之 遂稱尊長者爲慈充〕"라고 했다. 차차웅은 무당이며, 왕호이고, 존장자의 호칭이었던 것이다. 한편 고고학자인 김원룡金元龍은 신라 금관의 조형이 시베리아 샤먼의 관이며, "우리는 이 금관을 통해 샤먼교의 교황적 색채를 강하게 띠는 옛 신라 왕들의 면모를 본다"라고 했다.[15] 또 『삼국사기』에 따르면 "남해차차웅이 그 친누이인 아로로 하여금 시조묘를 주제하게 하였다〔南解次次雄 以其親妹阿老 主祭始祖廟〕"라고 했다. 이능화李能和도 "아로가 역시 무당임에 틀림없다〔阿老亦必是巫 無疑也〕"라고 했는데,[16] 이는 모두 무왕족巫王族의 국가권력구조와 함께 점차 제사와 정치가 분리되는 과정을 짐작하게 한다.

삼국시대 말기에 이르러 『삼국사기』 고구려 보장왕寶藏王 4년(645) 5월에 다음과 같은 기록이 있다. "당唐의 장수 이세적이 밤낮을 쉬지 않고 12일 동안 요동성을 공격하였다. 그리고 당 태종이 정병을 이끌고 회동해서 성을 수백 겹으로 포위하여 북소리와 함성이 천지를 진동시켰다. 성 안에는 주몽의 사당이 있고 사당에는 사슬로 된 갑옷과 날카로운 창이 있었는데 망녕되게 그것이 전에 연나라 때 하늘로부터 내려온 것이라 했다. 바야흐로 포위되어 급해지니 미녀를 치장하여 부인으로 꾸며 놓으니 신령스런 무당이 말하기를 '주몽이 기뻐하니 성은 반드시 완전하게 지켜지리라'고 했다〔唐將李世勣 攻遼東城 晝夜不息 旬有二日 帝(唐太宗-필자주)引精兵會之 圍其城數百重 鼓噪聲振天地 城有朱蒙祠祠有鎖甲銛矛 妄言前燕世天所降 方圍急 飾美女以婦 神巫言 朱蒙悅 城必完〕."

고구려 요동성은 이미 수나라 양제煬帝가 1차로 100만여 대군을 이끌고 인

---

15 金元龍, 『韓國考古學槪說』, 一志社, 1973, 151쪽.
16 李能和, 「朝鮮巫俗考」, 『啓明』 제19호(1968년 복간, 『한국문화인류학 자료총서』 II), 계명구락부, 1927, 5쪽.

해전술 공격을 한 데 이어 2차, 3차 공략을 받은 적이 있었다. 그러나 모두 격퇴하여 끝내 대수제국大隋帝國의 멸망을 초래할 정도로 당시 세계적 웅성雄城이었던 요동성은 바야흐로 4차로 당 태종의 침략에 직면하였다.[17] 고구려는 요동성에서 시조 주몽을 수호신으로 모시고 사제무녀가 성의 안전을 기원하고 있었다. 아마 이것은 성城 안 군민들의 초인적인 분전, 사기결속을 고무했을 것이다.

과거사에서 여러 차례 중국 통일제국과의 의연한 전투 기록을 접할 때마다 만주 대륙을 주름잡던 고구려의 용감한 국민성에 적잖이 고무될 것이다. 여기서 기억해야 할 것은 상대上代 무속은 국가종교로서 군민 결속의 기능도 했다는 점이다.

그럼에도 불구하고 우리 사제자의 말은 '망언'이라 적고, 적의 총수는 '제帝'라고 한 김부식金富軾의 유학자적 사고와 필치는 문제가 있다고 보나, 이것은 『당서唐書』 고구려전 등에 보이는 중국 기록 그대로의 인용이다. 이러한 경향들은 당연히 무속 관계 사실들을 삭제하거나 변형시켰을 것이고, 따라서 관련 기록은 당연히 새겨 읽어야 할 것이다. 예컨대 일연一然은 『삼국유사』 권두에서 단군신화를 중요하게 다룬 반면, 『삼국사기』는 전혀 언급하지 않은 것도 좋은 예이다.

신라 말기의 향가인 처용가處容歌는 흔히 무가巫歌로 간주되고 있다.

> 시불 불기 ᄃᆞ래 밤드리 노니다가
> 드러ᅀᅡ 자리보곤 가ᄅᆞ리 네히러라
> 둘혼 내해엇고 둘은 뉘해언고
> 본ᄃᆡ 내해다마ᄅᆞᆫ 아ᅀᅡ놀 엇디 ᄒᆞ릿고. (梁柱東, 『古歌研究』 참고)

끝 구절을 이기문李基文의 해석대로 "어찌 (감히) 빼앗음을 하릿고!"로 공갈

---

17 李丙燾, 앞의 책, 491쪽.

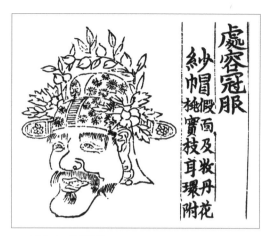

**그림 5-1. 처용면도**處容面圖(『악학궤범樂學軌範』, 1493)

협박하는 강세도치强勢倒置 표현으로 보면,[18] 여기서 쫓는 처용과 쫓기는 역신
은 오늘날 무속으로 말하면 신장神將과 잡귀격雜鬼格이다. 실제로 처용은 벽사
신辟邪神이며, 처용면은 벽사가면의 인격화였다. 그것은 신라에서 "나라 사람
들이 처용의 형상을 대문에 붙임으로써 사귀를 쫓고 경사를 맞았다〔國人門帖 處
容之形 以辟邪進慶〕"라는 『삼국유사』의 기록으로 알 수 있다. 처용가면을 쓰고
가무하는 자는 다름아닌 사제자였고, 따라서 1인칭 입장에서 읊은 노래 내용
은 신탁(공수)인 셈이다. 처용무는 뒤에 고려, 조선시대 궁중의례화되었다가
지난 1971년 중요무형문화재 제39호로 지정되었다.

(3) 고려시대

고려 4대 광종대(949~975)에 과거제도가 실시되고 유학자들이 정치에 참여
하면서 금무禁巫, 출무黜巫의 기록이 잦아진다. 또한 궁중의 왕비, 태후들의 무
제巫祭에 대해 조정의 신하들이 비용이나 규모면에서 지나치다고 아뢰거나,
명산대천에 왕실의 축복을 무격巫覡에게 주제시킨 별기은제別祈恩祭에 대한 논
란도 빈번하였다. 그러나 『고려사高麗史』에는 좌정승 강융姜融의 누이처럼 귀

---

18 李基文, 『國語史槪說』, 민중서관, 1961, 66쪽.

족 출신 여자가 입무入巫했다는 기록이 나오는데, 이에 대해 이능화는 의종대毅宗代부터의 '선관仙官' 명칭이며, 이들은 민족 대제전인 팔관회를 주제했다고 하였다.[19]

또 관청에서 "무당을 모아서 비 내리기를 빈[聚巫禱雨]" 기록이 많은데, 그중에는 "여무女巫 300여 명을 도성청에 모았다"(인종 11년 5월), "무당 250명을 도성청에 모으고 기우했다"(인종 12년 6월)는 등의 대규모 제의도 있었다. 이 기우제는 허다하게 "가물면 저잣거리를 옮겨서[以旱徙市]" 시장 바닥에서 했으니 그 양식도 다양했으며, 조선시대 말까지 연중행사의 하나이기도 했다. 무당의 수가 많아지면서 무업巫業 유지에 따른 징세徵稅 기록이나 나주 금성산錦城山을 비롯한 각지의 성황당 기록, 강신무 기록 등도 보이는데, 고려시대 무속은 몇 가지 점에서 근래와 유사한 상태를 보여 준다.

고려시대 무의巫儀가 이미 현대의 굿과 같은 구조를 지녔음은 이규보의 『동국이상국집』 노무편老巫篇에 뚜렷이 나타난다. "뛰어서 몸을 날리니 머리는 대들보에 닿고 무당은 스스로 천제석이라 이른다[起躍騰身頭觸棟 巫口自道天帝釋]"라는 구절이 있다. 이것은 바로 오늘날 굿 12거리 중 제석帝釋거리와 닮아 있다. 대들보에 머리가 닿을 만큼 노무는 세찬 도무跳舞를 하고, 스스로 제석신이라며 공수(신탁)를 내리고 있다.

이규보는 또한 "지금 나라에서는 왕명으로 무당들을 멀리 이주시켰으나 아직도 우리나라에는 이 풍속이 없어지지 않는다[今國家有勅 使諸巫遠徙 海東此風未掃除]"라며 유학자 입장에서 멸시를 하고 있다. 이 점도 오늘날 한국 지식인들의 태도와 마찬가지이며, 무풍은 여전하다. 또 현재 전해 오는 서사무가敍事巫歌 제석본帝釋本풀이 중에는 "성도성 안에서 이부상서댁이 있사옵는데"[20]라는 구절이 있다. 이부상서는 고려시대의 관직명이므로 '성도'는 '송도松都'로 생각된다. 이로써 제석본풀이를 비롯한 서사무가들이 고려시대 이전에 형성되

---

19 李能和, 앞의 책, 8쪽.
20 張德順·徐大錫, 「帝釋本풀이」, 『東亞文化』 제9집, 서울대동아문화연구소, 1970, 182쪽.

었을 가능성을 유추할 수 있다. 이에 대해서는 〈제8장 IV 무가 3. 서사무가〉에서 구체적으로 다루기로 한다.

### (4) 조선시대

조선 왕조는 유교 정치이념의 구현에 관한 한 중국 이상 가는 나라였다.[21] 건국 후 첫 법전이었던 『경국대전經國大典』에서 "사족의 부녀로서 야제, 산천 성황 사묘제를 친히 행하는 자는 모두 곤장 일백 대〔士族婦女 野祭 山川 城隍祠廟祭 親行者皆杖一百〕"로 다스림으로써 민간신앙을 억압했고, 이러한 전례는 조선 후기 고종대의 『대전회통大典會通』에 이르기까지 계속되었다. 그리고 사노비, 승려, 백정, 무당, 광대, 상여꾼, 기생, 공장을 8천八賤이라 하여 사회적인 천시를 하였다. 그러나 위의 금령禁令은 제대로 지켜지지 않았고, 역대 왕비, 대비들의 궁중 호무好巫 사례들은 계속된다.

조선 후기 실학자인 이익李瀷(1681~1763)이 지은 『성호사설星湖僿說』에는 "임금이 거처하는 곳에서부터 주읍에 이르기까지 모두 주무가 있어 마음대로 출입하니 민풍은 여전하다〔自大內而至州邑 皆有主巫 出入隨意 民風靡然矣〕"라고 했는데, 이능화는 "대내에 출입하는 자는 국무녀라 부르고, 주읍에 출입하는 자는 안무당이라 부른다〔出入大內者 曰國巫女 出入州邑者 曰內巫堂也〕"라고 했다.[22] 이 '안무당'이라는 말은 최근까지도 양주읍 등지에서 들을 수 있었다.

앞서 언급한 '별기은別祈恩'은 고려시대부터 조선 말기까지 끊이지 않고 시행되었으며, '취무도우聚巫禱雨'도 마찬가지였다. 또 무격은 고려 이후 성숙청星宿廳, 활인서活人署 등에 소속되었으며, 나라에서는 국무國巫들에게 아픈 자들의 치료를 맡겼다. 조선 말 순조대純祖代(1790~1834)의 무세巫稅 통계 자료에서 당시 남녀무男女巫·조무助巫의 총수를 추계한 무라야마 지준村山智順은 이들이 약 5천 명이었을 것으로 추산했다.

그는 1930년에 조선총독부 조사에 따라 당시 인구 2천만 명에 대해서 무격

---

21 玄相允, 『朝鮮儒學史』, 민중서관, 1954, 10쪽.
22 李能和, 앞의 책, 14쪽.

수가 12,380명이라고 발표한 바 있다.[23] 무속은 고려시대 이후 특히 조선조에 들어서 더욱 억압되었지만 시들 줄 모르고 성장하였다. 물론 그것은 무격들의 노력이라기보다도 민중의 종교적인 욕구와 수요에 의했던 것임은 두말할 필요가 없다.

조선조는 유교제례로 남성 위주의 부가계父家系 혈연제의만을 존중했기 때문에 여성의 종교나 지연적인 촌락제의는 별도로 존속할 수밖에 없었다. 양반층에서도 여성들은 제물 준비와 손님 치르기에 골몰했고, 제사에는 아예 참가하지 못하는 것이 일반적이었다. 그러한 숭조보근崇祖保根의 치국이념이나 까다롭기 그지없는 형식성은 더욱이 서민, 부녀층과 인연을 멀리할 수밖에 없었다. 결국 그들은 산 속으로 쫓겨가 있던 불교나 무속적인 것에 매달릴 수밖에 없었다.

한국 부녀들은 그 고달픈 생활 속에서 늘 가장과 아들을 위한 현실적이고 절실한 염원과 정성으로 살아 왔다. 본래 여성들, 특히 모성에게는 종교가 더 필요한 법인데, 조선시대 유교정책은 여성 교육을 소홀히 했으며 불교든 무속이든 여성의 종교생활을 억압하는 것을 일삼았다. 결과적으로 무속은 현실적 기복성에만 치중하면서 저질화를 거듭할 수밖에 없었다. 즉, 유교정책은 무속을 억압했지만 실질적으로 무속의 저질화를 초래하는 한편 무속을 조장한 셈이다. 어쨌든 오늘날 추산하는 무당 총수는 앞서 언급한 바대로 20만 명을 상회하는데, 그 실정은 다음과 같다.

## 3. 유형과 분포

### (1) 경기도의 만신

#### 1) 호칭과 종류

전국적으로 통용되는 무격巫覡의 명칭은 '무당'이지만, 이 말에는 천대의식이 내포되어 있어서 직접 본인에 대한 호칭으로 사용하는 곳은 한 곳도 없다.

---

23 村山智順, 앞의 책, 7쪽.

그러나 제3자들끼리의 대화에서는 흔히 여성이면 '무당', 남성이면 더러 '박수', '박사'라고 한다. 이 말은 우랄·알타이어계의 여무 udagan, 남무 baksi 등과 동계어라는 설이 있고,[24] 이들 utakan, utygan, itogan들은 일본 민간 무녀 '이타코ィタコ, 이치코ィチコ', 오키나와沖繩의 '유타ュタ' 등과도 동계어라는 설이 있다.[25]

또 '무당'의 어원은 "여무가 신을 제사하는 곳을 당이라 한다〔女巫祀神之所曰堂〕"에서 '무당'으로, '박수'는 "박사 혹 복사지전博士或卜師之轉"에서 비롯되었으리라는 설도 있다.[26] 한편 무당이라는 천대하는 투의 호칭을 피한 말로 '만신萬神'이 있다. 이는 여러 가지 신으로 다 될 수 있으니까 그렇게 부른다고 한다. 이외 '기자祈者'라는 말도 있다. 어쨌든 이 모두 직접적 호칭으로는 쓰이지 않으며, 그들의 성별은 대부분 여성이고 남성 수는 적다.

### 2) 입무와 계승

내린신을 '몸주主'라 하며, 신장, 산신, 바리공주 등 이들 수호령(몸주)은 무당에 따라서 일정하지 않고 꼭 단일하지도 않다. 신이 내리면 무병 상태로서 신경이 예민해지면서 불면증, 식욕부진, 꿈을 자주 꾸는 등의 증상이 나타난다고 하며, 이러한 병은 입무入巫해서 굿을 하고 몸주를 모셔야만 낫는다고 한다.

입무는 큰무당을 찾아 가서 신어머니, 즉 스승을 모시고 신딸로서 제자가 되어 먼저 '내림굿(입무제)'을 한다. 내림굿 비용은 본인이 여러 집을 돌아다녀 걸립을 하여 마련하며, 신어머니의 사제로 12거리굿을 하고 본인도 몸주를 모시는 한두 번의 제차를 사제한다.

유명한 큰무당일수록 신딸이 많고 그중 한 사람을 계승자로 정하여 '명두'와 '명다리' 등을 물려준다. 명두는 무령巫靈의 상징물로서 옛 동경(청동으로

24  C. A. Clark, *Religions of Old Korea*, Fleming H. Revell company, 1932, 183쪽 ; 秋葉隆, 『朝鮮巫俗の現地研究』, 養德社, 1950, 34~35쪽.

25  堀一郎, 『日本のシヤマニズム』, 講談社, 1971, 33쪽.

26  李能和, 앞의 책, 2쪽.

만든 거울)의 잔재물이며, 직경 20cm 내외의 원형 놋제품이다. 한 면에 범자梵字, 북두칠성들이 새겨지며, 굿청에는 먼저 갖다 걸든가 같은 날 두 곳에서 굿날이 나오면 가지 못하는 쪽 집에 걸었다가 후에 다시 택일하는 등 상징성을 띨 뿐 악기 등으로서의 실용성은 없다.

명다리는 대개 귀약자, 허약아들의 장수 건강을 기원하여 어머니들이 자식의 생년월일, 주소, 성명 등을 길이가 3척이나 7척에 달하는 무명에 묵서해서 바치는 것이다. 명다리를 무녀에게 바치면 이것으로 단골 관계가 성립되며, 무녀와는 '수양어머니'와 '수양아들' 또는 '수양딸' 사이가 된다. 명다리를 100여 장이나 가진 무녀도 있으니, 이것은 그 사제자의 신도 명단도 되며, 활동범위 파악의 단서도 된다. 그러므로 이것을 계승받는 신딸은 단골댁을 물려받음과 동시에 무녀의 중요 수입원을 계승받는 결과가 된다. 이러한 강신무의 사제계승형師弟繼承型은 주로 중부 이북에서 이루어진다.

3) 신통과 의례

무속은 다신다령교多神多靈敎로 각 신은 개별 독립적이며, 상호 관련 있는 통일정서성統一整序性이나 그 위계성은 매우 적다. '굿'은 일반적으로 12거리로 진행되나 반드시 일정하지는 않고, 대체로 다음과 같은 정형성으로 진행된다.

부정不淨거리  평복 차림으로 祭場을 물이나 불로 정화하는 序祭이다.
가망거리  '가망' 신은 무당 자신들도 쉽게 설명 못한다. 현 老巫들도 "단군에게 절하는 것" 정도로 표현할 뿐이다.[27] 그리고 서울대 규장각에 소장되어 있는 무당의 굿거리를 그린 『무당 내력』이라는 두 종류의 책은 모두 가망거리를 '感應請陪'라 적고, 원은 '檀君請陪'인데 "근래 이것을 덕물산 최장군 청배라 하는 것은 사실을 크게 벗어난 것이다〔近日謂之 德物山 崔將軍請陪 失眞大矣〕"라고 했다. 두루마기 같은 무복을 입은 그림을 그렸는데 공수도 있다.
만명萬明거리  '만명(말명)'은 무사령이며, 사제무는 황색 몽두리(조선조 궁중 무녀복)에 부채, 방울을 든다.

27  金泰坤, 『韓國巫歌集』(제1권), 원광대학교 민속학연구소, 1971, 53쪽.

**상산上山거리**  최영 장군을 모시며 藍天翼(조선 무관 당상관복)에 빛갓(홍립)을 쓰고, 흔히 신어머니인 큰무당이 사제하고 이때 작두도 탄다. 큰무당이 사제한다는 점과 당상관복을 입는다는 등에서 상산거리가 高位神을 모신다는 약간의 위계성을 짐작할 수 있다.

**성주거리**  성주는 가택수호신이며 紅天翼(당하관복)에 빛갓을 쓰기도 하는데, 옛 풍속도에 보이는 성주신 모습은 갓, 도포 차림이다. 蕙園 申潤福(조선 후기 영조 대 화가)이 그린 「무녀도」는 바로 성주거리에 대한 그림이다.

**별상거리**  별상은 천연두신이며 夾袖에 쾌자를 입고 전립을 쓴 구군복 차림이다.

**대감大監놀이**  터줏대감을 비롯한 다양한 복수의 수호신들이며, 구군복 차림을 하거나 쾌자만 걸친다.

**제석帝釋거리**  제석은 産 · 壽 · 農神이며, 장삼 고깔 차림에 술과 육류가 없는 素床 차림을 올린다.

**호구거리**  호구는 홍역마마신이며 요즘은 원삼에 족두리를 쓴다.

**구눙거리**  구눙은 씨조신, 가업수호신이며 홍천익에 빛갓을 쓴다.

**창부倡夫거리**  창부는 광대이며 예능성을 띠는 신령이라 하겠으나 1년 열두 달의

그림 5-2. **무녀도**巫女圖(혜원 신윤복)

厄막이를 기원한다. 구군복 차림을 한다.

**뒷전餞**  평복 차림으로 여러 신을 배송한다.


이 밖에 신장神將거리(신장—동서남북 잡귀추방신, 구군복 차림), 조상祖上거리 (가족 내 여러 사령死靈 위안慰安, 복색 불일정) 등이 거행되기도 한다. 이러한 순서와 형식으로 재수굿, 우환굿도 진행되며, 여러 신령을 대접하고 가호를 빈다. 사령死靈 천도제薦度祭인 지노귀굿의 경우 마무리인 뒷전 전에 사령 천도신인 '바리공주말미'의 긴 서사무가 구송과 '사자使者거리'(구군복 차림) 등이 진행되기도 한다.

이상 12거리 굿의 모든 신령은 "잘 먹으면 잘 먹은 값 하고 못 먹으면 못 먹은 값 한다"고 하여 잘 대접해야 한다는 점이나, 철저하게 인태신화人態神化(신의 형태가 사람의 형태와 같다는 생각)해서 민중의 현실적 사고와 밀착되어 있음을 알 수 있다. 만신들은 이상의 굿 이외에 쌀점과 같은 가벼운 점도 치고, 간단한 무의로 병귀들을 쫓는 푸닥거리를 하거나, 인간관계를 해치는 눈에 보이지 않는 작은 악령을 쫓는 살풀이 등도 한다.

이상과 같은 굿 형태의 정비를 보여 주는 역사적 자료로서 우리는 성주거리와 관련있는 혜원의 「무녀도」와 더 거슬러 올라가 제석거리와 관련 있는 이규보의 『동국이상국집』 노무편을 보았다. 굿은 보통 초저녁에 시작해서 새벽 2시경에는 '무감'을 서서 놀고 나면 아침 식사 후 다시 계속하는데 그 사이 한숨 자기도 한다.

무감은 무녀가 아닌 가족이나 동네 사람들이 잠깐씩 쾌자를 빌려 입고 춤추며 즐기고 복을 비는 것이다. 푸짐한 제물과 술에 계속되는 주악은 신과 인간을 같이 즐기게 하여 유흥 분위기를 돋우는데 "굿하고 싶어도 맏며느리 춤추는 꼴 보기 싫어서 못하겠다"는 시어머니 입장을 대변하는 속담도 '무감'이 의식된 말이라 할 수 있다.

각 거리마다의 굿은 청배請陪와 오신娛神, 공수라는 3단구조를 이룬다. 즉,

신을 청해서는 타령이나 노랫가락들로 흥겹게 신을 찬양하여 즐겁게 하고 나서 요란스런 주악과 더불어 사제무녀는 세찬 도무를 하여 신이 내리면, 그 신의 입장에서 공수를 내린다. 신이 노여움을 보일 때는 '별비別費'를 드리고, 나이 많은 주부들은 손을 비비며 만신에게 기원한다. 흔히 별비는 무녀들에게 지불하는 보수와 제물비용을 포함한 전체 금액 중 1/3 정도를 차지한다.

보통 만신은 3~4명이 교대로 사제하며, 1명은 장구를 맡고 여기에 피리, 젓대, 해금 등의 잡이(반주악수伴奏樂手, 남자) 2, 3명이 함께 하는 6명 내외가 한 패를 이룬다. 중부 굿에서 만신은 여러 가지 무복으로써 각종 신으로 분장하는 연극배우 같은 구실을 하는데, 입담, 눈치, 익살, 가무, 인품, 분위기 파악의 수완 등을 두루 갖춰야 명무라 할 수 있다. 그래야 신과 같이 인간들도 기쁘게 해서 제의의 효과도 올리고, 만신 스스로 인기도 얻는다.

이것이 무라야마 지준村山智順이 지적한 한국 무속의 예능오락적 기능이며, 이는 민중의 품에서 예술을 산출시키거나 자극한다. 중요무형문화재 제2호인 양주별산대놀이 예능보유자 고故 김성태金星泰 옹은 무녀의 아들이었으며, 양주소놀이굿의 고 우용진禹龍辰 옹은 무녀와 동서同棲 생활을 했던 예능보유자 후보였다.

### 4) 무복과 무구

무복은 이미 언급한 것처럼 조선시대 관복류가 주종이었다. 그것은 무당의 신격화라는 주술성도 띠지만, 연기용 의상의 성격도 띤다. 청룡도, 삼지창은 소도구격이라고 할 수 있으며, 상산거리, 신장거리 등에 사용된다. 작두 타는 것은 장군신의 신령성이나 용맹성의 표시이다. 그 밖에 잡귀를 쫓는 신칼과 점구를 겸하는 신장거리의 오방기 그리고 부채, 방울 등의 무구巫具들이 있다. 악기로는 공수를 받쳐 주는 장구가 제일 중요한데, 이때 다른 악기들은 모두 멈추고 조용해진다.

여기에 징과 두 장을 마주치는 바라가 따른다. 그리고 피리, 젓대, 해금에는 잡이가 따름으로써 중부 무악은 관·현·타악기들이 교향되어 흥겨움을 더한

그림 5-3. 중부 지방의 마마배송拜送

다. 만신들은 가옥 내 방 하나를 '신당'으로 꾸며, 무신도를 걸고 촛대, 향로, 제기들을 놓는다. 명두, 명다리, 무복, 악기, 무구들은 평소 신당에 보관한다. 이규보가 "단청이 가득한 벽에 신상이 통해 있다〔丹靑滿壁通神像〕"라고 한 것은 바로 신당의 무신도에 대한 이야기이며, 다만 단청을 했다는 점으로 보아 현재 보다는 다소 격이 높았던 것으로 여겨진다.

(2) 충청도의 법사와 점장이

충청도는 북으로 경기도의 영향을 받아 선굿을 하는 남녀 무당이 있고, 남으로는 전라도의 영향으로 세습 '단골' 무가 있는데, 기본은 앉은굿을 하는 '법사法師'(남)와 '점장이'(여)로 이들이 충청도형의 주류를 형성한다. 이 밖에 섬지방에는 '선거리'들이 있어서 여러 종류가 얽혀 혼잡스런 느낌이다. 각각의 대강은 다음과 같다.

1) 점장이

전국 경신회원 추산 총수인 20만여 명 중 충남의 추산 총수는 23,856명이다. 이 중 대전시는 전체 1,000명 중에서 법사 50~60명, 역학점복자 7~8명, 박수 6명을 뺀 나머지 930여 명 대부분이 여성 점장이들이라 한다. 이러한 수치의 비례는 충남 여러 군이 대동소이하다. 광복 후 약 30년 동안 인구는 2배 늘었으나 법사수는 광복 당시 그대로인 반면 점장이 수는 10배 늘었을 것이라 한다.

이것은 모두 부녀층의 수요에 따라 나타난 현상이다. 즉 중년 이상 곤궁한 부인들이 신이 내렸다며 집에 신단을 꾸미고 점이나 각종 축원을 하였다. 충남에서는 본래 이런 이들을 '무당'이라고 불렀으나, 박절한 호칭이라 해서 '만신', '신령'이라 부르며, '점장이'는 일반 통칭이다. 그중 성실하고 단정한 인상의 한 '신령'이 단골 가정을 200호씩이나 가진 예를 부여, 예산 등지에서 보았다. 이들의 교직자역은 서울의 웬만한 교회 목사와 맞먹을 정도로 그 뿌리를 무시할 수 없을 것 같다. '인정을 받지 못하고 초청을 받지 못하는 만신'은 5~6호의 단골 가정을 가지기도 하지만 보통 10~20호를 가졌다.

이들이 하는 일은 ① 매우 적은 비용이 드는 '점' ② 만신집 신단에서 자제들 학업과 남편의 무사고, 관재官災 구설수 소멸을 기원하는 '불공' ③ 점을 친 결과 불운이 계속되면 산중의 적당한 장소에서 치성을 드리는 '산제山祭' ④ 근래 와서 주로 운수업자 부인들이 한밤중에 만신을 모셔다가 큰길가에서 많이 하는 무사고 기원의 '거리제' 그리고 ⑤ 법사들의 앉은굿인 안택, 병경病經, 신굿(입무제, 수호령제) 등에 가서 '공수'를 내리는 등 다양하다. 이상 각종 기원에서 그들이 받는 보수는 1970년도 기준으로 보통 천원에서 3천원 내외였다.

2) 법사

법사도 강신降神 과정을 거친다. 그러나 이들은 경문을 공부하고 외어야 하는 학습무이기도 하다. 본래 충남에서는 이들을 '정각(경객經客)'이라 불렀으나, 천대한다는 뜻이 있어서 '법사'라고 고쳐 부르게 되었다. 모두 장님이 아닌데도 옛날 경기 지방의 장님 '판수'의 역할과 거의 동일하다.

전라도의 세습 단골무처럼 심한 천대는 받지 않았으나, 다만 스스로 명예로운 직업이라고 자부하지 못할 따름이다. 충청도 어느 군의 경신회든 조직과 운영의 주류 세력은 법사들이지만, 그 수는 인구 증가와 반대로 줄어드는 경향이 있는데, 오늘날 실제 무점업의 주도권을 여자 점장이들이 쥐고 있다.

그 까닭은 민간신앙업의 고객은 대부분 부녀층으로 이들은 같은 여성인 점장이들을 먼저 찾아가게 마련이기 때문이다. 점장이가 점친 결과에 따라 독경이나 산제를 해야 하는데, 대개 자신의 신당에서 혼자 '불공'을 해버리거나 고객을 데리고 산에 가서 혼자 '산제'를 해버림으로써 법사의 일은 자연히 줄어든다. 더러 불공을 크게 하면 법사를 불러서 송경誦經을 시키거나 어쩌다가 치성 의뢰자가 독경을 시키면 비로소 추천받는 법사가 일을 맡기도 한다. 그래서 지방의 법사 수는 차츰 줄면서 농업 등 부업을 가지는 데 비해, 늘어나는 것은 점장이뿐이다.

법사가 하는 일은 ① 책에 의존하여 육갑六甲, 육괘六卦, 당사주唐四柱, 주역周易 등 점을 보거나 ② 택일, 사주, 궁합, 관상을 보며 ③ 독경으로 정초에 안택경을 읽거나 질병시에는 '병경'을 하고 ④ 가옥 신축시에는 '성주받이'를 ⑤ 만신 불공 때는 반주를 하며 ⑥ 여의치 못한 일이 계속될 때 '산제'를 ⑦ 교통사고 사망시나 익사시에는 '넋받이'를 ⑧ 정신질환자를 위해 '미친경'을 ⑨ 운수업자의 무사고를 위해 '거리제'를 ⑩ 신굿(입무제) 등을 한다. 이것은 모두 좌경座經을 주로 하는 것이기 때문에 '앉은굿'이라고 한다.

안택, 병경, 성주받이, 미친경 등은 형식이 유사하며, 그 순서는 다음과 같다. ① 조왕굿은 부엌에서 부정풀이, 고축告祝(굿 동기 신고), 조왕경竈王經, 안심축원安心祝願 등을 하고 ② 당산굿은 장독대 옆에서 터주경문, 산신축원, 칠성축원을 하고 ③ 성주굿은 방안에서 성주, 조상, 제석 삼신들에게 각각 고축하고 옥추경玉樞經, 팔양경八陽經, 기문경奇門經, 옥갑경玉匣經 등 4대 경문과 성주경, 조상경, 삼신제석경 등을 소리내어 왼다. ④ 신장가림은 법사가 신장축원을 한 후 만신이 대를 잡고 신의 뜻을 받아서 공수를 내리고, 법사가 신장퇴

문경神將退門經과 안심축원을 하고 ⑤ 내전에서 제신배송을 하고 끝낸다. 법사가 오른손으로 북, 왼손으로 징을 엎어 놓고 스스로 반주하는 송경은 듣기에 유려하다.

3) 박수, 단골, 선거리

박수를 '선굿장이'라 하는데, 대전시에서는 남녀 가리지 않고 경기도식 굿을 하는 사람은 으레 '남박수', '여박수'라 불렀으며 6명뿐이었다. 한국전쟁 때 피란왔던 박수 1명이 선굿을 시작했는데, 이에는 보통 4, 5명의 패거리가 필요하므로 나머지 5명은 그 필요에서 탄생한 제자들이다.

지방에 따라 차이가 있지만 충청도에서는 4~5명이 하는 선굿 1회에 2만원, 1~2명이 하는 앉은굿 1회에 1만원 정도 드는데, 돈이 있어도 깨끗하지 못하다 하여 선굿은 하지 않는다. 여기에 충청도인의 기질이 보이기도 하나 반면 민중 예술성은 없어진다. 이 금액은 1970년 전후 상황인데 지방일수록 좀더 적어진다. 천안, 예산, 당진군 등에도 선굿장이들이 있으나 충남 전체 2만여 명 무점업자巫占業者 중 선굿하는 이는 오늘날 30명을 넘기 어려울 것으로 보인다.

결국 늘어나는 것은 만신(여자 점장이)이고, 더구나 세습 단골무는 가계가 대대로 이어짐으로써 천대가 심해 충남 전체에서 다섯 손가락을 꼽기 어렵다. 경신회 조직의 뻔한 현황 파악을 통해서 찾았던 결과로도 연세 많은 노인 현역 한 분 외에 은산별신굿 지정무형문화재 기능보유자인 이씨 할머니뿐이었다. 이들 단골무야말로 전통 있는 한국적 사제자였고, 민족예술 판소리의 창조 기반이었는데, 충남에서는 어느덧 단절된 상태이다. 이에 대해서는 뒤에 살피기로 한다.

'선거리'는 서해안의 몇몇 섬지방, 이를테면 어청도於青島, 외연도外烟島, 원산도元山島, 고대도古代島 등 생명의 위급을 다투는 상황에서 신속히 대처할 능력을 가진 의사나 약사 또는 법사마저 없는 100호 내외의 작은 섬이나 마을에서 필연적으로 한두 명씩 발생하였다. 주로 50~60대 할머니들로 이를테면 점장이와 유사한 존재들이다. 주로 푸닥거리, 축원 등으로 의사역은 물론 동제에서 축원을 하는 마을의 사제자역도 담당하고 있다.

선거리나 점장이는 경문은 물론 무점업에 관한 한 제대로 배운 것이라고는 전혀 없으며, 단지 신이 내려 그 가르침에 따를 뿐이라고 얼버무리기 일쑤이다. 말하자면 이들은 경기 지방을 비롯해서 전국적인 '선무당', '돌팔이' 등과 유사한 존재이다. 전통 있는 진짜 사제자들은 갈수록 드물고 이러한 점장이들만 광복 후 10배 늘어난 것은 비단 부여군뿐만 아니고 충남 전역 나아가 한국 전역의 오늘날 실정이다.

결론적으로 충청도 무속은 단순한 강신과 입무로서 전승되며, 거기에는 사제계승성, 가계계승성, 예술성이 없다. 배워서 익히고 전승할 내용이나 오락적 기능도 적다. 점잖게 법사의 앉은굿으로 주류를 굳힌 것은 충청도민의 기질과도 밀착된 것이다. 그러한 사정에도 불구하고 충청도답게 점장이 중 200여 호에 이르는 단골 가정을 가진 단정 경건한 사제들이 있고, 종교성을 이룬 것은 특기할 만했다. 그러나 본래 점장이, 선무당, 돌팔이, 보살, 공징이(공창무空唱巫)들이란 전국에 산재하는 것이며, 크게 배워서 하는 경우는 없다.

흔히 과부나 독신 노파들이 가난과 병고에 시달린 끝에 정신적인 불안정을 초래한 나머지, 최후의 수단으로 신과 신업神業에 정신과 생계를 겨우 의지하는 실정으로, 한국 무격의 여러 종류 중에서 가장 생기없는 것이다. 결국 이들의 수가 나날이 증가하여 주류화하는 것은 한국 무속의 저질화를 의미한다. 이들의 증가는 안방에서 조용히 불러주는 부녀자들의 수요에 따른 것이다.

(3) 전라도의 단골

1) 입무와 계승

전라도에서는 무당을 '단골'이라 부르는데, 이것은 '단골 무당'의 약칭이다. 단골이란 거의 '천민'의 대명사로 가계세습이기 때문에 혈통이 따로 있다 여겨 천시는 더욱 심하다. 한 예로 단골 가문의 처녀가 사범학교를 졸업하고 타지방에서 초등학교 교사로 있었으나, 학생들이 그 가계를 알고 '단골, 단골'

하며 뒷손가락질을 해서 교원 근무조차 불가능했다는 얘기도 있다.

그러니 단골 가문은 고향을 등지거나 아니면 계급내혼, 즉 단골끼리 결혼하여 특히 단골 가문의 여자는 고부간 입무계승을 할 수밖에 없고, 그것이 싫으면 기생이 되어야 하는 숙명이었다. 그리고 남자들은 여성들의 사제에 '잡이'로서 음악 반주를 담당했다.

이처럼 부가계父家系 내 고부계승姑婦繼承이 전라도형이며, 계승물로는 '장내場內'(또는 '단골판')와 가무 예능의 자질이 있다. '단골판'이란 무업의 관할 구역으로, 이것은 사제의 권리·의무, 매매권, 교단 조직성 등을 동반한다. 김두헌金斗憲도 인용했지만 "단골 무녀가 다수의 단골댁에 전속하여 기도 일체를 인수하고, 단골댁은 무녀를 부양하여 하나의 종교사회를 이룬다. 이 교단의 대소大小와 단골댁의 범위는 곳에 따라 다른데, 대체로 호수가 많은 도시에서는 일성족一姓族 일단一團의 혈연적 교단을 이루고, 호수가 적은 부락에서는 일부락 일단의 지연적 교단을 이룬다. 전자의 예는 김성족金姓族은 갑무甲巫를 중심으로 한 교단, 박성족朴姓族은 을무乙巫 등을 중심으로 한 교단을 구성하고, 후자의 예는 A부락은 갑무, B부락은 을무의 단골 구역이라고 함과 같이 그 범위를 정하고 있다."[28]

단골 제도는 지금은 거의 사라져 가는데, 단골판은 매매 대상이었으며 일시 출타시에는 전세도 가능하였다. 어쨌든 무속이라고 해서 결코 교단 조직이 없는 것은 아니고, 문맹사회 나름으로 뿌리를 가진 조직성이라 할 것이다.

또 하나의 계승물인 가무 예능의 자질은 단골 가문의 남녀 사이에 가무사제와 반주악 관계로 생활환경을 이룸으로써, 자녀들에게 그 자질이 특별히 발달하게 되는 것이다. 단골 가문의 자녀가 기생이 되어 가무를 배울 때에는 하나를 배우면 열을 아는 격으로, 보통 가문의 여자들보다 몇 배 빠르다고 한다.

이러한 부가계 내 고부계승제인 호남형 무속은 경기도, 주로 한강 이남 일대

---

28 金斗憲, 『韓國家族制度研究』, 乙酉文化社, 1954, 122~123쪽(村山智順, 앞의 책, 476쪽 인용).

에서 최근까지 그 명맥이 전승되고 있었다. 그들은 경기도에서도 강신무들과
는 달리 세습적인 뛰어난 예술성을 간직하고, 그들 나름의 마을굿 형태인 '경
기도 도당굿'을 전승시키고 있었는데, 이는 지난 1990년 무형문화재 제98호
로 지정되었다.

2) 단골 가문의 기능

이상 여러 가지 사항을 뒷받침할 만한 실증자료로서 계보(그림 5-4)를 하나
소개한다. 지난 1968년 전라남도 민속종합조사단이 거문도巨文島의 김태삼金
泰三 옹과 두 아들 그리고 김 옹의 진외가(아버지의 외가)인 나로도羅老島의 박신
운朴信雲, 한이엽韓二葉(시어머니와 며느리 사이) 본인들과 동네 사람들로부터 전
해 들은 자료를 종합하면 다음과 같다.

김태삼 옹은 원래 고흥高興 사람이며, 부친 김달천金達川은 고종에게서 참봉
벼슬을 하사받은 어전명창이었고, 김 옹은 부인 박씨와 무업을 하다가 중년에
이르러 상처 후에는 어선의 선소리꾼으로 일했고, 둘째, 셋째 아들과 함께 사
당패로서 유랑 예인藝人 생활을 했다. 김 옹의 장남 김윤동金允同은 가계 때문
에 받는 수모가 싫어서 선원이 되어 타향살이를 했다. 며느리 박소덕朴小德은
조부모대가 단골 가계였기에 김 옹의 며느리가 될 수 있었는데, 생계를 위해서
노년의 김 옹은 며느리와도 무업을 다녔다.

그 뒤 김 옹은 다섯 손자가 고교생이 되면서 교우들로부터 수모를 받고 무서
巫書를 불사르며 무업의 만류를 호소하여 그만두었다. 며느리 박소덕 또한 마
찬가지이다. 김 옹의 형은 별명이 '솔방울'이었을 정도로 사당패의 땅재주 명
인이었으며, 그 형수의 언니 아들은 판소리 명인으로 인간문화재였다. 김 옹
의 매부도 명창이고, 특히 매부의 부친은 대원군으로부터 홍패를 하사받은 명
창이며, 매부의 아들 또한 현재 인간문화재이다.

한편 거문도에는 현역 단골이 없어서 김 옹 진외가인 나로도의 큰단골 박신
운을 찾아가 조사단이 비용을 내고 씻김굿을 실연해 보았다. 그림 5-4에 따르
면 박신운과 한이엽처럼 고부간의 굿, 입무계승이 이곳의 전형이다. 박신운의

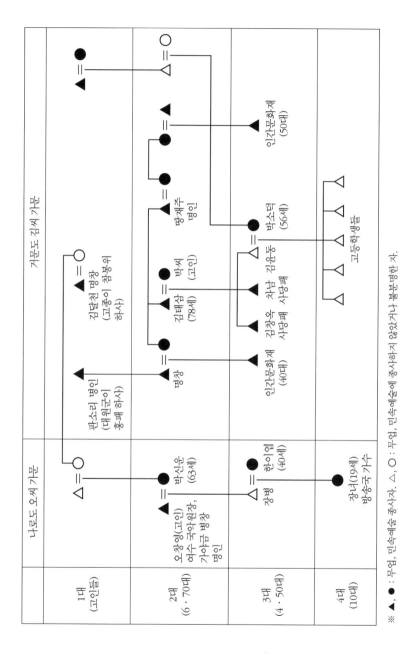

그림 5-4. 김태섬 옹의 가문을 통해 본 단골 가문 임무계승의 한 예

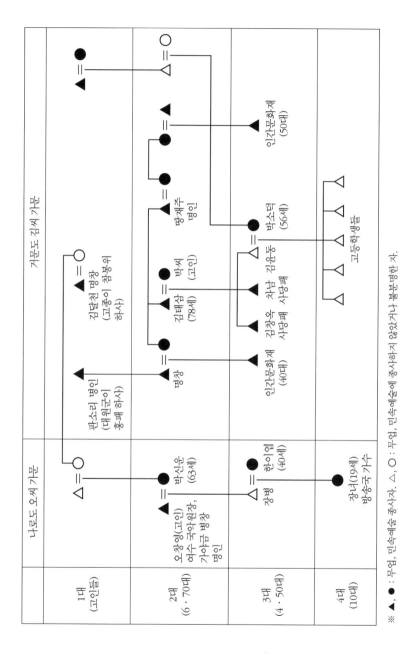

나모도 오써 가문

가모도 김써 가문

1대
(고인들)

2대
(6 · 70대)

3대
(4 · 50대)

4대
(10대)

오창영(고인)
여수 국악원장,
가야금 병창
명인

박신운
(63세)

박선옥
(56세)

인간문화제
(40대)

명창

김태섬
(78세)

박씨
(고인)

땅제주
명인

김담전 명창
(교종이 참봉위
하사)

판소리 명인
(대원군이
홍패 하사)

장병

한이엽
(40세)

장녀(19세)
방송국 가수

김창옥
사당패

차남
사당패

김운동

고등학생들

인간문화제
(50대)

※ ▲, ● : 무엄, 민속예술 종사자. △, ○ : 무엄, 민속예술에 종사하지 않았거나 불분명한 자.

손녀 또한 예능 자질을 인정받아 가수로 진출했다고 하나 여기서는 익명으로 한다.

그림 5-4의 계보로써도 단골 가문에서의 판소리 명창의 배출 그리고 흔히 가면극, 인형극, 농악, 줄타기, 땅재주, 사발돌리기 등 6종목으로 민중의 예술 오락을 충족시켜 왔던 유랑 예인 사당패와 단골 가계의 밀접성도 아울러 인식할 수 있다.

이들 가문에 대한 이제까지의 사회적 천시풍조로 두 가문 모두 4대에서 단골 계보는 단절될 수밖에 없고, 이로써 한국 민중예술의 한 모태는 사라지는 셈이다. 국가에서는 인간문화재들에게 매월 생계비를 지급하고, 질병시 의료·장례비 등을 지급하는 등 민족적인 영예 또한 부여하고 있으나 이들에 대한 일반인들의 봉건적 타성은 아직도 여전하다.

『조선창극사朝鮮唱劇史』에서는 전라도 무녀의 굿소리 조調와 너름새가 광대 판소리의 조와 같음을 지적하고, 일부 한량을 제외하고는 "광대가 거의 재인, 무인계급에 한하여 출생했다"라고 하였다.[29] 그러나 이 책은 명창 93명의 열전을 적었는데, 그 개개인의 무가계巫家系 여부에 대해서는 일절 언급이 없다. 자료에 의거하여 그 출신도를 따져 보니 전라도 55명, 충청도 24명, 경상도 7명, 경기도 3명, 미상 4명으로 나타났다. 이에서 보듯 판소리의 발생지와 단골 무속의 전승지가 합치된다는 점은 증명된 셈이다.

이미 충청도에서 단골 무계의 단절 양상을 엿보았지만, 전라도에서도 점차 수적으로 압도적 우세를 보이는 것은 '점장이'나 '보살'들이다. 전라도에서는 지방에 따라서 신청神廳(장악청掌樂廳)에 단골 연합체를 만들고, 양반 한량들도 어울려서 단가 판소리나 기악을 연마하며 기생에게 가르치기도 했던 조직체들이 있었는데, 오늘에 이르러서는 단지 늙은이들의 기억에만 남아 있을 뿐 모두 사라진 지 오래이다.

---

29 鄭魯湜,『朝鮮唱劇史』, 조선일보사, 1940, 14쪽.

이미 언급했듯이 충청도에서 한때 부여군에만 유일했던 현역 단골인 이씨 할머니(무형문화재 기능보유자)는 명창 이동백李東伯이 육촌 오라버니가 된다고 했다. 충청도 원산도에서 만나 본 또 다른 단골 가계의 익명을 요구하는 김 모 某씨는 어부로 직업 전환을 하고 있었다. 그는 소년 시절부터 판소리 공부를 했고, 국극國劇 운동에도 참여했기 때문에 때때로 국극 관계자들로부터 참가 와 협력 요청을 받았으나 "왜 천대받으며 빌어먹고 다니려느냐"며 번번이 거 절했다고 한다.

단골 가계가 이미 충청도에서 사라지고 있듯이 전라도 또한 그 뒤를 따를 날 도 머지 않았으니, 이래저래 신이 내렸다고 횡설수설하는 점장이들만 더욱 늘 어날 것이다.

### 3) 신통과 의례

전라도에서는 점장이가 점친 결과에 의해 경장이 독경도 하고, 단골이 굿을 하기도 한다. 단골들은 또한 살풀이, 푸닥거리, 안택을 하거나 동제의 사제도 한다. 그중 전라도의 대표적 무의는 씻김굿인데, 그 내용은 사령의 부정을 씻 어 극락 왕생하게 하는 것이다. 씻김굿을 통해서 주요 신관과 의례 형태를 보 면 〈표 5-2〉와 같다.[30]

제차는 〈표 5-2〉에서 보듯이 ①, ②, ③에서 경기 지방처럼 주요 가신들을 모신 후 ④ 사령을 맞아 ⑤ 들이고 ⑥ 사령공양신 바리공주를 모시고 ⑦ 손님 마마의 노정기에 이어 ⑧ 사령 위안과 ⑨ 사령의 고통풀이를 하고 ⑩ 사령의 정화로 ⑪ 극락 왕생을 시킨다는 과정이다. 그리고 ⑫ 가택 내 오방의 정화 ⑬ 여러 신을 배송함으로써 막을 내린다.

이 굿은 ⑬ 거리굿에서만 잡신들의 흉내를 내는 연극적인 대목이 있고, 서울 굿같이 거리마다 화려하게 분장하고 신의 행위를 흉내내는 전체적 연극성은 없 다. 또한 서울굿 같은 신들린 황홀경ecstasy 상태도 없고, 세찬 도무도 없으며,

---

30 崔吉城, 『韓國民俗綜合調査報告書』(全南篇), 문화공보부 문화재관리국, 1969, 192쪽.

〈표 5-2〉 　　　　　　　　　　　씻김굿 12석

| 제차 | 사제무녀 | 장소 | 시간 | 상 | 악기 | 가무 |
|---|---|---|---|---|---|---|
| ① 조왕굿 | 조란초 | 부엌 | 1968. 7. 29<br>14:40~14:55 | 조왕상 | 징 | 조왕경 없음 |
| ② 성주굿 | 한이엽 | 마루 | 15:30~16:05 | 성주상<br>선령상 | 징, 꽹과리<br>장구, 피리 | 축원 있음 |
| ③ 삼신굿 | 박신운 | 큰방 | 16:05~16:30 | 삼신상 | 징 | 제왕풀이 없음 |
| ④ 혼마중 | 조란초 | 바깥마당 | 16:40~17:27 | 망자상 | 장구, 징,<br>꽹과리 | 제왕풀이 있음 |
| ⑤ 영돌이 | | 제청<br>(안마당) | 17:36~17:45 | | 장구, 징,<br>꽹과리 | 가무 없음 |
| ⑥ 오구물림 | 한이엽 | 제청<br>(안마당) | 18:37~20:08 | 망자상<br>사자상 | 장구,징,<br>피리, 꽹과리 | 바리데기 있음 |
| ⑦ 손굿 | 조란초 | 제청<br>(안마당) | 21:25~22:38 | 손님상 | 장구,징,<br>피리, 꽹과리 | 말미 있음 |
| ⑧ 큰넋 | 박신운 | 제청<br>(안마당) | 22:50~00:27 | 망자상 | 장구,징,<br>피리, 꽹과리 | 큰넋사설 있음 |
| ⑨ 고풀이 | 한이엽 | 제청<br>(안마당) | 7. 30<br>1:10~1:52 | 망자상 | 장구,징,<br>피리, 꽹과리 | 장자풀이 있음 |
| ⑩ 씻금 | 박신운 | 제청<br>(안마당) | 2:08~2:55 | 망자상 | 장구, 징 | 염불, 살풀이<br>있음 |
| ⑪ 길닦음 | 박신운,<br>조란초,<br>한이엽 | 제청<br>(안마당) | 3:20~3:58 | 망자상 | 장구, 징 | 경문 있음 |
| ⑫ 오방치기 | 조란초 | 부엌, 마루<br>큰방, 헛간 | 4:12~4:30 | 없음 | 장구, 징,<br>꽹과리 | 발원 없음 |
| ⑬ 거리굿 | 조란초 | 안마당 | 4:35~5:10 | 거리상 | 장구, 징,<br>꽹과리 | 대화<br>(극적 흉내) |

따라서 공수도 없고, 무감이나 별비도 모두 없다. 즉, 단골은 깨끗한 평복으로 가무 사제를 했으며, 춤은 제스처 정도였고, 노래에는 간간이 잡이들의 '바라지'가 있었다. 그들은 강신무가 아니었고, 성실한 사제자로서 일관하고 있다.

　호남의 단골 무속은 지난 1980년에 '진도씻김굿'의 이름으로 중요무형문화재 제72호로 지정되었다.

## (4) 경상도 · 강원도의 무당

### 1) 종류, 호칭과 입무, 계승

강원도나 경상도의 내륙 지방에서도 주류는 점복 위주의 여성 강신무인 '점장이'들(흔히 존칭해서 '보살')이며, 가무 사제무는 드물다. 대구광역시, 안동시 같은 데서도 무당을 찾으면 그런 이들뿐이고, 가끔 '공징이'들이 나타나기도 한다. 공징이는 충청도에서는 '명두점장이', 표준어로는 '태주할미'라 하는데, 국어사전에 따르면 "마마를 하다가 죽은 어린 계집 아이의 혼이 다른 여자에게 지펴서 길흉화복을 잘 맞추는 것"으로 풀이되어 있다.

옛 문헌에는 '공창무空唱巫'로 나타나며, 이규보의 『동국이상국집』 노무편에는 "목구멍 속에서 들리는 가녀린 말이 새소리와 같다〔喉中細語如鳥聲〕"라고 표현하고 있다. 북으로는 시베리아 샤먼의 경우 일찍이 보고라스V. G. Bogoraz가 속임수trick 또는 사기라고 보았던 것이고,[31] 남으로는 일본 무녀의 '게호바코外法箱'도 유사한 것이다.[32] 그리고 언급했듯이 강원도 두메산골, 이를테면 약방이나 이발소마저 없는 마을에는 육괘점이나 안택, 푸닥거리, 침, 서낭제 사제 등을 주관하는 남성 농민들인 '복卜재'들이 있었다.

경상도 내륙의 노인들에게서 "무당끼리 혼인하고, 씨가 따로 있으며, 암무당은 굿하고, 숫무당은 두드리고……"라는 얘기나 고부계승을 하던 무계들이 최근까지 있었다는 등의 말은 듣기도 하지만, 오늘날 그 잔맥은 찾기 어려울 뿐만 아니라 보고도 일절 접한 바 없다.

이 지역 무속 가운데 그동안 학계의 빈번한 연구 대상이 된 것이 영동 · 남해안 촌락들의 별신굿 사제무단이다. 많은 관련 보고서[33]들을 종합하면 이들은

---

31 M. A. Czaplicka, 앞의 책, 191쪽.

32 中山太郎, 『日本巫女史』(복각판), 八木書店, 1969, 639쪽.

33 崔吉城, 「東海岸地域 巫神堂裝飾調査」, 『文化人類學』 제4집, 문화인류학회, 1971 ; 崔吉城, 「東海岸地域 巫俗誌序說」, 위의 책 제5집, 1972 ; 崔吉城, 『韓國民俗綜合調査報告書』(慶南篇), 문화공보부 문화재관리국, 1973 ; 崔正如 · 徐大錫, 「慶北 東海岸地域의 巫俗調査研究」, 『韓國學』 제1집, 1972 ; 『東海岸巫歌』, 대구 형설출판사, 1974 ; 姜誠一 외, 『慶南 海岸 및 島嶼地方의 民俗調査研究』, 1972 ; 沈雨晟, 「꽃일」(紙花匠), 『重要無形文化財調査報告書』 제106호, 문화공보부 문화재관리국, 1973.

북으로는 속초, 주문진, 강릉에서부터 남으로는 부산까지 약 100명이 분포하며, 6개 혈연집단이 고부계승이 아닌 상호 교혼하여 여러 대 무가계 계승을 하는 것으로 알려져 있다.

여기서는 '점장이'나 '명도'들은 강신(신내림)으로 입무하고, '무당'들은 강신 경험 없이 가계입무하며, 신단조차 모시지 않은 채 고도로 예술화·오락화로 치닫고 있다. 여자를 '무당'이라 하고, 남자는 '양중' 또는 '화랭이'라 하여 부부 관계를 이루는 것이 보통이다.

주지하듯이 '화랑花郎'은 유서 있는 명칭이다. '양중兩中', '낭중郎中'은 『삼국사기』 관직지에 따르면, "대사 2인을 진평왕 11년(589)에 두었는데, 경덕왕 18년(759)에 고쳐서 낭중이라 했다〔大舍二人 置眞平王十一年 景德王十八年 改爲郎中〕"라고 했듯이 이 또한 역사가 오랜 관직명이며, 조선조에 들어서는 무당의 호칭으로 나타난다. 따라서 '낭중郎中'은 '낭중郎衆'일 것이며, '화랑花郎의 무리'라는 것은 오해인 듯하다.[34] '양중'이란 남해안 일대나 제주도에도 널리 전승하는 무당 호칭이다.

무계 전승은 '양중'이, 굿은 '무당'이 중심이 되어 이루어진다. 더구나 여성 '무당'들은 '도가都家'(기원자), '보살菩薩'(여기서는 여신도, 구경꾼)들과 관계가 밀접하다. 이들은 더러 7~8세된 가계 내 소녀, 소년들에게도 고전무용이나 조화일, 무악 등을 가르치며, 무가악과 경문을 다시 익히고 나서기 때문에 고도로 예술화하여 관중을 쉽사리 황홀경에 빠뜨리기도 한다. 이들의 전승이 여전히 활발하고, 사제하는 별신굿이 영동 해안에서 오늘까지 성한 데에는 그만한 지리적 배경이 있다.

2) 배경과 무의

이곳 무계와 별신굿이 분포하는 중심 지역인 영일, 영덕, 울진, 삼척시 여러 군은 1970년대까지도 교통이 불편하고 근대 문명과는 거리가 먼 해안 어촌들

---

이외에도 많은 연구자들의 보고와 언급들이 있다.

34 李能和, 앞의 책, 3쪽.

이었다. 예로부터 반촌班村도 없었다. 바다는 사나움의 상징이었다. 지난 1972년 해일이 있었으니, 이를테면 '삼돌이 아버지가 가고 아니 오는 바다'는 무서움 그 자체였다. 가난한 어촌이라 10호당 한두 척의 배가 고작이었다. 3인 작업 발동선 한 척 건조에 200만여 원이 소용되지만 사용연한은 5~6년 정도이다. 바다는 황금어장이기도 하지만 하루 아침에 가산을 수몰시키는 존재이기도 했다.

이런저런 이유로 어민 생활은 기복이 심하여 사람들의 기질 또한 거칠다. 출어出漁 중에는 당사자는 물론 가족들이 한시도 안심을 못하고, 무사고와 풍어의 염원 속에서 살게 마련이다. 농사처럼 때가 되면 심고 거두는 것이 아니라, 흉풍과 안전은 오로지 자연에 달려 있을 뿐이다. 이처럼 어려운 모든 현실들이 공동신앙을 갖게 만들었는데, 이 공동신앙은 바다와 싸워 견디어 나가고 살아가는 힘이며, 어민들을 결집시키고 모처럼의 시정詩情을 발산하는 역할도 하였다. 또, 해촌海村에는 미역 등 해산물의 공동채취장들이 있어서 마을기금을 마련하기도 하고, 몇 년마다 행하는 별신굿의 비용도 조달하였다. 별신굿은 〈제5장 IV 동제〉에서 자세히 다루겠지만, 역사가 오랜 것이다.

경북 하회마을 주민들은 이미 고려시대에 국보인 별신굿 가면을 만들었다. 별신굿의 역사는 오랜 것이고, 다른 지역에서의 별신굿은 일제의 강압으로 모두 소멸되었는데, 이곳에서는 여전히 강하게 전승되는 데에는 그만한 원동력이 있었고, 이것이 또한 무가계들을 전승시켜서 전통 신앙과 민속 예술을 보존하게 하였다. 한편 이곳 별신굿은 강한 예술성을 띠고, 어촌 청년들의 현대적 감정과도 밀착된다. 정규굿 속에 '놀음굿'이 끼어서 청년들이 무녀들과 흥겹게 노는 기회도 있으니, 그 대강의 순서는 다음과 같다.

부정不淨굿  무녀가 평복 차림으로 부정굿 청배무가를 가창하고, 바가지의 물을 신칼로 제단 주변에 뿌린다. 이어 짚단에 불을 붙여 역시 제단 사방을 돌며 祭場을 정화한다.

**골맥이 청좌請座굿**  무녀가 화려하게 차려 입고 쾌자를 걸치고 골맥이 동제신이 되어 제주(마을 대표자)를 정화해 주고 놀다 가는 시늉을 일단 해 놓는다.

**당堂맞이**  제주에게 골맥이 서낭대를 들려서 앞세우고 굿청에서 동제당으로 가서 마을의 제관들과 같이 제를 지내고 신을 내려서 모시고 온다.

**화해和解굿**  당신과 성조신을 합석시키고, 동시에 마을 주민 모두가 화해를 도모하는 굿이다.

**세존世尊굿(중굿)**  장삼, 고깔 차림의 무녀가 장구 반주만으로 장편 서사무가 '당금애기타령'(제석풀이)을 구송한 다음, 춤에 이어 제주를 한참 내세워서 재미있게 연극을 벌인다.

**조상祖上굿**  조상신을 모시고 자손을 잘 돌봐 줄 것을 축원한다.

**성줏成主굿**  갓을 쓰고 쾌자를 걸치고 부채를 든 무녀가 성주풀이를 구송하며, 소나무를 키워 집을 짓고 치장하기까지의 과정을 유흥적으로 연희해 나간다.

**천왕天王굿**  천왕은 불교의 사천왕을 이르는 듯한 신이며, 천왕굿에 이어 원님놀이라는 익살스런 연희로 관중을 웃긴다.

**심청沈淸굿**  장구 반주만으로 심청전을 장시간 구송한다. 이것은 숙련무라야 가능하며, 전체 집단원 중에서도 3, 4명만 가능하다. 끝나면 봉사놀이를 간단히 곁들이는데, 이는 마을 주민들의 눈병을 없애고 눈총기를 밝히는 데 효험이 있다고 한다. 관중들은 종이로 만든 술이 달린 神竿을 메고 무가를 부르며 굿을 하는 무녀에게 '施主'를 베풀거나 신간에 지폐를 매달기도 한다.

**놋동이굿(구눙굿)**  쌀을 담은 놋대야를 무녀가 입에 물고 들어섬으로써 신이성을 나타내나 마주 선 무녀가 받쳐 드는 것이어서 큰 신이성은 아닌 듯하다.

**손님굿**  '달언이' 일가가 손님마마 대접을 제대로 못해서 자식을 잃고 망한다는 서사무가가 구송된다. 아이들의 마마를 곱게 없애 달라는 굿이며, 할머니들은 자손들을 위해서 무녀가 멘 신간의 종이 술에 돈을 매다는 것으로써 '시주'를 한다.

**계면굿**  계면은 무당의 단골 구역이며, 계면굿은 단골을 위하는 굿이라 한다.

**용왕龍王굿**  당연히 중요한 거리이며, 계면굿과 같이 청배 공수 놀이의 순으로 진행된다.

**거리굿**  마지막으로 '양중'들이 나와서 갖가지 촌극으로 관중들을 웃기며 잡귀들을 퇴송한다. ① 훈장거리는 엉터리 훈장과 제자 간에 주고 받는 익살스런 문답으로 이루어지고 ② 과거거리는 과거 낙방 후 자살하여 저승 과거에 합격함으로써 관명을 따고 이승에 오기까지의 익살극이다. ③ 관례거리는 관중석의 청년 1명, 노인 2명을 뽑아서 관자, 훈장, 부친을 삼아 엉터리 관례를 시킴으로써 양반의 형식성을 풍자한다. ④ 골맥이할매(동제의 여신)거리에서는 남무가 관중석 할머니의 치마 저고리를 빌려 입고 수건을 쓰고 "요새 며느리들은 ······"하며 칭찬과 흉으로 실감 있게 연기하며 ⑤ 골맥이할배(동제의 남신)거리에서는 지푸라기 안경을 쓰고 지팡이를 짚고 할매를 찾아온다. ⑥ 봉사거리에서는 봉사와 방아 찧는 아주머니의 외설스런 대화를 ⑦ 해녀거리에서는 지푸라기 물안경을 쓰고 잠수질하는 흉내를 ⑧ 군대놀이에서는 군사 훈련과 공격의 흉내를 ⑨ 출산거리에서는 남무가 치마 저고리에 수건을 쓰고 아기를 낳은 후 병들어 죽기까지의 흉내를 해 보인다.

이상이 거리굿의 대강으로 이는 남녀노소, 각계 각층의 진솔한 생활을 골고루 소재 삼아 익살과 외설로 관중과 함께 함으로써 생동감을 갖는다. 예컨대 ⑨ 출산거리에서는 주무主巫가 이를 갈며 "아야, 아야, 아유 배야!"하면 관중이 "이를 갈면 못 쓰지" 하는 것을 받아서 "뭐라고! 이 갈면 못썬다카나? 엄머이, 많이 적거봤네!" 하는 식이다.

관중석이 곧 무대이며, 즉흥적으로 관중의 옷을 빌려 의상을 삼고, 주변의 아무것이나 도구화하며, 간혹 관중도 등장시킴으로써 민중과 하나가 된다. 이것은 어촌 생활과는 거리가 먼 TV, 라디오 드라마와 견주어도 충분히 대응력 있는 민중극이다.

결국 이곳 별신굿은 어민들의 종교 신앙인 동시에 그들의 연극(거리굿 등)이며, 문학(서사무가 등)이고, 서커스(놋동이굿 등)이며, 쇼(무당들의 가무)이고 만담이기도 한 종합 예술문화체이다. '무당'이라는 신분상의 천시가 있더라도 전라도처럼 심각하지는 않다. 이들은 골맥이거리에서는 신을, 과거거리에서는 권위를, 훈장거리에서는 명예를 다 희화해 버리는 서민정신으로 웃고 놀며, 2~3일씩 즐겁게 지낸다. 할머니들도 새댁들도 넋을 놓고 쳐다보며, 노인들도 청년들도 그들 나름으로 다 재미있어 하는 것이 이곳 별신굿이고, 그렇게 훈련된 것이 이곳 무당들이다. '동해안별신굿'은 지난 1985년에 중요무형문화재 제82호로 지정되었다.

(5) 제주도의 심방

1) 호칭, 종류와 입무, 계승

제주도는 총면적 1847.2km², 인구 55만 명으로 목포에서 146km 떨어진 우리나라 최남단에 위치한 도道이다. 특히 본토와 멀리 떨어져 있어 제주도는 한국 문화에서 그들만의 지방형 겸 고형古型 보존을 할 수 있었는데, 무속도 그 가운데 하나이다.

무격 호칭으로 '무당'이란 말도 있으나 쓰이지 않고, 일반적으로 '심방'이 라 한다. 심방이란 말은 "巫는 겨집 심방이요, 祝는 男인 심방이라"(『능엄경언 해楞嚴經諺解』117) 또는 "어미 평생에 심방굿 샨 즐길씨"(『월인석보』23, 68) 등 에 나타나듯이 15세기 이전부터 사용된 오랜 고어이기도 하다.[35]

'큰심방(유명무有名巫)', '소나이심방(남무男巫)', '예펜심방(여무女巫)' 등으로 도 부른다. 견습기간 중의 조무助巫를 '소미(소무小巫)'라 하고, 반주자를 '젭 이'라 하는데, 중부 지방이나 호남 지방처럼 잡이가 따로 있지 않고, 사제무들 이 교대로 반주한다. 흔히 '소미'를 '젭이'라고도 하는데, '젭이'는 '잡이'의 방언이다. 이외 양중이란 말도 가끔 쓰이고, 그 밖에 '나그네', '일안어른', '신득神得?이'라는 말도 더러 들을 수 있다.

이상이 무당들에 대한 일반적인 호칭이지만 특수한 용어로서 '삼승할망'과 '당堂맨심방'이 있다. '삼승할망'은 산육속産育俗의 무의巫醫로서 원초적 소아 과, 산부인과 전문의 격이며 출산 육아 단계에서 많이 부르는 존재로 중년 이 상의 부인이며 수도 많다. 삼승할망이 없는 마을에서는 심방이 대역을 할 수도 있지만 일단 심방과는 구별된다.

'당맨심방'은 '매인심방'이라고도 하며, 일정한 당의 책임사제 심방이다.

---

35 李輔亨, 「시나위圈의 巫俗音樂」, 『문화인류학』 4, 문화인류학회, 1971, 79쪽.

치성을 드릴 때는 그 당의 매인심방과 하도록 되어 있으니, 당을 맨다는 것은 단골 가정, 즉 심방의 수입원과 관계가 있다. 심방수보다 당이 많은 마을에서는 복수당을 맨(연결連結) 심방도 있고, 반대로 당을 하나도 못 맨 심방도 있다. 이것을 겸칭해서 '당소堂小미', '당하님堂下任' 등으로도 부른다.

1959년 여름, 자유당 시절 총선거 전에 무점업자의 경신회 조직을 제주도 현지 조사에서 포착하고, 그 명부를 입수하여 면面마다 경신회장을 찾아 그 수를 알아본 결과 남무 99명, 여무 128명, 계 227명 중 세습무는 96명, 본인 대代 강신입무는 80명, 미상자 51명으로 파악한 바 있다. 여기서 독경(남), 점장이(여), 삼승할망(여) 등은 일단 제외한 숫자이다. 그 후 경신회 해산시에 진성기秦聖麒가 명단을 입수하여 『남국南國의 무가巫歌』 재판본에 밝힌 자료에 따르면 총 395명 중 남무는 142명, 여무는 224명, 독경(남)은 7명, 점장이(여)는 14명이었다.[36]

입무 형식은 세습이 기본이었던 것 같다. 1959년 당시 세습무는 96명으로 수가 많았는데, 그중 서귀포의 박생옥朴生玉 씨처럼 일문에 큰 심방만 7~8명 있고, 자신도 13대 세습무이며, 큰집은 20여 대째라는 이도 있다. 입도시入島時부터라든가 고려高麗적 심방이라는 이들도 있다. 결국 제주도는 위에서 본 대로 전라도, 경상도와 같은 남부형이다. 그러나 본인대에서 강신입무한 80명도 결코 적은 수치는 아니다.

이들은 대부분 오랫동안 계속된 질병의 고통으로 인해 점친 결과 "팔자를 그르쳐야 한다"라고 해서 입무했다 한다. 즉, "누가 천대를 받으며 이 짓을 하겠느냐, 팔자에 타고난 것이라 할 수 없이 한다"고 한다. 이것은 경기 지방과도 유사하나 몸주主(수호신) 관념이 제주도에서는 불분명한 까닭에 오히려 충청도의 경우처럼 전국에 분포하는 강신무, '점장이'들과 입무 과정에서는 더 유사하다. 그리고 점장이나 독경의 수는 각각 14명, 7명으로 극소수이다.

---

36 秦聖麒, 『南國의 巫歌』, 제주도민속문화연구소, 1968, 937~957쪽.

결국 제주도 무속은 남부식인 세습입무, 중부 이북식인 강신입무 형식 모두 가능한 가무사제무로서 입무하는 길을 폭넓게 터놓고 있으며, 그래서 점장이는 극소수인 반면 정통무속의 전승은 비교적 왕성한 요인이 되고 있다. 이것은 제주도 무속 구조의 고형성을 말해 주는 것이기도 하다. 또 타지역들에 비해 남무가 많은 점도 한 특색이다. 그러나 제주도 내에서의 남무의 총수는 결코 여무보다 많지 않다.

입무제를 '신굿'이라 하고, 옛날에는 처음 신굿을 하면 비로소 '하신충'으로서 소무를 면하며, 심방청에도 가입할 수 있었고, 정식으로 굿 집행도 가능했다. 두 번째 하면 중신충, 3회 하면 상신충이라 하여 비로소 큰심방으로 인정받을 수 있었다. 그러나 오늘날 신굿은 드물다. 계승물로는 '매인당'과 단골 가정, 무구인 삼명두가 있다. '매인당'의 계승은 세습이면 자녀에게, 세습이 아니면 양도를 하지만 전라도처럼 매매되지는 않는다.

제주도에서 '단골'이란 말은 단골집—단골 심방 상호 간을 의미하는 외에 당신堂神을 섬기는 마을 주민의 성씨도 단골이라 한다. 단골집과 단골 성씨들은 문맹자가 많아서 비록 문자기록에 의한 상호 교류는 못하지만 민속적인 교단의 성격을 띠고 전국에 존재하였다. 이처럼 무속신앙이라 해서 교단 조직이 전혀 없었던 것은 아니었다.

2) 신관, 제의와 무구

제의는 규모로 보아서 '비념'(1~2시간의 간단한 축원), '굿'(반나절 정도 행하는 단일신에의 가무사제), '큰굿'(3일 이상 모든 신령을 부르는 제의祭儀)으로 대분할 수 있다. 종류로는 개인 가정제와 공동 동제(당굿)로 구분할 수 있으며, 완전 무속당제는 제주도만의 특색이다. 여기서는 먼저 각종 '굿'들의 종합제의인 '큰굿'을 개관함으로써 제주도 굿의 구조와 아울러 신관神觀, 무구들을 살펴본다.

대체로 5~6만 원 이상의 비용이 드는 큰굿은 제신 하강로인 5~6m 높이의 '큰 대'를 세우고, 6명 이상의 제관들이 3일 이상 모든 무악기巫樂器들을 동원해서 모든 신을 모시는 큰 종합제의이다. 그만큼 부유하고, 신앙심이 두 터우며, 상당한 동기가 있어야 행할 수 있다. 300~400호에 이르는 큰 마을 에서조차 연 1회 거행하는 것이 힘들 정도이다. 제祭의 순서를 개관하면 다음 과 같다.

**초감제**初監祭 ① 配布都邑, 천지개벽신화와 중국, 한국, 제주도 지리 등이 구송되고 ② 일시, 장소, 제례 동기 등이 巫歌로 구성되며 ③ 단계순으로 18,000명의 신을 호명, 초청하는 무가인 '祭ᄃ리'〔祭順〕를 구송하고, 神宮開門, 逐邪, 제신강림 등 의 상징적 행위를 한다.

**초신**初神**맞이** 이 또한 신을 청하는 의식이다. 초감제에서 누락된 신이 있을까 염려 하여 다시 한 번 더 한다. 신궁개문, 축사, 제신강림 등은 사제 후마다 그 여부를 신점으로 확인하여 제주에게 전한다. 외형상 같은 가무사제무이지만 빙신상태, 즉 공수가 없어서 경기도 굿과는 성격이 다르다.

**재**再**생게** 세 번째 재청신이며 위와 같다.

**추물공연**祭物供宴 종합 청신 후의 대접이며, 제물을 호명하여 권하며, 제의동기, 축 원을 한다.

**보세감상** 여러 신들에게 무명을 바치며 기원한다. 이어 신의 비중에 따라 개별적으 로 제를 하는데 처음이 삼신제인 것은 주목할 만하다.

**불도**佛道**맞이** 삼신할망제로서 ① 초감제에서 배포도업, 삼신제의 동기 신고, 신궁 개문 · 축사 · 강림 순으로 지낸다. 삼신할망만을 위한 청신 의식이다. ② 추물공 연 ③ 水陸, 자식들의 다산, 건강 등을 축원한다.

**일월**日月**맞이** 조상신제로서 '佛道맞이'와 유사하다.

**초공본**初公本**풀이** 무조신신화의 구송이다. 별도로 마련한 초공상 앞에서 사제무 혼자 앉아서 장구 반주로 구송한다.

**초공**初公**맞이** 제물대접, 소지, 축원을 한다.

**구눙놀림** 씨조신, 가업수호신을 놀리는 것이며, 마을 당신들도 본풀이를 구송해서 같이 모신다.

**이공본**二公本**풀이** 西天呪花管掌神(수명을 관장하는 신)의 신화를 별도로 마련한 이공상 앞에서 사제무 혼자 구송한다.

**이공맞이** 제물대접, 소지, 축원 등 초공맞이와 유사하다.

**구눙놀림** 씨조신을 놀리는 것으로 큰굿에서 세 번 되풀이한다. 이때 가족이나 마을 사람들이 어울려서 신과 같이 즐긴다. 중부 지방의 '무감'과 유사하다.

**삼공본三公本풀이** 전생 인연신의 신화를 구송한다. 유명한 리어왕형, 서동형, 심청형 설화들의 연결신화이다(본풀이에 대해서는 〈제8장 구비문학〉 참조). 본풀이는 대개 앉아서 장구 반주로 독창하나 서서 부르는 경우도 있다.

**세경본世經本풀이** 농업목축신, 제석할망신화의 구송이다. 최소 두 시간 이상 소요되는 최장편 서사무가이다.

**재再생계** 누락된 다신다령교적 여러 신을 위해 재청신 의식을 다시 되풀이한다.

**시왕十王맞이** 마당에서 하며, 큰굿의 절정을 이룬다. 큰 대 밑에 병풍을 구부려 세운 위에 큰 시왕상을 마련하고, 밑에 사자상, 중간에 조상상 등을 놓고 조령(조상들의 영혼)들의 극락 왕생을 축원한다. 옥황보다도 사령 관리의 시왕이 훨씬 비중 있으며, '맞이'의 의례 형식은 다 같으나 사자들도 따르므로 훨씬 복잡하다. 그러나 시왕본풀이라는 것은 없다. ① 초감제에서 천지개벽신화(배포도읍) ② 시왕 하강로의 정비, 잡신 구축 ③ 추물공연 ④ 사자본풀이 ⑤ 축원 ⑥ 점(시왕의 응낙 여하를 묻는 점) ⑦ 보세감상 ⑧ 지장본풀이 등

**구눙놀림** 세 번째 되풀이되는 놀림이다.

**양궁수김**(송신준비送神準備) 큰굿의 절정을 넘기고 시왕 등 고위신에게 돌아갈 준비를 고하고 다시 한번 지장본풀이를 구송한다.

**문전본門前本풀이** 문전신 남선비, 본처 조왕할망, 일곱 아들, 첩, 노일제대(厠神)들의 일련의 신화를 구송한다.

**본향本鄕다리** 마을 각 당신본풀이에 기주의 고향 당신본풀이들도 구송하고 모신다.

**칠성본七星本풀이** 뒤꼍의 밧할망[外七星], 고팡의 안할망[內七星] 등 財神이나 蛇神들의 본(근본) 풀이(설명)를 구송한다.

**삼공三公맞이**(또는 전생놀이) 삼공본풀이를 구송하며, 심청전과 유사한 내용에 따른 연극적 놀이가 있고, 전생신을 맞아들이고 잡귀 구축을 한다.

**구눙만판** 씨조신에게 돌아갈 것을 예고하고, 여러 장식물들을 대부분 떼어 버린다.

**각도各道비념** 부엌, 올래(집 입구), 마구간 등에 축원한다.

**도진**(송신送神) 18,000명 신의 배송의식이다.

**가수리** 옛날에는 미처 가지 못한 잡신들이 있을 것을 염려해서 제를 마치고 나서 7일 후 몰아 보냈으나, 지금은 당일에 모두 마친다.

제주도의 수없이 많은 무속 의례 중에서 대표 예로 종합의례인 '큰굿'을 살펴보았다. 대체로 청신—공연—본풀이—기원—신의문점이 그 기본 형식이다. 이외에도 많은 의례와 신격들이 있으나 생략하고, 당굿은 〈제5장 Ⅳ 동제〉에서, 본풀이는 〈제8장 구비문학〉에서 살펴보기로 하고, 무구에 대해 간략히 다루기로 한다.

무구 중 가장 중요한 것은 삼명두이다. 삼명두三明斗는 '신칼'(2개), '산알판'(상잔床盞 2개, 천문天門 2개, 잔대盞臺 1개), '요령搖鈴'(1개) 등이며, 이것은 '무조신화巫祖神話'(초공본풀이)에서 무조 삼형제의 아버지인 중이 만들어 준다. 그래서 심방들은 신도법(무속)이 불교에서 유래한다고 하지만 무조 삼형제도 삼명두라 부르고, 이 삼무구도 삼명두라 부른다. 삼무구는 무조신 삼형제를 상징하고, 굿에서 무신의 의사를 명두점으로 물어서 기주에게 전하고, 심방은 강신 현상이나 공수(신탁)를 보이지 않는다. 기본적으로 강신무가 아닌 세습무인 제주 무속 구조의 핵심은 실은 삼명두와 깊이 관련된다.

삼명두는 당주(신단神壇)에 모셔지는데, 심방들은 굿하러 갈 때나 마치고 올 때 삼명두에 고하기를 "조상님 모시고 가겠습니다" 하고 아뢴 뒤 싸들고 나서며 깍듯이 대접한다. 단군이 제사장이 아니고, 사제자들이 봉사奉祀하던 집단 수호신이었으리라고 언급한 바 있는데, 그 천부인 3개를 육당 최남선은 검과 거울 그리고 방울·북·관 중 하나일 것이라 했다.

이것은 청동기시대 출토 유물 중 거울, 방울, 검류가 특히 많은 점과 중부 지방에서 금속무구로 사용된 거울, 방울, 신칼들과도 부합된다. 제주도의 삼명두 또한 신칼, 요령은 종류가 같다. 한편 '천부인天符印 3개'도 단순한 공상은 아니고, 사제자들이 숭상하고 신의 뜻을 헤아릴 때 사용하는 신성제구가 신화 속에 투영된 것으로 볼 수 있겠는데, 그 점에서는 일본 천손하강신화天孫下降神話의 '삼종신기三種神器'도 같은 유로 생각할 수 있다.

무악기巫樂器는 징, 설쇠, 북, 장귀(장고杖鼓) 등이며, 모두 타악기이다. 경기 지방처럼 잡이가 따로 있지 않고, 관·현악기도 없는 소박형이다. 무복은 관디(관대冠帶), 군복, 두루마기, 도폭(도포道袍) 등이 있으나, 조선시대 복제와는 거의 맞지 않는다. 전라도에도 '색복色服'이 있는 것을 태워 버렸다는 노무老巫의 얘기로 미루어 이 정도의 복식은 어디에나 있었던 것 같다.

제주도 무속을 대표하는 영등굿인 제주시의 '칠머리당굿'은 지난 1980년에 중요무형문화재 제71호로 지정되었다.

# Ⅲ 가신신앙

조령, 성주, 조왕, 터주 등 가신신앙家神信仰도 무속과 직결된다. 경기도 12거리굿, 충청도 법사의 안택, 전라도의 씻김굿, 제주도의 큰굿 등도 무속의 중요한 내용이다. 이미 본 바대로 유교제례의 지나친 이념성과 형식성 그리고 여성의 참여가 배제되면서 가신, 무속 등은 더욱 서민이나 부녀층의 신앙으로 굳어졌다.

김두헌도 "더 많이 기울어진 부녀 일반의 관심사는 무격 신앙이니, 그것은 (반촌班村의 경우도) 일반 농촌과 다름없다. 이것이 남자 중심의 조상숭배 관념과 어떠한 관계에 있는가는 조선사회의 특수 문제"[37]라 했다.

그러면 여러 가지 가신신앙에 대해 살피기로 한다. 그런데 여기서 가신신앙을 무속과 분리한 것은 단지 설명의 편의를 위한 것이다. 본질적으로는 가신신앙이나 동제 모두 무속으로 간주된다. 오늘날 무당은 도회지에 많이 몰려 있고 농촌에는 드물다. 그래서 농촌의 경우 가신신앙과 관련된 각종 행사는 으레 주부들의 일로 되어 버린 일면이 있다.

## 1. 조령祖靈

조령(안방신)을 안방 시렁 위에 모신다는 점은 전국 어디서나 마찬가지이다. 명칭은 흔히 부르는 조상단지 외에 세존단지(영남), 제석오가리(호남) 등으로

---

37 金斗憲, 앞의 책, 122쪽.

다양하며, 그 분포는 중부 이북일수록 드물다. 조상단지 안에는 보리, 쌀을 봄·가을로 갈아 넣고 한지로 덮어서 묶은 후 건드리지 않는 것을 중요하게 여겼는데, 이 점 또한 전국적으로 동일하다. 그중에는 낟알을 쪄서 넣는 곳도 있다. 그러나 한결같이 조상단지 안의 쌀의 상태, 즉 붙는다든가 줄어든다든가 좀이 생긴다든가 등으로 길흉을 예점하려는 심리가 숨어 있음은 공통적인 현상이다.

이에 대한 역사성을 유학자들의 한자 기록에서 찾을 수는 없으나, 유구성은 다각적으로 증명된다. 지난 1968년 실시한 전남지역 촌락별 질문지 조사 결과 신명기입란神名記入欄에 '조상할매'의 명칭은 167개 마을에서, '조상'은 180개 마을에서 쓰이는 것으로 나타났다. 엉뚱하게 '조상할매'라는 여신명이 많은 데 놀라울 뿐만 아니라 '조상'이라고만 적은 180건 중에서 '할매'인가 '할배'인가를 따진다면 '조상할매'의 수치는 훨씬 늘어나 여신관념은 더욱 우위에 설 것이다.[38] 이 여신관념의 우위는 농경의 풍요를 기원하는 대상신의 한 원초형임에 틀림 없다.

유구성을 증명해 주는 또 다른 자료는 김알지金閼智 신화이다. 신라시대 김씨 왕가의 시조 김알지는 계림의 한 나뭇가지에 걸린 황금궤에서 탄생했다. 이 황금궤는 조령숭배와 조상단지의 신화적 미화이거나 실제로 왕가의 조상단지다운 고급품일 수 있다.

김알지 신화에 보이는 민간신앙을 왕궁 제식적 승화라는 측면으로 해석[39]한 것은 이 장의 〈IV 동제 3. (2) 영남의 골맥이 동제신〉에서 다루기로 한다. 경북 안동군 도산면에 살고 있는 퇴계 선생 지파支派의 한 종손 댁처럼 유색儒色 짙은 반가의 부인들도 조상단지를 모시고 있었다.

흔히 조상단지류는 장손 집에 모시는 경향이 짙다. 그리고 그 옆에 '조상당세기'(영남)나 '몸오가리'(호남)를 조상 제사 대수대로 놓기도 한다. 4대봉사인

---

38 張籌根, 『韓國民俗綜合調査報告書』(全南篇), 1969, 256쪽.
39 張籌根, 「金閼智神話와 嶺南地方의 民間信仰」, 『文化財』 제3호, 문화재관리국, 1967, 22~43쪽.

경우 고비考妣(돌아가신 아버지와 어머니)별로 8개(호남)이거나 혹은 대代를 단위로 하나씩 4개(영남)일 수도 있다.

4대 봉사의 조상당세기는 조선조 들어 사당을 세우면서 그 영향으로 모시기 시작한 데서 위패 대신임을 알 수 있다. 즉, 사당은 조상을 기리는 간절한 마음은 물론 경제적인 여력이 있어야만 가질 수 있었는데, 그렇지 못한 경우 조상당세기로 대신하였다. 이로써 조상당세기는 조선 이후 민속의 간략화 현상으로 생각된다. 결론적으로 조상단지는 ① 원초적 여신관념 ② 김알지 신화의 황금궤 ③ 삼국시대 이후 불교성(세존世尊, 제석帝釋 등 명칭) ④ 조선 이후 4대 봉사성 등 한국의 각종 종교 변천사를 연면히 한몸에 지니고 있다.

한편 제석帝釋이라는 신 이름은 조신祖神(제석오가리ㅡ영·호남), 농신(제석할망ㅡ제주), 삼신·수명신(삼불제석三佛帝釋ㅡ중부) 등 다양하게 관념된다. 조상단지에 쌀을 넣는 것은 조신·농신 숭배를 겸한 것이지만, 이들 3~4종의 명칭은 곧 조상단지에 대한 부녀층의 기원 심의이다.

전라도에는 조령, 즉 농신숭배 행사로 '올벼심리'라는 무속과는 무관한 것이 있다. 올벼로 밥을 지어 일가가 모여 조령에게 바치고 나누어 먹는다.[40] 이것은 영남 지방의 '풋바심', 나아가서는 경기 지방의 천신굿을 연상하게 하는데, 간단하게 올벼 한두 이삭을 베어서 안방 시렁이나 벽에 모셔 두기도 한다. 조상단지에 쌀, 보리쌀을 갈아 넣고 낸 것으로는 밥을 지어 식구들이 나누어 먹는 것은 흔한 일이다. 쌀알이 조령의 상징물이고 조령이 깃든다고 생각한 것은 농경민다운 의식이다. 제주도 산간촌에서는 '곤쌀(미미美米)', '곤밥(미반美飯)'이라 해서 평소 쌀을 접하지 못하다가 제수로만 사용했다. '점장이'들이 흔히 쌀알로 점을 치는 것도 쌀에 신의 뜻이 깃들었다는 오랜 농경민다운 사고이기도 하다.

---

40 張籌根,「家神信仰」,『民俗大觀』 3, 고대민족문화연구소, 1982, 67~83쪽.

## 2. 성주成主

성주(마루신)는 가택신 또는 특히 대주坐主(가장家長)의 수호신으로서 여러 가신 중 주요 신으로 관념된다. 주로 장손 집에 모시는 조상단지와는 달리 차남 이하도 모실 수 있으므로 흔하게 볼 수 있다. 성주를 마루에 모시는 것은 전국 공통이다. 마루는 넓을 경우 혼례나 기제사가 베풀어지는 장소이기도 하므로 그 어원으로도 신성한 제의처로 간주된다.

퉁구스계 여러 민족은 가옥(텐트) 내 신성처를 'malu'라 부른다. 이는 '가장이나 존장자의 자리'라는 의미로 혈연 제사를 지내는 중심이며, 여기 모시는 신을 'malu' 또는 'malu Burkan'이라 한다는 보고[41]도 있다. '마루'는 한자로 '宗'이며, 오늘날에도 한국인이 집 안에서 중심 집회처로 마련하는 공간이다.

성주는 영남 지방이나 호남 지방의 경우 성주독이라 하여 보리나 쌀을 넣어 마루 한 구석에 봉안해 둔다. 호남·중부 지방에서는 마루방 천장의 중보와 마룻대 사이 대공에 한지를 접어 붙이기도 한다. 이외 한지 속에 동전을 넣기도 하며, 한지 위에 쌀알들을 적셔 붙이기도 하였다. 성주독을 '부루독'이라 하는 곳(경남)도 있고, 신체神體라고는 전혀 없이 '건궁성주', '건궁조왕竈王'으로 부르는 곳(영남)도 있다. '뜬성주'라고 부르는 곳(경기)도 있다. 또 독에 쌀 대신 벼를 넣기도 한다.

평안도와 함경도는 "쌀을 항아리에 담아서 들보 위에 안치한다〔盛米于缸 安于 樑上〕"라고 했다.[42] 성주를 처음 모시는 때는 낙성이나 이사한 후이며 또한 재앙이 생겨서 모시는 수도 있다. 지방마다 굿을 할 때는 잊지 않고 성주를 모시던 실제는 앞에서 이미 소개했다. 이능화는 "속칭 성줏굿을 혹은 성주풀이라고도 한다. 매년 10월 농사일이 끝나고 흔히 무오에 이 신사를 행하는데, 아마도 아득한 옛날부터 전해 오는 풍속인 듯하다〔俗稱城主굿 或城主풀이 每年十月農功

---

41  三品彰英,「麻立干の原義を尋ねて」,『朝鮮學報』제13집, 1958, 5~10쪽.
42  李能和, 앞의 책, 54쪽.

畢 多以戊午 行此神祀 蓋自古昔 遺傳之俗也)"라고 했고, 또 다른 말로는 '안택'이라고도 했다.

지금도 이른바 상달에는 주부들이 가무家巫, family shaman 입장이 되어서 고사를 하고 고사떡을 이웃에 돌린다. 뿐만 아니라 어느 지방에서나 대개 각종 명절, 제사, 생일 등을 맞이하여 음식을 차리면 성주에게 상을 차렸다가 물린다. 성주 신앙은 이렇듯 가택신, 대주신, 가운수호신, 시월상달신 등의 성격이 깃들어 있다.

부인들은 가장(대주)이 무고하면 가운도 지탱되는 것으로 생각하고, 농가에서는 상달의 수확도 많아질 것을 축원한다. 어업에 종사하면 어풍을 기원하며, 상가商家에서는 흥성을 빌었는데 까다로운 이치에 연연하지 않고 이를테면 아무것이나 빌며 인생 만사에 조심성을 기한다. 그래서 딸을 시집보낼 때 사주 단자를 받으면 한 말들이 깨끗한 바가지에 넣어서 성주에게 고한 다음 가족이 풀어 보기도 한다.[43] 이런 일들은 한낱 미신으로 볼 것이 아니고, 인생에 대한 경건하고 신중한 자세로 볼 수 있다. 서사무가로서의 성주풀이도 몇 편의 채록이 있다.[44]

## 3. 조왕竈王

조왕(부엌신)은 화신火神이기 때문에 한국 가옥에서는 주로 부엌에 모시는 주부들의 신이다. 불과 물은 종교적인 정화력을 갖는다. 굿의 서제序祭인 부정풀이 때 정화수에 재를 넣어서 먼저 제장祭場을 정화하는 것이나 기독교의 세례, 불교의 욕불浴佛, 올림픽의 성화 등도 마찬가지 의미이다. 장례 때 관이 나가면 곧 아궁이에 불을 지피는 것도 시신의 부정을 정화하기 위함이다. 이사할 때 화구火具를 먼저 들여가는 것이나 집들이 때 성냥을 사 가는 것 모두 정

---

43 金泰坤, 「성주信仰俗考」, 『경희대 後進社會問題研究論文集』 제2집, 1969, 291쪽.

44 孫晋泰, 「成造神歌」, 『朝鮮神歌遺篇』, 향토문화사, 1930 ; 秋葉隆, 「成造本歌」, 『朝鮮巫俗の研究(上)』, 屋號書店, 1937 ; 李杜鉉, 「성주풀이」, 『箕軒孫洛範先生回甲紀念論文集』, 기헌손낙범선생간행위원회, 1972.

화의 의미와 아울러 주요 가신을 먼저 모셔 들이고자 하는 민속의 변화된 모습이다.

고대 그리이스인들은 불을 가장 숭상하여 화신火神, 헤스티아Hestia를 제우스의 6남매 중 최고最高의 신으로 계보화하고, 모든 공공행사에는 먼저 헤스티아(성화聖火)를 모시고 희생犧牲과 선서를 올렸으니, 이것은 오늘날 공공경기(올림픽 경기 등)에 상례화되었는데 모두 조왕 할머니를 모시는 격이다.

오늘날 한국 조왕신앙은 많이 소멸되었고, 남아 있어도 대부분 건궁, 즉 형태가 없는 조왕이다. 다만, 충청도나 전라도 일대에 조왕중발이 많이 남아 있는 정도이다. 이미 각 지역 무의에서 보았지만 안택에 조왕굿이 있는 것은 전국이 마찬가지이고, 무당굿의 경우 경기도에서는 조왕이 나타나지 않지만, 전라도에서는 조왕굿부터 시작되는 등 조왕신앙이 강하게 남아 있다. 아직도 신부가 시댁에 들어설 때 대문 앞에 잿불을 피우고 단골이 축원하며 정화하는 일련의 모습은 전라도에서나 볼 수 있다. 조왕중발이란 부뚜막 중앙 정면 벽에 흙으로 조그만 단을 만들고 거기에 중발을 놓은 것으로 만듦새는 다양하다.

이것은 주부들의 제단이고 정성을 바치는 곳으로 신앙 형태도 다양하다. 매일 새벽마다 정화수를 올려 기원해야 하는 근면성이 뒤따라야 하므로, 삭망에만 하는 이도 있다. 축원 내용도 각자 생활환경에 따라 다르다. 대체로 한국 주부들은 성주 신앙에서도 그렇듯 집안 남자들의 일 등에 대해 기원하고, 중년 이상의 나이에 달하면 가장보다 아들을 위한 기원이 더 강하다.

이를테면 아들이 객지에 있거나 특히 군입대를 하게 되면 모시지 않던 조왕중발을 새로 모시고, 아무리 멀리 있는 우물일지라도 마다하지 않고 기꺼이 길어 '비손'을 하는 예는 아주 흔하다. 제대하고 나면 치워 버리는 현실적인 예도 많이 있다. 남성을 인도하는 여성의 힘인 모성애의 바탕이 되는 종교적 상징물, 그것이 바로 한국의 조왕중발이다. 모성애는 역사 창조의 밑바닥을 흘러 온 힘이며, 조왕중발은 그러한 한국적 소박성의 극치이다.

## 4. 터주와 업

경기도 지방의 농가 뒤꼍에는 터주土와 업(집안의 재물에 대한 운수를 관장하는 신)을 상징하는 짚가리가 두 개 나란히 놓이는 경우가 있다. 터주는 집터의 신 (지신)으로, 흔히 단지에 낟알이나 천을 넣고 주저리를 덮어 장독대 옆이나 뒤 꼍에 모신다. 굿에서는 대감거리의 주신主神이기도 하다. 이능화는 "10월에 농사를 마치고 안택 신사를 하는 무녀의 작법으로는 먼저 성주를 모시고, 뒤에 터주를 모시기 때문에 터주거리를 뒷전풀이라 한다〔十月農畢 安宅神祀 巫女作法 先城主而後土主 故土主釋 謂之後殿釋 '뒤던푸리'〕"라고 했다.[45] 그러나 오늘날 보통 뒷전은 영산靈山(비명 횡사령), 상문喪門(상가 부정령) 기타 잡신들을 풀어먹이는 굿의 뒷마무리로 행해진다.

업의 형태는 터주와 유사하다. 다만, 단지에 천을 넣는 예는 없고 낟알을 넣 어 주저리를 씌울 따름이다. 업은 '건궁업'이 대부분이다. 업에는 인업, 구렁 이업, 족제비업 등이 있으며, 구렁이업이 흔하다. 울안의 구렁이가 밖으로 나 가면 집안의 운수가 쇠퇴하고, 들어오면 흥한다고 한다. 일종의 재신財神인 셈 이다.

한편 영·호남에서는 경기 지방의 터주나 업과 의미는 비슷하나 그 형태는 상이한 사례가 찾아진다. 연세 지긋한 노인들조차 터주나 업에 대한 얘기는 들 은 바가 없다든가 자세히 모른다 하며, 대신 '철륭'을 모신다는 예가 있다. 집 뒤 나무들은 집을 짓고 난 후 자식들이 탈날까 우려하여 베지 않는다는 예들이 있고, 철륭 단지를 묻고 쌀이나 한지를 넣어 주저리를 덮어 모신다는 예들도 있다. 중부 지방의 '터주'나 '업'과는 유형이 다소 달랐던 것 같다.

그리고 장독대 옆에 대를 만들어 매일 또는 매 7일(7일·17일·27일) 주부들 이 목욕 재계한 후 정화수를 떠놓고 자손들을 위해서 기도한다는 예가 영·호 남에서는 많이 나타난다. 이러한 신앙심의는 조왕중발과 유사하며, 대체로 보

---

45 李能和, 앞의 책, 55쪽.

그림 5-5. 터줏가리(충북 지방)

살(점장이), 무녀들이 점친 결과로 시키는 경우가 많다. 또한 경북에는 '용단지'를 뒤꼍(반가班家에서는 대개 다락방)에 모시는 일도 많다. 단지에 벼를 넣어 주로 풍년을 기원하거나 자식들의 무고를 기원하는데, 모두 주부들이 행하는 일이다.

한편 제주도에서는 이와 같은 실정들에 비해서 특이한 것이 있다. 민가 뒤꼍에는 '밧칠성七星'을, '고庫팡'(대청 옆 마루방, 식량 보관처) 안에는 '안칠성'을 모신다. 이들은 모두 뱀신이며, 부신富神(밧칠성은 집안의 부를 늘려주고, 안칠성은 곡물을 지켜 주는 것으로 믿는다)이다. 밧칠성은 집 뒤의 청결한 곳에 기왓장을 깔아 오곡 종자를 넣되 육도를 제일 위에 놓고, 그 위에 기왓장을 덮은 후 빗물이 스며들지 않게 짚가리를 덮어 놓은 것이며, 안칠성은 고팡 내 쌀독 위에 무명 일곱 자를 접어서 폐백으로 놓을 뿐 달리 형체를 취하지 않는다. 밧할망과 안할망에게는 특별한 날마다 음식을 차려 올렸다가 물린다.

뱀신 칠성의 내력담인 서사무가敍事巫歌 칠성본풀이에 의하면, 귀한 집 외동

딸이 중의 자식을 잉태함으로써 쫓겨났다가 제주도에 이르러 뱀으로 변신하여 일곱 마리의 딸뱀을 낳았는데, 어미뱀은 뒤켠 짚가리 밑으로 들어가 부군칠성(밧칠성)이 되었다. 막내딸은 고팡의 쌀독에 들어가 안칠성이 되었으며, 나머지 딸들 또한 각각 자리를 찾아서 좌정한 것으로 풀이된다. 밧칠성은 본토(육지)의 업과 유사하고, 안칠성 또한 업단지가 곳간에 모셔지기도 하는 본토의 사례처럼 업단지의 지역적 변화의 한 유형이라 할 수 있다.

## 5. 측신厠神, 문신門神, 기타

시골에서는 특히 밤에 뒷간 출입을 할 때 헛기침을 하는 관습이 있는데, 이를 두고 노크knock 대신이라는 그럴듯한 해석을 하기도 한다. 우리는 예전에 뒷간을 될 수 있는 한 안채나 사랑채와 멀리 떨어진 곳에 두려고 하였다. 심지어 바깥채의 뒷간은 대문 밖에 두기도 하였다. 따라서 늦은 밤에 이곳을 드나들 때는 무서움에 움츠러들었고 이 무서움증이 뒷간신 관념으로 굳어졌다. 뒷간신은 변소각시(전남, 경북), 칙간조신(전남), 정낭각시(전남, 경북), 변소장군(경북), 칙시부인 · 칙도부인(제주도)으로 불리는데, 그 이름처럼 '젊은 여성'으로 신경질적이고 변덕스러우며 젊고 화장을 즐긴다는 등의 관념이 남아 조심해야 한다고 여겼다.

반면 제주도에서는 문신을 모셨는데 집안의 재산과 가족의 건강을 지키기 위하여 문에 특별한 사물을 설치하거나 문 앞에서 여러 가지 제의祭儀 행위를 벌였다. 문전본풀이는 제주도 무당굿에서 심방이 문신을 노래하는 서사무가이다. 즉, 문전신門前神은 남편, 조왕은 본처, 일곱 아들은 올래(집 입구)지기 주목신柱木神들이며, 본처를 간계로 죽였다가 아들들에게 살해됐다는 악질 첩이 변소각시라는 등 가택 내 모든 신을 일괄 설명한다. 이들 여러 가신家神들을 간략하게 소개한다.

문전신은 '상방'(마루방)에 위치하는 제일 중요한 가신으로, 위치하는 장소나 성격으로 미루어 본토의 성주와 유사하다. '올래지기'란 큰길에 면한 집 입구의 길, '올래'의 수호신이다. 큰길에 면한 올래 양측에 서너 개의 구멍을 뚫은 '정주목正柱木' 두 개를 세우고, '정살낡'이라는 횡목橫木을 정주목의 뚫린 구멍에 걸쳐 둠으로써 마소〔馬牛〕의 출입을 방지하거나 주인의 부재不在를 표시하는 기능을 하였다. 이 정주목을 지키는 신들이 일곱 아들이다. 이들은 본토의 수문장, '수비'와 같은 잡신 격이다.

'정주목'은 예전에는 나무로도 만들었으나 지금은 돌로 된 경우가 많다. 이 것은 주로 산촌 방목 지대에서 흔하게 볼 수 있어 횡목 정살낡은 주인 부재시 우마가 들어오는 것을 방지하려던 것이 시원이었던 것으로 여겨진다. 근래 제주도는 3다三多(바람, 돌, 여자), 3무三無(도둑, 거지, 대문)를 자랑하는데, 제주도민은 누구나 부지런하고 늘 바빴으므로 본래부터 거지, 도둑, 대문이 필요하지 않았던 것으로 보인다.

흥미로운 것은 문전본풀이의 내용에 따르면 문전신(남선비)의 본처, 즉 조왕할망과 그녀를 죽인 첩妾인 '노일제대'(측신)는 서로 불구대천의 원수인 까닭에 부엌과 변소 사이에는 지푸라기 하나, 부지깽이 하나라도 왕래하면 '동티난다'며 무엇이든 엄금한 사실이다. 아마도 종교의 힘을 빌려 위생관념을 강조했던 것으로 생각된다.

일찍이 프레이저J. G. Frazer는 *Psyche's Task*(1920)에서 원초적 종교관념인 속신, 관습 등으로부터 소유권, 결혼, 인명, 통치권들을 존중하는 사회제도가 발생·전개되어 왔음을 여러 가지 사례를 들어 증명하는 등 속신을 배격하지 않고 변호한 바 있다. 앞으로 이들 신앙관계에 대해서는 연구할 과제가 많겠지만 사회구조, 개인생활 등 포괄적 체계의 한 측면으로서 면밀하고 종합적인 관찰이 필요하다.

# Ⅳ 동제

## 1. 동제의 성격과 기능

한국의 여러 종교현상 중에서 마을 주민의 지연적 단합이나 화목을 도모하는 대표적인 것이 동제洞祭이다. 이것은 혈연중심 제의인 유교제례(차례茶禮, 기제忌祭, 묘제墓祭)와 모든 면에서 상반성을 갖는다.

동제의 역사에 대해서는 뒤에서 자세히 다루겠지만 간략히 살펴보면 동제는 부족국가시대 이후의 유구한 전통으로 일하는 농민의 것이며, 협동성을 다짐하는 것이며, 본질적으로 민주성을 띠는 민중의 축제이다. 이에 비해서 유교제례는 조선시대부터 본격화된 것으로 일(노동)을 하지 않는 양반의 것이며, 혈연 유대를 강화하는 한편 종파성을 띤 것이며, 본질적으로 계급성을 띤 지배층의 치국 이념이기도 했다.

오늘날 동제나 유교제례 모두 근대화 물결로 인해 많이 쇠퇴하였지만 여전히 한국인 대다수에게 유교제례는 고유의 미풍양속인 반면, 동제는 미신이기 때문에 타파해야 할 대상으로 인식하는 듯하다. 예컨대, 1972년 새마을 사업 발족 당시 내무부장관은 먼저 서낭당의 폐쇄를 전국에 지시했다. 그러나 문화 공보부에서는 이미 그 대표 예 몇몇을 문화재로 지정·보존하고 있었다. 이것은 한국 사회가 안고 있는 딜레마dilemma이다. 새마을 사업의 정신이 진정 근면·자조·협동에 있다면, 민족의 뿌리 깊은 전통 속에서 먼저 그런 것을 찾아 그 심지에 불을 지펴 선도·육성해야 할 것이다. 그럼에도 불구하고 정부는 대표 예인 동제를 오히려 타파하려 들었다.

종교민속학宗敎民俗學은 동제든 유교제례든 사회구조, 개인생활들의 전체계적 측면 요소로 연구할 것을 지향하며, 연구 결과로써 서구화 위주의 사회 변동을 한국적으로 이해하고자 함을 목표로 한다. 이 점에 민속학과 종교학의 중간적 학문으로서의 종교민속학의 중요성이 있다 할 것이다. 그러면 동제의 성격과 기능을 구체적으로 살펴본다.

동제당의 명칭은 산제당·산신당(경기, 충청), 서낭당(강원), 당산(전라, 경상), 본향당, 포제단(제주) 등으로 불리며, 제명祭名은 동제, 당제 등이 일반적이다. 단지 지역차일 뿐 근원은 같다.

당 형태는 암석을 신체로 삼는 경우도 가끔 있으나, 압도적 다수는 신목神木이 당이며 곧 신체이다. 그리고 옆에 당 건물을 세움으로써 위패位牌, 신도神圖, 방울, 목신상, 서낭대들이 신체처럼 되고 신목은 잊혀진 예도 있다. 당은 신의 서식처이지 신도 집회소가 아니다. 사제자는 설교나 특정교육, 금욕생활, 특수복장 등을 평소에는 하지 않는 점이 기성 종교와 우선 다르며, 근원적으로 일본 신도神道도 이와 유사하다.[46] 다만, 신도가 더 국가종교화한 것이라 할 수 있다. 이외 굴당窟堂의 예로는 본토에 있는 몇 곳[47]과 제주도에서 7~8개[48]가 보고되었는데, 이것은 『삼국지』 위지 동이전에 보이는 고구려 동맹의 "國東有大穴" 이후의 전통이다.

신격神格은 대체로 여신이 주류인데, 1968년 약 6천 장에 달하는 전국 질문지 집계 결과에 따르면 대략 남신의 2배를 넘는 것으로 나타났다. 여신은 원초이래 풍요다산의 기원대상이다. 보다 구체적으로 인격화된 남신의 예로는 단종端宗(강원도), 임경업林慶業 장군(서해 섬지방), 최영崔瑩 장군(전국), 공민왕恭愍王(전국 각처) 등이 있다.

제일시祭日時는 6천 동 중 30% 정도가 정초에, 40%는 정월 대보름, 나머지 30%는 10월 외 기타의 달에 행해진다. 통계에서 보듯이 대체로 정월 보름(전부 음력 기준)이고 90% 이상이 자정에 지낸다. 이것은 역법曆法이 없던 원초인들도 쉽게 알 수 있는 열두 달 중 첫 만월로서 태음력상으로는 진정한 신년 초에 해당한다. 만월-여신-대지, 이것은 태양-남신-천공에 대한 원초 이후

---

46 S.C. Woodward·Shinto, *The World's Religions*, 1953, 147쪽.

47 李杜鉉, 『韓國假面劇』, 문화재관리국, 1969, 51쪽의 울진군 성류굴의 예 ; 金榮振, 『忠淸北道民俗研究』, 1972, 79쪽에 두 곳의 예가 있다.

48 張籌根, 「韓國神堂形態考」, 『民族文化研究』 제1집, 1964, 197쪽.

의 음성 원리이며, 풍요 원리이다.

제관祭官은 40대 이상 부정不淨(상고喪故, 해산解産 등)이 없는 성실한 남성이 선출되는데, 그는 제전 기간 내내 대문에 왼새끼 금줄을 치고 목욕 재계하여 정결히 지낸다. 이것은 전국 어디서나 마찬가지이다. 물이 상징하는 정화 의 미는 기독교의 세례, 불교의 욕불, 일본 신도의 '미소기禊' 등과 궤를 같이하는 세계 공통 현상임은 이미 밝힌 바 있다.

비용은 전국 6천 동 평균 매호 갹출액이 1968년 기준 50원 내외였다. 물론 현재와는 현저한 차이가 있겠지만 한국 농촌의 연간 공동 종교비용이 50원이 란 믿기 어려운 '구두쇠' 갹출액은 당시 도시 초등학교 학생 1명의 1주일 용돈 정도로 세계적으로 유례가 드문 사례이다. 더욱이 동제답이 있어서 출비를 한 푼도 내지 않는 마을도 있었다. 동제의 역할과 기능은 다음과 같다.

신성神聖 기간   외부인의 출입을 금지시키고, 임신한 부인은 다른 지역으로 보내며, 초상이 나면 일단 동제를 중지하고, 마을 어귀나 신목, 제관의 집에는 모두 금줄 을 친다. 村山智順은 일제시대 조선총독부의 민속조사서인 『部落祭』 결어에서 "제관의 집은 물론 神域이나 집집마다 깨끗이 청소하며, 부락 또한 공동소제를 하 는데, 부락제의 이름으로 위생주간이 이토록 엄격히 준수되는 것은 당국자가 결 코 등한시 못할 일"이라 했다.[49] 이때는 일상생활에서 분산되거나 해이됐던 상호 연대감을 핵심인 동신에게로 소생 또는 집결시켜 일체감을 갖는 신성 기간이다. 그리고 동민 대표인 제관은 신년 첫 출발 순간인 만월하에 경건히 신전에 머리 숙 이며, 오곡풍등과 국태민안을 축원하는 것이다.

통합 기능   마을 주민의 일체감은 祭 후의 음복에서 더 한층 강화된다. 음복은 제물 이 적으면 제관, 유지들만 하는 수도 있으나, 흔히 마을의 모든 남자들이 참가하 여 '반기'를 돌려서 마을 주민들이 나누어 먹는다. 과거에는 지방에 따라 이때 드 물게 고기맛을 보는 즐거운 축제일이기도 했다. 유교제례와 마찬가지로 동제의 음복 또한 신성한 제신의 덕을 이어받는 것이다. 무라야마 지준도 이것을 "동족결 합이 강한 조선에서 姓族을 초월한 친목의 기회"라 보고, "동제에 관심이 많은 부

---

49  村山智順, 『部落祭』, 조선총독부, 1937, 476쪽.

락이 건전한 생활을 유지하는 것도 이 때문이리라"고 하였다.[50]

**정치 기능** 祭 후 음복하고 나서 노역, 상호부조문제, 식목, 품앗이값 등을 논의하는 동회나 대동회도 있고, 의장 선출을 위해 4H 클럽, 청년회, 부인회까지 모두 모이는 마을도 있다. 이것은 옛날부터 지금까지 이를테면 촌락 사회의 정치이며, 이와 같은 제정일치성은 과거로 거슬러 올라갈수록 강했을 것이다.

**축제 기능** 제비 추렴의 乞粒을 비롯하여 특히 호남 지방에서는 농악이 신악으로 우물굿, 십자로의 거리굿 등을 대신하여 동제와 밀접한 관계를 가지고 또한 상쇠 등의 축원도 곁들인다. 농악대에는 흔히 잡색(가면)놀이가 행해지고 또 줄다리기 등의 풍년기원과 여러 가지 놀이나 단합을 위한 행사들도 있었다. 마을 주민 대다수가 참가하는 이른바 합동축제가 바로 동제이다.

**예술적 기능** 농악, 가면놀이 등은 중요한 집단예술 욕구의 표현이다. 대표적인 동제의 하나인 별신굿은 무당굿이나 가면극으로도 발전했고, 경북 하회마을에서는 이미 고려 중엽[51]부터 국보급 가면을 마을 주민의 손으로 제작했다. 강릉단오굿과 가면극, 은산별신굿 등 무형문화재 산출도 마찬가지의 예들이다. 동제든 무당굿이든 민중 예술성이 제일 뛰어난 곳이 호남이고, 다음이 영남이다. 특히 호남의 동제와 농악에서는 주민들이 혼연일체를 이룬다.

## 2. 동제의 역사

기록에 따르면 동제의 초기 모습은 제정일치의 민족축제로 나타난다. 부여에서는 영고迎鼓(정월 거행)를 맞이하여 형벌과 옥사를 중단하고, 죄수의 무리들을 풀어주었다〔斷刑獄 解囚徒〕. 이외 고구려 동맹東盟(10월 거행), 예의 무천儛天(10월 거행), 삼한의 하종후(5월 거행)·농공필후(10월 거행)의 '祭鬼神'이 모두 '國中大會'하여 '連日飲酒歌舞'했거나 '群聚歌舞 晝夜無休'하던 민중의 연중행사이며 농경의례였다.

뒤에서 다루겠지만 고대 신라시대 민중제의는 한낱 민중의 수준에만 머물지 않고 궁중의례로도 승화되었다. 궁성 내 계림은 동제당 형태이고, 박혁거

---

50  村山智順, 앞의 책, 475쪽.
51  李杜鉉, 앞의 책, 1969, 174쪽.

세 즉위일인 '정월 15일'(『삼국사기』)은 오늘날의 동제일이며, 그 조령, 집단수
호신은 오늘날 영남의 골맥이동제신 그것에 해당한다.[52] 즉, 상·하 각 층에 걸
쳐서 국가 종교로 승화되어 가고 있었음을 알 수 있다.

동제의 국가제전성은 불교와 습합 변화하면서 고려시대까지 전승되었다.
송의 사신 서긍은 "10월에 하늘에 제사하고 크게 모이는 것을 동맹이라 했다.
······ 그 후 글안(거란)에서도 책봉 등의 행사 때 역시 이 예를 행했다. 그 10월
동맹의 모임은 지금은 10월 보름날 육류와 생선이 없는 소찬을 갖추고 하는
데, 이것을 팔관재라 부르고 의례가 극히 성대하다. 그 조묘는 나라의 동문 밖
에 있고, 오직 왕의 즉위 때와 3년에 한 번 대제를 지내는데, 왕은 면류관과 서
옥들 복식을 갖추고 친히 제사 지내며 그 나머지 해에는 관속을 나누어 보낸
다"고 했다.[53]

이것은 대단히 중요한 기록이며, 『송사宋史』에도 "나라 동쪽에 굴이 있는데
그것을 세신이라 일컬었다. 항상 10월 보름에 즈음하여 제사하는데, 이것을
팔관재라 했으며 의례가 심히 성대해서 왕과 비빈들이 다락에 오르고 크게 풍
악과 잔치를 베풀었다〔國東有穴 號歲神 常以十月望日 迎祭謂之八關齋 禮儀甚盛 王與妃
嬪登樓 大張樂宴飮〕"라고 기록하고 있다.

팔관회는 신라 진흥왕 33년(572)부터 "전사한 사졸들을 위하여 팔관연을 베
풀고 외사에 모였다〔爲戰死士卒 設八關筵 會於外寺〕"[54]라고 기록되어 있으며, 알
려진 바대로 태조 왕건의 「훈요십조訓要十條」 중 그 여섯 번째 조문에도 "팔관
이란 천령, 5악, 명산대천, 용신들을 섬기는 것〔八關 所以事天靈五嶽 名山大川龍神
也〕"이라 했다.

결국 팔관회는 옛 고구려 동맹의 전통을 계승하여 신라의 전사자 위령제, 토

---

52  張籌根, 앞의 글, 『문화재』 제3호, 1967, 22~43쪽.
53  徐兢, 『宣和奉使高麗圖經』(1124년, 인종 2년) 第十七 祠宇. "以十月祭天 大會名曰東盟······後契丹
    之冊 與立其世子 亦行此禮 其十月東盟之會 今則以其月望日 具素饌 謂之八關齋 禮儀極盛 其祖廟在國
    東門之外 唯王初襲封 與三歲一大祭 則具專服 冕圭親祠之 其餘則 分遣官屬"
54  『三國史記』권 4 진흥왕 33년 겨울 10월 20일 조.

속 자연신제 또 불교색채를 가미했던 종합적인 국가종교적 대제의였다.

뿐만 아니라 서궁의 기록대로 세자 책봉식이나 국왕의 즉위식 또 3년마다의 대제 때도 국왕이 친히 제사 지내고, 비빈이 등루하던 대국가제전이었다. 불교적인 요소만 제외하면 지금도 거행되는 일본 국왕의 즉위식, 대상제大嘗祭와도 유사하다.[55] 일본 궁중의 11월 신상제는 수확제이며 연중행사인데, 국왕 즉위 후 첫 신상제가 곧 대상제이다.

팔관회는 다름 아닌 동맹을 계승한 수확제이며, 국가의 연중행사였다. 이능화는 『조선무속고』에서 "상류여자로 무당이 된 별속을 일컬어 선관이라 했는데, 그들이 팔관회를 주제했다〔上流女爲巫 別俗呼爲仙官……主祭八關〕"라고 했듯이 팔관회는 동맹 이후 불교 등 다양한 외래문화를 섭취한 행사이기도 했다. 특히 불교적 색채를 제외하면 팔관회는 일본의 대상제 바로 그것이다. 3년마다 한 번 대제를 하고, "그 나머지 해에는 관속을 나누어 보낸다〔其餘則分遣官屬〕"라고 하는 것은 신상제와 비슷한데, 일본에서는 이것 또한 왕이 지금껏 친히 주관하고 있다.

어쨌든 동맹은 부족국가 때부터 신라시대를 거쳐 고려 말까지 1,500년 동안 결코 단순한 민간신앙에 머물지 않고, 국가종교이며 민족신앙으로 승화, 전승되었다. 한편 민간에서도 고려시대에 이르러 하회별신굿과 같은 예술성 높은 가면들이 있었다. 이상으로 몇 안되는 자료를 통해 우리는 어렴풋이나마 오늘날 동제의 원류가 조선 이전, 즉 고려 말까지 상하계층을 막론하고 얼마나 폭넓게 전승되고 있었는가를 짐작할 수 있다.

그러나 조선시대 이르러 유교가 치국의 이념으로 도입되면서 각종 민족신앙은 뿌리채 흔들렸다. 『경국대전』 편찬 당시부터 사대부층에서 행하던 성황제를 장벌杖罰로 규제했고, 승려, 무격, 광대들을 8천으로 분류하여 천시했으며, 태조 원년부터 멀리 제주도에까지 향교를 설치하여 중국으로부터 유교 도

---

55　三品彰英,「古代祭政と穀靈信仰」,『三品彰英論文集』제5권, 1973, 205쪽, 221쪽.

입에 열중했다.[56] 민간신앙을 가장 혹심하게 탄압한 일례를 들면, 숙종대 제주 목사 이형상李衡祥은 재임 후 1년 동안 3읍 음사淫祠와 불우佛宇 130여 개소를 불사르고, 무당 400여 명을 귀농시켰다.[57]

이와 같이 조선시대에는 유교 외의 종교, 즉 무속이나 불교 등은 국가적 차원에서 모두 근절시키고자 했다. 그러나 인간의 종교적 욕구 자체를 뿌리뽑을 수는 없었다. 지금껏 각종 민간신앙, 그중에서도 특히 점장이들이 날로 음성적으로 번성하는 것은 위에서 본 현실과 역사에서 비롯되었으며, 결국 유교는 민족종교를 쇠퇴시켰다는 결론을 내릴 수 있다. 그러나 동제 무속들은 민족의 역사와 함께한 만큼 오랜 역사를 가졌고, 민중생활과 밀착되어 있었던 까닭으로 쉽게 사라지지 않았다.

그 후에도 각 지방 자료들을 종합하면, 일제시대 조선총독부의 정치 관리들, 해방 후 좌익계열, 기독교 인사들, 신생활 운동 청년들, 새마을 운동 관리 등 거의 예외없이 미신 타파를 구두선口頭禪으로 삼았다. 그중 조선총독부 촉탁에 의해 식민정책 자료로 우리의 민간신앙을 담당·조사했던 무라야마 지준은 『부락제』 결어에서 ① 일본 신도와의 공통성 ② 고대 모습의 보존 ③ 지방차가 적은 점 ④ 현실적 제재초복성除災招福性 등을 논평하고 나서 ⑤ 민중심성의 개발 ⑥ 으뜸가는 향토 오락성과 한국적 성씨별 분열의 통합기능 ⑦ 심신의 정화 등을 들어 동제를 찬양하고 있다. 그는 이 밖에도 많은 의의가 있으므로 더욱 검토되어야 한다고 주장했다.[58]

광복 후 민속학에 대한 연구는 여러 측면에서 긍정적으로 시도되었다. 그러나 아직도 동제를 제대로 인식하고 평가하려면 조선조 500년 동안 유교적 사고방식으로 일관한 한국인의 기성 관념의 변화가 시급한데, 그러기 위해서는 적지 않은 시일이 필요할 것 같다.

---

56 淡水契 편저, 『增補耽羅志』, 1954, 202쪽.

57 淡水契 편저, 위의 책, 466쪽.

58 村山智順, 앞의 책, 37쪽.

## 3. 유형과 분포

### (1) 제주도의 본향당굿과 포제

국내 여러 지방의 동제 유형 중 그 옛모습과 아울러 역사성을 살펴보기로 한다. 제주도의 무속 개황과 공동당굿, 가정굿의 분류는 이미 〈제5장 II 무속〉에서 기술했다. 그에 따르면 신당으로 신목이 우세하였으나 굴당窟堂 또한 많아 으레 크고 작은 동굴이 촌락 가까이 있으면 대부분 신의 서식처로 여겼다.

흔히 '할망당에 간다'라고 하듯이 여신을 모시는 것이 고구려 동맹의 '大穴'과 '刻木作婦人象'의 고형 보존성을 연상시킨다. 음습한 곳은 귀신의 서식처로 적당하다. 최근 들어 전설이나 관광지로 유명해진 김녕 사굴도 일제 말까지 당이었다. 제주도의 당에는 본향당(마을 전체 수호신당守護神堂), 일뢰당(질병 관리 신당), 여드레당(사신당蛇神堂), 해신당 등이 있지만, 주종은 본향당本鄕堂이다.

본향당굿은 보통 연 1회, 큰당의 경우 연 4회 거행한다. 과세문안(음력 1.14), 영등손맞이(음력 2.14), 마불림제(음력 7.14), 신만곡대제新萬穀大祭(음력 10.14) 등이 그것이다. 마불림제와 신만곡대제는 오늘날 거의 지내지 않는다. 마불림제는 일명 신의청소제神衣淸掃祭라 하는데, 신의에 붙은 곰팡이 따위를 바람에 날리고 볕에 말려 털어내는 제사를 말한다. 이때 사제司祭는 매인심방이 하고, 주로 여성들이 제물을 차려 모이며 제의 준비는 매인심방이나 상단골들이 한다. 상·중·하단골이란 마을 주민들을 성씨에 따라 나눈 것으로, 마을 주민 전체가 교단 신도인 셈이지만 대부분 여성이다.

제순祭順은 청신請神─추(제)물공연─본풀이─축원─점이 기본 형식이며, 개황 분위기에 대해서는 이 장의 〈II 무속〉에서 기술한 것과 유사하다. 다만, 공동제의라는 면에서 지연적 화합성이 두드러지며 더욱이 부녀들의 신전헌무神前獻舞는 화평하고 즐거우며 경건하였다. 한편, 본향당굿을 할 때는 당신堂神의 내력담을 구송하는 신화인 '본풀이'가 따르는데, 이에 대해서는 〈제8장 구비문학〉에서 다루기로 한다.

이와 달리 포제酺祭는 여성 위주의 당굿에 대응하여 엄격히 여성을 배제하는 남성들만의 제의이다. 마을에 따라서는 대리석으로 된 포제단을 비롯하여 제관 근신謹愼 합숙건물까지 마련하기도 하지만, 대체로 마을 뒤 동산을 일정 제의처로 마련하여 포제단 또는 포제동산이라 부른다. 포제는 대개 연 1회 정월 초에 정일丁日이나 해일亥日에 거행한다.

제관으로는 삼헌관을 비롯하여 집사, 축관, 전사관, 집례 등 10여 명을 선정하고, 제물은 도량서직稻粱黍稷에 돼지 통째 한 마리와 술·과실·포에 이르기까지 서울 성균관에서 행하는 춘추석전 못지 않으며, 전국 어느 동제에서도 유례를 찾을 수 없을 정도로 엄숙하다. 제신祭神은 '酺神之位', '土地之神位'라고 쓴 지방이고, 신격은 생명이나 생업을 수호하는 신이다. 유교의 합리성에 영향을 받아 어떤 종류의 본풀이도 없으므로 따라서 개성이 없다.

조선 초까지만 해도 "봄·가을에 남녀의 무리가 광양당, 차귀당에 모여서 술과 고기를 갖추고 제사지낸다〔於春秋 男女群聚 廣壤堂 遮歸堂 具酒肉祭〕"[59]라고 했듯이 남녀가 함께 제사지냈으나 오늘날에는 그렇지 않다. 이는 "남녀7세부동석"을 내세우던 유교 윤리와 조선 초부터 행한 향교 문묘제文廟祭의 영향이 크다. 이에 따라 당굿도 유교식 분파가 생겼고, 남성들은 어려운 한자 축문을 낭송하며, 여성들은 당굿에서 춤이나 추는 남존여비 현상도 생겼다.

그러나 어디까지나 민족 정통 종교의 계승자는 여성들이었고, 관官 주도의 미신타파 운동으로 당굿 거행이 현실적으로 많은 제약을 받았음에도 불구하고, 잠수회(해녀조합)의 중년 노파들은 굴하지 않고 '영등굿'을 강행했다. 심해 작업에서 오는 공포감, 특히 여성으로서 신앙 없이 그 고달프고 거친 생활을 헤쳐 나가는 것은 어려웠을 것이다.

이 점에서 제주도의 당굿은 전국 어디서도 볼 수 없는 여성 중심의 동제와 굿으로만 보존되는 고형의 학술가치가 있다. 또 한편으로는 제주도 여성들 나름의 사회적 존재성을 엿볼 수 있다. 1950년대까지 여성 위주였던 당굿은 오

---

59 『동국여지승람』 제주목 풍속조.

늘날에 이르러서는 마을 공동제로 변화하여 남성들이 참가하는 비율이 점차 높아지고 있다.

## (2) 영남의 골맥이 동제신

영남 일대에는 흔히 '골맥이'라는 동제신洞祭神의 명칭이 전승한다. 이것은 '고을'(동, 읍, 군), '막'(방防防), '이'(명사형 어미)의 복합명사이며, '맥이'는 '막이'의 'ㅣ'모음역행동화로 보인다. 골맥이에는 성씨가 붙어서 골맥이 김씨할배니, 이씨할매니 한다. 이때 김씨할배는 그 마을에 최초로 정착한 시조신, 마을 창건신, 수호신으로 여겨진다. 즉, '할배'란 조부祖父가 아니라 '조상祖上'을 말한다.

골맥이 동제신도 신목에 내재하는 것으로 여겨지며 일반 신당과 같다. 이 지역 동제에서는 김씨골맥이면 김씨 문중에서 제향계祭享禊와 동제를 주도하는 경향이 있다. 1968년 경남·북, 강원도의 동제당 조사서 3천여 매를 회수한 결과 신명 기입란에 '골맥이'로 기입된 것만 740여 건에 달했고, 성별은 남신 93건, 여신 226건, 미상 421건으로 여신이 남신보다 2.4배 더 많았다. 즉 그 주류는 풍요 다산을 상징하는 지모신 신앙이었다.

동제일은 70~80%가 음력 정월 15일이고, 때로 10월 택일 예가 있었다. 골맥이 분포는 경남 331건, 경북 398건, 강원 11건이나 군 단위로 보면 성주, 봉화, 창녕 같은 내륙의 군은 1~2건에 불과하고, 동쪽 해안 지방에 이르면 울주 115건, 영일 93건, 영덕 102건, 동래 56건으로 주로 동남 해안 지방에 밀집되어 있다.

유사한 현상이 일본 교토京都 북방 와카사若狹 지방 민속조사보고서에도 보인다. 개척조령開拓祖靈을 신목에 제사하며, 각기 동족 집단이 계禊와 제祭를 주도하는 등 핵심 요소들이 흡사하다. 이것은 원래 구가舊家, 종가宗家의 조령을 제사하던 것이 지연적인 동신洞神으로 변화된 것이며, 결코 이들 지방뿐만 아니라 일본 여러 지방에 널리 공통하는 기반 위에 선 고형이라고 한다.[60] 두

---

60 直江廣治,「ニソの杜' 信仰とその基盤」,『若狹の民俗』, 1966, 198~211쪽.

나라의 흡사한 이 고형 자료들은 광범한 민중 차원의 고대문화를 비교 연구하는 데 중요한 자료이다.

그런데 박혁거세나 김알지도 이를테면 박씨족, 김씨족 집단의 골맥이였다 할 수 있다. 그들은 각 집단의 시조신이고, 창건신이며, 수호신이다. 박혁거세 즉위일은 『삼국사기』에 따르면 "4월 병진(혹자는 정월 15일)에 즉위하고 거서 간이라 일컬었다〔四月丙辰(一日正月十五日) 卽位 號居西干〕"라고 했듯이 현재의 동제일과 합치한다. 김알지 탄생처인 계림은 동제당洞祭堂과 같은 형태로 궁성 내 위치하였다. 황금궤는 조상단지 종류의 신화적 미화나 왕가적 고급품이라 할 수 있다.[61]

동맹의 국가제전 승격례와 같이 골맥이도 민중 차원에서 국가제전성을 띤 또 하나의 승격례로 볼 수 있다. 이 장의 〈II 무속〉을 보면 경상도의 별신굿들 도 대부분 몇 년마다 행하던 골맥이 동제당의 특별 신사였고, 유명한 하회별신 굿의 하회마을 상당신도 골맥이 김씨할매였다. 하회의 동제일은 1963년 조사 때만 해도 연 2회, 4월 초파일과 정월 15일이었다.

학자에 따라서는 '4월 병진'이 어쩌면 불탄일佛誕日(음력 4월 8일)로 이는 후에 불교의 영향을 받은 결과이며 또 동제일이 된 것이 아닌가 추측했다.[62] 그에 부합되는 확증 자료로서 하회마을의 연 2회 제일이 4월 초파일과 정월 15일로 곧 박혁거세의 즉위일과 합치됨을 들고 있다. 그러나 그 후 1973년부터 연 1 회(정월 15일)만 지낸다는 것이었다.

(3) 호남의 당산제

구체적인 일례로서 무안군 해제면 만풍리 진목마을의 1968년 상황을 소개한다. 진목마을에는 옛날 12당산이 있었으나 지금은 할아버지당산(500여 년 된 쪽나무 고목), 할머니당산(모정 옆의 팽나무 거목) 또 하나 작은마누라인 할머니당산(팽나무 거목), 장자당산(팽나무 거목)이 마을 서쪽에 있다. 제일시는 정

---

61 張籌根, 앞의 글, 『문화재』 제3호.
62 李在秀, 「朴赫居世傳說論考」, 『高秉幹博士頌壽紀念論叢』, 1960, 28쪽.

월 15일 새벽이고, 제관은 4명이 12일경에 선출되며, 이들은 3일간 목욕 재계한다.

20~30년 전만 하더라도 14일 저녁에 줄다리기를 해서 줄이 끊어지도록 하고 할아버지 당산목에 감았다. 줄은 암줄, 수줄로 고리가 없는 외줄로서 지름 30cm 내외, 길이 500m 내외의 것을 마을 주민이 총출동해서 남·여로 나뉘어 당겼다. 여자 편이 이겨야 시절이 좋다 해서 할 수 없이 남자 편이 패하기도 하는데, 워낙 "아낙들이 이기도록 해봉께" 졌다며 노인들은 너스레를 떤다. 이 경우처럼 줄을 당산목에 감았다는 사례가 여기저기서 흔하게 발견되며, 비록 오늘날 줄다리기는 하지 않더라도 줄을 감는 전통은 계속되고 있다.

줄다리기는 마을 주민 전체의 합심 단결의 상징이고, 즐거운 놀이이다. 가장 중요한 의의는 풍요기원이요, 예점이니 그 줄을 당산목에 감고 제사하는 것은 풍년기원의 효과를 배가하자는 염원의 반영이다. 그리고 당겨서 줄이 끊어지면 넘어지며 재미있어 한 것은 『동국여지승람』에 전하는 제주도 지방의 줄다리기인 '조리희照里戲'[63]를 연상시킨다.

제차祭次는 할아버지당산에만 제관들이 설상設床, 헌잔獻盞, 독축讀祝, 음복飮福으로 일단락 짓고, 아침 식사 후 9시경부터 연 1회 마을 전체 회의를 한다. 청년회·부인회 대표들도 모이고, 임기 1년을 보낸 의장, 총무, 회계들이 나와서 동제의 결산보고, 품앗이 샀돈, 차용 이자 등 지난 1년간 진행 사항이나 앞으로의 일 등 그때그때 일들을 의논한다. 옛모습 그대로의 제정일치성을 보여주나 진목 마을은 진행 방식이 다분히 현대화되어 있다. 끝나면 점심 때 준비했던 제물 '반기'를 집집마다 돌려 서로 나누어 먹는다.

이어서 걸궁(농악)과 샘굿을 하는데, 사당과 샘(공동 우물)을 차례로 돌아다닌다. 1분쯤 농악을 치고 절을 한 번씩 한 곳에서 3회 되풀이하되, 샘에서는 특히 물이 잘 나오라는 의미에서 억세게 친다. 이때 걸궁패 뒤에는 양반, 각시,

---

63 『동국여지승람』 제주목 풍속조. "每歲八月十五日 男女聚集歌舞 分作左右隊 曳大索兩端 以決勝負, 若索中絕 兩隊仆地則 觀者大笑 此爲照里之戲"

포수, 창부 등 광대들이 가면을 쓰고, 소도구를 들고 분장하여 따르며, 그 뒤에 군중 백여 명이 따른다. 당산과 샘을 다 돌면 살림이 넉넉한 집을 찾아다니며 매구를 치는데, 이는 추진위원들이 사전에 그 집과 교섭하여 통고를 한다. 매구치기는 며칠간 계속된다. 이처럼 호남의 당산제는 당제와 농악이 혼합된 모습을 보이는데, 농악이 곧 신악神樂이고 제의일 수도 있다. 또 단순한 농악놀이일지라도 당산목에서 먼저 한바탕 판을 벌이는 일이 흔하다. 이것은 축원무악인 제의가 예술로 전환하는 전형을 가장 소박하게 보여 주는 좋은 예라고 할 수 있고, 특히 호남 지방의 특색인 민중의 강한 예술성이기도 하다.

### (4) 강원도의 서낭제

산촌형 서낭제의 대표적인 모습이 전해 오는 삼척군 도계읍 신리를 예로 들어 설명하기로 한다. 신리는 평지의 한 면面보다 좁지 않은 면적으로 사방 1,000여 m에 이르는 고산으로 둘러싸여 있고, 지난 1970년대 초만 하더라도 1km마다 띄엄띄엄 한두 집씩 발견되는 총 102호, 717명의 주민이 흩어져 살며, 병원, 약국, 전기, 이발소조차 없던 산골마을이었다. 우리나라에는 이런 유의 섬마을이나 산촌이 많다. 또, 신리는 강원도 면적의 대부분을 차지하는 산악 지대 산촌의 대표적인 유형이기도 하다. 신리에는 집집마다 서낭이 있는가 하면 6개 반마다 반서낭이 있고, 마을 전체의 도서낭도 있다. 도서낭제는 신리의 최대 행사이다.

도서낭신은 남신이다. 제일시는 정월 14일 밤이자 15일 새벽인데, 제관으로는 이장이 헌관이 되고, 반장들이 참가하기도 하는데 부정시에는 스스로 빠진다. 축원자로는 '복재' 3명이 나와서 백여 매의 소지燒紙를 올리며 축원한다. '복재'는 '복자卜者'의 와음으로, 산촌에서 점복, 무의, 사제자 역役을 하는 사람들인데 신리에만 6명이나 있을 정도로 삼척군 일대에는 흔한 중년 이상의 남자 농군들이다.

그리고 생기복덕이 맞는 이를 당주로 선정해서 제물을 장만하게 한다. 제비祭費는 1회 1만원 내외인데, 집집마다 갹출하지 않고 130평에 이르는 동서낭

답으로부터 거두어들이는 수입과 기금으로 마련한다. 때로는 정리하여 이자를 놓기도 한다. 1973년의 경우 4천원 정도에 달했다. 제물은 예나 지금이나 돼지머리, 메밥, 술, 과실, 포 등이다. 헌잔 후에는 마을의 평안, 풍농을 위해서 도소지를 올리는데, 제관들 소지와 집집마다의 소지를 고령자 순으로 호주의 생년월일을 백지에 써서 '복재'가 올린다.

15일 아침에는 남자들만 100여 명이 회동해서 음복하며, 서낭제에 대한 회의를 한다. 반별 서낭제도 생기를 맞춰서 당주를 선정하면, 그가 제관이 되고 음식을 차려서 제사지낸다. 도서낭을 반서낭보다 먼저 제사하는 것이 보통이지만 구애되지 않고 편의대로 지낸다. 서낭제 뒤에는 2~3일 동안 농악놀이를 한다.

농악대는 반별로 있고, 먼저 서낭에 와서 한바탕 벌이고 집집마다 돌면서 돈쌀을 걸립하며 술과 식사를 대접받는다. 마칠 때도 일단 서낭 앞에 와서 한바탕 벌인 후 끝낸다. 반서낭은 골짜기마다 한두 채씩 흩어져 있는 산촌 농가들의 구심점이며, 도서낭은 신리 전체의 핵역할을 해서 연 1회나마 주민 상호간의 지연적인 집단의식을 강화한다.

(5) 서울의 부군당제

우리나라 최대 도시인 서울시에도 여전히 100여 개소의 동제당이 있다는 사실은 전통의 뿌리가 그만큼 강하다는 것과 민속과 민중의 밀착도를 웅변으로 증명해준다. 서울의 동제당은 바탕이 서울이니만큼 많은 특징을 지니는데, 요약하면 다음과 같다. ① 명칭에 '부군당府君堂'이 많으니, 이는 옛날 관부 내 두었던 사당명에서 비롯된 것이다. ② 조선 태조 이성계李成桂, 김유신金庾信, 남이南怡, 고려 태조 왕건王建, 최영崔瑩, 단군檀君, 공명孔明, 관우關羽 등 역사적 인물에서 비롯된 당신이 많다. ③ 10평, 20평씩 당건물들이 커지는 반면, 신목의 수는 아주 적어진다. ④ 의무적으로 갹출해야 하는 호수도 많고, 갹출액도 높아지며, 상점, 공장, 국회의원들이 있으니 거두는 제비도 많아진다. ⑤ 제일시는 10월 택일이며, 주로 아침에 지낸다. ⑥ 목욕 재계는 공중목욕탕 이용이 일반적이고, 도당굿은 오락유흥면이 강하다. 이상은 여러 가지로 동제가 도회화하는 변화 방향을 제시하는 것이라고 할 수 있다.

한 예로 동·서빙고동이나 보광동 등 한강변의 많은 당제들을 보면 경로당 노인들이 앞장서서 제비 추렴을 하되, 신입 주민이나 기독교 신자가 있는 가정을 제외한 토박이 가정에서 100~200원 내외, 공장, 상점, 유지들로부터 1,000~2,000원씩 거둔다. 제물을 차려서 추렴을 낸 가정들에는 반기를 돌리며, 추렴이 10만 원 미만이면 노인 제관들의 유교식 제의로 국가 태평, 군경무고, 마을의 평안, 양재초복 기원 등으로 끝내며, 10만 원 이상일 때에는 무녀를 불러서 도당굿을 하기도 한다.

본래 서울굿이 유흥적인 데다 도회지 노인들이라 무녀와 어울려서 별비로 내는 지폐를 치켜 들고 춤추며 즐기는 장면이 지방에 비해서 훨씬 두드러지며, 농촌 청년들의 활기 넘치는 농악의 맛과는 거리가 멀다. 무녀는 댄서이며, 잡이들은 밴드이고, 별비는 팁인 셈이다. 어두운 데서 남녀가 껴안고 도는 서양 춤에 비하면 기능, 비용, 분위기 면에서 그나마 더할 나위 없이 소박하고 건전하며, 흥이 느껴지는 한국적인 것이다.

역사성을 느끼게 하는 것으로 서빙고동 부군당 중수기 현판에 보면 "崇禎紀元 上之十三年乙亥"라는 기년이 중수 비용 출자자들 명단과 같이 새겨져 있다. 이는 중수 시기가 인조 13년(1635)으로 적어도 그 시원이 400년 이상 되었다는 증거이다. 이어서 200년 전, 70년 전, 40년 전, 20년 전 중수기 현판들도 잘 보관되어 있어서 조선 태조 이성계 내외분 신도와 아울러 부군당제는 서울시 민속자료(제2호)로 지정 보존하고 있다.

(6) 장승과 솟대

장승은 벽사신, 이정표, 경계표 등의 기능을 가진다. 무서운 얼굴로 마을 어귀에 버티고 서서 잡귀의 침입을 막는 벽사신으로서의 장승은, 마을 수호신의 하위신으로 흔히 동제 전후에 동신과 같이 모셔진다. 동체 하부에 흔히 "서울 오십리, 부산육십리"로 표시하여 이정표 구실을 하기도 했는데, 지금은 서울

100km, 부산 100km 등으로 표시된 도로표지판이 그 역할을 대신하고 있다.

손진태孫晉泰는 1931년 당시 63세 노인담을 근거로 "장승과 솟대는 군의 경계에는 반드시 세워지던 것"이라고 보고[64]했거니와, 아키바 다카시秋葉隆도 동작동, 사당동 등 서울 근교의 장승 사진들을 기록으로 남겨서[65] 그것이 아주 흔했던 것임을 알려 주고 있다. 경계표로서의 장승은 사찰의 예에서 더 뚜렷해진다. 많은 경우 주위 사방에 10여 개씩 세워 그 이내는 사찰영유지로서 땔감용 나무나 사냥, 고기잡이 등을 할 수 없다는 살생 금지표 역할을 했다.[66]

그런데 장승과 솟대는 언제나 이러한 기능을 모두 구비하지는 않으며, 항상 나란히 서 있지도 않았다. 명칭도 남부 지방에서는 '벅수'라 하여 '장승'이라 말하면 모른다. 장승은 쌍으로도 있고, '독獨벅수'도 있다. 장승과 솟대가 각각 세워지기도 하며, 주재료는 석제나 목제이다. 목제는 썩으니 해마다 새로 깎아서 동제 때 같이 세우기 때문에 양측에 5~6개씩 무리를 이루기도 한다.

사찰의 경우 이제는 썩어 넘어져도 세우지 않는다. 이것은 민속조각품이지만 그 제작 자세는 이른바 '무계획의 계획이요, 무기교의 기교'라 할 수 있다. 깎는 이는 깎고, 쓰는 이는 쓰고, 한 쌍이든 두 쌍이든 그리는 이는 또한 그리기만 할 뿐으로, 결코 개인 창작이 아니라 마을 주민의 합작품이다. 조각상은 잡귀도 질겁할 무서운 얼굴로 그려야 한다는 통념이 있지만, 농민의 마음은 유순하여 눈을 부라리는 모습이어도 푸순한 조각품이다.

그 밑둥을 땅 속에 묻어 세우면 예전에 세운 것과 같이 삼등신 정도로 되어 조화를 이루며, 그런 대로 벽사신으로서 기능하는 것으로 여겨진다. 여기에 장승의 소박미가 엿보이며, 제주도의 돌하루방도 이와 마찬가지이다. 바로 이 점에서 개성이 고도로 발달된 현대 조각가의 작품에서는 도저히 찾아볼 수 없는 고유의 맛이 있다.

---

64  孫晉泰, 「蘇塗考」, 『朝鮮民族文化의 研究』, 을유문화사, 1948, 213쪽.

65  秋葉隆, 「朝鮮의 民俗에 就하여」, 『朝鮮文化의 研究』, 1937, 34쪽, 38쪽.

66  孫晉泰, 위의 글, 위의 책, 228쪽.

그림 5-6. 경기도 광주군 엄미리 장승제

 장승과 솟대는 흔히 짝을 이루어 세워지는데, 퉁구스족, 핀족, 몽골족 등 북반구의 미개 민족들 사이에도 존재한다. 또 몽골의 '오보(악박鄂博)'는 바로 우리의 돌무더기 서낭당과 같은 기능, 같은 형태이며, 여기 걸리는 폐백도 같다.

 다만, 오보 축제 때 그려지는 '히모리xi-mori'는 그들 기마 민족의 이상이요, 신앙의 대상[67]이기는 하나 그 발상에서나 그림 모양으로 미루어 경주 155호 고분(천마총)에서 출토된 '천마도'와 비슷하다. xi-mori는 '천마'의 뜻이고, mori- 몰이(말을 의미하는 옛말)와 언어상 공통성도 있으며, 또한 '한 흰말이……길게 울고 상천〔有一白馬……長嘶上天〕'했다는 박혁거세 탄생신화에도 그대로 투영되어 있다.

 우리나라 역사에서 솟대는 이미 청동기시대(기원전 1000~300) 의기儀器에 새겨져 나타난다. 또 『삼국지』 위지 동이전의 "소도를 세우는 데 대목을 세우고 방울과 북을 매달음으로써 귀신을 섬긴다〔立蘇塗 建大木 以懸鈴鼓 事鬼神〕"는

---

 67 秋葉隆, 앞의 글, 앞의 책, 1937, 50쪽.

기록에서 '소도蘇塗'는 바로 '솟대'의 한자 표기일 수 있다는 의견도 있었다. 속칭 '솟대', '수守살대', '거릿대' 등으로 불리는 솟대는 퉁구스계나 한국에서는 흔히 '오리'로 여기며, 이것은 고고 출토품 중 동물형 토기로는 오리가 압도적으로 많은 것과 깊은 관련이 있다.

장승은 아직 고고학적 출토자료는 없으나 문헌상에는 이미 신라 경덕왕 18년(759)에 왕명으로 세워진 기록이 보인다. 전남 장흥군의 보림사 보조선사普照禪師 영탑비명靈塔碑銘에 "건원 2년 특교식 장생표주乾元二年 特教植長生標柱"가 그것이며,[68] 이는 통도사 국장생國長生의 사각석주四角石柱 등과 같은 유형으로 여겨진다. 어쨌든 처음에는 사찰의 영지를 표시하기 위해 세웠던 장승은 점차 민간의 장승과 습합해서 오늘날 사찰 어귀에서 흔히 볼 수 있는 장승의 원류를 이룬 듯하다.

솟대는 일본 오사카大阪에서 도작(벼농사) 문화로 대표되는 야요이彌生시대(기원전 3세기~기원후 3세기) 유물로도 출토된 적이 있다. 모양이 한국 솟대의 새와 똑같아 벼농사와 같이 한국에서 건너갔을 것으로 추정된다. 이것은 또 일본 신도神道의 상징인 '도리이鳥居'의 원류일 수 있다는 의문 제기를 가능하게 한다. 도리이의 형성에 대해서는 일본 학계에서도 의견이 분분한데, 최근에는 타이, 미얀마, 크메르의 오지 촌락에서 ㄇ자형 나무문을 마을 어귀에 세워 위에 나무로 만든 새를 얹고, 좌우에 원형 목신상들을 세운 사례들을 촬영 보고하고, 도리이의 조형祖型이라고 한 학자도 있다.[69]

오늘날 도리이鳥居에는 새가 없는데도 "새가 있는(도리이鳥居)"것이라는 이름, 경계 표시, 돌을 던져서 올려 놓으면 재수가 좋다고 하는 관습 그리고 이중 횡목 하단에 굵은 왼새끼 금줄이 첨부되는 따위는 솟대의 새, 돌무더기 서낭당에 돌을 던지고 가는 우리 옛 풍습, 액막이·신성구역 표시로 치는 금줄의 관습들과 고루 겹쳐서 널리 부합된다. 일본은 고대 민간신앙이 국가종교로 승

<hr>

68 『朝鮮金石總覽』, 조선총독부, 1919, 63쪽.
69 岩田慶治, 『日本文化の故郷』, 1967, 82쪽.

화하면서 많은 변화·발전을 거듭한 나라이고, 우리는 미신으로 억압되어 고형古型을 그대로 보존한 형편임을 감안할 때, 이것은 하나의 가설로서 충분히 제기될 수 있을 것으로 여겨진다.

# 제6장 세시풍속

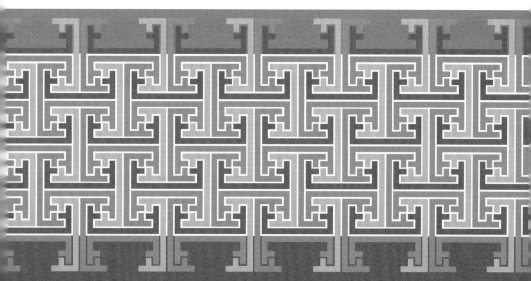

# I 세시풍속의 의의

세시풍속歲時風俗은 해마다 일정한 시기가 되면 관습적으로 되풀이하여 행하는 특수한 생활행위, 즉 주기전승週期傳承의 의례적인 행위를 가리킨다. 요즈음은 흔히 연중행사라고 부르지만 예로부터 세시歲時, 세사歲事 또는 월령月令, 시령時令이라고 하여 특히 그 시계성時季性을 강조했다. 세시풍속일은 절일節日, 즉 명절로서 연간 생활 과정에 리듬을 주어 다음 단계로 넘어가는 데 박차를 가하는, 말하자면 생활의 악센트 같은 역할을 하였다.

사계절의 변화가 비교적 뚜렷한 우리나라는 대체로 계절에 따라 명절의 행사 내용이 결정되었으며, 또한 월령에 의하여 달마다의 행사로 세분되었다. 월령은 예로부터 농업(그 이전에는 수렵·채집) 생산활동과 밀접한 관계가 있었다. 그렇기 때문에 명절 행사는 농작의 개시, 파종, 제초, 수확, 저장 등 생산활동의 계절에 따른 변화를 나타내는 것이 대부분이다. 이러한 점은 우리나라의 농경 생활, 특히 고도의 기술을 요하는 수도水稻 재배에서 찾아볼 수 있다.

역서曆書가 없던 시절에는 자연력自然曆이 생산력生産曆을 규제하고, 그 생산력에 따라 연중행사가 정해졌다. 『삼국지』 위지 왜인전倭人傳에 "그 풍속은 정세사시正歲四時를 모르고, 다만 춘경추수春耕秋收로써 연기年紀를 안다"라는 구절이 있다. 연중행사는 인간의 단조로운 생활 과정에 리듬을 주는 동시에 질서를 주었다. 그 질서는 인간의 일종의 생활기술이 되며, 문화유산으로서 전대로부터 후대로 전승되었다.

봄이 시작되는 때 그해의 풍년을 기원하고, 가을의 수확 때 이것을 감사하는 것은 인간의 자연스런 심정이다. 농업 기술력이 유치할수록 생산이 풍토에 크게 좌우되므로 연중행사는 주술적 의례의 성격이 짙었다. 우리나라에서도 연중행사는 꽤 오래전부터 있었는데, 『삼국지』 위지 동이전에 보이는 부여의 영고, 예의 무천, 고구려의 동맹, 삼한의 춘추농경의례 등이 그것이다. 이같이 우리나라 세시풍속은 주로 생산력에 따른 행사와 신앙의례 행사 위주였다.

그러나 인간의 기술이 고도로 발달됨에 따라 생활의 리듬이 시계성에 제약을 받기보다는 오히려 인간의 자율에 좌우되면서 점차 자연력에 대한 의존도는 약화되었다. 또 교육의 보급과 함께 달력이 일반에 널리 사용됨으로써 재래의 문화유산인 세시풍속의 전승도 변화하거나 점차 희미해지고 있다. 그러므로 이러한 전통적인 세시풍속의 변화는 우리나라 민속사회folk society의 구조적인 변동과 함께 문화변용의 문제로서 보다 넓은 시야에서 고찰되어야 한다.

대체로 전통문화를 연구할 때 면밀한 민속지적民俗誌的 자료의 수집과 검토가 심리 테스트나 통계 방법보다 앞서 이루어지는 작업이므로, 이 점에서 세시풍속 연구자료는 그 가치가 크다고 할 것이다.

# II 역법과 세시풍속

세시풍속을 연구할 때 우선 문제되는 것은 역법과 세시풍속의 관계이다. 오랜 체험 속에서 얻어진 자연력은 곧 생산력과 직결되는 것이기도 하지만 그 가늠이 된 자연현상은 필연적으로 고유신앙과 결부된 것도 많았다.

풍년이 들면 흔히 "세월이 좋다"라든가 "시절이 좋다"라는 말로 표현하고 또 "눈이 많이 내리면 풍년이 든다"라고도 한다. 이 밖에도 꽃이나 새, 달, 별 등 자연과 결부하여 표현하는 많은 예를 들 수 있다. 서유구徐有榘의 『임원십육지林園十六志』 위선지魏鮮志 후세조候歲條에는 자연현상과 관련 있는 여러 가지 점법占法이 소개되어 있다. 그러나 우리나라의 경우 자연력에서 더 나아가 독자적으로 진화된 역법(문자력文字曆)을 갖기 전에 이미 대륙으로부터 전래된 외래력을 수용하여 일찍부터 그 영향하에 있었던 것이 사실이다. 우리나라 역법은 1895년(고종 32) 태양력太陽曆을 채용하기 전까지 태음력太陰曆을 사용하였다. 특히 농어촌에서는 조석의 간만과 일치하고 계절감에도 맞아 모든 세시풍속은 아직까지도 음력을 중심으로 하여 지켜지고 있다.

지난 1969년 문화공보부가 조사한 「생활문화실태조사보고서生活文化實態調査報告書」에 의하면 당시 농·어·산촌에서는 대부분 음력과세를 하는 것으로 나타났다. 통계상으로도 각각 120호를 대상으로 한 표본 조사에서 농촌은 4호만이, 어촌은 1호만이, 산촌은 3호만이 양력과세를 한다고 하였다.

예로부터 1일을 '하루해'라고 하여 하늘의 해를 기준으로 하였고, 1개월은 하늘의 달이 차고 기우는 주기로서 '한 달'을 가늠했다. 원시적인 자연력일수록 달의 삭망朔望(음력 초하루와 보름)과 상하현上下弦을 가늠하여 세시풍속이 이루어졌다. 특히 대부분의 동제(부락제)가 한 해의 시작인 정월 가장 인상이 강한 대보름(만월일)이나 달의 초견일初見日인 초하루(삭일) 그리고 상현인 7~8일과 하현인 23~24일에 거행되었다. 음력으로는 날짜가 그대로 달의 상·하현 또는 만월의 월령을 나타내는 것임은 물론이다. 『동국세시기東國歲時記』(조선 헌종 15년 1849년 씌어진 것으로 추정) 정월조에 보면 삼패일三敗日, 즉 "5일, 14일, 23일을 삼패일이라 한다. 매달 이날에는 모든 일을 꺼려서 행동을 삼가고 외출도 마땅히 하지 않았다"라고 하였는데, 이것은 월력과 관련된 금기禁忌와 근신謹愼을 말한 것으로 생각된다.

고대의 역법에서는 만월을 제1일로 삼았고 정월 첫 만월의 밤을 한 해 경계로 삼았던 것으로 생각된다. 그래서 대부분의 동제가 14일 밤 준비하여 자정, 즉 대보름날 오전 0시 초각경初刻頃에 거행되었다. 『동국세시기』에 보면 보름날 행사의 하나로 "이날 온 집안에 등불을 켜 놓고 밤을 새운다. 마치 섣달 그믐날 밤 수세守歲하는 예와 같다"라고 하였다. 또, "16일은 시골 풍속에 대체로 활동하지 아니하고, 나무로 만든 물건을 받아들이지 않아 기일忌日로 여긴다"라고 하였는데, 정초와 마찬가지로 15일과 16일이 금기와 근신에 해당하는 날이었음을 말한 유습으로 생각된다. 또 같은 책에 "상현일과 하현일을 조금날이라 한다. 매달 민가民家에서 꺼리는 일이 있을 때는 반드시 이날이 지나서야 서로 내왕하고, 꺼리는 사람과도 이날이 지나서야 만난다"라고 하였다. 이것은 말하자면 만월력에 의하여 일상생활을 규제하던 고대의 유습으로 생각된다.

우리나라의 대표적인 명절은 정월 원일元日, 입춘, 상원, 2월 삭일, 3월 삼일, 한식, 4월 8일, 5월 단오, 6월 유두, 삼복, 7월 칠석, 8월 추석, 9월 9일, 10월 말날, 11월 동지, 12월 납향, 제석 등이다. 이 중에서 원단元旦과 입춘처럼 절기의 기점이나 3월 3일, 5월 5일, 7월 7일, 9월 9일과 같은 중일重日과, 기타 상해上亥 상자일上子日, 묘일卯日 사일巳日 행사 등 간지干支와 음양사상陰陽思想에 의하여 정착된 것으로 보여지는 절일들은 대륙문화, 특히 중국문화의 영향으로 생각할 수 있고, 4월 8일은 분명히 불교문화로부터 받아들인 것이다.

이와 같이 간지일이나 중국적 절일 등이 수용되는 과정에서 우리 고유의 세시풍속일이 어떤 작용을 하였는가가 문제이다. 가령 8월 추석은 가장 우리나라다운 절일로 지금도 남한에서는 중요한 명절이다. 이에 비해 북한에서는 단오가 보다 즐거운 명절로 보여지는데, 이는 지역에 따른 기후와 농작 등 고유한 차이에서 비롯된 듯하다. 또한 근래 크리스마스 등 서양 명절의 수용도 이러한 맥락에서 주목할 문제이다.

이처럼 역법과 세시풍속의 관계를 이해하기 위해서는 자연력과 생산력 그리고 문자력과의 관련성이나 고유한 세시풍속과 외래 풍속의 비교 연구 등 많은 과제가 남아 있다.

# Ⅲ 동절의 세시풍속

## 1. 설날

세시일은 평소의 일손을 놓고 특별한 전승 행사를 하는 날이다. 즉 근신하고 금기를 지키도록 애쓰며 신성한 제사에 참가하는 날이다. 그러한 신앙행사, 즉 의례는 크게 개인을 위한 벽사진경辟邪進慶의 행사, 각 가정을 위한 안택安宅 행사, 나아가 마을 전체의 안과태평安過太平이나 기년祈年을 위한 동제, 특히 풍년을 원하는 각종 예축豫祝과 연점행사年占行事 등 촌락 공동체 행사와 관官

에서 행하는 공공행사로 나눌 수 있다.

설날은 평일은 물론 여러 명절 중에서도 으뜸으로 한 해의 첫날이며, 달력의 기점이다. 원일, 원단, 정초로도 불리며 남녀노소, 빈부귀천의 구분 없이 일손을 놓고 새 옷, 즉 설빔으로 갈아입고 어른들에게 세배하며, 조상에게 차례를 지낸다. 이날 시절음식〔節食〕으로 대접하는 것을 세찬歲饌이라 하고, 이때 술을 세주歲酒라 한다.

아침 일찍 집집마다 세찬과 세주를 사당에 차려 놓고 제사를 지내는 정조차례正朝茶禮는 한 해의 가장 중요한 첫 행사이다. 말하자면 조상에 대한 세배이다. 사당은 보통 장자長子가 모시는데 부모, 조부모, 증조부모, 고조부모까지 4대조 신주를 모셔 두고 차례대로 제사지낸다. 4대조 이상의 신주는 각기 분묘 앞에 묻어 집에서는 제사를 지내지 않고, 10월에 있는 시제 때 함께 제사지낸다. 차례는 원근遠近의 자손들이 모두 장손 집에 모여들어 함께 제사를 지내는 단란한 분위기 속에서 맞이한다. 근래 점차 증가하고 있는 기독교 가정에서는 대체로 차례를 지내지 않고, 부모의 기일에 기념 예배를 보며 설날에는 어른들에게 세배만 드린다.

옛날부터 설날과 추석에는 타지에서 고향으로 돌아가 가족과 함께 보내는데 차례는 그 구심 역할을 하였다. 설날에는 차례를 지낼 뿐만 아니라 조상의 묘를 찾아 성묘를 한다. 요즈음은 성묘일이 한식과 추석, 즉 봄·가을 두 번으로 굳어진 듯한데, 생존한 어른들에게 세배하듯이 성묘는 이미 돌아가신 조상에게 생존시처럼 인사를 드리는 것이다.

세배를 할 때나 길에서 나이 어린 사람을 만나면 "올해에는 꼭 생남하시오", "부디 승진하시오", "돈을 많이 버시오" 등의 말로써 서로 복을 빌고 축하하는데, 이것을 덕담德談이라고 한다.

간략하게나마 '설'이란 말의 유래에 대해서 살펴보면 경북지방의 여러 곳에서 "설이란 삼간다(근신)는 뜻"이라 하였고 또 "설이라 함은 섧다는 뜻이지만 옛날에는 조심하여 가만히 있는다는 뜻이니 기우杞憂하기 위함이다"라고도 한다. 모두 원래 '설날'이 지닌 종교적 의의를 잘 나타낸 말이라고 생각한다. 지금에 와서는 휴가나 오락을 위한 날로 여기는 경향이 있지만, 본래 제사에 참가하는 날로 설빔, 즉 세장歲粧을 하고 "조심하고 삼가며" 1년 농사와 관계있는 여러 가지 축원을 하는 날이었던 것이다.

설날 절식으로 일반적인 것은 떡국이다. 조상에게 떡국으로 차례를 지내며, 흔히 나이 먹는 것을 일러 떡국을 몇 그릇째 먹었느냐고 한다. 중국에서는 이날 만두를 먹는데, 우리나라 북부에서도 만두국을 많이 먹는다. 또 영남지방에서는 지금도 세찬의 하나로 강정을 많이 사용한다.

세주로 마시는 초백주椒柏酒와 도소주屠蘇酒는 중국에서 유래한 것으로, 정초에 마시면 괴질을 물리칠 뿐만 아니라 한 해 동안 나쁜 기운을 없애며 오래 살 수 있다고 한다. 세주는 중국에서는 이미 6세기경인 양대梁代 이전부터 있어 온 것으로 우리나라에서도 일찍부터 상류층에서 유행한 듯하다.

초백주는 후추 일곱 개와 동쪽으로 향한 측백나무의 잎 일곱 개를 한 병 술에 담가 우려낸 것이다. 제석除夕(섣달 그믐날)에 담가 정초에 마시면 괴질을 물리친다고 한다. 도소주는 산초, 방풍, 백출, 밀감피, 육계피 등을 조합하여 만드는데, 이것을 마시면 한 해 동안 나쁜 기운을 없애고 오래 살 수 있다고 한다. 모두 속신적인 요소가 섞여 있음을 알 수 있다.

우리 고유의 세주로는 약주 또는 청주나 탁주가 쓰이고 혹은 소주에 약미藥味를 가미한 것이 일반적으로 많이 쓰인 것 같다. 『동국세시기』의 저자 홍석모洪錫謨는 당시 추세가 그러했듯이 모화사상慕華思想에 젖어 고유한 세시풍속의 기원을 대부분 중국 풍속에서 찾고 있어 억지스런 감이 있다. 어쨌든 당시 중국 세시풍속의 수용 실상은 세화歲畫나 입춘의 춘첩자春帖子, 성황제 등의 예에서 구체적으로 볼 수 있는데, 대체로 다음 세 가지 유형으로 나눌 수 있을 것 같다.

첫째, 기일, 명칭, 내용 모두 중국 풍속 그대로를 수용한 단순 수용의 예

둘째, 상층계급에서는 중국 풍속 그대로를 수용했으나, 일반 민중은 그와 유사한 고유 풍속으로 이해하고 대행한 이중구조 수용의 예

셋째, 기일이나 명칭은 중국과 같으나 풍속의 내용이나 성격은 한국 고유의 것을 따른 명칭 수용의 예

위의 유형을 세시풍속의 담당 계층에 따라 구별해 보면 관아나 상류층 행사에는 첫째 유형이 많고, 촌락 공동체의 행사에는 둘째와 셋째 유형이 대부분이다. 가정이나 개인의 행사에는 계층에 따라 다르지만 세 가지 유형을 모두 볼 수 있다. 이처럼 한국의 세시풍속은 과거 궁궐이나 관아, 도읍의 양반 사대부들이 주로 행하던 상류층 행사와 향촌의 평민, 주로 농어민들이 행하던 행사로 구별된 이중구조였다는 점에 주목해야 할 것이다.

오늘날 관청에서는 양력 1월 1일 공적인 신년하례식을 행하는데, 심지어 이때 지방 관리가 상경하기도 한다. 한편 음력 1월 1일에는 도시민들이 귀성하여 조상에게 차례를 지내며 사적인 설날을 가짐으로써 이중과세하는 신속新俗이 있는가 하면, 게다가 크리스마스까지 겹쳐 삼중과세의 괴로움이라는 말까지 나돈다.


## 2. 세화歲畫

조선조에서는 설날에 임금이 십장생(해, 달, 산, 시내, 대나무, 소나무, 거북, 학, 사슴, 불로초)을 그린 세화를 반사頒賜하였다. 또 『동국세시기』에 따르면 원일에 도화서圖畫署에서 수성壽星 · 선녀와 직일신장直日神將 등 도교풍의 신상神像을 그려 임금에게 바치고, 사대부들 간에 서로 선물하여 송축의 뜻을 표현한다고 하였는데, 이것을 세화라 하였다. 또 문배門排라 하여 금갑이장군상金甲二將軍像을 대궐문 양쪽에 붙이고, 중국의 대표적 문신인 종규鍾馗가 귀신을 잡는 상이나 귀두鬼頭를 그려 문과 상방에 붙여 이것들로써 액과 돌림병을 물리치게 한다고 하였다.

이러한 세화는 여러 관가나 척리戚里(임금의 내·외척)의 문짝에 모두 붙였을 뿐만 아니라 여염집에서도 이를 본받아 행한다 하였다. 그리고 일반 민중들 사이에서는 벽에 닭이나 호랑이 그림을 붙여 액을 물리친다고 하였다. 『동국세시기』보다 저술 시기가 앞선 『열양세시기洌陽歲時記』에 의하면 도화서에서 금갑신장金甲神將을 그린 세화를 궁전문에 붙이게 하고, 선인이나 닭, 호랑이를 그린 세화는 벽에 마주 붙인다고 하였으며, 혹 친척이나 가까운 신하들에게 하사한다고 하였다. 이것으로 보아 세화, 문배는 중국의 세시풍속을 상류층에서 받아들인 후 점차 민간에까지 파급된 것임을 알 수 있다.

『동국세시기』의 저자는 민간에까지 널리 퍼진 계호화鷄虎畵의 유래에 대해 다음과 같이 적고 있다. 먼저 계화의 경우 후한 때 사람 동훈董勛의 『문례속問禮俗』에서 "초하룻날을 닭날이라 한다"라는 것과 6세기 중엽 양나라 사람 종름宗懍이 지은 『형초세시기荊楚歲時記』(『형초기荊楚記』)에서 "정월 초하루에 닭을 그려 문에 붙인다"라는 말을 인용하면서 "지금의 풍속이 여기에서 비롯된 것"이라 하였다. 호화虎畵에 대해서는 "인월寅月(호랑이달)에서 취한 뜻 같다"라고 할 뿐 구체적 전거를 밝히지 못하고 있다.

『형초세시기』에는 또 닭을 그려 문에 붙일 뿐만 아니라 위삭葦索을 문 위에 달고 도부桃符(복숭아 나뭇가지로 만든 부적)를 그 옆에 꽂는다고 하였다. 7세기 초 수나라 두공섬杜公瞻이 덧붙인 주註에는 후한 때 응소應劭의 『풍속통風俗通』을 인용하여 도인桃人, 위삭과 함께 호화가 사용되었음을 밝히고 있다. 또한 우리나라 일반 민중들 사이에서도 닭과 호랑이 두 가지 그림을 함께 사용한 것으로 보인다.

그러면 닭 그림을 붙임으로써 액을 물리친다고 믿은 근거에 대해 알아보자. 『포박자抱朴子』(권 16 황백조) 등 중국 문헌을 종합하여 보면 문호에 닭 그림을 붙여 벽사辟邪하는 풍습은 후대의 일이고, 처음에는 그림이 아닌 닭을 잡아 직접 문에 매달아 벽사하였다 한다. 즉, 닭의 피에는 벽사의 힘이 있다고 믿어 그 피를 문에 바르다가 나중에는 죽인 닭을 매달게 된 것 같다고 한다. 닭의 피뿐만 아니라 사람이나 동물의 피는 곧 생명이며, 그 피에는 불가사의한 활력, 위대한 힘이 있다고 믿었던 것은 비단 중국이나 한국뿐만 아니라 예로부터 여러 민족에게 공통된 생각이었다. 피의 불가사의한 힘은 곧 혈액이 갖는 정령精靈에서 오는 것이라 믿은 것이고, 이 정령의 힘으로 벽사의 힘이 생기므로 그 피가 갖는 붉은색 또한 벽사색이 된 것이다.

닭이 갖는 벽사력의 유래에 대하여 『풍속통風俗通』(권 8 웅계조雄鷄條)에는 여러 설이 소개되어 있다. 첫째, 닭은 새벽을 알려 사람을 일어나게 하고 닭 울음소리에 의해 아침 저녁으로 문을 개폐함으로써 난리를 막는 것과 관계있다는 설이다. 둘째, 닭은 만물의 원천인 동방에 속하는 동물이며, 만물은 문으로 출입하므로 닭으로써 문에 제사지낸다는 설이다. 셋째, 닭은 양성에 속하므로 대한大寒 전후 성盛한 음의 힘과 조화시키기 위함이라는 설이다. 넷째, 『산해경山海經』의 기록을 인용하여 귀신을 제사지내는 데는 수탉을 쓰며, 동문에 건 닭의 머리는 죽음과 악을 물리치는 힘이 있다고 믿은 데서 유래되었다고 하는 설등이다. 음양 사상과 관련시켜 닭을 양성의 상징으로 보았고 또 화복이 들어오는 문과 관련시켰음을 알 수 있다.

우리 민속에서도 흰 닭은 예로부터 영약으로 여겼는데, 이것을 잡아 신에게 바치고 기도하면 온갖 병이 낫는다고 믿었다. 그리고 문과 관련있는 벽사 행위는 닭 외에도 개를 잡아 매달기도 하였는데, 이로써 복날에 개를 잡아 먹는 일이 일반적으로 생각하는 것처럼 단순히 영양 섭취만을 위한 것이 아니고, 삼복에 성행할 유행병을 막고자 한 속신에서 유래된 것임은 전래하는 여러 지방의 민속 실례에서 짐작할 수 있을 것 같다. 즉, 경기도에서는 개를 잡아 그 피를 문 앞에 뿌리고, 그 고기를 먹으면 장티푸스 등 병마의 침입을 막을 수 있다 하였다. 황해도에서도 전염병 예방을 위해 1월 15일에 개를 잡아 그 고기를 먹고, 피를 벽에 바른다고 하였다.

다 아는 바와 같이 우리나라 동쪽에 자리잡은 신라의 시조신화에서도 계룡이나 계림에 대한 언급이 있어 양조陽鳥인 닭이 강조되고 있음을 알 수 있다.

한편 최영년崔永年의 『해동죽지海東竹枝』(1921)에는 옛 풍속에 정월 16일을 '귀신닭날'이라 한다 하고, 이날 닭귀신이 횡행하여 사람을 쪼면 병이 든다 하여 모두 두려워서 나가지 못한다고 하였다. 호랑이와 마찬가지로 닭은 선조善鳥인 동시에 그 위력으로 인하여 이같이 무서운 귀계鬼鷄로도 나타나고 있다. 또 『형초세시기』에는 원단에 초백주, 도탕桃湯, 도소주, 교아당膠牙餳, 오신반五辛盤, 부우산敷于散, 각귀환却鬼丸 등과 함께 계자鷄子, 즉 달걀을 마신다고 하였다. 달걀을 마심으로써 오장 내의 나쁜 기운을 물리칠 수 있다고 생각한 것이다.

다음으로 호화虎畫의 유래에 대하여 살펴보면 『풍속통』(권 8) 화호조畫虎條에 호랑이는 역시 양성陽性의 동물이며 백수의 왕으로서 능히 벽사할 수 있다고 하였다. 이처럼 호랑이는 백수의 왕으로서 다른 동물을 포식하는 힘을 가졌다. 한편 사람이나 동물에게 위해를 끼치는 존재이기도 하여 선·악 양면을 갖고 있다고 보고, 흉잔하며 탐잔한 악귀의 예로 들기도 하였다.

중국에서 한무제漢武帝 때 서역西域으로부터 사자가 소개되기 전까지 호랑이는 백수의 왕으로 벽사에 쓰이는 으뜸가는 존재였다. 우리나라에서도 『삼국지』 위지 동이전에 보면 호랑이는 곰, 이리와 함께 숭배의 대상이었음을 알 수 있다. 예濊에서는 "祭虎以爲神"하였고, 『위서魏書』 물길조勿吉條와 『수서隋書』 말갈조靺鞨條에 보면 도태산徒太山(백두산)을 성산聖山으로 숭배하며 곰, 호랑이, 이리를 사람이 감히 죽이지 못한다 하였다. 단군신화에도 곰과 함께 호랑이가 등장한다. 예의 제호祭虎 풍습 이후 우리나라에서는 호랑이가 산신山神으로 숭상되었는데, 그에 관한 많은 민담이 전해 온다. 산신도에는 으레 호랑이나 기호노인상騎虎老人像, 기호승려상騎虎僧侶像 등이 나타난다. 이러한 의인관擬人觀, anthropomorphism은 우리나라 벽사의 맹호도가 사실적인 짐승의 모습이라기보다 "무서우면서도 친밀감이 풍기는 호랑님"이며, "엄격한 할아버지의 모습"을 풍긴다는 말을 할 수 있게 한다. 동해안 일대의 지신밟기에 쓰이던 호랑(가)면이나 무반武班의 호두패虎頭牌, 삼호검三虎劍 그리고 단오절에 나눠

주던 애호艾虎 같은 것이 세화의 호랑이 그림과 함께 벽사나 길상吉祥의 상징으로 쓰였음을 알 수 있다. 또 민간요법에 의하면 종기나 연주창 혹은 말라리아를 낫게 하기 위해 호랑이 그림을 그려 상처 부위에 붙였다고 한다.

한편 계호화는 조선조에 판화의 소재로 널리 사용되었는데, 오늘날 닭〔鷄〕·개〔狗〕·사자〔獅〕·호랑이〔虎〕가 새겨진 판목에서 짐작할 수 있다. 그리고 닭과 호랑이에 대한 벽사신앙은 중국에만 존재한 것이 아니고, 동북아시아 일대의 공통된 기반으로 생각된다. 고구려 고분의 사신도四神圖(청룡青龍, 백호白虎, 주작朱雀, 현무玄武)는 후대로 내려오면서 용호도龍虎圖로 변하여 정착하고, 서민에 보급되어 가옥 중문에 용호도 한 쌍을 붙이거나 그림 대신 "虎逐三災, 龍護五福"이라는 글씨를 써붙이기도 하였다. 사신 중 유일한 실재 동물인 호랑이는 그 위력이 제일로 인정되었던 것으로 호피를 만들어 이부자리나 옷 등으로 사용하거나 아니면 병풍처럼 방에 두르기도 했는데, 이는 오늘날처럼 단순히 장식을 위해서가 아니라 벽사신앙에서 연유된 것이다. 계호화와 함께 용호도가 조선시대 민화에 자주 등장하고 또 호랑이와 함께 양조陽鳥인 까치가 그려져 있는 것도 다분히 한국적인 선택적 배제의 예라고 할 수 있다.

성현成俔(1439~1504)의 『용재총화』(권 2)에 보면 정초 이른 새벽에 문이나 창문, 벽장문 등에 붙이는 그림으로 "처용處容, 각귀角鬼, 종규鍾馗, 복두관인幞頭官人, 개주장군介胄將軍, 경진보부인擎珍寶婦人, 화계畵鷄, 화호畵虎"를 들고 있다. 주목할 것은 『동국세시기』에는 이미 보이지 않는 처용이 기재되어 있다는 점이다. 『삼국유사』(권 2) 처용랑조處容郞條에 "이로 인하여 나라 안 사람들은 처용의 형상을 문에 붙여서 사귀를 물리치고 경사를 맞아들였다"라는 기록에서 신라시대 이후의 풍속이 15세기까지 유지되었음을 짐작할 수 있다. 『용재총화』에 나오는 각귀나 『동국세시기』의 귀두는 원초 처용면도 귀면이며, 장승의 귀면, 신라 귀와鬼瓦, 또 최근까지 경기도나 황해도에서 귀형면을 문에 걸어서 잡귀나 마마(천연두)의 침입을 물리치려 한 것과 동일한 습속을 가리킨 것으로 생각된다.

## 3. 금줄과 복숭아 나뭇가지

### (1) 금줄

앞에서 인용한 대로 『형초세시기』에는 닭그림과 함께 위삭葦索을 문 위에 걸고 옆에 도부를 꽂음으로써 온갖 귀신이 이를 무서워한다고 하였다. 위삭은 갈대줄을 말하며, 귀신을 묶는 데 사용되었다. 또 『풍속통』(권 8)에 따르면 위삭은 자손 번식의 기원에 사용된다고 한다.

우리나라의 금禁줄(금승禁繩, 금삭禁索) 또는 인줄(인승人繩, 인삭人索), 왼새끼줄(좌삭左索)이 이에 해당하는데, 다만 그 재료가 갈대가 아니라 볏짚으로 되어 있음이 다를 뿐이다. 아마 우리나라에 벼농사 문화가 들어온 뒤로 금줄의 재료도 볏짚으로 바뀐 것이 아닌가 여겨진다. 볏짚 금줄은 벼농사 문화 복합의 하나로, 일본의 시메나와注連繩, 히다리나와左繩도 여러 점에서 우리의 금줄 또는 왼새끼줄과 비슷하다. 몽골 무의巫儀에서도 무당이 좌승을 사용하며 여러 퉁구스족의 무속에도 같은 것이 있다고 한다. 태평양 제도諸島 여러 곳에서는 야자수나 기타의 풀로 금줄을 만들어 쓰고 있는데, 이러한 사실들은 금기taboo의 의미로 금줄이 일찍부터 원시 사회나 고대 사회에서 사용되어 왔음을 말하여 준다. 그러므로 우리나라 금줄의 유래에 대해서도 중국의 위삭을 수입 · 모방한 것이라거나 또는 벼농사 문화 복합에서 비롯된 것이라는 등 단순하게 말할 수 없는 문제가 있다고 생각한다.

정초나 대보름에 행하는 동제에서는 제관 집과 신역神域 입구에 금줄을 치고 황토를 뿌렸다. 또 흔히 볼 수 있듯이 아이가 갓 태어난 집이라는 표지標識로 금줄을 친다. 이때 아들을 낳았으면 붉은 고추와 숯을 금줄에 꽂고, 딸을 얻었으면 숯과 백지를 금줄에 늘어뜨리는 것이 보통이다. 산속産俗의 금줄은 한이레(7일) 또는 삼칠일(21일)이 지나서야 거두는 것이 보통인데, 그동안 잡귀의 출입은 물론 외부 사람들의 출입을 막는 표지가 된다. 삼칠일이 지나 완전히 철거하지 않고 한쪽 기둥에 감아 두었다가 49일이나 100일이 지나서야 푸는데, 이때 문 앞에는 황토를 뿌리기도 한다. 황토도 벽사의 힘이 있다고 믿기 때문이다.

금줄을 만들 때는 깨끗한 새 짚을 재료로 쓰되 왼새끼를 꼰다. 금줄은 대부분 왼새끼나 간혹 오른새끼로 꼬는 수도 있다. 새끼의 양 끝은 자르지 않고 그대로 둔다. 왼새끼로 꼬는 이유는 물론 벽사의 의미에서 비롯되었다. 귀신을 쫓을 때 왼발로 세게 땅을 세 번 구르며 큰 소리로 기침하고 침을 뱉으면 귀신이 무서워서 도망간다는 속신에서도 왼쪽과 벽사의 관계를 짐작할 수 있다.

이미 언급했듯이 세계적으로 널리 퍼져 있는 상징적 이원론dualism에 따르면 오른손과 왼손, 남성과 여성, 성聖과 속俗, 낮과 밤, 선과 악 등을 유별한다. 이것은 부족사회나 민속사회에서 이원론적 사회 유별의 원리로서 보통 오른손은 남성원리, 왼손은 여성원리를 뜻한다. 즉, 정치적 권위는 오른쪽, 남자, 낮과 관계있으며, 반면 종교적 권위는 왼쪽, 여자, 밤 등과 결부된다고 한다. 또 우리나라의 남자 무당이 여장을 하는 것처럼 동북아시아 여러 민족에게서도 이러한 현상을 볼 수 있다. 왼새끼가 벽사력이 있다고 믿었던 유래는 이러한 상징체계의 이원론에서도 찾을 수 있을 것이다.

금줄을 침으로써 그 안으로 귀신이 침입하지 못하는 것으로 믿었고, 이로써 역귀를 물리친다 여겼다. 금줄에 백지나 백포 또는 죽엽을 달아 맨 것은 제신祭神 때 신역을 표시하는 예와 같고, 숯이나 고추 등을 다는 것은 금기를 나타내는 것이다. 금줄을 치는 것은 모두가 악귀와 부정의 근접을 막기 위한 것이며, 경우에 따라서는 장독에도 금줄을 쳐서 그 맛이 변하는 것을 막는다고 한다. 이외 금줄이 갖는 벽사력의 의미를 찾아보면 아래와 같다.

① 금줄을 만드는 짚은 쌀을 결실시키는 줄기이므로 힘이 있다.
② 금줄에 매다는 백포나 백지는 화폐로 사용된 것으로, 화폐는 물건을 살 수 있는 힘이 있으므로 그 힘에 일종의 마력이 있음을 인정한 것이다(또는 神에게 바치는 하나의 공물로서 생각하였다).
③ 금줄에 꽂은 소나무 가지는 솔잎이 침엽이며 늘 푸르고, 푸른색은 동방색이며 生生象徵을 의미하는 데서 그 힘을 인정하였다.

④ 푸른 대나무 가지도 소나무 가지와 거의 같은 뜻을 갖고 있으며, 눈에도 꺾이지 않는 절조 높음과 잎의 모양이 劒狀인 것에서 그 힘을 인정하였다.

⑤ 금줄에 다는 고추는 그 모양이 陽具의 심벌이며, 양구에는 위대한 마력이 있고, 그 붉은색은 벽사의 색이며, 그 맛은 또한 苛烈하여 귀신을 쫓을 수 있다고 보았다.

⑥ 금줄에 다는 숯은 땅 속에서도 썩지 않고, 습기를 방지하며 또 귀신이 가장 무서워하는 불을 의미하며, 예로부터 귀신의 憑依物로도 알려져 있으므로, 귀신을 매단 것과 다름없다고 보았다.

⑦ 간혹 복숭아 나뭇가지〔桃枝〕를 금줄에 매다는데, 특히 그 東枝를 귀신이 가장 무서워한다고 한다.

금줄에 다는 이러한 부가물들은 벽사를 위해서뿐만 아니라 신역 표시의 경우처럼 布, 紙, 松, 竹을 獻供한다는 뜻에서 매다는 경우도 있다 한다.


## (2) 복숭아 나뭇가지

중국에서 세화와 함께 사용한 도부桃符는 복숭아 나뭇가지의 벽사력을 상징한 것으로 춘련春聯의 전신이라고 한다. 도탕桃湯, 도렬桃茢, 도호桃弧, 도경桃梗, 도인桃人, 도수桃殳, 도판桃板 등 중국 문헌에는 예로부터 복숭아 나무를 벽사에 사용한 고사가 많이 있다. 또 복숭아가 지녔다고 믿는 벽사력에 대하여 속설에는 복숭아 열매가 여음女陰과 유사하기 때문이라 하고, 꽃이 잎보다 먼저 피고 열매가 많아 다산의 상징이며, 양기의 꽃으로 음기를 쫓는 힘이 있으며, 특유의 약미藥味가 흉사의 기를 쫓는다는 등 예로부터 여러 설이 있었다.

우리나라에서도 오래전부터 이러한 속신의 영향이 있었음은 『삼국유사』의 도화녀桃花女·비형랑鼻荊郎의 이야기 등에서 짐작할 수 있다. 고려 속요「처용가處容歌」에는 "滿頭揷花 계오샤 기울어신 머리예", "紅桃花ᄀ티 붉거신 모야해" 등으로 읊고 있으며, 『악학궤범樂學軌範』의 처용관복조處容冠服條에는 "紗帽假面及牧丹花桃實枝耳環附"라고 하여 벽사가면으로 쓰인 처용가면에 도실지桃實枝가 부가되어 있음을 알 수 있다. 또한 『용재총화』에 소개된 '방매귀放枚鬼'라는 민간의 벽사 풍습에서 도동지桃東枝가 중요한 역할을 하고 있다. 그리고 오늘날 전하는 속신에도 정신병이나 말라리아, 장티푸스 등을 예방하거나 병을 치료하는 데 복숭아 나뭇가지로 환자를 때렸다고 하며, 또 복숭아 나무의 동지東枝를 금줄에 달아 문에 걸면 귀신을 막는다고 한다.

## 4. 복조리와 야광귀

오늘날 세화의 풍속은 많이 사라졌으나 여전히 계속되고 있는 세시풍속으로 복福조리를 매다는 예가 있다. 섣달 그믐날 저문 뒤에(혹은 보름날 새벽에) 복조리 파는 소리가 여기 저기서 들리는데, 이것은 예나 지금이나 같다. 집집마다 복조리를 사들여 붉은 실로 매어서 벽 위에 걸어 둔다. 복조리나 갈퀴를 사서 문 위나 벽에 걸어 두는 것은 그해의 복을 긁어모아 건진다는 뜻이라고 한다. 이 복갈퀴의 풍속은 일본에도 현존한다.

또 새해 벽사진경辟邪進慶 행사의 하나로 야광귀夜光鬼를 물리치는 일이 있다. 야광은 초하룻날 밤이나 혹은 보름날 밤에 내려온다고 하는데, 하늘에서 내려와 사람(혹은 아이들의)의 신을 신으면 그 신 주인은 불길하다고 한다. 그래서 금줄을 치고 체〔篩〕를 마루벽이나 뜰에 걸어 둔다. 그러면 야광신이 와서 체의 구멍을 세느라고 아이들의 신을 신어 볼 생각을 잊게 된다. 그러다가 아침이 밝아 닭이 울면 도망가 버린다고 한다.

『해동죽지海東竹枝』에는 이를 '양광이'라고 하였으며, 『경도잡지京都雜志』(권 2)에는 혹자는 야광은 구광癯光이라고도 하나 이것은 잘못된 것으로, 야광은 약왕藥王의 음전音轉이라 단정하였고 『동국세시기』도 이 의견을 따랐다. 『경도잡지』에는 아이들을 일찍 재우기 위한 풍속이라고 풀이하였다. 어쨌든 원일元日을 하루 종일 신일愼日로 보내고자 한 뜻이 있었다고 생각된다.

또 체의 구멍이 벽사의 힘이 있다고 여긴 것은 체의 구멍은 무수한 눈으로서 광명을 뜻하기 때문이라고 한다. 방상씨方相氏(악귀를 쫓는 탈)가 네 개의 눈을 가진 것이나 눈이 세 개인 장승 그리고 우마의 앞 이마에 광택 있는 금구(금빛 테두리)를 둘러 귀신을 쫓고자 했음도 모두 이러한 광명법에서 유래된 것이라고 해석된다. 일본 민속에서도 일상생활 용구인 체나 키〔箕〕가 여러 가지 의례 용구로 쓰이기도 하고 주법呪法에 사용되기도 한다.

마찬가지로 복조리를 문 위나 벽에 걸어 벽사진경하는 풍속도 조리의 무수한 눈이 체의 눈과 같이 광명을 상징하는 데서 온 것으로 보인다. 이같이 체나 조리 그리고 키를 문 위나 벽에 걸어 벽사하는 풍속은 비교적 고형古型에 속하는 우리의 민속이라 할 수 있다.

## 5. 삼재법과 원일 소발

### (1) 삼재 막는 법

원일元日에 집을 중심으로 행해지는 벽사진경과 함께 개인을 중심으로 행해지는 벽사 행사가 있었다.

먼저 삼재법三災法을 들어 보면 『동국세시기』에 남녀의 나이가 삼재를 당한 자는 세 마리의 매를 그려 문설주에 붙인다고 하였다. 삼재란 수재, 화재, 풍재 또는 병란, 질역, 기근을 가리킨다. 삼재법이란 사巳·유酉·축년丑年에 태어난 사람은 해亥·자子·축년丑年에 삼재가 들고, 신申·자子·진년辰年에 태어난 사람은 인寅·묘卯·진년辰年에 삼재가 들고, 해亥·묘卯·미년未年에 태어난 사람은 사巳·오午·미년未年에 삼재가 들고, 인寅·오午·술년戌年에 태어난 사람은 신申·유酉·술년戌年에 각각 삼재가 든다는 것이다.

태어난 해로부터 9년 만에 삼재가 들기 때문에 삼재의 해에 해당하는 3년간은 남을 범해도 안 되고, 모든 일을 꺼리고 삼간다고 하였다. 매를 그려 붙이는 것은 매가 맹금猛禽이고, 북방계 shaman bird의 하나인 데서 벽사력을 인정한 주술인 것 같다. 또 이것은 인생에서 가장 어려운 10대 초에 모든 일에 조심하라는 뜻에서 생긴 풍속으로 여겨지며, 상원上元에 직성直星을 만난 사람의 액을 막는 것과 동일계의 행사이다.

이 밖에 청참聽讖이라고 하여 새해 꼭두새벽에 거리로 나가 처음 들려오는 소리로 1년 동안의 길흉을 점치거나 또는 오행점五行占으로 새해 신수를 보기도 한다. 오행점은 나무를 깎아 바둑돌만 하게 다섯 개를 만들어 금金 · 목木 · 수水 · 화火 · 토土를 새겨 그것을 동시에 던져 나오는 오행 글자를 가지고 점사占辭를 보아 길흉을 점치는 것이다.

새해 놀이로는 널뛰기와 윷놀이, 연날리기 그리고 상류층에서 하던 승경도陞卿圖놀이 등이 있었다. 윷놀이에서는 윷점을 치고 정월 초하루부터 대보름날까지 날리는 연날리기도 대보름날이 되면 액연을 띄운다는 의미에서 연을 날려 보낸다. 이 같은 행사들은 모두 새해를 맞이하여 한 해의 신수를 걱정하고 액을 물리치려는 조바심의 표현인 것이다.

(2) 원일 소발

1년 동안 빗질할 때 빠진 머리카락을 모아 빗 상자에 보관하였다가 반드시 설날 해질 무렵 문 밖에서 태움으로써 나쁜 병을 물리친다고 한다. 이것이 바로 원일 소발燒髮이다.

원일 소발은 『동국세시기』에서 인용한 것처럼 중국에도 그 예가 있지만, 오늘의 민속에서 보면 좋지 않은 냄새가 강한 것을 태우거나, 먹거나 혹은 몸에 지님으로써 그 악취 때문에 악귀가 쫓겨 간다는 양귀禳鬼 오감법五感法에 속하는 풍속이다. 여기서 나쁜 병은 염병(장티푸스)을 말하는데, 머리가 빠지는 염병을 막기 위해서 미리 머리를 태워 버리는 유감주술類感呪術에 드는 행사라고 해석하기도 한다. 또 다른 민속으로 섣달 그믐날(혹은 원일이나 상사일上巳日) 저녁에 머리카락을 태워 악귀를 쫓는 곳들이 있는데, 이것은 좋지 않은 냄새뿐만 아니라 신체의 일부로 생각한 머리카락의 처리법으로서도 문제될 것이라고 생각된다.

또 전북, 충남, 경남 등 여러 곳에서는 모깃불을 놓는다고 하여 초하루부터 14일까지 방과 마당을 쓴 것을 버리지 않고 모아 두었다가 대나무와 함께 불을 놓아 태운다. 중국 풍속에도 연초에는 며칠 동안 청소한 흙먼지를 문 밖으로 버리지 않는데, 이것은 농사와 결부된 것으로 복福[富]이 밖으로 나가는 것을 꺼리는 데서 비롯된 것이라고 한다. 또 『형초세시기』에는 정월 초하루에 닭 울음소리와 함께 일어나 마당에서 폭죽爆竹하여 악귀를 쫓는다고 하였다. 위에서 설명한 우리의 민속에서 모깃불에 대나무를 넣어 함께 태우는 것은 이러한 여러 민속의 복합임을 알 수 있다.

이 밖에 연초에 토정비결을 보아 한 해의 운수를 점치는 것을 요즈음도 볼 수 있다. 그러나 지금은 옛날과는 달라 연초 하나의 애교처럼 보고 웃어넘기는 수가 많다. 『토정비결土亭秘訣』은 조선조 명종 때 토정土亭 이지함李之菡(1516~1578)이 지은 비결서이다. 태세太歲, 월건月建, 일진日辰, 시時로써 한 해의 운명을 월별로 설명하고 있다. 가정에서뿐만 아니라 길거리에서도 아직까지 토정비결을 보는 광경을 볼 수 있다.

## 6. 정초의 12지일

초하루부터 대보름까지 연초 보름 동안은 평일의 노동을 쉬고 한 해를 위한 신성한 제사에 참가하는 기간으로 특별한 전승행사를 갖는다. 원래 만월력을 중심으로 하여 만월까지 15일을 지키는 것이 보다 오래된 형태이지만 중국력 간지干支의 영향으로 1일부터 12일까지 12지十二支에 의하여 일을 하지 않고 쉬는 것이 관습화한 것이다. 그동안에 여러 가지 정초 놀이와 오락이 성행된다. 『동국세시기』에는 인일人日, 상해上亥 상자일上子日, 묘일卯日, 사일巳日의 행사를 소개하고 있는데, 현전 민속에는 상축일上丑日(첫 소날)과 상진일上辰日 (첫 용날), 상유일上酉日(첫 닭날)의 행사가 더 있다.

정초의 12일 동안은 그 일진日辰에 따라 유모일有毛日과 무모일無毛日로 나눈다. 자일子日은 쥐날, 축일丑日은 소날, 인일寅日은 호랑이날, 묘일卯日은 토끼날, 진일辰日은 용날, 사일巳日은 뱀날, 오일午日은 말날, 미일未日은 양날, 신일申日은 원숭이날, 유일酉日은 닭날, 술일戌日은 개날, 해일亥日은 돼지날인데, 이 중 털이 없는 뱀과 용의 날은 무모일이라 하고, 나머지 털이 있는 동물의 날을 유모일이라고 한다.

초하룻날이 털날〔有毛日〕이면 그해 풍년이 든다 하고, 반대로 털이 없는 날

〔無毛日〕이면 그해는 흉년이 든다고 한다. 또 설날부터 문을 닫았던 가게들이 날짜를 잡아 가게를 여는데, 반드시 유모일에 열었다. 이것은 털을 가진 짐승들의 번성하는 솜털의 뜻을 취하여 상업이 번창하기를 바라는 것으로 호랑이날에 문을 여는 경우가 가장 많았다.

정월 첫 쥐날을 상자일上子日이라고 하는데, 쥐날에 만일 일을 하면 손가락이 아리다 하여 쉬었다. 특히 이날 농가에서는 방아를 찧으면 그해 쥐가 없어진다 하여 밤중에 방아를 찧었다. 또 청소년들이 마을의 밭이나 논두렁에 짚을 뿌려 쥐불을 놓았다. 춥고 어두운 들판에 붉은 쥐불만이 여기저기 보이는 광경은 퍽 장관이며 또 인상적이다. 쥐불의 크고 작음에 따라 그해 농사의 풍흉과 마을의 길흉을 점치기도 하는데, 불의 기세가 힘차면 좋다고 한다. 이날 쥐불을 놓는 까닭은 쥐불로써 쥐 피해를 없애고 논밭의 잡충을 제거하며, 또 새싹이 왕성하게 싹트게 하는 실효를 거두기 위함이었다. 조선시대에는 상자일과 상해일에 궁중에서 횃불을 들고 "쥐 주둥이 지진다, 돼지 주둥이 지진다"라며 풍년을 비는 행사가 있었다.

첫 축일丑日은 소달깃날이라 하여 소를 부리지 않고, 말린 채소와 콩을 섞어 소를 잘 먹인다. 만일 이날 소에게 일을 시키면 쟁기가 상하게 된다고 한다.

첫 호랑이날에는 특히 부녀자들이 출입을 삼가는데, 이것은 호환虎患을 두려워하기 때문이었다. 이날 여자가 남의 집에서 대소변을 보면 그 집 가족에게 호환이 생긴다는 속신이 있었다.

토끼날에는 집안의 남자 중 가장이 먼저 일어나 문을 열면 길하다고 한다. 이날 새로 뽑은 실을 톳실(토사兎絲)이라 하고, 이 실을 주머니 끝에 달아매어 재앙을 물리쳤다. 이날 무명실을 짜서 옷을 지으면 그 사람의 명이 길다 해서 옷을 만들어 입었다. 또 베틀에 앉아 베를 짜는 시늉을 하는데 이렇게 하면 장수한다고 한다.

정월 첫 진일辰日은 용날이라고 한다. 이날 농가에서는 주부들이 남보다 먼저 일어나 우물물을 길으려고 애쓴다. 전설에 의하면 용날 전날 밤 하늘에서

그림 6-1. 12지신석상 중 진신상辰神像(김유신 묘)

용이 내려와 우물 속에 알을 낳는데, 그 알을 낳은 우물물을 먼저 길어다가 밥을 지으면 1년 내내 운수가 좋을 뿐만 아니라 그해 농사가 잘 된다고 한다. 우물물을 먼저 길어 간 사람은 그것을 표시하기 위하여 약간의 지푸라기를 우물에 띄워 놓는다. 그러면 나중에 온 사람은 그것을 보고 아직 물을 길어 가지 않은 다른 우물을 찾아간다. 이것을 '용알뜨기'라고 하는데, 『동국세시기』에서는 "황해도와 평안도 풍속에 보름 전날 밤 닭이 울 때를 기다려 집집마다 바가지를 가지고 앞을 다투어 정화수를 길어 온다. 이것을 '용알뜨기'(노룡란撈龍卵)라고 한다"고 하여 상원 행사로 보고하고 있다. 이것은 달과 물이 지닌 풍요의 원리를 전형적으로 보여 주는 예라고 할 수 있다.

또 이날 머리를 감으면 머리카락이 용처럼 길어진다고 하여 여자들은 머리를 감으며 머리카락이 길고 아름다워지기를 원한다.

정월 첫 사일巳日인 뱀날에는 머리를 빗지 아니한다. 이날 머리를 빗으면 그해 집 안에 뱀이 들어온다는 속신이 있어, 이것을 꺼리기 때문에 남녀 모두 이날은 머리를 빗지 않는다. 또 이날 일을 하면 집 안에 뱀이 들어온다고 하여 일도 하지 않는다.

돼지날에는 팥가루로 세수를 하면 얼굴이 희어진다고 한다. 이것은 돼지의 몸이 검기 때문에 반대로 그 뜻을 취한 것이라고 한다.

위의 여러 예와 같이 정초에는 12일 동안 일손을 쉬고 머리를 감지 않으며 (용날에는 머리를 감았다), 빨래를 널지 않고, 여자가 들어오는 것을 꺼린다든가 하였는데, 이러한 일들은 오늘날 마을에 초상이 났을 때나 동제를 준비하는 동안의 근신이나 금기와 통하는 것으로, 정초에 앞으로 한 해를 탈없이 보내기 위한 일정 기간 근신이었음을 알 수 있다.

제7일을 인일人日이라고 하였는데, 이날 궁중에서는 중국의 본을 따서 뒷면에 신선을 새긴 구리 거울을 각신閣臣들에게 나누어 주고, 인일제시人日製試, 즉 과거를 실시하였다. 민간에서는 남녀를 막론하고 이날 남의 집에 가서 유숙하지 않았는데, 만일 남의 집에 가서 자게 되면 그 집의 운이 1년 내내 불길하다고 하였다. 부득이하여 자게 될 때는 주객이 나란히 자지 않고 서로 반대쪽으로 머리를 놓고 자야 한다. 그만큼 서로가 연초에 조심하고 삼가려던 뜻에서 비롯된 것 같다.


## 7. 입춘날 행사

### (1) 춘련

조선조 말까지 입춘날이면 대궐 안에서는 춘첩자春帖子를 붙이고, 경사대부卿士大夫와 일반 민가, 점포에서도 모두 춘련春聯을 붙이고 송축하였다. 이것을 춘축春祝이라 한다. 지금도 여러 지방에서 입춘이 되면 춘련을 대문, 부엌문, 마구간, 싸리문, 광, 기둥 등에 붙이는데, 무주茂朱 구천동九千洞에서는 춘련을

써 붙이지 않는 대신 문구를 외고 다녀도 좋다고 하였다.

관상감觀象監에서 주사朱砂로 벽사문辟邪文을 써서 대궐 안으로 올리면 그것을 문설주에 붙이는데, 단오날에도 이것을 붙인다 하였다. 그 내용은 『후한서後漢書』예의지禮儀志에 나오는 것으로, 나례儺禮 때 역신疫神을 쫓는 주언呪言이다.

우리나라 춘첩의 예로는 "門神戶靈 呵噤不祥", "國泰民安 家給人足", "雨順風調 時和年豐" 등을 들 수 있다. 사대부 집에서는 이 같은 가어佳語 외에 새로운 글귀를 붙이거나 혹은 고인古人의 가어를 따다가 쓴다고 하였다. 이에 비해 여염집의 기둥이나 문설주에 붙이던 대련對聯은 곧 그들의 절실한 소원을 나타낸 것임을 알 수 있는데, "立春大吉 建陽多慶" 등은 지금껏 가장 보편적인 것이다. 이 밖에 "壽如山 富如海", "去千災 來百福", "父母千年壽 子孫萬代榮", "掃地黃金出 開門百福來", "春到門前增富貴, 一振高名滿帝都" 등 몇 가지 예를 보더라도 이는 서민예술인 민화나 무속 12거리에서도 볼 수 있는, 일반 서민이 소원하던 장생과 벽사의 내용들임을 알 수 있다. 부귀다남富貴多男, 수복강녕壽福康寧, 양재초복禳災招福 등은 서민들의 한결같은 염원으로, 서민 예술의 모티브가 되었고 또 민간 신앙행위의 제일의 목적이었다.

세화와 마찬가지로 춘련도 대내大內와 사대부의 춘첩자와 그리고 서민의 춘련이 그 표현내용에 있어서 서로 다른 이중구조를 보여 주고 있다. 즉, 상층과 관官에서는 중국풍을 그대로 따르고 있는 데 비하여, 여항閭巷(여염)에서는 보다 한국적인 솔직한 염원을 표현하고 있다.

(2) 입춘굿

우리나라 세시풍속은 이웃 나라인 중국이나 일본과 마찬가지로 대부분 세말歲末부터 연초에 집중되어 있고, 게다가 첫 만월일인 상원에 이르러 절정을 이루고 있다. 입춘날 또 하나의 행사로 『동국세시기』에는 함경도 풍속인 목우희木牛戲를 소개하고 있다. "이날 나무로 만든 소를 관청으로부터 민가의 마을까지 끌고 나와 돌아다닌다. 이는 (중국의) 토우지제土牛之制를 모방하여 농사를 권장하고 풍년을 기도하는 뜻을 나타내는 까닭이다"라고 하였다. 중국의 토우지제는 일명 타춘打春이라고 하였다. 기록에 따르면,

> 입춘 하루 전날 順天府의 관원이 東直門外一里의 춘장에서 봄을 맞이한다. 입춘 날 예부에서 春山寶座를 만들어 천자에게 바치고, 순천부에서도 춘우도를 진정한다. 이 의례가 끝나면 관아로 돌아가 춘우를 끌어 내어 채찍질한다. 이것을 打春이라고 한다.[1]

고 하였다. 춘우는 흙으로 만든 소인데, 원래 실우實牛였을 것이라 한다. 이것은 분명히 고대 그리스 봄의 제전인 우제牛祭, bouphonia와 같은 기풍행사祈豊行事의 하나이다. 기록에 의하면 우리나라에서는 고려 성종成宗 이후 중국의 토우의례를 수입하였는데, 이처럼 관의 수준에서 행하던 농경의례가 점차 민간 수준까지 내려오면서 토우가 목우로 바뀌고, 제주도 입춘굿에서 보듯이 무격巫覡이 주가 되는 의례와 놀이로서 지방에 정착된 것 같다. 아직도 나이 많은 노인들에게서 들을 수 있는 제주도 입춘굿의 절차를 옮겨 보면 다음과 같다.

> 매년 입춘 전 一日에 全島 무격을 州司에 집합하고 목우를 조성하여서 제사한다. 다음날 아침 戶長이 머리에 桂冠을 쓰고 黑團領 예복을 입고 출동하여 목우에 農械를 갖추고 홍단령 채복을 입은 무격이 목우를 끄는데 前路에는 六律을 갖추고 뒤에는 童妓로 호종하며 징, 꽹매기, 무악기 등을 울리면서 호장을 호위하여 觀德亭에 이르면 호장이 무격배를 여염집에 파견하야 儲置한 穀倉束을 뽑아 오게 하고 뽑은 바 實否를 보아서 신년의 豊歉을 징험한다. 또 그 모양으로 객사에 이르러 호장과 무격이 현신하고 동헌에 이르러 호장이 쟁기와 따비를 가지고 밭을 갈면 한 사람은 적색 가면에 긴 수염을 달아 농부로 꾸며 오곡을 뿌리고, 또 한 사람은 色羽로써 새와 같이 꾸며 모이를 주워 먹는 형상을 하고, 또 한 사람은 사냥꾼으로 꾸며 色鳥를 쏘는 시늉을 하고, 또 두 사람이 가면하야 女優로 꾸며 처첩이 서로 싸우는 형상을 하면, 또 한 사람은 가면하야 男優로 꾸민 뒤 처첩이 투기하는 것을 조정하는 모양을 취한다.

---

1 敦崇, 『燕京歲時記』 打春條, 1906.

牧使는 좌상에 앉아서 酒肴와 연초를 많이 주며 여민동락지풍을 보인다. 관광자는 다 웃고 또 본 관아에 이르러서도 그와 같이 하면 분장한 사람들은 영웅호걸같이 보인다. 호장이 물러가고 무격배는 모여 그 지역에 있는 糶糴倉에 들어 뛰놀며 어지러이 춤추고 청청한 목소리로 연풍의 주문을 외며 태평을 즐기고 散會한다.[2]

이 제주도의 입춘굿 행사는 2월에 있는 약마희躍馬戲와 더불어 모의농경의 례模擬農耕儀禮에서 일종의 가면희가 전환되어 오는 원초적인 단계를 보여 주는 예라고 할 수 있다.

이외 상원에 행하던 경남 영산의 목우희木牛戲(나무쇠싸움)가 농신과 관련있는 예축행사이며, 또 해서·기호 지방에서 상원과 추석에 행하던 예축과 추수 감사의례의 일종이던 소멕이놀이, 소놀이굿과 같은 행사를 볼 때 이 같은 소와 관련된 농경의례들은 단순히 중국 토우제의 수입에서 비롯되는 단일계의 것이 아니며 보다 광범위한 고유의 민속이 한편에 있어 왔음을 짐작할 수 있다. 즉, 토우나 목우희의 경우 고유한 재래 민속에 외래의 형식을 받아들인 일례가 될 것이다.

이 밖에 입춘날 농가의 사적인 행사에는 보리 뿌리점이 있다. 보리 뿌리를 캐봐서 그해 농작물의 풍흉을 점치는데, 보리 뿌리가 세 가닥이면 풍년이고, 두 가닥이면 평년작이며, 한 가닥이거나 혹은 가닥이 없으면 흉년이 든다고 한다.

## 8. 상원의 풍속

### (1) 기풍과 점풍

대보름이 가까워 오면서 특히 그 전날인 14일에는 그해의 개인 신수를 걱정하는 것 못지않게 가정의 행운을 빌고 한 해의 농사가 잘 되기를 비는 각종 행사나 주법呪法, 금기 등이 집중적으로 행해진다.

12일 저녁 농가에서는 어린아이들이 솔방울을 여러 수백 개 주워다가 달걀

---

2 金斗奉, 『濟州島實記』, 1936.

이라 가정하고, 부잣집에 가서 큼직하고 동그란 쇠똥을 골라 와 엄지 암탉이라 가칭하고, 주워 온 솔방울을 품게 하는 포란抱卵의 형상을 가작假作하여 두었다가 13일 새벽 어린아이들이 쇠똥 밑에서 솔방울을 집어 내며 큰 소리로 수백 마리라고 외치며 병아리 잘 깠다라고 한다. 이것은 양계가 잘 되기를 기원하는 모방주술적 풍속이다.

또한 13일 아침 여자 아이들은 스무나무처럼 가시가 돋은 나뭇가지를 꺾어 와 가시마다 솜 송아리를 끼워 담이나 지붕에 꽂아 둔다. 많이 꽂아 놓으면 마치 무명밭같이 가작된다. 또 무명 송아리 사이에 20세 내외의 부녀자를 드문드문 모작模作하여 세워 놓는다. 이것은 면화의 풍작을 비는 모방주술적 행사이다. 또 이날 농가에서는 부녀자들이 쌀을 씹어 그 가루로 쌀가루 물을 만들어 손가락에 묻혀 벽에 누에고치 형상을 그려 놓는데, 이것은 양잠이 잘 되기를 원해서이다.

14일에는 풍년을 기원하여 화간禾竿, 즉 낟가릿대를 세운다. 『동국세시기』에 보면 시골 민가에서는 보름 전날 짚을 묶어 깃대 모양으로 만들고 그 안에 벼, 기장, 피, 조 이삭을 집어 넣어 싸맨 다음 목화를 장대 위에 매단다. 그것을 집 곁에 세워 새끼로 고정시켰는데, 이것을 화적禾積이라 하였다. 또 산간지방 풍속으로 가지를 많이 친 나무를 외양간 뒤에 세우고 곡식 이삭과 목화를 걸어 두면 아이들이 새벽에 일어나 이 나무를 싸고돌면서 노래를 부르며 풍년을 빈다. 이렇게 하다가 해가 뜨면 그만둔다.

보름 전날인 14일에 세웠던 화간은 다음달인 2월 1일 이른 아침에 헐어 버리는데 대 위에 걸었던 곡식들을 섬이나 먹서리 따위에 집어 넣으면서 큰 소리로 "벼가 몇 천 섬이요", "조가 몇 백 석이요", "콩이 몇 십 석이요" 하고 외친다. 이렇게 하면 그해 풍년이 든다고 한다.

민간에서 행하던 이 같은 예축행사는 『세조실록世祖實錄』에 보면 권농의 뜻에서 궁중에서 채택하고, 후에는 좌우 2조組로 나누어 각기 그 의장意匠에 공을 들인 농사의 가작물假作物을 만들어 우열을 다투는 내농작內農作 또는 가농작假農作이라고 부르는 기풍행사가 되었다.

처음에는 권농과 기풍祈豊을 위해 펼치던 행사였으나 나중에는 점차 희완화戲玩化, 즉 놀이화하여 경연하기에 이르렀다. 전라남도 진도 전역에서는 15일에 액막이와 풍년을 빌어 유지기를 세운다. 최근까지 전승되던 경북 영천군의 가농작의 예를 들면 다음과 같다.

음력 정월 14일 퇴비 위에 수숫대로 만든 오곡 이삭을 각 5~6가지씩 심고 또 그 거름 앞에는 소나 닭 등 가축과 써리(써레), 쟁기 등 농구를 함께 만들어 놓았다가 보름날 저녁 달이 뜬 다음 오곡 이삭을 뽑아서 도리깨로 타작하여 퇴비 속에 넣어 버린다.

상원을 전후하여 기풍하던 또 다른 풍속으로 가수嫁樹, 즉 나무 시집보내기가 있다. 정월 초하루나 보름에 과수果樹가 있는 집에서는 과실나무의 두 가지 틈에 돌을 끼워 둔다. 이렇게 하면 그해 과실이 많이 열린다고 한다. 이것을 '돌뜨기'라고 하는 마을도 있다. 기풍하는 간절한 마음은 그 해의 풍흉을 미리 알고 싶은 조바심으로 변하여 갖가지 점풍행사占豊行事를 벌이기도 한다.

『동국세시기』에 소개된 몇 가지를 들어 보면 다음과 같다. 그림자 점이라 하여 대보름날 밤 달이 하늘 한가운데 뜨면, 농가에서는 한 자 길이의 나무를 뜰 가운데 세워 놓고 그 나무 그림자의 길이로써 그해 곡식의 풍흉을 점친다. 그림자가 여덟 치면 바람과 비가 순조로워 대풍이 들고, 일곱 치나 여섯 치가 되어도 길하며, 다섯 치가 되면 불길하고, 네 치가 되면 수해와 해충이 성행하며, 세 치이면 곡식이 여물지 않는다 하였다.

대보름날 저녁 농가에서는 재를 담은 주발에 여러 가지 곡식 씨를 놓은 다음 지붕 위에 얹어 놓는다. 이튿날 아침 곡식 씨가 바람에 불려 날아갔는지 아니면 남아 있는지를 보아 풍흉을 점친다. 씨앗이 날아간 곡식은 흉작이 들고 남아 있는 곡식은 풍작이 든다 한다.

이 밖에 상원날 소에게 밥과 마른 채소를 함께 주어 밥을 먼저 먹으면 풍년이 들 징조라 하였다. 대보름날 새벽 첫 닭 울음소리를 들어 보아 열 번을 넘게 울면 그해 풍년이 든다고 하는데, 이것을 '닭울음점'이라고 한다.

좀더 까다로운 점으로 달불이(월자月滋)와 집불이(호자戶滋)가 있다. 대보름 전날 밤 농가에서는 열두 개의 콩에 열두 달 표시를 하여 수수깡 속에 넣어 묶은 다음 우물 속에 집어넣는다. 이튿날인 대보름날 새벽에 그것을 꺼내어 콩알들이 붇고 안 붇는 것으로써 그 달의 수해, 한해, 평년작 등의 여부를 징험한다. 이것을 '달불이'라고 한다. 또 마을의 호수戶數대로 콩을 골라 콩에 각각 호주 표시를 하고, 짚으로 묶어 우물에 집어넣는다. 다음날 아침에 꺼내 보아 콩이 붇은 집은 풍년이 든다고 한다. 이것을 '집불이'라고 한다.

상원을 전후한 여러 가지 기풍, 점풍행사는 우리나라에만 있는 것이 아니다. 중국의 가수나 목영점년木影占年 혹은 달불이에 의한 점세占歲는 우리와 같고, 일본에도 가수행사가 있다. 또 아와보 히에보粟穗稗穗나 모노쓰구리物作り는 우리의 가농작이나 화간과 유사하며, 마유다마繭玉는 우리의 양잠 예축과 동일계의 행사로 보여진다. 이것은 한국·중국·일본 3국이 과거 동일한 농경문화를 누렸던 데서 비롯된 것이다.

### (2) 노두놓기와 제웅, 기타

자라나는 아이들에 대한 어버이들의 걱정은 삼재법에서 이미 살펴보았다. 호남지방에 현전하는 노두路頭놓기 세시풍속은 정월 14일 저녁 부모들이 그해 자식의 신수가 나쁘다고 하면 오쟁이에 모래를 담아 사람들이 개울을 건너다닐 수 있게 징검다리를 놓는다. 노두를 놓고 나서 돈, 쌀 등을 차려 놓고 거리제를 지낸다. 즉, 월강공덕越江功德으로써 액막이를 하고자 원하는 것이다.

특히 어버이들이 두려워한 것은 남녀의 나이가 제웅직성直星(나후직성羅睺直星)이 들 때였다. 남녀의 나이가 제웅직성에 들면—제웅직성이 사람의 명궁命宮, 즉 생년월일시의 방위에 드는 것을 말한다—제웅(추령芻靈)을 만들어 제웅직성에 든 사람의 옷을 입히고 머릿속에 동전을 집어넣어 이름과 태어난 해의 간지를 적어서 정월 14일 저녁 길가에 버림으로써 그해의 액을 막는다. 『경도

잡지』와 『동국세시기』에는 이날 밤 아이들이 집 밖에 몰려와서 제웅을 내어
달라 하여, 그것을 얻으면 머리 부분을 파헤쳐 다투어 돈만 꺼내고 나머지는
길에 내동댕이치는데, 이것을 타추희打芻戱라고 한다 하였다.

또 판수(점치는 일을 업으로 삼는 소경)의 점을 믿어 판수가 일직성, 월직성이
명궁에 든 사람은 모두 재액을 만난다고 해서 종이로 해와 달의 모양을 오려
나무에 끼워 지붕 용마루에 꽂는다. 달이 뜰 때 홰에 불을 붙여 달맞이한다 하
였고, 수직성이 든 사람은 종이에 밥을 싸서 밤중에 우물 속에 던져 액을 막는
다 하였다. 풍속에 따르면 직성 중에 처용직성, 즉 제웅직성을 가장 꺼린다 하
였다.

남자는 제웅직성이 10세에 처음 들기 시작하여 12세에 수직성이, 13세에
일직성이, 15세에 월직성이 들고, 열 아홉 해 만인 19세 때 다시 돌아온다. 여
자는 남자보다 한 해 늦은 11세에 들기 시작한다.

직성直星이란 사람의 행년行年(나이)에 따라 그 운명을 맡은 별로서, 제웅직
성을 비롯하여 토, 수, 금, 일, 화, 계도計都, 월, 목직성木直星 등 아홉 개 별이
있다. 직성이 들기 시작하는 연령대는 남녀 모두 10대 사춘기로 심신의 동요
가 심한 인생의 최대 위기임을 생각할 때, 이 같은 유감주술類感呪術들은 옛 사
람들의 오랜 경험에서 얻어진 생활의 지혜요, 생활 기술로서의 주술magic임을
알 수 있다.

『경도잡지』나 『동국세시기』에 따르면 제웅(추령)은 신라 헌강왕憲康王 때의
처용에서 빌려 온 것이라 하였다. "제웅은 짚으로 만든 사람의 형상으로 제웅
직성이 든 사람이나 혹은 앓는 사람을 위하여 길가에 대신 버려짐으로써 액을
막거나 산영장永葬을 지내는 데 scape goat로 쓰이는 대속代贖(남의 죄나 고통
을 대신 당하는) 의미의 주술 인형이다. 처용은 사악을 물리치는 벽사의 주력呪
力을 가졌을 뿐만 아니라, 사악을 짊어지고 대신 버려짐으로써 선善을 맞이하
는 진경進慶의 주력을 갖는 복합적인 신격이다."[3]

---

3  李杜鉉, 『韓國假面劇』, 문화공보부 문화재관리국, 1969, 79쪽.

「처용가」에 "東京 밝은 달에, 밤드리 노니다가……"로 시작되는 것만 보더라도 처용설화와 제웅의 기원이나 형성에 있어 만월과 관련된 상원의 세시풍속과 깊은 관련이 있음을 짐작할 수 있다. 이 밖에도 개인 중심의 유감주술적인 상원행사의 예를 몇 가지 더 들 수 있다. 겨울부터 남녀 어린이들은 작은 나무로 만든 호로葫蘆 세 개를 차고 다닌다. 그 빛깔은 청·홍·황색으로 마치 깍지콩의 모양과 같다. 채색실로 끈을 만들어 이것을 차고 다니다가 보름 전날 밤중에 몰래 길에 버리면 액을 막는다고 한다.

어린아이 중에서 봄을 타 피부 색깔이 검어지고 야위어 마르는 아이는 정월 보름날 백 집의 밥을 빌어다가 절구를 타고, 개와 마주앉아 개에게 한 숟갈 먹이고 자기도 한 숟갈 먹으면 다시는 그런 병을 앓지 않는다고 한다.

대보름날에는 오곡(쌀, 보리, 콩, 조, 팥)밥을 지어 이웃끼리 나누어 먹는다. 이 날 세 집 이상의 밥을 먹으면 좋다고 하여 가능한 한 여러 집을 돌아다닌다. 국수는 장수를 의미하므로 대보름에 국수를 먹으면 장수한다 하여 국수를 먹기도 한다. 또 복福쌈이라고 하여 배춧잎이나 취, 김에 밥을 싸서 먹기도 한다.

이 밖에 보름날 절식으로 약밥이 있고, 이른 새벽에 부럼 깐다고 하여 날밤, 호두, 은행, 잣, 무 등을 깨물며, "1년 열두 달 동안 무사 태평하고 종기나 부스럼이 나지 않게 해 주십시오"하고 축수한다. 일본에는 하가타메齒固め라는 이와 비슷한 풍습이 있다.

또 보름날 청주 한 잔을 데우지 않고 마시면 귀가 밝아진다고 하여 귀밝이술을 마신다. 묵은 나물밥이라 하여 박나물, 버섯, 콩나물 순 말린 것, 오이고지, 가지, 무, 시래기를 햇볕에 말려 두었다가 이날 나물로 무쳐 먹으면 한여름에도 더위를 먹지 않는다고 한다.

아이들은 정초부터 대보름날까지 연날리기를 하는데 대보름이 되면 액연厄鳶을 띄운다고 하여 연에다 액자厄字를 쓰기도 하고, 송액이나 송액영복送厄迎福 혹은 "집안 식구 아무개 무슨 생, 몸의 액을 없애 버린다〔家□某生身厄消滅〕"라고 써서 연을 띄우다가 해가 질 무렵 연줄을 끊어 버린다. 이렇게 하여 그해의 재액을 멀리 쫓아 보내는 것이다.

아침 일찍 일어나서 해가 뜨기 전에 동쪽으로 뻗은 복숭아 나뭇가지를 꺾어 둥글게 만들어 개 목에 걸어 주고, 소에게는 왼새끼를 꼬아서 목에 매어 주며 올해는 더위를 타지 말라고 한다. 특히, 더위팔기(賣暑)라고 하여 이날 사람을 보면 급히 부른다. 상대방이 대답을 하면 곧, "내 더위 사 가라"고 한다. 이렇게 하여 더위를 팔면 그해는 더위를 먹지 않는다 한다.

### (3) 달맞이와 다리밟기

대보름날 초저녁에 횃불을 들고 높은 곳에 올라 달이 떠오르는 것을 맞이하니 이것을 달맞이라 하고, 이때 정월 13일경부터 만들어 놓은 달집을 태우기도 한다. 또한 먼저 달을 보는 사람은 한 해 운이 좋아서 총각은 장가를 가게 되고, 결혼한 남자는 아들을 얻게 된다고 한다. 달빛으로 그해의 풍흉을 점치기도 하는데, 달빛이 붉으면 가물고 희면 장마가 질 징조라 한다. 달이 뜰 때 형체의 대소, 용부湧浮, 고저로 점을 치기도 한다. 달의 윤곽이나 사방의 후박 厚薄(두꺼움과 얇음)으로 1년 농사를 점치는데, 달이 사방이 두터우면 풍년이 들 징조이고, 엷으면 흉년이 들 징조이며, 조금도 차이가 없으면 평년작이 될 징조라고 한다.

『동국세시기』에는 이날 밤 장안의 남녀들이 모두 종루(종로) 네거리로 쏟아져 나와 종소리를 다 들은 다음 흩어져 여러 곳의 다리로 가서 '다리밟기'를 한다 하였다. 장안의 답교踏橋는 광통교와 수표교에서 가장 성했다. 인산인해를 이룬 군중은 퉁소를 불고 북을 치며 야단법석이었다고 한다. 교橋는 우리나라 말로는 다리(脚)로 발음되므로 이렇게 하면 1년 동안 다리에 병이 생기지 않는다고 한다.

『북경세화기北京歲華記』, 『제경경물략帝京景物略』, 『완서잡기宛署雜記』 등 중국 측 기록에 보면 이 다리밟기는 다리 병뿐만 아니라 모든 병을 물리친다(走百病)고 하였고, 또 액막이(도액度厄)를 한다고 하였다. 다리밟기는 서울뿐만 아니라 거의 전국적으로 행한 상원의 풍습이었다. 이수광李晬光의 『지봉유설

芝峰類說』에는 우리나라 다리밟기는 고려 때부터 시작되었다 하였다.

## 9. 석전과 줄다리기

### (1) 석전

점세적占歲的 세시풍속은 곡물이나 천체 등 자연현상을 이용하는 직접적인 것과 각종 모의전模擬戰의 승부나 횃불놀이 등에 의한 간접적인 것으로 나눌 수 있다.

직접적인 점세는 공감주술적共感呪術的 요소를 다분히 내포한 점복占卜 행위

그림 6-2. 편싸움〔石戰〕도

에 의하여 풍흉을 미리 알고자 하는 것으로서, 앞에서 언급한 월점, 목영점년, 달불음, 보리 뿌리점 등이 있다. 간접적인 점세는 모의전의 승부에 의하여 풍작을 점치는 행사인데, 대표적으로 석전石戰(편싸움), 줄다리기, 횃불싸움, 차전車戰, 나무쇠싸움 등이 있다.

　석전은 20세기 초까지도 거의 전국적으로 행해졌는데, 서양인들의 눈에는 불가사의한 오락 또는 기괴한 스포츠로 비쳤다. 석전은 본래 수석전水石戰으로서 이미 『수서隋書』 고려전高麗傳에 그 옛 형태인 고구려의 수석모의전의례水石模擬戰儀禮가 소개되어 있다. 석전에 대한 여러 설명과 해석이 있었으나, 결론적으로 말해서 "석전의 고대적 형태도 상무적尙武的 의례이기에 앞서 선행적으로는 농경의례" 였다.[4]

　『동국세시기』는 상원에 있었던 서울지방의 편싸움에 대해 다음과 같이 기록하고 있다.

　　三門 밖 사람들과 阿峴 사람들이 만리재 고개에서 떼를 이루어 편을 가른 다음 몽둥이를 들고 혹은 돌을 던지거나 고함을 치면서 달려들어 접전한다. 그리하여 달아나는 편이 지는 것이다. 이르기를 삼문 밖 편이 이기면 경기도 안이 풍년이 들고, 아현 편이 이기면 다른 道들이 풍년이 든다고 한다. 이에 용산과 마포의 소년들은 작당하여 아현 쪽을 돕는다. 매우 심한 싸움일 때에는 고함치는 소리가 지축을 흔들며 머리를 싸매고 서로 공격하는데, 이마가 터지고 팔이 부러져 피가 흘러도 그치지 않는다. 비록 죽거나 다쳐도 후회하지 않고 그에 대한 보상도 없다. 그러므로 사람들은 모두 돌을 무서워 피하고, 해당 관청이 이를 금지하려 해도 고질이 된 이 풍습을 온전히 고쳐지지 않았다.

(2) 줄다리기

　상원에는 석전(편싸움)뿐만 아니라 줄다리기(삭전索戰), 고싸움, 차전, 갈전葛戰 등으로 점세하고, 단오가 되면 다시 청소년들의 성장의례로서 석전을 하거

---

4　金宅圭,「韓國部落慣習史」,『韓國文化史大系』 IV, 高大民族文化硏究所, 1970, 679쪽.

**그림 6-3.** 전남 장흥 고싸움〔索戰〕

나 씨름(각력전角力戰), 추천희鞦韆戲 등을 행했다.

줄다리기는 옛날부터 남한 각지에서 성행한 민속으로, 보통 음력 정월 대보름날(지방에 따라서는 여름철 가물 때나 혹은 8월 보름) 행하여지던 점세 놀이로서 한 마을이 동서로 나뉘어 줄을 당겨 승부를 다투었다. 줄에는 암수가 있어 동東을 숫줄, 서西를 암줄이라고 일컬었으며, 이긴 쪽은 그해 악역惡疫에 걸리지 않고 농사가 잘 된다고 전해 온다. 고장에 따라서는 암줄이 이겨야 풍년이 든다고 하며, 호남지방의 해안에서는 마을의 남녀가 편을 나누어 줄을 당기는데, 미혼 남자는 여자 편을 든다고 한다. 1년 농사의 풍흉이 줄다리기에 좌우되는 것인 만큼 마을 사람들은 남녀노소 할 것 없이 총동원되어 필사적으로 승부를 겨룬다. 경남 동래 지방에서는 줄다리기 대회가 끝난 뒤 축하 행사로서 동래야류〔東萊野遊〕를 놀았다.

광복 전 우리나라의 줄다리기 분포를 조사한 자료에 따르면 경남 18건, 경북 14건, 전남 20건, 전북 8건, 충남 8건, 충북 7건, 경기 7건, 강원 12건, 황해 4건, 평남 1건, 평북 3건, 함남 5건, 함북은 한 건도 없는 것으로 나타났다.[5] 이처럼 남쪽일수록 행사 수가 많고, 북으로 감에 따라 적어지는 것으로 미루어 줄다리기는 벼농사와 관련된 행사임을 알 수 있다.

광복 후 줄다리기 풍속은 거의 소멸되다시피 하였으나, 몇 년 후 전국민속예술경연대회에서 민속놀이 부문에 전라남도의 고싸움놀이가 출전하고, 뒤를 이어 몇 지역에서 더 출전함으로써 각각 그 고장에서 부활하게 되었다. 경상남도 영산에서는 줄다리기가 목우희와 함께 매년 3·1절 행사로 계속되고 있다.

이것은 농촌 사회의 비중이 여전히 큰 우리나라에서 농악과 함께 줄다리기, 고싸움, 차전 등은 이같이 매스 게임mass game화하면서 새로운 민중 오락으로서의 생명유지의 가능성을 보여 주는 사례이다. 우리는 여기서 농경이나 어로 의례가 민속 예술화 내지 민중 오락화되어 가는 실례들을 현재에도 볼 수 있는 것이다.

『형초세시기』에는 한식에 "타구打毬, 추천鞦韆, 시구지희施鉤之戲"라는 풍습이 있다 하였다. 시구라는 것은 삭전索戰을 말하는 것으로, 당대唐代에는 발하희拔河戲라고 불렸다. 중국에서는 고대의 줄은 멸람蔑纜으로 만들었다 하고, 당대에는 대마大麻를 사용한 기록도 보인다. 우리나라와 일본 그리고 동남아 여러 벼농사 문화 지역에서는 줄다리기를 할 때 볏짚으로 만든 줄을 사용한다. 『동국세시기』에 갈전이 보이는 바 볏짚을 사용하기 전에는 칡을 사용한 일도 있었던 것 같다. 현재까지도 볏짚에 칡을 섞어 강도를 보강하기도 한다.

우리나라 줄다리기는 중국, 일본, 동남아 여러 지역과 마찬가지로 풍년을 비는 행사인데, 그 특징은 다음과 같이 요약할 수 있다.

농경사회, 특히 수도 재배권(물로 농사를 짓는 문화권)의 생산신으로서의 地母神 앙에 根底한 둔 龍蛇信仰에서 기원하여 성행위에 대한 모방주술적 요소를 가지고 있으며, 생산 활력을 보다 많이 가진 소년·여성들에 의하여 先行되는 촌락 공동체의

5  村山智順, 『朝鮮の鄉土娛樂』, 朝鮮總督府, 1941.

의례적 연중행사로 정월 상원을 중심으로 주로 촌락 단위로 이루어진 의전이다.[6]

이제까지 살펴본 세시풍속은 주로 개인이나 가족을 중심으로 한 인생통과 사이클과 시계時季 사이클이었다. 특히 시계 사이클과 관련되는 마을의 안과 태평이나 풍년을 비는 동제는 그 제일祭日이 대부분 음력 정초나 대보름에 집중되어 있다. 그 구체적인 예는 〈제5장 민간신앙 IV 동제〉에서 다루었다.

## 10. 지신밟기

정초부터 보름 사이에 농악대는 마을의 가가호호를 돌며 걸립乞粒치기를 한다. 정초의 이 행사를 영남과 호남 지방에서는 지신地神밟기 또는 매굿(매귀埋鬼)이라고 부르며, 평북, 함남 등 북부로 갈수록 농악 자체가 적어지고 정초의 매귀 행사가 없었다.

농악은 두레(지방에 따라 농사農社, 농청農廳, 농계農契 등 여러 가지로 불렀다)의 음악으로, 두레 노동인 이앙移秧, 관개灌漑, 제초除草, 수확收穫 등 주요 작업을 할 때 없어서는 안 될 요소였다. 또 봄의 경작기부터 성장과정의 예축의례와 추수감사의례에 이르기까지 모든 농경의례의 축원음악일 뿐만 아니라 노동음악이며, 농가의 매귀 안택을 여러 신에게 축원하는 매구굿(또는 동네굿)이기도 하다.

이같이 민간신앙에 뒷받침된 농악은 반면 주기전승의 하나로 세시풍속과 밀접한 관계가 있다. 정월에는 '매구굿'을 하고 5~6월 제초기에는 '지심놀이'로써 노동의 효율을 돕는다. 7월에는 '소타는 놀이'라 하여 백중에 제초가 끝난 뒤 놀이와 풍작을 축원하는데, 특히 호남 지방에서 성하다. 8월에는 추석놀이로 전국 각처에서 씨름과 함께 농악 대회가 열린다. 10월에는 마을마다 당산굿을 치고, 12월에는 특히 절에 초청되어 '절굿'을 치기도 한다.

---

6 金宅圭, 앞의 책, 684쪽.

매구굿 또는 지신밟기의 실례로 경상남도 김해시 삼정동의 걸립치기[7]를 살펴보자. 음력 정월 초하루부터 15일까지 농악대가 마을의 가가호호를 돌며 동네굿을 쳐주는 것을 걸립치기라 하는데, 이때 쌀과 돈을 거두어 마을의 공동 사업비로 충당한다.

농악대의 편성은 지방에 따라 차이가 있지만, 이곳 농악대는 농기農旗 1, 꽹사(상쇠) 1, 징 1, 북 1, 장고 1, 소고 5, 포수 1, 화동花童 1, 사대부(양반 광대) 1로 비교적 적은 수의 편성이다. 집집마다 들러 걸립치기하는 순서는 다음과 같다.

① 마당돌이 ② 성주굿 ③ 조왕굿 ④ 용왕굿 ⑤ 장독굿 ⑥ 고방굿 ⑦ 마닥(외양간)굿 ⑧ 뒷간굿 ⑨ 거리굿

길놀이를 하며 농악대가 굿을 쳐 줄 집에 이르러 마당돌이를 하는 동안 그 집 안주인은 마루에 성주상을 준비한다. 상 위에는 흰쌀 한 그릇과 술 한 되, 묵 한 접시에 얼마간의 돈을 준비하였으며, 쌀에 양초 두 자루를 꽂은 간소한 차림이었다. 상 위의 쌀과 돈은 농악대가 거두어 마을 공용으로 쓰는 것이다. 그리고 상 위의 주식酒食은 거리굿까지 끝낸 다음 농악대원이 함께 음복한다.

성주 상 앞에서 농악 반주에 맞춰 상쇠가 축원가를 부르는데, 그 내용은 농사와 안택 축원이다. 축원가의 장단은 그때그때의 형편에 따라 다르다. 지체 높은 집에서 새로 집을 지어 특별히 초청받아 농악을 칠 때는 성주풀이를 거의 전부 노래한다고 한다. 성주[成造]신은 가신家神으로서 우리나라 무속에서 천신계에 속하는 대감大監, 제석帝釋과 함께 3대 신령의 하나이며, 집 전체의 안태安泰를 맡은 최고의 가택신이며, 주재천신主宰天神이다. 그러므로 걸립치기에서도 성주풀이가 가장 중심이 되며, 그 길이도 길다. 농악 반주로 부르는 각

---

7 1967. 2. 14 현지조사.

거리의 축원 중에서 성주풀이보다 짧은 조왕굿, 즉 부엌신을 위한 「축원가祝願歌」를 옮겨 본다.

어여로 조왕님아
천년조왕 말년조왕
조왕님 모신 곳에
조왕님 덕택으로
이집의 내무대신
동서사방 다댕기도
작구야잡신 물러치고
재수야사망 이서서러
농사장원도 하옵시고
돈바리도 들어와서
서말찌 닷말찌는
주룽주룽 걸렸구나
은조래 놋조래도
죽죽이 걸려있고
조왕님 덕택으로
험한임석 하덜말고
살밥팥밥을 삼시로 하고
일년하고 열두달에
과년하고 역석달에
재수사망도 하옵시고
소원성취도 하오리다
조왕님 떠나시면
성조님 말년하고
성조님 떠나시면
조왕님 말년하야
성주조왕 항애동심
억수말년 지내가도

변치않고 늘이주소
재수사망 하옵기도
조왕님 덕택이다
여러여러 조왕님아
수말년을 누리소

이같이 농악은 생산활동과 밀접한 연관을 가지고 있으며, 주력呪力으로서의 신앙의 힘에 뒷받침되어 있다. 한편 사람들에게 공감을 주는 오락의 기능도 가지고 있어 향토 예능으로서도 큰 몫을 차지하고 있다. 농악 12차次 속에는 품앗이굿, 광대굿놀이 등이 있어 농악 자체로서도 농경의 실제 과정을 보여 주는 모의농경의 유감주술과 연희의 기능 등을 보여 주지만, 한편 농악은 농경 의례와 부락제의, 민간연희에 참가하여 없어서는 안 될 요소를 이룬다.

지신밟기, 매구굿 또는 걸립 등과 같이 "신 혹은 여러 가지 영격靈格으로 가장한 청소년들이 마을의 집집마다 방문하여 기복, 불양행위祓禳行爲를 하고 금품, 음식 등의 향응을 받는 형식"[8]의 놀이로는 정월 보름에 노는 북청사자 놀음, 정월 보름과 8월 추석에 놀던 해서(황해도 지방)와 기호(황해도 남부, 경기 도, 충청도 북부 지역) 지방의 소멕이놀이 그리고 역시 8월 추석에 행하던 기호 지방의 거북놀이 등이 있는데, 이 중 북청사자놀음은 제7장에서 설명하기로 한다.

## 11. 2월 초하루 행사

### (1) 볏가릿대 내리기와 노래기날

이날 정월 보름에 세웠던 볏(낟)가릿대(또는 유지기 깃대)에서 벼이삭을 내려 다가 흰떡을 만들고, 콩으로 소를 넣어 송편을 만들어 머슴들에게 나이 수대 로 먹인다. 그래서 이날을 속칭 노비일奴婢日이라고 하는데, 그 이유는 농사일

---

8 金宅圭, 앞의 책, 658쪽.

이 이날부터 시작되기 때문이다. 또 볏가릿대를 내릴 때 양옆에 세웠던 줄은 썰어서 볏섬을 들이듯이 들였다가 후에 퇴비로도 쓴다.

또 이날을 노래기날이라 하여 콩, 명주실, 나락, 보리, 수수를 넣고 볶는다. 콩을 잘 볶아 콩떡을 만들어 먹기도 하고 혹은 지붕에 던지기도 한다. 『동국세시기』에는 "香娘閣氏速去千里(향랑각시여, 속히 천 리 밖으로 도망가라)"라는 여덟 자를 부적으로 써서 추녀 끝에 붙인다고 하였다. 향랑각시는 노래기를 미화해서 표현한 것이다. 이날 노래기뿐만 아니라 뱀을 예방하는 곳도 있다.

(2) 영등맞이

영남과 호남 여러 지방에서 풍신風神인 영등할머니를 맞아 부엌이나 장독대에 음식을 차려 놓고 절하며 소지를 올리고 소원을 빈다. 영등할머니는 2월 초하루에 내려와서 15일부터 20일 사이에 도로 하늘로 올라간다고 하여, 이 기간 정화수를 떠 놓고 바람이 순조로워 농사가 잘 되고 가내 평안하기를 빈다. 영등할머니가 딸을 데리고 오면 바람이 불고, 며느리를 데리고 오면 비가 온다고 하는데, 그것은 며느리 치마의 얼룩을 지우기 위해서라고 한다.

이달 초하루부터 사람을 꺼려 만나지 않는데 15일 혹은 20일까지 계속된다고 한다. 이것은 영등맞이와 관련된 근신으로 생각된다. 제주도 애월涯月의 약마희躍馬戲도 영등맞이와 관련된 놀이이다. 또 오늘날 서남 해안이나 섬지방에서는 정월이나 2월에 사람이 죽으면 매장하지 않고 초분草墳을 쓰는 곳이 있는데, 이것도 정월 세신歲神과 2월 풍신을 모두 중히 여긴 습속에서 비롯되었다고 생각된다. 또 제주도 풍속에 이달에는 배를 타는 것을 금한다고 하였다. 20일에 비가 오면 풍년이 들고, 조금 흐려도 길하다고 하였는데, 20일은 영등할머니가 마침내 하늘로 올라가는 날이다.

영등맞이뿐만 아니라 이날 좀생이별(묘성昴星)을 보아 그 위치에 따라서 그해 농사의 풍흉을 점치기도 한다. 즉, 묘성이 달 앞에서 고삐를 끄는 것같이 멀리 떨어져 있으면 풍년이 들 징조라고 한다.

## 12. 개구리알 먹기

2월 경칩에 호남과 영남 여러 지방에서 몸에 좋다고 하여 한개구리나 비단 개구리, 두꺼비의 알을 먹는다. 섬여蟾蜍, 즉 두꺼비는 중국에서는 한대漢代 이래로 벽병(병을 물리침)·벽사(나쁜 것을 물리침)의 힘이 있다고 믿어 왔다. 『사민월령四民月令』 5월 5일조에는 두꺼비를 잡아 창약創藥을 조합한다 하였고, 고구려 고분 벽화에도 두꺼비 그림이 보인다.

인류가 탈피脫皮 갱생更生을 되풀이하는 뱀과 항상 차면 기울어 불로불사를 되풀이하는 달이 서로 밀접한 관계가 있다고 생각한 것은 선사시대 각종 유물의 문양으로 보아 구석기시대 이후 계속되어 온 것으로 보인다. 또 토끼를 인간에게 불사不死를 가르치는 사자로서 달 속에 있는 존재로 생각했으며, 달 속에 계수桂樹가 있다고 본 것은 소박한 우리의 동요에도 잘 표현되어 있다.

이같이 불로불사하는 달과 직접·간접으로 관련 있다고 생각한 동물은 주로 탈피를 되풀이하며 혈거穴居하는 뱀, 도마뱀, 게 등처럼 죽음과 부활을 되풀이한다고 생각한 동물이거나 혹은 두꺼비, 곰, 토끼, 개, 멧돼지, 쥐 등처럼 대부분 동면하거나 혈거하여 숨었다가 다시 나타나는 동물들이다. 달의 영휴소장盈虧消長과 그 유추에서 회춘과 불사의 표상이 이들 월동물lunar animal과 결부되며, 달 속의 계수桂樹도 식물계의 죽음과 부활의 반복을 달의 그것에 결부시킨 것으로 보인다.

또 식물계의 생성과 발육에 대한 물의 혜택을 영생불사·다산풍요 등 여성원리의 상징인 달에게 돌린 원초의 소박한 생명에의 욕구는 달 신화와 깊은 관련을 갖고 있는 뱀, 두꺼비, 곰, 개 등의 동물이 수신, 수정의 성격을 띠는 까닭도 여기서 비롯된 것으로 보인다.

이렇게 생각할 때 경칩의 민속인 개구리알 먹기뿐만 아니라 단군신화에 나오는 곰이나 동부여東扶餘의 금와金蛙, 고구려 벽화의 두꺼비 표상 등은 모두 위와 같은 관점에서 해석할 수 있다. 또 우리나라 민담 중에서 대사大蛇에게 인신공회(공양의 희생물로 인간을 신에게 바치던 일)로 바쳐진 처녀를 구한 두꺼비

이야기나 판소리 토끼타령의 근원설화에 대한 민족적 전승은 모두 이 같은 측면에서 풀이될 수 있다.

# Ⅳ 춘절의 세시풍속

## 1. 3월 삼짇날

3월 3일에는 강남 갔던 제비가 돌아온다고 한다. 중구일重九日, 즉 9월 9일에 제비는 강남으로 갔다가 춘 3월 호시절인 상사일上巳日에 다시 옛 주인 집으로 찾아든다. 이때 나비도 새로 나오는데, 만일 흰 나비를 보면 그해 상복을 입게 된다 하고, 노랑나비나 호랑나비를 보면 그해 운이 대통이고 몸이 건강하다고 한다.

부녀자들은 진달래꽃전(화전花煎)을 산과 들에 나가 지져 먹고 봄놀이를 하며, 화면花麵, 수면水麵을 시식時食으로 먹는다. 영남 지방의 규방가사인 화전놀이 노래는 널리 알려져 있다. 부녀자들은 또 물맞이를 하거나 머리카락이 길어진다 하여 머리를 감는다. 이날 여러 가지 음식을 차려 산소에 가고, 또 아이들에게는 새 옷을 입히는 등 다른 명절과 마찬가지로 보낸다.

충청도 진천 지방의 풍속으로 3월 3일부터 4월 8일 사이에 아이를 낳지 못한 부인들이 무당을 데리고 우담牛潭이란 곳에 가서 동서 용왕당과 삼신당에 아들 낳기를 빈다고 하였다. 이 밖에 이달 행사로 도속都俗의 화류花柳(상사上巳 답청踏靑의 유속遺俗이라 한다)가 있고, 사회射會, 청춘경로회靑春敬老會, 향음주례鄕飮酒禮 등이 있었다. 또 제주도의 차귀제遮歸祭, 청안淸安의 월초月初 국사신제國師神祭 등 봄의 부락제도 있었다.

『삼국유사』 권 2 가락국기駕洛國記 첫머리에는 "3월 계욕일禊浴日에 그곳 북쪽 구지龜旨에서 무엇을 부르는 수상한 소리가 났다"라고 시작하는 수로왕首露王의 강탄신화降誕神話가 서술되어 있다. 이에 대해 이병도李丙燾는 "계욕지일禊浴之日은 3월 상사일上巳日에 액을 제거하는 의미에서 목욕하고 물가에서 회음會飮하는 것"이라고 풀이하고 있다.

3월 삼질의 불계제祓禊祭는 바로 우리나라 계의 발생이 이 같은 종교의례에서 비롯되었다는 것을 말하여 주는 것이기도 하다. 음력 3월 상사일에 행하는 계제사禊祭祀를 춘계, 7월 14일에 행하는 것을 추계라 하는데, 춘계는 처음에는 3월 상사일에 행하다가 나중에 3월 3일 중일重日로 고정되었다고 한다. 『형초세시기』에는 이날 백성들이 모두 강이나 못 같은 물가에 나와 "流杯曲水之飮"한다고 하였는데, 이것은 모두 물로써 계불禊祓하고 세예歲穢를 씻는 계제禊祭의 유습이었다.

상사일의 뱀은 물과 관련된 이른바 월동물月動物이며, 우담의 용왕당이며, 제주도의 사신蛇神인 차귀신이 모두 물과 관계된 생생상징生生象徵일 뿐만 아니라 제비나 진달래꽃도 봄의 부활을 상징하는 존재들이다. 이때 이르러 지금도 행락行樂하는 천렵, 화전놀이, 화류, 사회射會는 모두 봄의 제전인 산천제와 관계된 행사에서 비롯된 것임을 알 수 있다. 고구려에서 3월 3일 낙랑 언덕에서 멧돼지와 사슴을 사냥하여 천제와 산천제를 지냈다는 『삼국사기』의 기록은 바보 온달의 전설과 더불어 우리가 잘 아는 이야기이다.

물로써 부정을 깨끗이 씻는다는 계욕은 그 연유가 오래된 것으로, 지금도 전국 어디서나 동제를 지낼 때 제관들은 반드시 일정한 샘이나 냇가에서 추운 겨울에도 물로 목욕하여 부정을 씻은 후에 제를 지낸다. 유태 민족의 세례, 일본의 미소기禊 또한 마찬가지 관습이다. 또 우리나라 현행 신흥종교 중 물로써 깨끗이 하고 물의 힘으로 병을 치료한다는 참물교계가 우세함을 볼 수 있다. 이처럼 봄과 물, 소생, 정결, 생산 등을 관련시키는 원시 민족심성은 그 역사가 오래된 것이며, 3월 상사일이나 3월 3일 계제로 일시가 고정된 것은 12지나 중일을 중시한 중국의 영향으로 생각된다.

## 2. 청명과 한식

『동국세시기』에 보면 청명淸明절에 느릅나무와 버드나무로 불을 일으켜 각

관청에 나누어 주었는데, 이것은 옛날부터 중국에서 전해 오던 제도를 받아들인 것이라고 하였다. 한식寒食을 춘추시대 제齊나라 사람들은 냉절冷節 또는 숙식熟食이라고도 하였는데, 이것은 진晉나라의 충신 개자추介子推가 불에 타서 죽은 것을 마음 아파하고 가련히 여겨 불을 금한 유속에서 비롯된 것이라고 하였다.

이것은 봄을 맞이하여 행하던 개화의례改火儀禮이며, 부회附會된 전설을 옮긴 것이다. 지금도 강원도 산간지방에서는 며느리가 대대로 내려오는 화덕의 불을 꺼뜨리면 그 집을 쫓겨나 마땅하다고 여긴다. 나라는 물론 한 집의 활력의 근원이 되는 불은 해마다 일정한 시기에 개화함으로써 그 활력을 새롭게 하는 것이다.

『동국세시기』에 "도시 풍속으로 산소에 올라가 제사를 올리는 것은 설날, 한식, 단오, 추석 등 연중 네 명절에 행하고, 조정에서는 여기에 동지를 더하여 다섯 절사節祀를 지켰다. 술, 과일, 포, 식혜, 떡, 국수, 탕, 적 등의 음식으로 제사를 지내는데 이것을 절사라 한다. 집안에 따라 약간 다르지만 한식과 추석에 가장 성하다. 그리하여 사방 교외에는 남녀들이 줄을 지어 끊이지 않았다"라고 적고 있다. 이 풍속은 오늘날 식목일과 중추절이라는 공휴일로 자리잡아 조상을 추념하는 미풍으로 계속되고 있다.

농가에서는 청명에 또는 따로 길일을 택하여 비로소 봄갈이(춘경春耕)를 시작하고, 한식에는 채소밭에 씨를 뿌린다. 또 민가에서는 뽕을 따다가 누에를 친다. 전라북도 금마金馬 지방에서는 곡우穀雨에 씨나락을 그릇에 담아 솔가지로 덮어놓는다. 궂은 일이 있는 집에 다녀오면 문 밖에서 귀신 도망가라는 의미로 불을 놓고 들어오는데, 그 씨나락을 보지 않는다고 한다.

여자 아이들은 풀각시놀음을 하고, 남자 아이들은 냇가에서 버들피리를 불며 논다. 또 지루하던 긴 겨울에서 벗어나 갖가지 춘절시식을 즐길 수 있는 미각의 계절이기도 하다.

## 3. 관등놀이

4월 8일은 욕불일浴佛日, 즉 석가모니 탄신일이다. 지금도 곳곳에서 이날이 되면 절에 가서 불공을 드리고, 관등觀燈놀이를 한다.

『고려사』에도 이날 연등행사燃燈行事에 대한 기사가 빈번하게 보이며, 『동국세시기』에는 다음과 같은 조선조 후기의 모습을 적고 있다.

우리나라 풍속에 이날 연등하는 것을 燈夕이라고 한다. 수삼 일 전부터 집집마다 등대를 세우고, 위쪽에 꿩의 꼬리로 장식하고 채색 비단으로 깃발을 만들어 단다. 형편이 어려운 집에서는 등대 꼭대기에 노송을 붙들어 맨다. 그리하여 집안의 자녀 수대로 등을 매달고 그 밝은 것을 길하게 여긴다. 이와 같은 행사는 9일에 가서야 그친다. 사치를 부리는 사람은 큰 대나무 수십 개를 이어 매고, 五江(한강, 용산, 마포, 현호, 서강 등 주요 나루가 있던 다섯 군데의 나루터)의 돛대를 실어다가 받침대를 만들어 놓는다. 혹은 등대 꼭대기의 장식인 日月圈을 꽂는데 바람에 따라 그것이 눈부시게 돈다. 혹은 회전등을 매달아 빙빙 도는 것이 마치 연달아 발사되는 총알 같다. 혹 종이에 화약을 싸서 줄에 매어 위로 솟구치게 하면 활을 떠난 불화살 같아 이즈음 행하는 불꽃놀이의 불꽃처럼 흩어져 내려오는 것이 마치 비오듯 한다. 혹은 종이쪽을 수십 발이나 길게 하고 바람에 날려 띄워서 마치 용의 모양과 같이 만들고 혹은 광주리를 매달기도 하고 혹은 허수아비를 만들어 옷을 입혀 줄에 붙들어 매어 놀리기도 한다. 즐비하게 늘어서 있는 가게에서는 이와 같이 燈대를 세우느라고 받침대를 다투어 높이 만드는데, 그 높이가 높은 것을 자랑삼는다.

등의 이름에는 수박등, 마늘등, 연꽃등, 칠성등, 오행등, 일월등, 공등, 배등, 종등, 북등, 누각등, 난간등, 화분등, 가마등, 머루등, 병등, 항아리등, 방울등, 알등, 용등, 봉등, 학등, 잉어등, 거북등, 자라등, 수복등, 태평등, 만세등, 남산등이 있는데, 모두 그 모양을 상징하고 있다.

등을 만들 때 종이로 바르거나 붉고 푸른 비단으로 바르기도 한다. 雲母를 끼워 飛仙과 花鳥를 그리기도 하고, 편평한 면이나 모서리마다 세 가지 색깔로 돌돌 만 종이나 길쭉한 종이 쪽지를 붙이기도 한다. 그리하여 펄럭이는 모습이 매우 멋있다. 북등에는 장군이 말을 탄 모양이나 『삼국지연의』에 나오는 인물들을 그렸다. 또 影燈 안에는 갈이틀(선기璇機)을 만들어 놓고 종이를 잘라 말 타고 사냥하는 모습이나 매, 개, 호랑이, 이리, 사슴, 노루 꿩, 토끼 모양을 그려 붙인다. 그러면 바람에 의하여 빙빙 도는데, 밖에서는 그 비쳐 나오는 그림자를 본다.

이것은 지금 사라졌지만 예전 4월 초파일에 연출하던 '만석중놀이'와 관련 있는 대목이다. 만석중놀이는 무언인형극으로서 반주하는 음악에 맞추어서 인형이 움직인다. 등장하는 인형으로는 만석중, 노루, 사슴, 잉어, 용 등이 있다. 처음에는 단순한 연등놀이에서 시작했으나 차차 무언인형극으로 바뀐 것으로 생각된다. 현재까지 동남아 지역에서는 중국의 영향을 받은 영희影戲, shadow play가 유명한데, 유감스럽게도 우리나라에서는 연등놀이 이상으로 발달하지 못하였다.

『동국세시기』에는 이어 시내에서 등을 팔고 있는 한 가게의 성황을 묘사하고 있다.

판매되는 등의 모습은 천태만상으로 오색이 찬란하고 값이 비싸며 저마다 그 기이함을 자랑한다. 종로에는 이 등을 보려고 사람들이 담벼락같이 몰려 선다. 또 난새, 학, 사자, 호랑이, 거북, 사슴, 잉어, 자라 모양의 등과 仙官, 仙女가 말을 탄 형상의 등을 만들어 팔면 여러 아이들은 다투어 사서 장난하며 논다. 연등날 저녁에는 전례에 따라 야간 통행금지가 해제되고, 온 장안의 남녀들은 초저녁에 남북의 산기슭에 올라가 등을 달아 놓은 광경을 구경한다. 혹 어떤 이는 악기를 들고 거리를 쏘다니며 논다. 그리하여 서울 장안은 불야성 속에서 사람들로 인산인해를 이루어 그렇게 밤새 떠들썩하게 논다. 장안 안팎의 시골 노파들은 서로 붙들고 다투어 남산에 올라가 이 장관을 구경한다.

지금도 4월 초파일 관등놀이는 각 사찰을 중심으로 성대히 이루어지고 있다. 4월 초파일 관등놀이 끝에 경기도 양주 구읍에서는 광복 전까지만 해도 별산대別山臺놀이를 놀았다고 한다. 양주별산대놀이는 현재 중요무형문화재 제2호로 지정된 산대도감극山臺都監劇 계통의 가면극이다. 4월 초파일, 5월 단오, 8월 추석에 주로 놀았는데, 그중 4월 초파일 관등놀이 때 가장 화려한 축전이었다고 한다.

『청구영언靑丘永言』에 전하는 「관등가觀燈歌」의 한 구절을 옮겨 본다.


四月 初八日에
觀燈하려 臨高臺하니
遠近高低의 夕陽은 빗겨난대
魚龍燈 鳳鶴燈과 두루미 南星이며,
鍾磬燈 仙燈 북燈이며, 수박燈 마늘燈과
蓮꽃속 仙童이며 鸞鳳우에 天女로다.
배燈 집燈 산듸燈과
影燈 알燈 甁燈 壁燈 가마燈 欄干燈과
獅子탄 체괄이며 虎狼이 탄 오랑캐라
발로차 구을燈에
日月燈 밝아 있고 七星燈 버려난데
東嶺의 月上하고 곳고지 불을 현다.
우리님은 어듸가고
觀燈할 줄 모르난고


이 밖에 경상남도 진해시 웅천 풍속에는 그 지방 사람들이 4월에 웅산 신당에서 산신을 모시고 하산하여 종과 북을 울리면서 잡희를 하여 제를 지내는데, 10월에도 이렇게 한다 하였다.


## 4. 단오절

### (1) 창포와 단오선

5월 5일은 단오端午라고 하여 연중 4대절大節(설날, 한식, 단오, 추석)의 하나로서 성대히 지냈다. 단오는 단오端五라고도 쓰며 한자로 된 명사인 데 비해 순우리말로는 수릿날이라는 말이 병존하였다.

5월 단오에 펼쳐지는 행사에서 우선 눈에 띄는 것은 3월 삼질 물가에서 행하던 여러 행사와 많은 공통점을 갖고 있는 점이다. 즉, 창포菖蒲 물로 여자들이 머리를 감고 몸에 좋다고 하여 창포 삶은 물을 마신다. 창포 비녀를 꽂으면 두통을 앓지 않는다고 하여 창포 뿌리를 깎아 머리에 지르기도 한다. 또 그 비녀에 '수壽'자나 '복福'자를 새기고 끝에 연지를 발라 꽂으면 재액을 물리친다고 하였다. 창포물에 세수하고 머리를 감을 뿐만 아니라 창포 이슬을 받아 화장도 한다. 음식을 차려 창포 못이나 기타 물가에 가서 물맞이도 한다. 이날 만병이 통치된다고 하여 백 가지 풀을 뜯어 먹고, 익모초 등 약초를 캐기도 한다. 시식時食으로 쑥떡을 먹는다. 이날 임금은 쑥호랑이(애호艾虎)를 각신閣臣들에게 하사하였다.

『고려가요高麗歌謠』「동동動動」에 다음과 같이 읊고 있다.

五月 五日애
아으 수릿날 아춤 藥은
즈믄힐 長存ᄒᆞ샬
藥이라 받줍노이다
아으 動動다리


단오의 풍속은 『동국세시기』 등에 전해오는 모습과 현재의 풍속이 서로 큰 차이가 없으며, 물가의 불계 의식에서 벽사·벽온辟瘟 등 여러 행사가 발전되어 왔을 것으로 생각된다.

『형초세시기』에도 "5월은 속칭 악월惡月이라 부르고 금기가 많다"라고 하였는데, 그중에서도 음식에 대한 금기가 많음은 더위에서 비롯된 것으로 보인다. 바야흐로 맹하孟夏(초여름)로 접어들 성장의 시기이므로 성장의례도 있었지만, 질병의 위협 또한 많은 달이므로 금기, 벽사와 관련하여 악월이라고 한 것으로 보인다.

창포와 익모초 등의 약초로써 벽온하는 행사 외에 대궐 안이나 경사대부의 집에서는 관상감에서 주사朱砂로 쓴 천중적부天中赤符(또는 단오부端午符)를 문설주에 붙여 재액을 막았다. 또 내의원에서는 제호탕醍醐湯과 옥추단玉樞丹을 만들어 대궐 안으로 바치면 그것을 오색실에 꿰어 차고 다님으로써 재액을 제거하고 또 가까이 있는 신하들에게 나누어 주기도 하였다. 이러한 벽사·벽온 행사는 중국의 단오 행사가 주로 대궐 안을 중심으로 상층부에 수용되고, 일부는 일반 민중에까지 침투된 예라고 생각된다.

그러한 행사의 다른 하나가 단오선端午扇이다. 『동국세시기』에 보면 공조工曹에서는 단오날 부채를 만들어 바치면 임금은 그것을 각 궁에 속한 하인과 재상, 시종들에게 나누어 주었다. 부채 가운데 가장 큰 것은 대나무 살이 흰 화살 모양으로, 40~50개나 되며 이름하여 백첩白貼이라 하였다. 옻칠을 한 것은 칠첩漆貼이라고 한다. 이것을 얻은 사람은 금강산 1만 2천 봉을 그리고, 광대나 무당은 버들가지, 복사꽃, 연꽃, 나비, 은붕어, 해오라기 같은 것을 그리기를 좋아한다.

전라도와 경상도의 감사나 통제사는 명절에 올리는 부채를 바친다. 또 예에 따라 조정의 벼슬아치들과 친지들에게도 선사한다. 그리고 부채를 만드는 고을의 수령도 진상하거나 선사한다. 부채는 전주와 남평에서 만든 것이 가장 좋다. 부채의 종류에는 승두선僧頭扇, 어두선魚頭扇, 사두선蛇頭扇, 합죽선合竹扇, 반죽선斑竹扇, 외각선外角扇, 내각선內角扇, 삼대선三臺扇, 이대선二臺扇, 죽절선竹節扇, 단목선丹木扇, 채각선彩角扇, 소각선素角扇, 광변선廣邊扇, 협변선狹邊扇, 유환선有環扇, 무환선無環扇 등 모양이 각각 다르고, 그 빛깔도 청색, 황색, 적색, 백색, 흑색 5색과 자색, 녹색, 검푸른 색, 운암雲暗색, 석린石磷색 등 여러 가지가 있다. 일반적으로 백색, 흑색 두 색깔의 부채와 황색, 흑색 칠을 한 두 개의 접는 부채 그리고 기름 바른 것을 좋아한다. 청색 부채는 신랑을 위한 것이고, 홍색은 신부, 백색 부채는 상제를 위한 것이고, 그 밖의 여러 빛깔은 부인들과 아이들이 갖는다.

단선團扇에도 5색이 있고, 또 5색을 섞어 붙인 알록달록한 것도 있다. 모양에 따라 동엽선桐葉扇, 연엽선蓮葉扇, 연화선蓮花扇, 초엽선蕉葉扇 등이 있다. 이

중에는 기름을 바르거나 검누런 칠을 하기도 한다. 남자들은 집에 있을 때 이 것을 부친다. 색선色扇은 부녀자나 아이들이 갖는다. 색종이를 붙인 댓살의 폭이 넓고 큰 것을 윤선輪扇이라고 하는데, 자루가 달려 있어 펴면 마치 우산 같다. 이것은 어린아이들의 햇빛을 가리는 도구로 쓴다. 또 자루가 긴 크고 둥근 부채는 잠자리에서 파리나 모기를 쫓는 도구로 사용한다. 신부들이 얼굴을 가리는 도구로 사용하는 부채는 반죽斑竹 껍질과 빛깔 있는 비단으로 만들고 구슬로 장식했다. 큰 파초 잎 모양으로 만든 것도 있는데, 이것은 대신들의 장식물로 사용한다.

장사꾼이 만들어 파는 부채는 정밀하게 만든 것, 엉성하게 만든 것, 교묘하게 만든 것, 질박하게 만든 것 등 그 만듦새가 여러 가지이다.

지금에 와서는 부채 종류가 예전처럼 많지 않고, 모양도 많이 단순해진 느낌이다. 종류 또한 합죽선, 태극선太極扇, 살부채 등 몇 종만 있을 뿐이다. 합죽선은 가격이 좀 비싸며 노인들의 전용품으로 되어 버렸고, 태극선과 단선은 일반 가정용으로 되어 있는데 한동안 단선은 상품 광고용으로 많이 쓰였으나 그나마 근래 선풍기나 성능좋은 냉방장치 등이 보급되면서 도시에서의 부채 사용은 눈에 띄게 줄어들었다.

### (2) 단오굿

단오를 전후하여 농가에서는 모를 심는 시기로 마한의 하종下種 후 예축의례제에서 보듯이 기풍을 위한 중요한 때이다. 상원의 여러 점풍행사가 단오 때는 청소년들에 의해 성장의례로서 석전 · 씨름 · 추천 등이 행해지고 가수가 되풀이되었다.

『열양세시기』에 보면 나이 어린 아이들은 그네뛰기를 한다. 서울이나 시골할 것 없이 비슷한 분위기였는데, 특히 평안도 지방은 심하여 고운 옷을 입고 좋은 음식을 장만하여 서로 모여 즐기는 것이 설날과 같다고 하였다.

우리나라 남쪽에서는 추석이 중요한 명절인 데 비하여 북쪽에서는 긴 겨울에서 벗어난 뒤 단오절이 보다 성대한 명절로 여겨져 왔다. 이것은 물론 계절이나 농사의 시계時季 차이에서 연유된 것이다. 북부 여러 곳에서는 이때 씨름과 그네뛰기 대회가 열렸고, 특히 황해도 일대에서는 단오놀이의 하나로 탈춤을 추었다. 그중에서 중요무형문화재 제17호로 지정된 봉산탈춤의 경우 단오날 행하던 명절놀이일 뿐만 아니라 벽사행사의 하나로 거행되던 종교의례적인 놀이였다가 점차 오락 위주의 민중극으로 발전된 사례이다.

『동국세시기』에 보면 단오날 청소년들은 남산의 왜장倭場이나 북악산 신무문神武門 뒤에 모여 씨름을 하여 승부를 겨루었다. 방법은 두 사람이 서로 상대하여 구부리고 각자 오른손으로 상대방의 허리를 잡고 왼손으로 상대편의 오른발을 잡고 일시에 일어나 상대를 번쩍 들어 팽개친다. 그리하여 밑에 깔리는 자가 지는 것이다. 기술로는 안걸이, 밭걸이, 둘러메치기 등 여러 자세가 있다. 그중 힘이 세고 손이 민첩하여 내기하여 자주 이기는 사람을 도결국都結局이라고 하는데, 즉 지금의 판막았다는 말과 같은 것으로 생각된다. 중국인은 이것을 일컬어 고려기高麗技 또는 요교撩跤라고 하였다(우리나라 씨름은 북방계 놀이로서 특히 몽골 씨름과 거의 같다고 한다).

단오날 이 경기는 매우 성하여 서울을 비롯한 각 지방에서 많이 했다. 요즈음에도 5월 단오가 되면 씨름판이 벌어지고, 농촌에서는 흔히 1등상에 농우農牛를 준다. 씨름의 기술 또한 여러 가지가 있어 배지기, 안니기, 더거리, 무릎잡이, 꼭두잡이 등이 있다. 그러나 도시에서는 재래식 씨름보다 서양식 레슬링에 더 열광하기도 했으나 지금은 달라졌다.

단오날 성장의례로 각종 승부나 놀이가 행하여지는 한편 보다 고유한 우리나라 하제夏祭 행사로 단오굿이 성행하였다. 현존하는 단오굿으로는 강원도 강릉의 단오굿, 경남 영산의 문호장굿文戶長굿, 경북 자인의 한장군제韓將軍祭, 경남 고성의 성황제 외에 『동국세시기』에 따르면 경북 군위의 3장군제三將軍祭, 삼척의 오금잠제烏金簪祭, 함남 안변의 상음신제霜陰神祭 등 주로 우리나라 동부 일대에 분포하는데, 이는 별신굿의 분포와 거의 일치한다.

단오굿의 일례로서 중요무형문화재 제13호로 지정된 강릉 단오굿을 소개한다. 강릉 단오굿은 충북 청안淸安의 국사신제國師神祭와 비슷한 동제인데, 우선 『동국세시기』에 기록되어 있는 청안의 국사신제에 관한 대목을 옮겨 보면 다음과 같다.

3월 초가 되면 그 현의 우두머리 관리가 읍의 사람들을 거느리고 국사신 부부를 東面 長鴨山 위에 있는 큰 나무로부터 맞이하여 읍내로 들어온다. 그리고 무격들로 하여금 술과 음식을 갖추게 하여 징을 울리고 북을 치며 떠들썩하게 縣衙와 각 관청에서 그 신에 대한 제사를 행한다. 그렇게 하기를 20여 일 후에야 그 신을 도로 그 전 큰 나무로 돌려 보낸다. 이런 행사를 2년마다 한 번씩 행한다.

단오굿에 관한 문헌 기록들은 다른 풍속에 관한 것과 마찬가지로 아주 간단하므로 여기서는 민속 조사의 결과를 살펴보기로 한다.

강릉 단오굿은 음력 3월 20일 신주神酒를 빚는 데서부터 시작하여 4월 1일과 8일에 헌주와 무악巫樂이 있고, 14일 저녁부터 15일 밤에 걸쳐 대관령 산신을 맞이하여 읍내 성황당에 모셔 27일 무제를 지낸 다음, 5월 1일부터 본제本祭로 들어간다. 5월 5일 비로소 서낭대와는 따로 괫대가 나온다. 괫대는 팔목 굵기의 두 배 가량의 나무로 높이는 두 길은 되며, 이 대에는 5색포를 들인 화개華蓋를 달았는데, 무게는 그 머리 부분만 해도 40관(약 150kg)이 넘어서 힘깨나 쓰는 장정들이 다투어 받들고, 무당의 가무가 뒤따르는 가운데 진시(오전 8시)부터 대성황당大城隍堂에서 소성황당素城隍堂, 약국성황당藥局城隍堂, 여성황당女城隍堂으로 차례로 신유神遊하고, 남대천변南大川邊 굿당에 이르러 오후 1시경부터 해 질 무렵까지 탈놀이를 한다. 검붉고 험상궂은 장자말이란 탈이 나와서 독무한다. 이어서 양반 광대와 소매각시 내외가 나와 춤추고 끝으로 시시딱떼기라는 검붉고 험상궂은 탈이 나와 춤춘다. 이때 다소의 재담이 있다고 한다.

5월 6일 밤 대성황당 뒤뜰에서 소제燒祭를 지낸다. 사시巳時(오전 10시)에서 오시午時(오전 12시) 사이에 단오굿을 위하여 만든 신간, 화개를 비롯하여 모든 것을 불사른다. 이렇게 해서 산신을 봉송하고 3월 20일부터 시작된 단오굿은 막을 내린다. 제사 기간 동안 인근 여러 읍에서 구경꾼과 치성자들이 모여들어 난장을 트고 대성황을 이룬다.

# V 하절의 세시풍속

## 1. 유두流頭와 복날

3월 삼짇날이나 단오절보다 더 고유한 불계행사는 6월 유두에 행한 것 같다. 우리나라 풍속에서는 6월 15일을 유두일이라 하는데, 『동국세시기』에 전하는 옛 행사를 옮겨 보면 다음과 같다.

『金克己集』에 보면 경주에 전하는 유속에 6월 보름날 동쪽으로 흐르는 물에 가서 머리를 감아 상서롭지 못한 것을 씻어 버린다. 그리고 액막이로 모여 마시는 술자리, 즉 禊飮을 流頭宴이라고 하였으니 이로 인하여 國俗에 유두절이라는 俗節이 생겼다. 경주와 상주에 이런 풍속이 아직 남아 있다.

라고 하였는데, 현존하는 민속에서도 이날 부인네들이 동쪽 물가에 가서 머리를 감는 곳이 많다.

또 이날 호남과 영남 여러 곳에서 논이나 밭에 가서 용신제 또는 농신제를 지낸다. 찰떡을 하여 물꼬나 둑 밑에 한 덩이씩 놓는데, 이는 물이 새지 말고 농사가 잘 되라는 기원이다. 곳에 따라서는 떡을 떼어 논가에 뿌리기도 하고, 꼬챙이에 끼워 논두렁에 꽂기도 한다. 특히 보리나 밀이 나는 계절이기 때문에 밀가루적이나 밀떡을 만들어 논에 떼서 뿌리기도 하고, 꼬챙이에 끼워 논에 차리고 풍작을 빌거나 머슴이나 일꾼들과 나누어 먹기도 한다. 이 떡과 술로 머슴 술메기, 품앗이 대접, 두레 싸움 등을 하여 또한 농사가 잘 되기를 빈다.

『동국세시기』에는 시식으로 멥쌀가루나 혹 찹쌀가루로 만든 수단水團, 건단乾團이 있다 하였고, 5색실로 꿰어 찬 유두국流頭麴이 벽사에 쓰인다고 하였다.

6월에는 복날, 즉 초복, 중복, 말복 등 3복이 있다. 초복이 든 날로부터 10일이 지나면 중복이고, 중복에서 또 10일 지나면 말복이다. 말복은 흔히 월복越伏하기도 하는데, 그렇게 되면 중복에서 또다시 열흘을 건너서 스무 날 만에야 말복이 되는 것이다. 말복 바로 전 입추가 들기 마련인데, 이때가 되면 밤에 귀뚜라미 소리가 들리기 시작하고, 더위도 한 고비 지난다. 농촌에서는 복날이면 복놀이를 하는 데가 아직도 남아 있다. 어른들은 산이나 들로 찾아 들어가 쾌음하며 하루를 천렵으로 보내거나 개장을 먹는다. 속담에 "복날 개 패듯 한다"라는 말도 있거니와 이날에는 개장을 많이 먹는다.

『동국세시기』에는 『사기史記』의 기록에 보이는 삼복三伏에 제사를 지내는데 사대문에서 개를 잡아 충재蟲災를 막는다고 하는 중국의 고사를 인용하고, "그러므로 개 잡는 일이 곧 복날의 옛 행사요, 지금 풍속에도 개장이 삼복 중 가장 으뜸가는 음식이 된 것이다"라고 하였다. 이어서 "붉은팥으로 죽을 쑤어 초복, 중복, 말복에 한결같이 먹는다"라고 한 바와 같이 복날 개장은 보신탕으로서 영양 섭취에 그 원래 의의가 있는 것이 아니고, 붉은 팥죽과 마찬가지로 애초에는 벽사 의미가 보다 컸다고 생각된다.

## 2. 칠석과 중원

### (1) 칠석

7월 7일은 칠석七夕이라고 하여 농가에서는 으레 비가 오는 날로 전해져 온다. 그 이유는 견우牽牛와 직녀織女의 전설에서 비롯되었다. 그들은 하늘의 은하수를 사이에 두고 만나고 싶어 애태우다가 1년에 한 번, 칠석날에 만나게 된다.

이날 그들의 만남을 위하여 지상의 모든 까막까치가 하늘로 올라가 은하수에 다리를 놓는다. 그래서 칠석이 지나면 까치들은 머리가 벗겨져 돌아온다고 한다. 「춘향전」에 기록된 바에 따르면 까막까치가 은하수에 놓은 다리 이름을 오작교烏鵲橋라 함은 널리 알려져 있다. 이날 내리는 비는 견우와 직녀가 너무 기뻐서 흘리는 눈물이고, 이튿날 아침에 내리는 비는 만나자 이별해야 하는 작별의 눈물이라고도 한다. 물론 이것은 중국으로부터 전래된 전설이며 또한 처녀들이 별을 보고 바느질 잘 하게 해 달라고 빈다는 것도 중국 걸교행사乞巧行事의 영향인 것 같다.

만일 칠석날에 비가 내리지 않으면 모든 물건을 햇볕에 말린다. 그리고 이날 칠석차례七夕茶禮라고 하여 올벼를 사당에 천신한다. 샘(우물)을 깨끗이 소제하고 불을 켜고 떡을 올려 샘제를 지낸다. 칠석제 또는 칠성제라고 하여 부인들이 밤에 칠석단을 모아 놓고 음식을 차려 집안이 잘 되고, 자손들이 잘 되라며 명命과 복福을 빌기도 한다. 이날 떡을 하여 논에 가 용신제를 지내거나 혹은 농사짓기 시합을 하고 김매기, 밭매기가 끝났다고 하여 하루를 쉬기도 한다. 농군들은 장월리를 거둬 술메기를 하기도 한다. 이처럼 7월에는 주로 물이나 별, 농사에 관한 행사들이 많다.

### (2) 중원

7월 15일인 중원中元을 우리나라 풍속에서는 백중날(백중일百中日·백종일百種日)이라고 한다. 정월 보름을 상원, 7월 보름을 중원, 10월 보름을 하원이라고 하는데, 중원은 1년을 이분二分할 때 한 해 후반의 시작이기도 하여 중요한 시기이다. 그러므로 상원과 대응되는 행사들이 반복하여 거행된다. 어느덧 보리농사가 끝나고 올벼 차례로 보리 수확 감사와 함께 가을 추수의 풍작을 예축하는 행사들이 집중 거행되는데, 추석 무렵 지내는 가을제 이전 마지막 하제일夏祭日이다.

농사일이 일단락되어 백중제 호미씻기연宴 등이 벌어진다. 『동국세시기』에 따르면 충청도의 풍속으로 이날 노소를 막론하고 거리에 나가 마시고 먹는 것을 낙으로 삼고 씨름놀이도 한다고 하였는데, 이것은 호미씻기(지방에 따라서는 풋굿, 초연, 머슴날, 농부날)를 말한 것으로 생각된다. 7월 보름에 마을마다 농부들이 제각기 분수에 맞게 주식酒食을 내어 시냇가나 산기슭 또는 나무 밑에서 함께 농악을 치면서 하루를 즐기는데, 이것은 한 해 농사를 다 지었다는 일종의 피로연 같은 것이다. 또 이날 농사를 가장 잘 지은 집 머슴을 삿갓 씌워 황소에 태워서 마을을 돌아다니는데, 이때 그 집 주인은 주식을 내어 융숭하게 대접한다.

또 신라의 가윗날(가배일嘉俳日) 행사 이후의 전통으로 생각되는 두레삼이 있다. 이날부터 각 마을의 부녀자들이 수십 명씩 모여 함께 일단이 된 사람의 집을 순서대로 돌며 같이 이야기도 나누고 노래도 부르며 삼을 삼는다.

부인네들은 오랫동안 만나지 못한 친척들을 만나고 싶을 때 농한기인 이즈음에 서로 연락하여 만날 날짜와 시각을 정해 제각기 음식물이나 선물을 마련하여 두 집의 중간 지점쯤 되는 시냇가나 또는 산고개 같은 데서 서로 만났다. 이것을 중로中路보기(중로상봉中路相逢)라고 한다. 고장에 따라서는 추석 전후에 중로보기를 하였는데, 특히 시집보낸 딸을 보고 싶은 어머니가 중로상봉을 하는 수가 많았다. 부녀자들의 외출이 자유롭지 못하던 옛날 남의 집 며느리가 된 딸이 친정 어머니를 이때 만나 서로 좋아하는 음식을 마련하여 나누어 먹으며 정담을 나누다가 반나절이 지나 저녁 때 헤어짐을 서러워하며 눈물로써 작별하였다.

이날 조상에 대한 보리 수확 감사와 추수의 풍작을 예측하는 차례에 불교의 사령제死靈祭가 수용된 우란분회盂蘭盆會를 설재設齋하는데, 이것은 중국 풍속과도 비슷하였다. 『동국세시기』에 보면 우리나라 풍속에 15일을 백중날이라고 하여 중들이 재를 올리며 불공을 드리는 등 큰 명절로 여겼다 한다. 고려시대에는 부처를 숭상하여 이날이면 항상 우란분회를 베풀었는데, 오늘날 풍속에 재를 베푸는 것이 바로 그것이다. 또 중원일은 망혼일이라고 하여 대개 여염집 사람들은 달밤에 채소, 과일, 술, 밤 등을 차려 놓고 죽은 어버이의 혼을 부른다고 하였다.

고려가요 「동동」에도 아래와 같이 읊었다.

七月 보로매

아으 百種 排ᄒᆞ야 두고
니믈 흔디 녀가져
願을 비ᄋᆞ노이다
아으 動動다리


이같이 신라시대나 고려시대에는 우란분회를 시설하여 신자들도 공양했으나, 조선조에는 주로 승려들만의 행사로 축소되고, 근래 들어서는 농가에서 일꾼들이 농악을 치고 집집마다 돌아다니며 술을 거두어 먹고 놀았다. 부녀자들은 약수를 먹으러 가는 정도이다.

『경도잡지』에는 이날 "서울 사람들은 성찬을 차려 산에 올라가 노래하며 춤추는 것으로 낙을 삼는다"라고 하였는데, 오늘날과 큰 차이가 없다.


### 3. 추석

#### (1) 차례 · 성묘 · 고사

8월 들어 가장 큰 행사는 보름날에 행하는 일이다. 8월 보름을 추석 또는 가윗날(가배일), 한가위라고도 한다. 그런데 8월 15일을 중추 또는 추중이라 하지 않고 추석이라고 하는 것은 이날의 인상 깊은 월석月夕과 관련 있다고 생각된다. 가배일이라는 한자어는 신라시대 이후 우리 고유의 말 '가비'를 그렇게 표기한 것으로 보이며, 이날 펼쳐지는 행사는 중국에 비하여 우리 고유성이 짙은 것이라고 생각된다.

당나라 문종文宗(827~840) 때 입당入唐했던 일본 승려 원인圓仁이 지은 『입당구법순례행기入唐求法巡禮行記』에는 산둥山東 지방에 머무르고 있는 신라인들의 생활상을 보고 적은 대목에서 "8월 15일 명절 놀이는 오직 신라에만 있는데, 그곳 노승의 말에 의하면 신라에서는 이날이 발해와 싸워 이긴 기념일이기 때문에 명절로 삼고 일반 백성들이 온갖 음식을 만들어 먹으며 가무로써 즐겁게 노는 것인데, 이 절 역시 신라 사람의 절이므로 고국을 그리워하여 8월

15일 명절 놀이를 한다"라고 하였다.

추석 명절은 우리 고유의 큰 명절로서 역사가 오래되었음은 이 기록으로도 알 수 있거니와 민족학적인 문제로서도 추석의 민속은 자세히 구명되어야 할 것이다.

『삼국사기』권 1 신라본기新羅本紀 제 1 유리이사금儒理尼師今 9년조에 보면 가윗날(가배일)의 유래에 대하여 다음과 같이 전하고 있다.

왕은 이미 六部를 정한 후에 이를 두 패로 가르고 왕녀 두 사람으로 하여금 각각 부 내의 여자들을 거느리게 하여 편을 갈라 7월 16일부터 날마다 대부의 뜰에 모여 길쌈을 하는데, 밤늦게 일을 파하고 8월 15일에 이르러 그 공의 다소를 살펴 진 편에 서는 酒食을 마련하여 이긴 편에 사례하고, 모두 노래와 춤과 온갖 놀이를 하였는데 이를 가위(가배)라 하였다. 이때 진 편의 한 여자가 일어나서 춤을 추면서 탄식하되 "會蘇 會蘇"라고 하니 그 소리가 애처롭고 아담하였으므로 후세 사람들이 그 소리를 따라 노래를 지어 會蘇曲이라고 이름하였다.

『동국세시기』의 저자가 "우리나라 풍속에 지금도 이를 행한다"라고 한 것은 앞서 7월 행사에서 소개한 '두레삼'을 가리키는 것 같다.

고려 가요 「동동」에도

八月 보르믄
아으 嘉俳나리마론
니믈 뫼셔 녀곤
오늘낤 嘉俳샷다
아으 動動다리

라고 있어 신라 초에 비롯된 가위(가배)란 말이 고려시대에도 사용되었음을 알 수 있다. 조선시대에 와서는 「사친가思親歌」나 「농가월령가農家月令歌」에 추석 이란 말이 보인다.

『열양세시기洌陽歲時記』에도 "8월에는 온갖 곡물이 성숙하고 중추라 가히 가절佳節이라 할 만한 고로 민간에서는 이날을 가장 중요하게 여긴다. 비록 아무리 벽촌의 가난한 집안일지라도 예에 따라 모두 쌀로 술을 빚고 닭을 잡아 찬을 만들며, 또 온갖 과일을 풍성하게 차려 놓고 즐거이 놀면서 하는 말이 '더도 말고 덜도 말고 늘 한가위 같기만 바란다'"라고 하였다.

『동국세시기』에도 절식으로 햅쌀로 빚은 술과 송편 그리고 무, 호박을 섞은 시루떡을 언급했는데, 이것은 토란국과 함께 지금도 추석에 없어서는 안 될 시절음식이다.

또 『열양세시기』에는 사대부의 집에서는 설날, 한식, 중추, 동지 등 네 명절에는 산소에 가서 제사를 지내는데, 설날이나 동지에는 지내지 않기도 했으나 한식과 중추에는 성대히 지내며, 한식보다 중추에 더 풍성하게 지낸다고 하였다. 지금도 추석 성묘는 1년 중 제일 중요한 행사임은 잘 아는 바이다. 산소의 잡초는 대체로 추석 전날이나 2~3일 전에 베는 것이 상례로 되어 있으나, 요즈음은 추석 성묘 때 벌초하는 예가 흔하다.

이날 아침 햇곡식으로 메와 떡을 하여 주찬酒饌을 갖추어서 추석 차례를 지내는데, 이것을 천신薦新이라고 한다. 또 이날 새 옷이나 입던 옷을 깨끗이 손질하여 입는 것을 추석빔이라고 한다. 성묘는 한식과 추석에 가장 성하였다. 오늘날 식목일과 중추절을 각각 공휴일로 정한 것은 옛 풍속의 바람직한 전승예라 할 수 있다.

조상에 대한 차례와 성묘뿐만 아니라 햇곡식으로 떡과 음식을 장만하여 집의 수호신인 성주를 모시는 곳도 있다. 보통 10월 상달에 안택고사를 지내지만 이달에 성주모시기, 배고사, 시준단지갈기 등을 하는 곳도 있다. 성주모시기는 먼저 음식, 즉 제수를 장독대에 마련했다가 후에 방 윗목이나 한쪽 옆에 놓고, 그 집 안주인이 성주에게 가족 태평을 정성으로 빈다.

호남 일대에서는 햇곡식이 익으면 쌀 한 되 가량 장만할 만큼 베어 짚째 실로 매어 방문 앞에 달아 놓고 절을 하기도 하며, 음식을 장만해서 고사를 지내기도 한다. 농사를 짓지 않는 집에서도 이렇게 하는 수가 많다. 또 햇나락을 베어 선영에 제사 지내고, 쪄 말려서 샘, 당산, 마당, 곡간 등에 받쳐 놓기도 한다. 이것을 올개심리(올이심리)라고 한다.

또 농가에서는 추석에 비가 오는 것을 대단히 꺼렸는데, 이날 비가 오면 이듬해 보리 농사가 흉년이 진다고 여겼기 때문이다. 조선 후기 조재삼趙在三이 편찬한 『송남잡지松南雜識』 권 1 세시류歲時類 시월잉태전조視月孕胎傳條에도 "「쇄쇄록瑣碎錄」에 일렀으되 중추, 즉 추석날에 달이 없으면 토끼는 포태를 못 하고, 민물조개도 포태를 못하며, 메밀도 결실을 못한다"라고 하였다. 이것은 신기하게도 앞에서 언급한 월동물lunar animal에 관한 속신과도 부합되는 이야 기이다.

(2) 추석놀이

상원놀이가 예축의례, 단오놀이가 성장의례와 관련된다면 추석놀이는 수확 의례와 관련된 행사들이다. 특히 상원이나 추석에 반복되는 놀이로는 거북놀이, 소멕이놀이, 줄다리기, 사자놀이, 지신밟기(농악, 걸립, 매귀) 등이 있다.

소멕이놀이는 장정 두 사람이 엉덩이를 맞대고 엎드린 위에 멍석을 뒤집어 쓰고, 앞 사람은 고무래 두 개를 두 팔에 하나씩 나누어 쥐고, 뒷사람은 작대기로 뿔과 꼬리를 가장하여 소가 된다. 앞뒤로 주인과 머슴을 가장한 사람들이 소를 몰고 밤늦게까지 마을을 돌며 부유한 집에 가서 "엄매, 엄매" 하고 소울음을 흉내내며, "옆집의 누렁소가 평생 즐기는 싸리 꼬챙이와 뜨물이 먹고 싶어 찾아 왔으니 내놓으시오" 하고 외치면 그 집 주인은 산적과 술을 내놓는다. 이때 농악대가 뒤따르며 소로 분장한 사람이 여러 가지 동작과 춤을 보이고, 농악에 맞추어 일동이 춤도 추고 노래를 부르며 마을을 돌아다닌다. 이 놀이를 하면 풍년이 든다고 한다. 이것은 황해도에서 행해지던 놀이인데, 경기·충청도에서 하던 소멕이놀이도 이와 거의 비슷하다.

거북놀이는 소 대신 거북을 썼는데, 멍석 대신 수숫대 잎이나 짚으로 거북의 모양을 만든다. 거북놀이도 소멕이놀이처럼 기호 지방에서 상원과 추석에 행했으며, 거북의 장수에 빗대어 장수·무병을 빌고 마을의 잡귀·잡신을 쫓는다고 하였다. 거북은 수신水神을 나타내는 신령한 동물임을 생각할 때, 이 거북놀이도 소멕이놀이와 마찬가지로 농신農神에 관련된 기풍행사의 하나로 볼 수 있다. 상원의 예축의례뿐만 아니라 추석의 수확의례에서도 기풍을 계속 되풀이하고 있음을 알 수 있다.

소멕이놀이는 경기도 양주 지방에 현존하는 소놀이굿의 모습과 비슷하다. 즉, 소놀이굿은 그 원초적인 형태인 소멕이놀이와 거북놀이에서 발전된 것이라고 생각된다. 양주소놀이굿은 '소노리굿', '소놀음굿', '소굿', '쇠굿', '마부타령굿' 등 여러 가지로 불린다. 농사나 사업, 장사가 잘 되고 자손이 번창하기를 빌어 행하는 경사굿의 일종이며, 경기 지방 무속 12거리 중의 하나인 제석거리에 이어지는 하나의 제차로 주로 추수 후에 많이 행한다.

무당은 제석거리 때의 복색 그대로 안마당을 향해 마루에 선다. 잡이(악사)들도 무악巫樂 반주를 위하여 안마당을 향해 마루에 앉고, 놀이의 주인공들인 원마부와 곁마부는 마루 앞 봉당에 선다. 앞마당에는 멍석을 뒤집어쓰고 고무래를 짚으로 싸서 머리를 만든 소가 송아지를 데리고 들어온다. 이처럼 소놀이굿의 무대는 이제까지 굿의 주무대였던 마루에서 봉당이나 앞마당으로 옮겨지고, 주역 또한 무당에서 마부로 바뀌었다. 소놀이굿의 진행은 무당과 마부와의 대화, 마부의 타령과 덕담, 마부의 동작과 춤, 소의 동작 등으로 엮어지는데, 연희로서의 구성을 갖추었다고 할 만하다.

굿〔巫儀〕이나 판소리가 형식상 거의 무당과 광대의 독연獨演 형식인 데 비하여, 소놀이굿은 마부와 무당의 대화 형식으로 진행되며, 무당과 악사, 마부와 곁마부, 가장한 소의 주요 배역과 많은 구경꾼의 참여로 이루어진다. 마부의 마부타령은 훌륭한 장편서사가요의 민속예술적 가창이다.

추석에 행해지는 놀이의 지역별 분포를 보면 소멕이놀이는 경기도, 충청북도, 강원도, 황해도 등 중서부 지방에, 거북놀이는 경기, 충청 남·북도를 중심으로 한 중부 지방에, 사자놀이는 경기, 강원도 이북 중부 지방에 그리고 농악

(지신밟기, 매귀, 걸립)은 충청도 이남의 영남과 호남 지방에서 성하다.

『동국세시기』에는 제주도에서 행하는 조리지희照里之戱, 즉 줄다리기를 다음과 같이 소개하고 있다.

제주도 풍속에 매년 8월 보름날 남녀가 함께 모여 노래하고 춤추며, 좌우로 편을 갈라 길고 굵은 줄의 양쪽을 잡아당겨 승부를 겨룬다. 줄이 만약 중간에서 끊어지면 양편이 모두 땅에 엎어지고 구경꾼들이 크게 웃는다. 이를 照里之戱라 한다. 이날 또 그네를 뛰고 捕鷄之戱도 한다.

이 밖에 보름날 각 지방에서는 씨름 대회를 하거나 전남 지방 남해안 일대에서는 부녀자의 특유한 유희로 강강술래를 하였다. 이는 단순한 유희라기보다 원무圓舞 형식을 취한 무용과 판놀음의 일종으로, 추석날 밤 곱게 단장한 마을 부녀자들이 수십 명씩 모여 서로 손을 잡고 둥글게 원을 그리며, "강강술래"라는 후렴이 붙는 노래를 부르며 뛰노는 놀이이다. 대개 추석날뿐만 아니라 동네에서 비교적 부유한 집의 마당을 매일 바꾸어 가면서 연일 놀았으며, 마당 주인의 집에서는 음식을 대접하는 것이 상례였다.

다음은 완도 지방에 전해오는 강강술래 노래이다.

달아달아 밝은달아 강강술래
이태백이 노든달아 강강술래

저기저기 저달속에 강강술래
계수나무 박혔으니 강강술래

은도끼로 찍어내어 강강술래
금도끼로 다듬어서 강강술래

초가삼간 집을 짓고 강강술래

양친부모 모셔다가 강강술래

천년만년 살고지고 강강술래
천년만년 살고지고 강강술래

양친부모 모셔다가 강강술래
천년만년 살고지고 강강술래

리듬은 대체로 4·4조로 되어 있으며, 목청이 좋은 여자 한 사람이 맨 앞에 서거나 원의 가운데 들어가서 선창(앞소리)을 하면 나머지 사람들은 "강강술래"라는 뒷소리로써 후렴을 부르면서 원무를 한다. 이때 처음에는 진양조로 느리게 춤을 추다가 차츰 빨라져서 중모리, 중중모리, 자진모리로 변하고, 선도자에 따라 여러 가지 변화 있는 춤으로 이어지면서 힘이 지칠 때까지 춘다.

이 놀이의 유래에 대해서는 충무공 이순신 장군이 임진왜란 때 적개심을 불러일으키기 위해서 행한 것이라 하고, '강강수월래'는 '强羌水越來' 또는 '强羌隨越來'라고도 하는데, 이것은 억지로 끌어다 맞춘 감이 있으며, 예로부터 있었던 달맞이와 수확의례로 행한 농민의 원무에서 유래된 것으로 보인다.

이 놀이와 좋은 대조를 이루는 것으로 영남 지방에서 남자들이 추는 '쾌지나칭칭나네'가 있고, 안동 지방에서 상원에 하는 '놋다리밟기' 등이 있다.

# Ⅵ 추동절의 세시풍속

## 1. 중양절(중구일)

9월 9일은 중구重九 또는 중양重陽이라고 한다. 중양이라 함은 9가 양수이기 때문에 양수가 겹친 것을 이르는 것이다. 이날에 이르러 3월 3일에 왔던 제비가 다시 강남으로 되돌아간다고 전한다.

지방에 따라서는 이날 성묘를 하고 시제를 지내기도 한다. 추석에 올개심리를 못하면 이날 하기도 하고, 지역에 따라 시준단지를 갈기도 한다.

『동국세시기』에는 빛이 누런 국화를 따다가 찹쌀떡을 만드는데, 3월 삼진날 진달래떡을 만드는 방법과 같다. 이것을 또한 화전이라고 하였다. 그리고 서울 풍속에 이날 남산이나 북악산에 올라 먹고 마시며 즐긴다 하였는데, 남한산, 북한산, 도봉산, 수락산 등은 단풍 구경하는 데 좋다고 하였다.

고려가요 「동동」 9월 연聯에 "9월 9일에 아으 藥이라 먹논 黃花"라고 했듯이 고려 때는 이날 황국黃菊을 약으로 먹는 풍속이 있었던 것 같다. 지금도 국화주를 마시는 일은 전해 오고 있다.

옛날에는 중구일에 시인·묵객들이 교외에서 단풍놀이를 하며 국화주를 마시고 하루를 즐겼는데, 그 흥취를 읊은 조선조의 여러 한시가 남아 있고, "世人最重重陽節"이라는 구절도 보인다. 그러나 근래에는 그다지 중요한 날로 알려져 있지 않고, 또 관련 행사도 없다.

## 2. 10월 상달

10월을 상달〔上月〕이라고 한다. 동제를 위시하여 각종 가을 제례가 집중적으로 행해진다. 고구려의 '동맹'이나 예의 '무천' 모두 '10월제천十月祭天'이었는데, 그 전통이 연면히 이어진다고 할 수 있다. 함경북도 일대에서는 상산제(향산제香山祭)라고 하여 10월 1일이나 10월 중 길일을 택하여 국조 단군을 제사 지내고, 아울러 집안의 제액除厄과 안태를 빌었다. 단군의 탄생일이 10월 3일이라는 이야기는 오래된 민간전승으로 생각된다. 조선조 말기에 씌어진 『무당내력巫黨來歷』이란 책 서두에는 "十月三日 神人降于太白山檀木下 是爲檀君乃設神教而教之"라고 기록하고 있다.

1909년 나철羅喆에 의하여 창설된 단군교인 대종교大倧敎에서는 이러한 전승에 따라 10월 3일에 대제를 행하고, 1948년 수립된 대한민국정부도 양력 10월 3일을 개천절로 정하고 국경일로 삼고 있다.

10월 중 첫 오일午日을 말날〔馬日〕이라고 하는데, 『동국세시기』에 보면 이날 팥으로 시루떡을 만들어 외양간에 갖다 놓고 고사를 지내며 말의 무병無病을 빈다고 하였다. 그러나 병오일丙午日에는 지내지 않는다 하였다. 병丙은 병病과 음이 같으므로 말이 병이 들 것을 염려하였기 때문인데, 무오일戊午日이 가장 좋다고 하였다.

또 10월 상달에 서울과 지방의 각 가정에서는 그달의 길일(대개는 오일午日)에 햇곡식으로 시루떡과 술을 빚고, 온갖 과실을 장만하여 성주(성조신)를 모신다. 최근 민속조사에서도 호남 여러 지방의 예를 보면 "집집마다 시루떡을 하여 큰방에서 성주를 모시고, 음식을 외양간, 사랑방, 머슴방, 나락가리, 뒤란, 장독대에다 차려 놓고 안주인이 주로 모신다. 단골이나 쟁인을 불러 축원을 하기도 한다"라고 하였다. 성주모시기는 지방에 따라 성주굿, 성주받이굿 또는 안택安宅이라고도 부른다.

이 밖에 주로 영남과 호남 지방에서 햇곡식으로 '성주단지(성주독, 부루단지)' 갈기, 장독대 뒤 '철륭단지' 갈기, 방 안 시렁 위 '조상단지' 갈기, 큰방 윗목 구석의 '삼신쌀(삼신 봉지)' 갈기를 한다. 영남 지방의 시준단지 갈기를 예로 살펴보면 시준단지는 세존世尊단지라고도 하는데, 햇곡식이 나면 길일을 택하여 사람이 먹기 전 시준단지에 햅쌀을 갈아 넣고 묵은 쌀로는 그날 밥을 하여 이웃과 나눠 먹는다. 이때 부정한 사람을 막기 위해 대나무 잎을 꽂은 금줄을 문에 달고, 햅쌀을 갈아 넣으면서 풍작과 아이들의 재주를 빈다고 하였다.

10월 15일을 전후하여 시제 또는 시사時祀가 있다. 조상신은 4대까지만 사당에서 모시고, 4대조 이상 조상들은 함께 묘제로 지낸다. 시제일에는 여러 파로 나뉜 친족들이 한 묘전에 모여 참례하는 날이다. 많은 자손들이 모이는 것을 자랑으로 여기며, 묘자리가 명당일수록 후손이 발복發福된다고 한다. 이때 상중에 있는 이나 부녀자들은 참례하지 아니한다.

시제의 비용은 제전祭田 또는 위토位土가 있어 거기서 나오는 수입으로 충당하는 것이 보통인데, 이는 일문일족이 공유하는 종계 또는 문중계에서 관리한다. 제사 음식은 문중의 도장손都長孫 집에서 문중재산의 자금으로 장만한다.

『동국세시기』에는 이달 20일의 손孫돌바람에 대하여 다음과 같이 소개하고 있다.

> 20일에는 매년 큰 바람이 부는데, 그것을 손돌바람이라고 한다. 고려의 왕이 해로로 강화도에 들어갈 때 뱃사공 孫乭이 배를 한 험한 곳으로 몰고 들어갔다. 고려 왕은 의심하여 크게 노하여 그를 죽이게 했다. 이윽고 배는 위험을 벗어났다. 그러므로 지금도 그곳을 손돌목이라 한다. 손돌이 해를 입었으므로 이날은 그의 억울한 기운이 바람을 일으키는 것이라 한다.

지금도 강화도 사람들은 손돌바람이 불 때에는 배를 타고 바다에 들지 않는다고 한다. 손돌의 목을 베었다고 해서 손돌목이라고 하였다는 것은 전설이 부회附會된 것이고, 섬이 많은 곳에는 으레 울돌목이니 늦인목이니 하는 명칭들이 많이 보인다. 특히 고려 고종 때 몽골의 침입을 피하여 강화로 천도하여 27년 동안 지냈던 만큼 강화와 고려 왕실의 깊은 인연이 이러한 전설을 낳게 한 요인 중 하나라고 생각한다.

이달 시식으로 만두와 강정(건정乾飣), 쑥국과 쑥단자가 있다. 그리고 이달부터 추위를 예방하는 시절음식으로 열구자悅口子, 신선로, 번철에 쇠고기를 조리하여 구워 먹는 난로회煖爐會를 한다. 이달 가정에서 갖는 최대 행사는 김장 담그기이다. 입동이 지나 담그는 것이 보통인데, 여름철 장담그기와 겨울철 김장담그기는 예나 지금이나 일반 가정에서는 중요한 연중행사의 하나이다.

## 3. 동짓달

### (1) 동지와 팥죽

흔히 11월을 동짓달이라고 한다. 동짓날은 양력 12월 22일에 해당하는데, 한자로는 아세亞歲, 즉 '작은 설'이라 부르기도 한다. 동지는 밤이 가장 길고 낮이 가장 짧은 날로 태양 운행의 시발점이므로 이날 행사는 정월과 상통하는 것이 많으며, 이것은 고대 역법에 동지를 설날로 삼았던 유풍인 것 같다고 한다.

중국의 『사민월령四民月令』에는 "조상의 제사나 존장尊長, 군사君師, 기로耆老 모시기를 정월과 같이 한다"라고 하였다. 『송서宋書』에도 "동지의 조하朝賀, 향사享祀는 모두 원일의 의식과 같다"라고 하며, 팥죽을 쑨다 하였다. 오늘날 전해지는 우리나라 민속 중에도 동지가 지나면 나이를 한 살 더 먹는다거나 설날에 떡국을 먹는 것으로 나이를 한 살 더 먹는다고 하는 것같이 동짓날 팥죽을 먹으면 나이를 한 살 더 먹는다고 일러 온다.

『동국세시기』에 따르면 동짓날을 아세라 하고 팥죽을 쑤는데, 찹쌀가루로 새알 모양의 떡을 만들어 죽 속에 넣어 새알심을 만들고 꿀을 타서 시절음식으로 삼아 제사에 쓴다. 그리고 팥죽을 문짝에 뿌려 상서롭지 못한 것을 물리친다고 하였다. 오늘날 우리나라 풍속에서도 팥죽을 쑤어 조상에게 제사를 지내고, 또 조산신造山神(부락 수호신)이나 목신木神, 성주에게 바치고 기원하며 잡귀를 쫓거나 부정을 쳐내기 위해 팥죽을 집 뜰, 즉 문지방, 부엌, 벽, 마당, 대문, 담, 뒤란, 도랑 등에 뿌린다. 『해동죽지海東竹枝』에 보면 민간에서는 감기가 유행하면 팥죽을 쑤어서 길 위에 뿌리는데, 이것을 '얼음심'이라 한다 하였다.

불교 신도들은 동지 불공을 올린다. 상원과 복날, 동지에 팥죽을 쑤어 먹고 이같이 팥죽 고사로써 축귀逐鬼하는 것은 역시 붉은색이 벽사의 색인 것과 관련 있는 속신이다.

『형초세시기』에는 동지 팥죽의 유래에 대하여 "공공씨共工氏가 불초不肖 자식을 두었는데, 그 아들이 동짓날에 죽어서 역귀가 되었다. 이 귀신은 붉은팥을 무서워하므로 동짓날 팥죽을 쑤어 물리치는 것이다"라고 하였다. 이것은 물론 억지인 감이 있지만 중국에서도 일찍부터 동짓날 팥죽으로 역귀를 쫓았음을 알 수 있다.

(2) 책력

조선조 말까지의 풍속으로 관상감에서 해마다 동짓날에 그 이듬해의 역서曆

曆를 만들어 궁중에 바치는 것이 상례였다고 한다. 역서의 표장表裝은 상품上品이 황색, 다음이 청장력靑粧曆, 백력白曆의 순이었고, 그 외 중력中曆, 월력月曆, 상력常曆 등 여러 종류가 있었다. 책력册曆은 전례대로 '동문지보同文之寶'라는 어새御璽를 찍어 관직의 차등에 따라 모든 관원에게 나누어 주었다. 각 관청에서도 모두 나누어 받는 몫이 있고, 아전들 또한 각기 친한 사람에게 책력으로 두루 문안하는 것이 통례라고 하였다.

서울의 옛 풍속에 단오날 부채는 관원이 아전에게 나누어 주고, 동짓날 달력은 아전이 관원에게 바친다고 했다. 이것을 하선동력夏扇冬曆이라고 하는데, 달력을 받은 관원은 그것을 고향의 친지, 묘지기, 농토 관리인에게 나누어 준다고 하였다. 사천槎川 이병연李秉淵의 시에도 "吏送靑粧曆 家傳赤豆粥"이라는 구절이 있다.

지금은 하선동력이 상업용이나 선거 선전용으로 방방곡곡에 뿌려지니 금석지감을 느낄 뿐이다.

(3) 청어 천신과 감제

조선조 말까지의 풍속에 동짓날에 종묘宗廟에 청어靑魚를 천신薦新하고, 경사대부의 집에서도 이를 행한다고 하였다. 『동국세시기』가 저술되던 무렵(15세기)만 하더라도 청어의 산출지는 통영(현 충무시)과 해주가 가장 성황을 이룬다고 하였다. 겨울과 봄에 진상하는데 어선이 한강에 와 닿으면 온 시내의 생선 장수들이 거리를 누비면서 청어 사라고 소리친다고 하였고, 통영에서는 전복이나 대구어도 진상한다고 하였다. 그러나 광복을 전후하여 무분별한 어족魚族의 남획으로 오늘날 통영의 형편은 예전과 많이 다르다.

또 동짓달에는 제주목에서 귤과 유자, 귤감을 진상한다 하였다. 그러면 왕은 종묘에 천신하고 각 궁의 하인들과 가까이 있는 신하들에게 나누어 주었다. 옛날 제주도(탐라국)의 성주星主가 이를 바칠 때에는 그 노고를 치하하기 위하여 과거를 설치하였다. 조선조에 와서도 이를 답습하여 태학太學(성균관)과 사학四學의 유생들에게 시험을 보이고 귤을 나누어 주었다고 한다. 이 과거를 감제柑製라 했다. 귤은 오늘날 우리에게는 흔한 과일이지만 그 당시는 얼마나 귀한 토산품이었던가를 이로써 짐작할 수 있다. 『열양세시기』에 보면 동짓달뿐만 아니라 12월에도 감귤을 진상하는 예가 있었던 것 같다.

제주도 감귤의 종류는 예로부터 여러 가지였다. 이를테면 유감乳柑, 별귤別橘, 대귤大橘, 당금귤唐金橘, 동정귤洞庭橘, 소귤小橘, 당유자唐柚子, 유자柚子, 금귤金橘, 산귤山橘, 청귤靑橘, 지귤枳橘, 등자귤橙子橘, 석금귤石金橘 등을 들 수 있는데, 지금은 개량종의 개발 등으로 많이 달라졌다. 이 밖에 시식으로 냉면, 동치미, 수정과가 있었다.

(4) 용경

동지를 전후하여 못에 언 얼음의 갈라진 방향을 보고 이듬해 농사의 풍흉을 점치기도 하였다. 이것을 용갈이〔龍耕〕라고 한다. 즉, 저수지에 언 얼음이 마치극쟁이로 갈아 놓은 듯이 얼음장이 양쪽으로 넘겨져 있어 사람들은 이것을 용의 짓이라 하고 이로써 점풍하였다.

『동국세시기』에 보면 충청도 홍주洪州 합덕지合德池에 매년 겨울이 되면 용이 땅을 가는 이상한 변이 있었다고 한다. 남쪽으로부터 북쪽으로, 세로로 언덕 가까이 갈아 나간 자취가 있으면 다음해는 풍년이 들고, 서쪽으로부터 동쪽으로, 복판을 가로질러 갈아 나가면 흉년이 든다고 한다. 때로 동서남북 아무데나 종횡으로 갈아 가지런하지 않으면 평년작이 된다고 한다. 경상도 밀양密陽 남지南池에도 용이 땅을 갈아 농사꾼들은 이것으로 다음해의 농사일을 징험한다고 하였다. 이 밖에 경북 상주尙州 함창咸昌의 공검지恭儉池, 황해도 연안延安의 남대지南大池에서도 이와 같은 풍습이 있었다.


4. 섣달

(1) 납향

12월을 서웃달 또는 섣달이라고 한다. 섣달 납일臘日에는 오늘날에도 저육猪肉을 먹는 습속이 있다. 납일의 행사에 대하여 『동국세시기』에는 다음과 같이 소개하고 있다.

동지 후 제3 末日을 일러 납일이라고 하는데, 이날 종묘와 사직에 큰 제사를 지냈다. 이것을 臘享이라고 하였는데, 납은 곧 獵의 뜻으로 사냥하여 짐승을 잡아 선조에게 제사 지내는 것을 말하는 것이다. 그러므로 납향에 쓰는 고기는 주로 산돼지와 산토끼였다. 경기도 내 산간의 군에서는 예로부터 납향에 쓰는 산돼지를 바쳤다고 한다. 또 참새를 잡아 어린이에게 먹이면 마마를 깨끗이 한다고 하여 항간에서는 이날 그물을 쳐서 참새를 잡거나 총으로 잡기도 한다. 지금도 이날 참새를 아이들에게 먹이면 좋다 하여 새를 잡아 먹인다.

내의원에서는 이날 각종 환약을 만들어 올린다. 이것을 臘藥이라고 한다. 그중에서 淸心元(丸)은 정신 장애를 치료하는 데 효과가 있고, 安神元(丸)은 열을 다스리는 데 효과적이며, 蘇合元은 곽란을 다스리는 데 효과가 있다. 이 세 가지가 가장 중요하다.

정조正祖 경술년庚戌年(1790) 새로 제중단濟衆丹과 광제환廣濟丸 등 두 종류의 약을 만들어 각 영문營門에 나누어 주고 군사들을 치료하는 데 쓰게 했다. 또, 기로소耆老所에서도 납약을 만들어 여러 기신耆臣들에게 나누어 주고, 각 관청에서도 환약을 지어 나누어 주거나 서로 선물하였다 한다. 납일에 온 눈으로 약을 지으면 좀이 나지 않는다고 전한다.

(2) 제석

12월 마지막 날을 섣달 그믐이라 하고, 그믐날 밤을 제석除夕 또는 제야除夜라고 한다. 오늘날 서울에서는 이날 밤 33천에 울려 퍼지는 제야의 종소리를 듣거나 성당 대미사에 참례하는 사람들로 거리가 붐빈다. 이른바 오늘날의 수세守歲라고 할 수 있다.

지금도 연중 거래 관계는 이날 청산하며, 자정이 지나면 정월 보름까지는 빚 독촉을 하지 않는 것이 상례이다. 『동국세시기』에는 이날 풍속을 다음과 같이 소개하고 있다.

朝臣 2품 이상과 侍從臣들이 대궐에 들어가 묵은 해 문안〔舊歲問安〕을 올린다. 사대부 집에서는 사당에 참례하고, 연소자들은 친척과 어른들을 찾아뵈니 이것을 묵은세배〔舊歲拜〕라고 한다. 이날은 초저녁부터 밤중까지 길거리에 오가는 사람의 등불이 잇달아 끊이지 아니한다. 그리고 집 안에서도 자제, 부녀들이 모두 집안의 어른들에게 묵은 해 세배를 한다.

민가에서는 지금도 지키는 풍속에 수세라 하여 다락, 마루, 방, 부엌, 외양간, 측간에 모두 등잔불을 켜 놓는다. 그리고 남녀노소가 밤새도록 잠을 자지 않는다. 이것은 중국의 수세 풍속과도 같다. 이날 밤 잠을 자면 두 눈썹이 모두 세어진다고 하여 혹 자는 아이가 있으면 눈썹에 분칠을 하여 흔들어 깨워서 거울을 보게 하면서 놀린다.

「농가월령가」 12월령에도 세말歲末 풍속을 아래와 같이 읊고 있다.

입을것 그만하고　　먹을것 장만하세
떡쌀은 몇말이며　　술쌀은 몇말인고
콩갈아 두부하고　　모밀쌀 만두빚소
세육은 계를믿고　　북어는 장에사세
납향날 창애묻어　　잡은꿩 몇마린고
아이들 그물쳐서　　참새도 지져먹세
깨강정 콩강정에　　곶감대추 생율이라
주준에 숨들이니　　돌틈에 샘소리
앞뒷집 타병성은　　예도나고 제도나네
새등잔 새발심지　　장등하여 새울적에
웃방봉당 부엌까지　　곳곳이 명랑하다
초롱불 오락가락　　묵은세배 하는구나 (하략)

또 함경도 풍속에 빙등氷燈을 베풀어 놓는데, 마치 원주圓柱 안에 기름 심지를 해박은 것 같다. 그것을 켜 놓고 밤새워 징과 북을 치고 나팔을 불면서 나희儺戲를 행한다고 하였다. 이를 청단靑壇이라 하였다. 평안도 지방에서도 빙등을 설치하며, 나머지 여러 도의 주읍에서도 고을마다 풍속대로 연말 놀이를 행한다고 『동국세시기』에 소개되어 있다.

지금도 기호 지방과 영남, 호남 여러 지방에서 매귀치기나 마당밟기를 하며, 매귀꾼들이 집집마다 다니면서 마루, 부엌, 장독대, 우물, 마당에서 풍물을 치고 덕담도 한다. 또 꽹과리를 치면서 고사를 지내고 성주모시기, 동제, 산신제를 지내는 곳도 있고, 배고사를 지내는 어촌도 있다. 또 대불놓기나 쥐불놓기를 하는 고장도 있다.

세모歲暮에는 옛날부터 생치生雉, 생전복, 대추, 어란, 육포, 마른생선, 귤, 건시 등을 친척 또는 친지들 사이에 주고받는데, 이것을 세찬이라고 하며 지금도 계속되고 있다. 그러나 오늘날 크리스마스를 비롯하여 양력 1월 1일, 음력 1월 1일 등 세 번의 세찬풍속이 있어 삼중과세로 인한 서민들의 골칫거리가 되고 있다.

조선조에는 세모에 각 도관찰사, 통제사, 병사兵使, 수사水使, 수령으로부터 조관, 친척, 친지들에게 토산품으로 세찬을 보냈다. 봉함封函 속에 편지와 따로 작게 접은 종이를 준비하여 토산물의 품목을 적은 별전別篰을 첨부하는데, 이것을 총명지聰明紙라고 하였다. 각 관청의 아전들도 생치, 곶감 등의 물건을 친분이 가까운 집에 선물하였다고 한다.

이 무렵부터 항간에서는 윷놀이를 하고 널뛰기를 한다. 『동국세시기』에는 연종年終 행사로 다음과 같은 기록이 보인다.

대궐 안에서는 제석 전날부터 대포를 쏘는데 이를 年終砲라 한다. 火箭을 쏘고 징과 북을 울리는 것은 곧 大儺의 역질 귀신을 쫓는 행사의 또 다른 제도이다.

이로써 원래 관상감의 주관하에 제석 전날 밤 궁중에서 방상씨方相氏나 초라니 가면 등을 쓰고 악귀를 쫓던 행사는 『동국세시기』의 저작 당시에 이미 변형되었음을 짐작할 수 있다.

조선조 계동나례季冬儺禮는 흉년이나 기타 유고有故시에는 중지되었으나 거의 정례적으로 매년 세말歲末에 거행되었다. 이때 축역逐疫 외에 잡희雜戲, 즉 나희에 처용무 기타 여러 가지 탈놀이를 연이어 벌였으나, 임진왜란·병자호란 양란兩亂 후 조선 왕조의 국운이 쇠퇴기에 접어들면서 인조조仁祖朝(1623~1649) 이후에는 나례도 축역 행사에 그치고, 그나마 차차 쇠미해져 나중에는 위에서 본 바와 같이 연종포로 대신하는 정도로까지 규모가 축소되었던 모양이다.

## 5. 윤달

윤閏달은 말하자면 뜻하지 않게 더 주어지는 달로서 흔히 재액이 없는 달로 여긴다. 이달에는 무슨 일을 하여도 꺼리지 않는다. 그래서 지금껏 민간에서는 혼례, 건축, 수의壽衣만들기 등을 이달에 많이 하였다.

『동국세시기』에도 광주廣州 봉은사奉恩寺에는 언제나 윤달이면 서울 장안의 여인들이 다투어 와서 불공을 드리고, 극락세계로 가기를 기원한다고 하였다. 지금도 영남 지방에서는 윤달에 불공을 올리는 일이 많고, 고창高敞에서는 윤달에 성밟기를 하면 극락세계로 간다고 하여, 많은 부녀자들이 모여 들어 머리 위에 작은 돌을 이고 고창읍성(모양성牟陽城) 둘레를 돈다.

# 제7장 민속예술

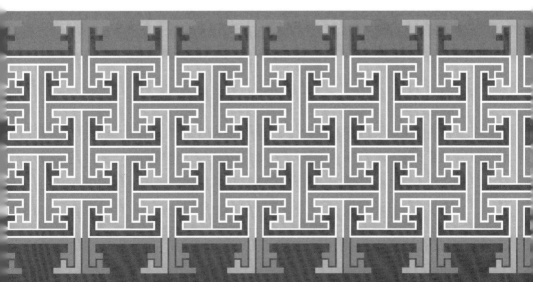

# Ⅰ 민속악과 민속무용

## 1. 민속악

현존하는 한국의 전통음악은 크게 아악雅樂과 민속악民俗樂으로 나눌 수 있다. 아악은 정악正樂이라고도 하는데, 이는 아정雅正한 음악이라는 뜻이다. 민속악과 달리 관현합주管絃合奏나 관악합주管樂合奏 등 대규모의 악기 편성으로 연주되는 합주가 주류이고, 가무歌舞가 따르는 경우가 많다.

관현합주곡에는 「여민락與民樂」 이하 10곡, 현악합주곡에는 「보허사步虛詞」, 관악합주곡에는 「보허자步虛子」, 「낙양춘洛陽春」, 「보태평保太平」 등 20여 곡이 전한다. 가악歌樂에는 가곡, 가사, 시조 등이 전한다.

한편 민족 고유의 음악인 민속악에는 아악의 관현합주와 같은 대규모 합주가 없다. 다만 합주라 할 만한 것으로 남도의 시나위 정도가 있다. 시나위는 무계巫系 음악이며, 피리, 대금, 해금, 장구, 징, 북 등으로 편성되고, 각 악기가 불협화음의 연속으로 지속되는 데 더욱 묘미가 있다고 한다. 민속악에 속하는 기악독주곡으로는 가야금산조와 거문고산조가 널리 보급되어 있으며, 반드시 피리, 대금, 해금, 아쟁, 퉁소, 단소 등의 반주가 따른다. 이 밖에 민속악의 종류에는 판소리를 비롯해서 잡가, 민요 그리고 농악 등을 들 수 있다. 잡가와 민요는 앉아서 부르는 좌창坐唱(앉은소리)과 서서 부르는 입창立唱(선소리)이 있다.

창唱은 판소리나 잡가 따위를 장단에 맞추어 부르는 노래로서 그 종류에는 서울의 「12잡가十二雜歌」(「유산가遊山歌」, 「적벽가赤壁歌」, 「제비가」, 「소춘향가小春香歌」, 「집장가執杖歌」, 「형장가刑杖歌」, 「평양가平壤歌」, 「달거리」, 「십장가十杖歌」, 「방물가方物歌」, 「선유가船遊歌」, 「출인가出引歌」), 「공명가孔明歌」, 「초한가楚漢歌」와 같은 서도잡가를 비롯하여 「새타령」, 「성조成造(성주)풀이」 등 여러 잡가와 대부분의 민요가 여기에 속한다.

민요로는 전라도의 「육자배기」, 경상도의 「쾌지나칭칭나네」, 강원도의 「정선旋善아리랑」, 경기 지방의 「양산도陽山道」, 황해도의 「감내기」, 평안도의 「수심가愁心歌」, 함경도의 「어랑타령」 등 각 지방의 특색을 나타내는 것이 있다. 입창으로는 산타령山打令을 들 수 있는데, 이는 본래 사당패의 소리라고 한다. 서울 지방의 「산타령」, 서도 지방의 「산타령」, 남도의 「보렴」, 「화초사거리」 등이 있다.

잡가나 민요는 고장마다 독특한 형식과 특색을 지니고 있다. 즉, "경상도는 꿋꿋하고 위압적이며, 전라도는 일반적으로 소리가 낮고 부드러우면서도 억양이 분명하다. 서울 지방은 맑고 깨끗하며 경쾌한 맛이 있는가 하면, 서도 지방은 어딘지 모르게 촉박하고 탄식하는 듯한 상심傷心 섞인 느낌을 준다."[1]

그러면 민속악의 백미白眉라고 할 수 있는 농악과 판소리에 대해서 좀더 자세히 살펴보기로 한다.

(1) 농악

"農者天下之大本"이라는 농기農旗를 앞세우고 상쇠의 인도에 따라 행진하는 농악의 흥겨운 가락은 듣는 이로 하여금 언제나 기분이 들뜨게 한다. 농악은 우리의 농촌 생활과 밀착되어 있어서 쉽게 쇠퇴하지 않고 계속 이어지고 있으며, 전국 방방곡곡 어디서든 농악의 꽹과리 소리는 농민들의 피로를 말끔히 가시게 한다. 또한 당제堂祭와 그 밖의 갖가지 농경의례 때에도 행해지고 있어 노동과 의례의 무악舞樂이요, 농촌 오락의 중심을 이룬다고 할 수 있다.

농악의 기원에 대해서는 몇 가지 설이 있다. 첫째는 제의祭儀의 축원음악으로부터 출발하였다는 설이다. 둘째는 농경의례, 즉 생산과 풍요의식에서 비롯되었다는 설로 집약된다.[2]

『삼국지』 위지 동이전 마한조馬韓條에 "5월에 파종을 마치면 귀신에게 제사할 때 군중이 모여 낮·밤을 헤아리지 않고 노래 부르고 춤추며 술을 마신다. 춤출 때 수십 명이 함께 일어나 서로 따르면서 땅을 디디며 손발을 함께 낮췄

---

1  張師勛, 『國樂概要』, 정신문화연구원, 1961, 103쪽.
2  鄭昞浩, 『農樂』, 열화당, 1986, 15쪽.

**그림 7-1.** 전남 완도 장좌리 당제(우물굿)

다 높였다 하여 장단을 맞추니 탁무木鐸舞와 비슷하였다. 10월에 농사가 끝나면
또 이렇게 하였다"라고 기록되어 있다.

탁무는 목탁木鐸(목설탁木舌鐸)을 손에 들고 무도舞蹈하는 중국 민간 잡희의
하나였다. 이것은 푸에블로Pueblo 인디언들이 옥수수 수확 후 추수감사의례
때 허리에 방울을 차고 손에 래틀rattle을 흔들면서 군무하는 모습과 비슷하다.
또한 우리의 농악대가 손에 제각기 악기를 들고 군무하는 모습과도 같다.

모심기부터 수확에 이르기까지의 모의농작模擬農作을 12거리로 보여 주는
두레의 농악은 그대로 풍년을 기원하는 예축행사이다. 또 추수를 감사하는 축
원무악으로서 제의에서 예술로의 전이를 알려 주는 좋은 예라고 할 수 있다.

도당都堂굿에 무악이 쓰이듯이 농악은 여러 지방에서 당제나 동제를 할 때
사용한다. 그 예를 전라남도 완도읍莞島邑 장좌리長佐里 당제를 통해 살펴보자.
장좌리 당제는 마을 앞 섬인 장도將島의 송대장군당宋大將軍堂에서 해마다 음력
정월 대보름날 아침 해가 뜨는 시각에 올린다. 당제 행사는 그 전날 밤 초저녁
부터 시작되어 굿패(농악대)가 마을 사무소 앞 넓은 광장에서 대낮같이 밝은

보름달 아래 모닥불을 피워 놓고, 그 둘레를 돌며 농악의 갖가지 묘기를 보인다. 농악은 자정까지 흥겹게 펼쳐지다가 자정이 지나면 온 마을이 죽은 듯이 갑자기 고요해진다. 이튿날 새벽 3시 무렵 북을 울려 굿패들이 다시 마을 사무소로 모인다. 이미 서西로 기울어진 달빛은 차고, 새벽 바람 또한 몹시 시릴 때이다.

일행은 마을 동쪽 바닷가로 나가 출발 시각을 기다린다. 이때 바다는 썰물이 져 장도까지 약 3백미터나 되는 거리가 탄탄대로로 뻗어 있다. 농악대는 징 1명, 장구 1명, 쇠 3명, 북 10명, 소고 3명, 창부 2명, 포수 1명 등 모두 21명에 영기수令旗手 2명으로 이루어져 있다. 굿패로 지명되면 제주祭主와 마찬가지로 마을 뒷산 샘물에서 목욕 재계해야 한다. 음력 정월이라 샘물이 상당히 차갑지만 능히 견딘다.

먼동이 트기 시작하면 굿패가 떠나야 할 시간이다. 농악대는 쇠, 북, 장구를 치며 기세 좋게 갈지자之로 뛰놀면서 장도로 들어가기 시작한다. 굿패들의 복색은 광목이나 무명 바지 저고리에 감발 짚신을 신는다. 상쇠, 부쇠, 종쇠는 전립戰笠에 청·홍·황 삼색 띠 그리고 북과 장구, 징을 갖추며, 소고수들은 모두 청홍색의 지화紙花를 단 고깔을 썼으며, 홍·황색 두 가지 색의 띠를 드리운다. 창부와 포수는 흰 두루마기에 지화를 장식한 높은 관을 썼으며, 포수 머리의 관에는 '대장군大將軍'이라 써 있다. 굿패가 섬에 이르면 섬 둘레를 크게 세 바퀴 돌며 농악을 치고, 다시 당堂을 중심으로 세 바퀴 돌며 농악을 친다. 이것을 "당산堂山한다"라고 한다.

제의는 동이 훤히 트고 해가 뜨면 시작된다. 처음부터 끝까지 제의는 굿패의 농악 반주에 따라 절을 하며 진행된다. 제祭가 끝나면 다시 굿패가 당 둘레를 세 바퀴 돌고 나서 모닥불 둘레에서 일동이 음복하고 섬을 떠나기에 앞서 다시 굿패가 섬 둘레를 세 바퀴 돌고 귀로歸路에 오른다. 동백나무 잎이 푸른 작은 섬에 아침 햇살이 밝고 어느덧 밀물이 져 섬 둘레는 창창한 바닷물만 출렁인다. 썰물이 지면서 생긴 탄탄대로를 걸어 들어오던 새벽의 일은 꿈처럼 여겨질 뿐이다. 이윽고 마을 쪽에서 4~5척의 배가 섬을 향하여 저어 온다. 음복으로 어지간히 취기가 오른 굿패들은 배에 올라 마을에 이르기까지 농악을 치며 덩실덩실 춤을 춘다. 아침 햇살이 눈부신 포구에 농악이 울려 퍼지고 경조競漕와 또 농악 경연이 장관을 이룬다. 이것은 상원의 편싸움(석전石戰)이나 줄다리기(삭전索戰), 차전과 같이 예축행사로서의 주술적 쟁투爭鬪나 경기競技와 같은 의의를 지녔던 과거 행사의 유습으로 생각된다.

남녀노소를 가리지 않고 온 마을 사람들이 바닷가에 모여 장도 당제에서 돌아오는 일행을 맞이하고, 먼저 굿패들은 바닷가 공동 우물에서 우물굿을 친다. 길이가 긴 대나무에 금줄을 걸어 잡인의 출입을 금한 우물터에서 굿패가 농악을 치며 샘물가를 돌기를 3주三周 3배三拜한다. 이 우물은 산줄기를 타고 지하로 흘러 바닷가에 이르러 솟는 것으로 연중 마르지 않는, 장좌리 2백 호 주민들의 식수 공급원이다. 이로써 마을의 수호신인 장도 당산제 다음으로 이 우물굿(용龍굿)이 중요한 까닭을 알 만하다.

마을 사람들은 농악대를 '굿패'라 하고, 농악을 치며 도는 것을 "굿한다" 또는 "굿친다"라고 한다. 이를 구경하는 것을 "굿본다"라고 한다. 이러한 표현은 다른 지방에서와 마찬가지로 당제의 농악이 신악으로 그리고 신악대로 참여함을 말한다.

우물굿이 끝나면 사정射亭굿을 한다. 수령이 몇백 년 되었다는 사정터 느티나무 둘레를 세 번 돌며 세 번 절하는데, 이때 마을 사람들도 굿패와 함께 어울려 춤을 추며 돌아간다. 사정굿이 끝나면 펼쳐지는 것이 매굿(매귀埋鬼)인데, 이장집을 비롯하여 마을 유지들의 집을 먼저 돌고, 이어 차례대로 온 마을의 가가호호를 돌며 어느 한 집 빼지 않고 매굿을 쳐준다. 매굿은 보통 4~5일간 계속되는데, 이때 집집마다 술과 음식을 준비하였다가 굿패를 대접한다.

이것은 다른 지방의 지신밟기나 걸립과 같은 것이며, 이때 거둔 쌀과 돈은 마을의 공동 사업비로 충당하고, 곳에 따라서는 동제 비용으로도 쓴다. 농악이라는 일반적인 명칭 외에 영남과 호남 지방에서는 지신밟기(지신풀이), 매귀

(매굿) 또는 걸립이라 하여 정월 동네굿에 많이 쓰였다. 북부 지방일수록 농악 자체가 드물고 정초의 매굿 행사 또한 없다. 평안 남·북도와 함경 남·북도의 경우 농악은 거의 없는 형편인데, 함경남도 북청에서는 정월 대보름 사자놀이가 이와 견줄 만한 행사이다(경상남도 김해읍 삼정동의 걸립치기 실례는 〈제6장 III 동절의 세시풍속 지신밟기〉에서 설명하였다).

농악은 흔히 정월 '매구굿'을 비롯하여 5~6월 제초기除草期에 노동을 독려하는 '지심놀이', 7월 백중百中에는 그해 농사를 제일 잘 지은 집의 머슴을 소에 태우고 그 뒤로 농악대가 따르는 '소타는 놀이' 등으로 펼쳐진다. 8월 추석에는 각처에서 씨름과 농악 대회가 벌어지고, 10월 상달에는 당산나무에 금줄을 매고 그 앞에서 농악을 치는 '당산굿'이 있다. 섣달에는 각 사찰에서 마을 농악대를 불러 '절굿'을 치기도 한다.

이 같은 사찰과의 밀접한 관계에서 농악의 또 다른 기원설이 유래한다. 즉, 사찰을 건립하기 위한 정재淨財 모금의 방법으로 화주승化主僧이 따르는 사승 수십 명과 일단이 되어 머리에 불두화를 단 고깔을 쓰고, 대금, 소금, 바라, 북, 피리 등 악기를 사용하여 민가를 돌며 걸립하던 사원의 굿중패를 민간에서 본받아 농악대가 생겼다는 것이다.

흔히 일반에게 '남사당'으로 널리 알려진 사당패(굿중패)의 음악인 풍물(농악)이나 버나(사발돌리기), 살판(땅재주), 어름(줄타기), 덧보기(탈춤), 덜미(꼭두각시놀음) 등 레퍼토리는 농악과 궤를 달리하는 것으로 엄연히 따로 논해야 할 것이다.

농악은 예로부터 12거리(12차 또는 12채)로 이루어져 있는데, 거리(차次)는 농악을 구성하는 음악의 기본 악장을 말하는 것이다. 거리(차)는 다시 가락으로 분립되고 1차가 대개 3가락인데, 이로써 농악은 12차 36가락이라고 일러온다. 거리(차)의 변화는 상쇠가 지휘하고, 부쇠 이하 대원들은 이에 따르며 진법陣法은 이 거리 안에 들어 있다.

12거리의 한 예로 경상남도 삼천포 문백윤文伯允 옹이 보유한 12차(거리)와 가락을 소개하면 다음과 같다.

1 차  얼림굿놀이, 陣풀이, 다드래기
2 차  광대굿, 雙陣풀이굿, 덧배기, 법고놀이
3 차  자진얼림굿, 군악놀이, 3차다드래기
4 차  우물놀이, 반군악, 영산다드래기
5 차  반다드래기, 굿거리, 양반포수놀이
6 차  덧배기놀이, 연풍대놀이, 먹법고놀이
7 차  3차법고놀이, 자진다드래기, 품앗이굿
8 차  3차법고놀이, 반법고웃놀음, 연풍대얼림굿
9 차  앉은법고놀이, 영산도드리법고, 운봉대놀이
10차  사거리놀이, 중거리놀이, 달거리놀이, 별거리놀이
11차  호호굿, 하시사굿, 십자굿
12차  현무진굿, 광대굿놀이

이상 36가락의 설명은 진법놀이로 풀이되어 있다. 이 같은 농악 진법에서 전시戰時에 농군을 훈련·양성하는 한 방안으로, 전시용 진법을 악무로서 지휘·훈련하던 것이 점차 농악으로 발전하였다는 또 하나의 농악 기원설이 나오게 된 것 같다.

농악의 형태는 좌도굿, 우도굿, 중간굿 등 셋으로 나누며, 대원의 의상과 수법, 그 직능 등이 각각 다르다. 농악대 편성의 기본에 대해서는 앞서 장좌리 농악대에서 이미 언급하였다. 농악대에 으레 끼어 있는 창부(양반 광대)와 포수, 집사 등이 펼치는 '잡색雜色놀이'는 가면극의 초기 모습을 보여 주는 것이라는 의견도 있다. 이로써 하회별신別神굿탈놀이나 강릉관노官奴탈놀이를 농경의례인 굿에서 완전히 벗어나지 않은 가면극이라고 본다면 농악은 가면극의 기원과도 관련 있다.

(2) 판소리

판소리의 발생에 대해서는 예전부터 여러 가지 논의가 있었다. 대체로 판소

리는 원래 제의에서 발생하였다가 그 후 오락으로 전용되어 농어촌의 대중을 전설 등을 주제로 한 소리로써 즐겁게 하였다. 그중 「춘향전春香傳」과 같이 유식계급有識階級에게 환영받은 것은 점점 세련된 가사로 발전하여 생존하였고, 가루지기타령처럼 그렇지 못한 것은 조잡한 말을 지닌 채 폐용된 것으로 추측된다.[3]

무속은 그 가계와 서사무가의 무악·무속 예능으로 판소리의 모태가 되었고, 이것을 모티브로 해서 민담(혹은 근원설화根源說話)이 형성된 것이라 할 수 있다.[4] 그러나 제의가 판소리 발생의 실증적인 터전이었다는 단언은 앞으로 더 자세한 논증이 필요한 문제이다.[5]

또 판소리가 중국의 강창講唱, 그것도 중국 북부 지방에서 유행하던 고사鼓詞의 영향을 받았음이 틀림없다는 의견[6]이 있지만, 어떻게, 어느 정도 영향을 받았는지 지금으로서는 단언할 길이 없다.

18세기 중엽 송만재宋晩載의 시 「관우희觀優戱」에 의하면 광대놀이의 주요한 레퍼토리는 판소리 12마당과 줄타기, 땅재주였다. 이로써 광대는 고사도 하였고, 농어촌으로 다니면서 대중을 상대로 소리를 팔았고 또 등과登科한 사람에게 불리우기 위하여 유식한 사람을 상대로 소리 경쟁도 하였음을 알 수 있다.[7]

실제로 1930년대까지 호남 지방의 세습무가世襲巫家 단골 집안의 남자(사니)들 중에서 주로 명창이 배출되었다. 그들 중 불행히도 성대가 나빠서 소리 광대를 할 수 없으면 기악을 배워서 '잽이'가 되었다. 그 재주를 얻지 못하면 줄타기를 배워 '줄쟁인'이 되거나, 그 또한 얻지 못하면 땅재주를 배워서 '재주꾼'이 되고, 두 가지 모두 어려우면 굿판에서 잔심부름이나 하는 '방석화랭이'

3 李惠求, 『韓國音樂研究』, 국민음악연구원, 1957, 359쪽.

4 張籌根, 「韓國民俗文藝의 傳統試論」, 『亞細亞女性研究』 제11집, 숙명여자대학교 아세아여성문제 연구소, 1972.

5 金東旭, 『韓國歌謠의 研究』, 乙酉文化社, 1961, 344쪽.

6 金學圭, 「唐樂呈才 및 판소리와 中國의 歌舞劇 및 講唱」, 『韓國思想大系』 1, 성균관대학교 大東文化研究院, 1973.

7 李惠求, 위의 책, 359쪽.

가 되었다고 한다.[8]

이들은 무巫(부夫)계를 조직하고, 신청神廳(장악청掌樂廳·재인청才人廳·창부청倡夫廳·공인방工人房·풍류방風流房)을 중심으로 모임을 가졌다. 이들 가계에서 많은 사당패들이 나온 것 같다. 사당패는 나중에 '굿중패' 또는 '남사당'이라고 불리던 직업적인 유랑 연예인으로 조선조 후기부터 1920년대까지 농어촌을 돌아다니며 민중 오락을 담당하였다. 그들의 주요 레퍼토리는 앞에서 언급한 바와 같이 풍물(농악), 버나(사발돌리기), 살판(땅재주), 어름(줄타기), 덧보기(가면 무극), 덜미(꼭두각시놀음) 등으로, 재인·광대들의 이른바 가무백희歌舞百戲 전통을 이어받은 후예들이었음을 알 수 있다.

그러나 조선조에 이르러 팔천八賤(사노비私奴婢, 승려, 백정白丁, 무당, 광대, 상여꾼, 기생, 공장工匠)의 하나로 사회의 최하층 신분으로 갖은 천대와 학대를 받았다. 그 수백 년 수난의 굴레 속에서 이룩된 예술이 판소리이다. 판소리가 조선조 후기에 이르러 가면극과 더불어 평민 예술로서 일반에게 널리 받아들여진 것은 결코 우연한 일이 아니다.

판소리는 소리와 아니리로 구성된 특수한 극시劇詩, drama로서 고수鼓手의 추임새와 함께 광대의 소리, 아니리, 발림(너름새), 춤으로 연출되는 독연獨演 형태의 극예술이다. 독연 형태이기 때문에 아니리는 단순히 설명을 위해서 필요한 부분일 뿐만 아니라 창자唱者가 잠깐 숨을 돌리고 휴식을 취하기 위해 필요한 것이기도 하다.

소리는 진양조, 중모리, 중중모리, 잦은모리, 휘모리, 엇모리 등 창의 완급緩急과 장단長短의 조화라 할 수 있다. 근원설화(민담)의 바탕 위에 여러 가요는 하나의 핵을 이루는 마디소리로 응집되어 한 마당의 판소리를 이룬다. 마치 오페라의 아리아aria와 같은 것으로 생각할 수 있다. 논자에 따라 가령「춘향전」구성에서 삽입가요로 열거한「사랑가」,「이별가」,「십장가」,「자탄가」등

---

8  趙成,「巫俗과 廣大」,『韓國文化人類學會』제33회 발표회(重要無形文化財 제72호 珍島씻김굿 기능보유자인 朴秉千의 이야기), 1965.

은 판소리 광대들이 소리를 자랑하는 유명한 아리아로 더늠(판소리에서 명창이 자신의 독특한 방식으로 다듬어 부르는 어떤 마당의 한 대목)이며, 한 마당의 판소리에서 중심을 이루고 희곡 전개의 징검다리가 된다고 하였다.

판소리의 장르에 대한 지배적인 의견은 "판소리는 연희적 요소가 1인창의 설명으로 표기되기 때문에 일종의 제스처, 즉 발림이 존재하여 연극적 맹아를 의식시켜 주나 이는 연극이 아니고…… 판소리 자체는 엄격한 의미에서 연극이 아니라 서사시이며"[9] 서사시의 영창詠唱이라고 하였다.

그러나 필자는 판소리는 우리 연극사에서 근세의 연극이요(공연 예술 측면) 또는 희곡(문학 측면)이라고 발표한 바 있다.[10] 무릇 문학 장르를 분류할 때 원소적인 것으로 보통 서정시, 서사시, 극(시) 그리고 소설을 드는 것이 보통이다. 그러나 자연계에서의 개념과 마찬가지로 원소는 실제 순수할 수 없고 서로 다른 원소와 화합됨을 볼 수 있다. 엘리엇T.S. Eliot은 시의 세 가지 소리라고 하여 제1의 소리(서정시)와 제2의 소리(서사시)에 이어 제3의 소리로 극시(희곡)를 들어 그 특징을 구별한 바 있다.

한편 18세기에 이르러 서양 문학의 한 형식으로 완성된 희곡은 배우에 의하여 무대 위에 표출될 극적인 내용을 대사를 주체로 하여 필요에 따라 장치·음악·조명 또는 연출·연기에 관한 지시를 가하며, 문자로 쓰여진 것이라고 정의된다. 희곡의 특징은 첫째, 무대 상연을 전제로 한 문학으로 연극의 중심을 이룬다. 둘째, 그것은 인간의 행동을 그리며 객관적인 형식을 취한다. 셋째, 제3의 소리로서 직접적인 표현 형식을 취한다. 우리의 근세적 드라마투르기dramaturgie인 판소리는 극시(희곡)이기도 하고 또 극예술이기도 한 두 측면을 모두 내포하고 있다고 본다.

판소리가 형성된 시기는 대체로 17세기 말에서 18세기 초(숙종 말~영조 초)

---

9 金東旭, 앞의 책, 26~27쪽.
10 「제5회 동양학 심포지엄 개요―판소리 장르問題」, 『東亞文化』 제6집, 서울대동아문화연구소, 1966.

**그림 7-2. 판소리 명창**(김연수金演洙 ; 1907~1974)

로 보고 있다. 광대들의 구전에 따르면 하한(은)담河漢(殷)譚과 결성結城 최선달崔先達[11] 등의 선구자들에 의하여 기틀이 잡힌 이 독연 형태[12]의 극예술은 19세기 중엽부터 말엽에 이르는 동안 하나의 장르로서 정립되었다.

　송만재의 「관우희」에 의하면 18세기 중엽 이미 다음과 같은 12마당의 고정된 레퍼토리를 갖기에 이르렀다 한다.

　　① 春香歌 ② 華容道 ③ 朴打令 ④ 江陵梅花歌 ⑤ 가루지기타령 ⑥ 日字打令(武淑이타령) ⑦ 沈淸歌 ⑧ 裵裨將타령 ⑨ 雍고집타령 ⑩ 가짜신선타령(淑英娘子傳) ⑪ 토끼타령 ⑫ 장끼타령　　　　　　　　　　(괄호 안은『朝鮮唱劇史』의 분류명)

　그 후 정조조正祖朝에 권삼득權三得(1771~1841)이 전주·익산에서 탁월한

---

11　鄭魯湜,『朝鮮唱劇史』, 조선일보사 출판부, 1940, 17쪽.
12　我國 倡優之戱 一人立一人坐 而立者唱 坐者以鼓節之(尹達善,「廣寒樓樂府」序)

그림 7-3. 모흥갑牟興甲 판소리 그림(평안감사 환영)

솜씨로 소리의 '제'[13]를 순화하고,[14] 19세기 중엽에 이르는 사이 '고송염모高宋廉牟'〔공주公州의 고수관高壽(素)寬, 운봉雲峰의 송흥록宋興祿, 여주의 염계달(량)廉季達(良), 죽산竹山의 모흥갑牟興甲〕등 4대 명창과 해미海美의 방만춘方萬春 같은 명창들이 순조純祖·헌종憲宗·철종조哲宗朝에 뒤를 이어 나타나 완전한 짜임새를 가진 노래와 아니리, 율문과 산문으로 교착된 독특한 극시로서 완성시켰다.

---

13 '제'는 보통 東便과 西便 그리고 中高로 나뉜다고 한다.
14 崔南善, 『朝鮮常識問答』續編, 東明社, 1947, 343쪽.

그러나 여전히 구비문학에 불과했던 판소리는 19세기 중엽에 이르러 사류士類 출신이며, 권삼득과 마찬가지로 비가비(조선 후기 학식있는 상민으로서 판소리를 배우던 사람을 이르는 말)인 신재효申在孝(1812~1884)가 판소리 작가로서 또한 판소리 이론가이자 교육가로서 30년 가까이 진력하여 전래하는 판소리 열 두 마당을 여섯 마당(「춘향가」, 「심청가」, 「박타령」, 「토별가兎鼈歌」, 「적벽가赤壁歌」, 「횡부가橫負歌」)으로 재정리함으로써 비로소 부동浮動문학에서 고정문학으로 정착되기에 이르렀다(물론 신재효 이전에 「열녀춘향수절가烈女春香守節歌」와 같은 춘향가 극본이 소설본과는 별도로 문자로 정착된 예는 있었다).

판소리는 현재 신재효의 「가루지기타령(횡부가)」을 제외한 5가五歌가 고전으로 불리고 있다. 거듭 말하거니와 판(무대)의 소리〔歌〕인 판소리는 '아니리'라는 사설辭說(대사) 부분과 창의 완급 · 장단의 조화인 음악 부분 그리고 발림(연기)을 곁들여 일종의 상대역인 고수의 추임새(무대 진행)에 따라 진행되는 독연 형태로, 한국 근세 특유의 연극 장르이다(그리스 극의 초기 형태도 한 사람의 배우가 합창과 상대한 데서부터 시작되었음은 참고할 만한 일이다).

광대는 우리의 배우요, 광대의 예술인 판소리는 우리 근세의 연극이요, 또 광대의 문학인 판소리는 우리의 희곡이다. 신재효도 그의 판소리 미학을 읊은 「광대가」에서 "광대라 하난 것이 제일은 인물 치례, 둘째는 사설 치례, 그 지차 득음이요, 그 지차 너름새라"고 하여 광대(배우)의 외모를 포함한 인간(인물 치례)과 더불어 스피치speech와 문학(사설) · 음악(득음), 연기(너름새)를 판소리 극예술의 4대 기본 요소로 말하고 있다.

동양에서 희곡이라 함은 '잡희雜戲의 가곡歌曲'이라는 말의 축약어로서 극적 표현의 3요소인 과科(동작), 백白(설화), 곡曲(가창) 중 가곡歌曲을 제일로 보았기에 희곡이 일반적으로 극적 내용을 말하기에 이르렀고(이것은 서양에서 drama라는 말이 something done, acting의 뜻으로 보다 과에 역점을 두는 것과 좋은 대조가 된다), 후대에는 가곡 부분이 줄고 산문적 대사가 주체가 되었다. 또 음악적 요소가 아예 없어진 이른바 화극話劇을 갖게 된 뒤에도 희곡이란 말이 관용되고 있다. 이처럼 희곡이란 말의 유래에서도 우리는 서양과 다른 동양 연극의 시어트리컬리즘theatricalism(연극법)을 볼 수 있다.

종래 판소리를 연극과 가요의 중간 형태라고 하여 서사시로 보거나 혹은 소설이라 하고 또는 창악이라고 하여 음악적 측면만을 내세우기도 하였다. 그러나 판소리가 갖는 종합적 성격 중에서 연극적 측면이 가장 두드러진 것이므로 판소리는 음악극의 일종이라고 할 수 있다.

일반적으로 서양의 문학이나 연극과 양식이나 내용의 발달 과정이 다른 동양의 문학이나 연극, 그중에서도 우리의 것은 우리 것대로의 특질을 가지므로, 민족과 시대에 따라 제 나름대로의 문학 형태와 연극 형태를 인정해야 한다고 생각한다. 원나라 때 도종의陶宗儀가 『철경록輟耕錄』에서 "唐有傳奇 宋有戲曲 唱諢 詞說 金有院本雜劇 諸公調 院本雜劇 其實皆一也"라고 한 것이나, 일본 중세 희곡으로 요교쿠謠曲와 조루리淨琉璃를 드는 것은 우리가 우리의 근세 희곡과 연극으로 판소리를 드는 것과 마찬가지이다.

판소리의 명칭은 예로부터 타령·극가劇歌·구극舊劇·창극·국극國劇 등 여러 가지로 불렸다. 그중 창극은 1908년 이인직李人稙의 『은세계銀世界』를 처음으로 신극화하여 원각사圓覺社 무대에서 상연하였는데, 당시 김창환金昌煥의 눈부신 활약에 힘입어 배역과 분창이 생긴 뒤 1933년 결성된 조선성악연구회 朝鮮聲樂研究會 공연에 이르는 동안 형성된 것이다. 따라서 조선조 말까지의 형태는 그대로 '판소리'라고 함으로써 창극(구극·국극)과 구별하고자 한다. 물론 창극 형성에 외부의 영향(주로 일본을 매개로 한 서양 근대극의 영향)이 컸음을 인정해야 하지만 그에 못지않게 신재효에 의하여 시작되었던 내부적인 요인도 간과할 수 없다.

즉, 신재효는 부자연스런 독연 형태의 「춘향가」를 남창男唱·동창童唱·여창女唱[15] 등에 따라 배역 분창 형태로 나누었으며, 판소리의 서사시적 구성을

---

15 姜漢永 校註譯, 『申在孝 판소리사설集(全)』, 民衆書館, 1971.

완전히 극복하고 이것이 민족 오페라인 창극으로 발전할 것을 예견하였다. 나아가 과거 남자만 광대를 할 수 있다던 사고방식에서 벗어나 최초의 여자 광대 채선彩仙을 양성하였다. 이로써 우리는 판소리에서 창극으로의 이행은 단절이 아닌 주체적인 연맥이었음을 기억해야 한다.

이상에서 살펴본 몇 가지 외에도 판소리와 관련하여 논급되어야 할 문제는 많이 남아 있다. 판소리 자체의 사설과 음악의 분석 연구,[16] 역대 명창들에 대한 고찰, 신재효 연구, 특히 그가 개작改作 고정시킨 여섯 마당의 극본에 나타난 세계관과 인생관, 평안도 지방에 전해 오던 배뱅이굿, 황해도 지방의 「변강쇠타령」(신재효가 「가루지기타령」으로 각색)과 삼남 지방 판소리의 관계라든가 중국 강창講唱과 판소리의 비교 연구 등 여러 가지이다.

## 2. 민속무용

궁중무宮中舞(정재呈才)의 종류는 50여 종이 있는데, 그 대표적인 것은 지금도 전해지는 무고舞鼓, 포구락抛毬樂, 학무鶴舞, 처용무處容舞, 검기무劍器舞, 가인전목단佳人剪牧丹, 춘앵전春鶯囀 등이다.

궁중무는 대체로 그 규모가 크고 형식미를 갖추며, 화려한 의상과 아름다운 노래를 수반한다. 반면 국가로부터의 뒷받침이 없는 민속무는 소박한 대로 감칠맛 나게 즉흥적으로 추어 넘기는 데 생명이 있다. 대표적인 민속무 몇 가지를 들면 강강술래, 살풀이, 무당춤, 장구춤, 소고춤, 무동춤, 사자춤, 탈춤 등과 의식무인 바라춤, 나비춤, 승무 등 여러 가지가 있다.

그중 탈춤에 대해 몇 가지 살펴보기로 한다. 우리나라 탈춤으로는 경기도의 양주별산대別山臺놀이, 송파산대山臺놀이, 황해도의 봉산鳳山탈춤, 강령康翎탈춤, 은율殷栗탈춤, 경상도 고성·통영·가산駕山의 오광대五廣大, 수영·동래의 야류〔野遊〕가 현전하고, 이외 하회별신別神굿탈놀이와 북청사자北靑獅子춤

---

16 朴憲鳳, 『唱樂大綱』, 國樂藝術學校出版部, 1966 ; 康龍權, 「唱劇研究」, 『東亞大學校論文集』 Vol. 2, 東亞大學校, 1964.

**그림 7-4. 검기무**劒器舞(혜원 신윤복 풍속도)

등이 있다.

우리나라 가면극은 일명 탈춤이라고도 부를 만큼 그 연출 형태는 음악 반주에 춤이 주가 된다. 거기에 묵극적默劇的인 몸짓과 동작(과科), 덕담 또는 재담이라고 하는 대사와 노래가 곁들인다. 즉, 가무 부분과 연극 부분으로 구성되어 있다.

탈춤의 반주 악기로는 3현6각, 즉 피리 2개, 젓대 1개, 해금 1개, 장구 1개, 북 1개로 구성되며, 이 밖에 꽹과리가 추가되기도 있다. 특히 오광대에서는 꽹과리 장단이 덧배기춤의 묘미를 낼 수 있게 한다. 반주 음악으로는 완중緩重한 염불곡念佛曲, 리듬이 명확한 타령곡打令曲, 유창한 굿거리곡 등을 사용한다.[17]

탈춤 중에서 산대춤은 봉산탈춤의 목중춤이나 오광대의 덧배기춤에 비하여 비교적 전아典雅한 맛이 있고, 형식미를 갖추고 있다. 이것은 아마 경기 지방 사람들의 깔끔한 기질과 궁중무의 영향 등에서 온 것으로 생각되는데, 앞으로

---

17 李惠求, 앞의 책, 74쪽.

더 검토가 필요하다. 춤사위는 어느 탈춤보다도 자세하여 크게 거드름춤과 깨끼춤 두 종류로 나뉘고, 다시 각각 10여 종류로 세분되는데, 한국 민속무용의 기본을 여기서 찾을 수 있을 것 같다.

먼저 양주별산대춤의 거드름식 춤에 속하는 춤사위를 살펴보면 다음과 같다.

반주곡伴奏曲   긴 염불, 염불곡(6박) 등이다(①~⑥까지 긴 염불, ⑦~⑪까지는 잦은 염불곡). 염불 장단을 청하는 불림 : "절수 절수 지화자 절수 조르르⋯⋯"

합장재배合掌再拜   상좌중만 추는 것으로 합장하여 천신에게 고하는 춤이다. 오른손을 차츰차츰 들고, 왼손도 그같이 들어 합장하는데 전에는 합장재배에 15분이나 걸렸다고 한다.

사방四方치기   도포자락 또는 장삼 자락을 머리 위에 펴서 두 손으로 잡고 주춤주춤 하면서 한 방향씩 돌아가서 재배하고 또 한 방향씩 돌아가서 재배하는 춤인데, 이와 같이 동에서 시작하면 남, 서, 북 다시 반대로 북, 서, 남, 동으로 돌면서 재배하는 것이다.

고개끄덕이   장삼 자락을 오른손으로 어깨너머로 넘기고, 고개는 좌우로 돌리면서 끄덕끄덕거리며 三進三退하는 춤이다.

용트림   장삼 자락을 펴서 두 손으로 잡고 오른편 다리를 앞으로 내놓고 왼편 다리를 뒤로 빼 허리를 구부리고 머리와 두 손은 장단 박자에 의하여 왼편으로 갔다가 다시 그 태도로 제자리로 와서 오른편을 잠깐 보았다가 제자리에서 일어난다. 이와 같이 사방을 도는 춤이다.

돌단춤   장내 주위를 빙빙 돌면서 추는 춤이며, 연풍대와 비슷한 것으로 神場에 잡귀가 범하지 못하게 추는 춤이라고 한다.

복무伏舞   老長이 엎드려서 세수를 하고 이를 잡는 동작으로 춤이라기보다 몸짓 mime이라 할 수 있다.

활개펴기   두 손을 펴서 들고 고개를 끄덕끄덕 좌우로 돌리면서 3보 전진, 3보 후퇴하는 춤이다.

활개꺾기   날개짓을 하면서 날아가는 시늉을 하는 춤으로, 활개펴기에 준하는 춤이다.

팔뚝잡이   오른편 다리를 길게 내딛고 오른손을 내뻗어서 구부리고, 왼손은 오른편

팔꿈치를 쥐고 고개를 끄덕끄덕거리다가 주춤주춤 뒤로 3~4보 간다. 또 반대로 왼편 다리를 내놓고 이와 같이 한다.

너울질  날아 보려고 요동하는 시늉의 춤이다.

3진3퇴三進三退  긴 염불곡에 맞추어 추는 춤인데, 삼현청을 향하여 장삼 자락을 후 려쳐 돌돌 말아 두 손으로 전진하고 후려쳤던 장삼 자락을 다시 말아 뒷걸음질로 왔다갔다 3회 한다.

깨끼식 춤에 속하는 춤사위는 다음과 같다. 반주곡은 타령(4박), 잦은타령(4박)과 도드리(6박), 굿거리곡이 쓰인다.

타령 장단을 청하는 불림 :

"달아 달아 밝은 달아 李太白이 노던 달아 태백이 飛上天後에 나와 사굇더니……"

"綠水靑山 깊은 골에 청룡, 황룡이 굼틀어졌다……"

"遠山 疊疊 崑山(중국 산둥성에 있는 5악 중의 하나) 너머 태산이……"

"落日이 欲沒峴山西(지는 해가 현산 서쪽으로 넘어갈 무렵)하니……"

"襄陽小兒 齊拍手하니 攔街爭唱白銅鞮(양양의 어린아이들이 손뼉을 치며 백동제 라는 동요를 부른다)라……"

"금강산은 좋단 말은 風便에 넌짓 듣고서 長安寺 썩 들어가니 난데없는 검은 중 이……"

여닫이  여닫이를 여는 동작을 비유한 것으로 두 손을 가슴에 모았다가 다시 두 팔 을 위로 추켜올리며 전면으로 내 펴고 양쪽으로 올리며 다리는 오른편으로 갔다 왼편으로 갔다 하면서 전진하는 춤이다.

곱사위  여닫이 춤은 전진하는 춤이고, 곱사위 춤은 후퇴하는 춤이다. 이 손 저 손을 어깨 너머로 젖히면서 뒷걸음질하는 춤이다.

멍석말이  오른손과 왼손을 번갈아 머리 위 후두부로부터 전면으로 젖히면서 맴을 도는 춤이다.

팔뚝잡이  거드름式 팔뚝잡이보다 오른편 다리를 좁게 내디딜 뿐 별 차이가 없다.

목잡이  두 손으로 뒷목을 잡고 두 다리로 다리춤을 춘다.

허리잡이  두 손으로 허리를 잡고 여러 형태의 궁둥이짓, 다리짓을 하는 춤이다.

**갈지자之춤**  노장이 양편 소무 앞으로 갈지자 형으로 춤을 추면서 왔다갔다하는 춤이다.

**깨끼리**  오른편 다리를 ㄱ자형으로 들고 외다리로 서서 3현 장단에 의하여 여러 가지 손춤을 추고 또 반대 다리를 들고 이와 같이 한다.

**자라춤**  소무만이 추는 춤인데, 오른손을 머리 앞까지 올려서 손뼉(바닥)을 젖혔다 뒤집었다 하다가 내려놓고 또 왼손도 이와 같이 하는 춤이다.

**까치걸음**  이편 다리, 저편 다리로 앙감질하듯 깡총깡총하고 지면을 보면서 팔짓, 다리짓을 하며 까치걸음을 걷는 시늉의 춤이다(스킵skip 스텝과 투two 스텝의 홉 hop 중간쯤 되는 걸음).


봉산탈춤의 춤은 중부 지방에 전해 오는 양주별산대놀이 춤이나 느린 사위로, 긴 장삼 소매를 고개 너머로 휘두르는 동작의 해주 탈춤형 장삼춤에 비하여 활발하며, 장삼 소매를 휘어잡고 뿌리거나 한삼을 경쾌하게 휘뿌리면서 두 팔을 빠른 사위로 굽혔다 폈다 하는 깨끼춤이 기본이다. 목중춤은 오광대의 말뚝이춤과 마찬가지로 도무跳舞로서, 모닥불 위를 뛰어넘는 장기를 자랑하였으며, 대륙에서 전래된 건무健舞의 영향을 느끼게 한다.

춤사위의 종류는 양주별산대놀이 춤처럼 자세하지 못하나 팔목중의 외사위, 곱(겹)사위, 양사위, 만사위, 취발이의 깨끼춤(깨끼리춤), 말뚝이의 두어춤(양반들을 돼지우리 속에 몰아넣는다고 해서), 미얄의 궁둥이춤과 까치걸음, 팔목의 뭇둥춤 등이 있으며, 불림에 따라 장단을 청하고 춤을 춘다. 특히 팔목춤은 그 귀면형鬼面型 탈과 함께 둘째 목이 등장하여 첫째 목을 때려서 쫓는 식으로 차례로 반복하는 등퇴장登退場 형식을 취하는데, 이는 벽사무辟邪舞의 모습을 지닌 것처럼 생각된다.

## Ⅱ 민속극

현재 남한에 전해지는 대표적인 민속극民俗劇으로는 산대도감계통극山臺都

監系統劇에 속하는 경기도 지방의 양주별산대놀이[18]와 송파산대놀이[19]를 비롯하여 가면극인 황해도 봉산·강령·은율탈춤,[20] 경남 지방 통영·고성·가산의 오광대,[21] 동래·수영의 야류[22] 그리고 인형극인 꼭두각시놀음(일명 박첨지놀음)[23]이 있다. 이 밖에 계통을 달리한 북청사자獅子놀음,[24] 하회별신굿탈놀이,[25] 강릉관노가면극官奴假面劇[26] 등을 들 수 있다.

## 1. 하회별신굿탈놀이

하회마을 서낭신은 "무진생성황戊辰生城隍님"이며, 이곳 서낭제의 평상제平常祭는 보통 동제라고 부른다. 10년에 한 번씩 지내는 별신제(별신굿) 또는 도신제禱神祭라고 하는 임시특별제도 있었다(1928년 이후 중단됨). 별신굿은 '특별신사特別神祀'의 축약어라는 설[27]이 있는데, 별신굿은 경상도와 강원도 해안 지방 일대에 분포한다. 그 기능으로 보아 부락제로서 서낭신에 대한 대제大祭

18 任晳宰, 「楊州別山臺놀이대사」, 『協同』 제49·50호, 1954 ; 李保羅, 「假面舞劇 양주산대놀이」, 『現代文學』 제46~55호, 현대문학사, 1958 ; 李杜鉉, 「楊州別山臺놀이」, 『韓國假面劇』, 문화공보부 문화재관리국, 1969.

19 李杜鉉, 「松坡山臺놀이」, 『文化人類學』 제5집, 韓國文化人類學會, 1972.

20 宋錫夏, 「鳳山 假面劇 脚本」, 『文章』 제2권 제6호(『韓國民俗考』, 日新社, 1960), 경성문장사, 1940 ; 任晳宰, 「鳳山 탈춤 臺詞」, 『국어국문학』 제18호, 국어국문학회, 1957 ; 崔常壽, 『海西假面劇의 研究』, 正東出版社, 1967 ; 李杜鉉, 「鳳山 탈춤」, 위의 책, 1969 ; 李杜鉉·金塘洙, 「康翎탈춤」, 『演劇評論』 제3호, 연극평론사, 1970 ; 李杜鉉, 「殷栗탈춤」, 『국어교육』 제26호, 1975.

21 李玟基, 「統營五廣大 臺詞」, 『국어국문학』 제22호, 1960 ; 鄭尙圤, 「固城五廣大 臺詞」, 『국어국문학』 제22호, 1960 ; 李杜鉉, 「統營 및 固城五廣大」, 위의 책, 1969 ; 李杜鉉, 「駕山五廣大」, 『韓國의 假面劇』, 一志社, 1979.

22 宋錫夏, 「東萊野遊 臺詞」, 『朝鮮民俗』 제2호(『韓國民俗考』, 日新社, 1960), 조선민속학회, 1934 ; 康龍權, 「水營野遊劇」, 『국어국문학』 제27호, 1964 ; 李杜鉉, 「水營野遊」, 위의 책, 一志社, 1979.

23 崔常壽, 「韓國人形劇의 研究」, 경기대학민속학연구소, 1961 ; 李杜鉉, 「꼭두각시놀음」, 위의 책, 1969.

24 李杜鉉, 「北靑獅子놀음」, 위의 책, 1969.

25 柳漢尙, 「河回別神假面舞劇 臺詞」, 『국어국문학』 제20호, 1959 ; 成炳禧, 「河回別神탈놀이」, 『韓國民俗學』 제12호, 민속학회, 1980 ; 李杜鉉, 「河回別神굿탈놀이」, 『韓國文化人類學』 제14집, 한국문화인류학회, 1982.

26 張正龍, 『江陵官奴假面劇研究』, 集文堂, 1989.

27 李能和, 「朝鮮巫俗考」, 『啓明』, 계명구락부, 1927, 46쪽.

와 입시立市와 결부되어 경제적 또는 오락적 동기에서 거행되는 임시대제 등 두 가지로 나눌 수 있다.

서낭제에 탈놀이를 놀았던 곳은 경상북도 안동군 풍천면 하회마을 외에 이웃 마을인 병산동 그리고 영양군 일월면 주곡동 별신굿과 강원도 강릉단오굿의 관노탈놀이가 있었으나, 현재는 하회별신굿탈놀이만 전한다. 하회마을은 낙동강 상류에서 강이 S자 형으로 굽이도는(하회) 강기슭에 자리잡은 풍산 유씨柳氏의 동족부락이며, 조선조 선조 때 명신 유성룡柳成龍이 살았던 마을로도 유명하다. 마을에 전하는 향언鄕諺에 따르면, "허씨許氏 터전에 안씨安氏 문전에 유씨柳氏 배판에"라 하여 대체로 고려 중엽까지는 허씨가 살다가 그 후에 안씨가 입향하였고, 나중에 유씨가 조선조 초기부터 집단적으로 정주한 것 같다"라고 한다.[28] 이로써 하회가면의 제작자가 허 도령이었다는 전설은 하회가면이 고려 중엽 제작된 것이라는 방증이 될 수 있다.

10년에 한 번씩 또는 신탁에 따라 임시로 거행되는 하회별신굿 준비는 음력 12월 말부터 시작한다. 산주山主(주제자主祭者)는 먼저 부정이 없는 목수를 골라 뗏재에서 서낭대(당대)와 내림대를 마련한다.

정월 초이틀 아침에 산주와 무녀, 광대(별신굿놀이 연희자)들이 서낭당(상당上堂)에 모여 제수를 차려 놓고 4~5m 길이의 서낭대와 1~2m 길이의 내림대를 세우고 강신降神을 빈다. 서낭대에는 5색포(홍·백·황·녹색 등)를 늘이고 꼭대기에 당堂방울을 달았다. 신이 내려 방울이 울리면 강신한 서낭대와 내림대를 받들고 주악하면서 상당(서낭당)에서 하당下堂(국시당), 삼신당을 다녀 구동사舊洞舍 앞 놀이마당에 이르러 서낭대를 세워 놓고 별신굿탈놀이를 시작한다.

탈놀이의 첫 마당(과장科場)은 '주지놀음'이다. 주지는 "호랑이를 잡아먹는 무서운 귀신"이라고도 하지만, '사지', 즉 사자를 말한다.[29] 이 마당은 서막으

---

28 金宅圭, 『氏族部落의 構造研究』, 一潮閣, 1979, 20쪽.
29 崔南善, 『朝鮮常識問答』, 東明社, 1947, 339쪽.

로 다른 가면극의 경우와 마찬가지로 벽사를 위한 의식무로 행하는 사자춤이다. 붉은 보자기로 전신을 가리고 주지머리를 손에 든 광대 두 사람이 음악에 맞추어 춤을 추면서 사방을 휘저으며 돌아다닌다. 붉은색은 구마색驅魔色으로 쓰인다.

둘째 마당으로 무녀가 주연하는 '삼석놀음'이 있었다고 한다. 토끼같이 귀가 있는 가면을 쓰고 춤을 추었다고 하나 오늘날 그 가면은 전하지 않는다.

주지와 삼석놀음은 서막이고, 셋째 마당인 파계승破戒僧 놀이부터 본 막이 시작된다고 볼 수 있는데, 먼저 각시(처녀)가 나와 춤을 추고 있으면 중이 등장하여 바라본다. 각시가 치마를 들고 오줌을 누고 다시 춤을 계속하면 중이 오줌을 눈 자리의 흙을 움켜쥐고 냄새를 맡으며 성性에 대한 흥분을 느낀다. 각시가 중을 보고 놀라다가 이윽고 중과 어울려 춤을 춘다. 양반의 하인 초랭이가 등장하자 중이 각시를 업고 달아난다. 이어 양반과 선비, 선비의 하인 이매 등이 등장하여 달아나는 중과 각시를 바라보는데, 양반과 선비는 세상을 개탄하고 하인들은 껴안고 웃으며 좋아한다.

넷째 마당은 '양반과 선비놀음'이다. 부네(코케트coquette인 소실역小室役)가 등장하여 춤을 추며 유혹하면 양반과 선비 사이에 사랑의 삼각관계가 벌어진다. 부네를 사이에 두고 양반과 선비는 서로 지체 높음과 학식을 자랑한다. 그 한 대목을 인용하면 다음과 같다.

선비 : 첫째, 학식이 있어야지. 나는 四書三經을 다 읽었네.
양반 : 뭣이? 四書三經? 나는 八書六經을 다 읽었네.
선비 : 도대체 八書六經이 어데 있으며 대관절 육경은 뭐야?
초랭이 : 나도 아는 六經, 그것도 몰라요? 팔만대장경, 중의 바래경, 봉사 안경, 약국의 길경, 처녀의 월경, 머슴 쇄경.
이매 : 그것 다 맞다 맞어.
양반 : 이것들도 아는 六經을 소위 선비라는 자가 몰라.[30]

---

30 柳漢尙, 앞의 책.

양반과 선비는 부네와 흥겹게 춤추다가 서로 부네를 독점하려고 애쓴다. 이 때 백정이 도끼와 쇠불알을 들고 등장하여 양기를 돕는 데 좋다고 하자 양반과 선비는 서로 사겠다고 쇠불알을 잡아당긴다. 백정은 불알이 터진다고 야단이고 할미가 등장하여 싸움을 말린다. 양반 계급을 풍자한 이 과장이 다른 가면극처럼 가장 중심이 되는 마당인 것 같다.

다섯째 마당은 떡다리와 할미가 나오는 '살림살이' 놀이로 할미가 서민생활의 고달픔을 베틀가에 얹어 노래한다.

여섯째는 '살생殺生' 마당으로 백정이 나와 소를 잡고 껍질을 벗기는 시늉을 하며 염통과 쇠불알을 관중에게 사라고 한다. 백정 가면을 전에는 '희광이'라고 불렀는데, 소를 잡는 것이 아니고 사람을 사형하는 시늉을 하며 낙뢰를 두려워하는 표정이었다고 한다.

일곱째 마당은 '환자還子놀이'로서 관리인 '별채'〔別差〕가 나와 마을 사람들로부터 곡식을 거두어들이면서 중간에서 착취하는 횡포를 풍자하는 과장이다.

여덟째는 총각과 각시의 '혼례' 마당이다. 이때 혼례식용 자리를 바치면 복을 받는다 하여 서로 다투어 바치려고 한다. 서낭대에 옷을 걸면 복을 받는다 하여 서로 다투어 옷을 거는 것과 유사하다.

아홉째는 '신방新房' 마당으로 총각이 잠든 뒤 각시가 궤문을 열면 간부奸夫인 중이 나와 총각을 살해한다.

주목되는 것은 산대극이나 봉산탈춤에서는 미얄이가, 오광대에서는 할미가, 꼭두각시놀음에서는 평안감사 대부인이나 평안감사가 각각 죽음을 맞이함으로써 놀이가 끝나는 공통점을 가졌다는 점이다.

다음으로 별신굿 행사 최종일인 정월 보름날 마을 앞 길거리에서 헛천굿(거리굿)이 거행된다. 이날 밤 심야(자정)에 상당에 올라가 당제를 지내고, 서낭대는 당에 봉납하며, 하당과 삼신당에 차례로 제를 올리면 별신 행사가 끝난다. 산주와 광대들은 12월 그믐날 이후 15일 만에 비로소 근신 합숙에서 벗어나 자기 집으로 돌아간다.

이상은 별신굿과 별신굿탈놀이의 순서인데, 평상제平常祭인 동제洞祭는 남자 중심의 유교식 절차이며, 가면을 신체神體로 모시는 것이 다른 지방과 다르다. 동제일은 정월 보름과 4월 초파일로, 이 제일은 고유한 만월제일 뿐만 아니라 불교의 영향에서 비롯되었음을 알 수 있다. 평소 가면을 보려면 산주가 제물을 차려 놓고, 고사를 지낸 다음에야 궤문을 열어 볼 수 있었다. 그렇지 않으면 탈이 난다고 믿었다.[31]

병산가면屛山假面 2개(대감, 양반)와 함께 국보 제121호로 지정된 하회가면河回假面은 '주지(2개)', '각시', '중', '양반', '선비', '초랭이', '이매', '부네', '백정', '할미' 등 10종 11개가 현전한다. 아쉽게도 '총각', '별채', '떡다리' 등 3개는 분실되었다. 용재用材는 병산가면과 마찬가지로 오리나무이며, 옻칠로 두세 겹 도색하였다.

한국 가면은 대륙 전래의 기악면伎樂面, 무악면舞樂面, 행도면行道面, 불면佛面 등 도법刀法의 영향을 많이 받았다. 현존하는 고古가면 중에서 신성神聖 가면의 성격을 지니면서 예능 가면으로 쓰인 가장 오래된 가면은 하회가면과 병산가면이다. 하회가면은 심목고비深目高鼻의 기악면적 골격과 사실주의적 수법을 바탕으로 하면서도 무악면이 갖는 양식화된 표현, 좌우 상칭相稱되지 않는 수법 등을 보인다. 하회가면 9개 인면人面 중 5개는 '절악切顎'으로 턱을 따로 달아 움직일 수 있게 되어 있고, 각시, 부네, 이매탈 등은 완전히 한국화된 얼굴이다. 하회·병산가면은 여러 가지 점에서 기악면에서 무악면으로 옮겨 가는 추이와 일본 노면能面으로 넘어가는 중간 과정을 보여 주는 가면들로 우리나라 가면사에서뿐만 아니라 일본 가면사를 위해서도 귀중한 자료이다.

---

31 1978년 마지막 별신굿 때(1928) 각시탈을 맡아 놀았던 李昌熙(1913~1996)의 도움으로 이제까지 보고된 바와는 다른 또 하나의 異本을 얻을 수 있었다. 놀이마당의 순서도 다소 다르다. ① 강신 ② 각시 舞童 마당 ③ 주지 마당 ④ 백정 마당 ⑤ 할미 마당 ⑥ 파계승 마당 ⑦ 양반 선비 마당 ⑧ 堂祭 ⑨ 혼례 마당 ⑩ 신방 마당 ⑪ 헛천거리굿 등의 순서이다.
  놀이 내용에서도 예를 들어 파계승 마당의 여주인공은 각시가 아니라 부네이고, 신방 마당에서도 초야의 모의 성행위뿐이지 신랑이 살해되지 않는 등 다른 점이 많다.

하회별신굿탈놀이는 지난 1980년 중요무형문화재 제69호로 지정되었으며, 이상호李相浩(1945~ )가 현재 예능보유자이다.

이상과 같이 하회별신굿탈놀이나 강릉단오굿관노탈놀이는 산대도감극과 계통을 달리하는 서낭제의 가면극이다. 제의적 연희seasonal ritual drama의 성격을 다분히 지니고 있는 이들 서낭제 가면극은 향촌형 가면극으로 도시형인 산대도감계통극의 가면극과 계통을 달리한다. 농악대의 잡색놀이나 무의巫儀적인 가면희와 함께 토착적인 가면희의 기원에 대한 많은 시사를 던져 준다.

가령 현전하는 가면극 내용에서 호색을 통한 파계승에 대한 풍자나 현실 폭로를 통한 양반에 대한 모욕, 남녀(부부)의 갈등 등은 부락제의 '신성神聖'의 실현에서 이루어지는 '세속'의 금기로부터의 해방을 의미한다. 그것은 주로 일상적인 음주 가무와 성의 금기, 계급적 억압으로부터의 해방이며, 난장을 트는 부락제의 에로티시즘과 반란이 가면극을 통하여 표현된 것이라고 할 수 있다.

풍요 다산을 위한 제의fertility-rite나 세시제의seasonal feasts에서 보여 주는 각종 주술적 쟁투magical agones나 경기dramatic contest, 즉 상원上元의 석전(편싸움), 삭전索戰(갈전葛戰), 차전, 단오날 석전과 씨름 그리고 각종 모의 성행위는 자연과의 갈등을 주술적으로 해결하려는 제의적 행위이다. 반면 가면극에 표현된 호색이나 대립, 갈등은 사회적 갈등을 예술적으로 표현하려는 연극으로의 전환[32]이라고 풀이될 수 있다. 이러한 민속극에 대한 미학적 해석은 앞으로의 연구 과제로 남아 있다.

## 2. 산대도감계통극

산대도감극은 최근까지 우리나라의 대표적인 민속극으로 속칭 '산대도감놀이', '산디도감', '산지도감', 산두놀이', '산디놀이', '산지놀이', '산대놀이', '산두나례도감', '산두', '나례도감'으로 불렀다. 또 천칭賤稱으로는 '딱딱이패'라고 불리던 가면극이었다. 흔히 산대극이라고 부르는데, 고려 말부터 조

---

32 張德順 외, 『口碑文學槪說』, 일조각, 1971, 169~170쪽.

선 전기에 성행된 산대잡극과 구별하기 위하여 산대도감극이라는 명칭을 택하였다.

산대도감극은 조선 전기 산대나례를 관장하기 위하여 설치했던 나례도감이나 산대도감에서 유래된 명칭이다. 하지만 오늘날 우리에게 전승된 산대도감 계통극은 고려 말이나 조선 전기에 공연된 산대잡극이나 산대나례희와 동일하지 않으므로 이제까지 그 발생이나 형성에 대하여 의견이 분분하였다.

크게 분류해 보면 ① 농경의식기원설(혹은 서낭굿기원설) ② 기악伎樂과의 동일기원설 ③ 산대희설山臺戲說을 들 수 있다.[33] 이 중에서 대조적인 것은 ①과 ②이다. 이것은 가면의 기원이나 발달과 마찬가지로 토착적인 탈놀이에 대륙 전래 가면희가 영향을 끼쳐 오늘의 산대도감극이 형성되었음을 설명하는 기원설의 기본적인 설정이라고 할 수 있다.

그러나 가면 묵극이었던 기악에 비하여 산대도감극은 가무 부문과 일정한 스토리의 전개, 재담(대사臺詞)을 가진 연극 부문으로 구성되어 있으므로, 우리가 물려받은 산대도감극의 드라마, 즉 그 내용은 언제, 어떻게 성립되었을까에 대한 의문이 제기될 수 있다.

산대도감극의 두 가지 구성요소 중 하나인 가무 부문은 나례잡희의 규식지희規式之戲와 음악의 전승이다. 다른 하나인 연극 부문은 광대소학지희廣大笑謔之戲의 희곡적 전개에서 비롯된 것이나, 이 두 요소가 기악과 동일한 모태, 즉 틀frame 속에서 어떻게 결합되어 갔을까? 여기서 우리는 그리스의 비극(시)이 서정적 합창시와 서사시의 결합으로 성립되었다는 의견을 참고로 삼을 수 있을 것 같다.

우리의 경우 서민예술의 하나로서 산대도감극과 거의 같은 시기에 형성되었으리라고 생각되는 판소리의 발생과정을 '근원설화—판소리 한 마당—대본으로서의 정착—소설화'[34]로 나타낼 수 있다면, 여기서 주목할 것은 서정적 가

---

33 張德順 외, 앞의 책, 169쪽.
34 金東旭, 앞의 책, 357쪽.

창인 마디소리에 근원설화에서 유래된 서사적 스토리의 도입으로 한 마당의 판소리, 즉 극시가 이룩되고 연창演唱되었듯이 가무와 서사시의 만남에서 또한 산대도감극 드라마의 형성도 생각할 수 있을 것 같다. 앞으로 조선 후기 서민예술 형성기 각 장르 간의 상호 영향 관계에서 이 서사시의 도입 문제나 산문정신, 즉 리얼리즘의 대두, 극과 문학의 만남 등에 대해서는 계속 연구되어야 할 것이다.

산대도감극 성립과 관련하여 또 하나 참고할 것은 일본의 고전 가면극인 노가쿠能樂의 형성과 민속예술의 관계이다. 대륙계 사루가쿠散樂에 골계희滑稽戱와 촌극寸劇 등이 합쳐서 이루어진 사루고猿樂가 고대 말기에 하급 관리나 일반 서민 간에 행하여지다가 중세(12세기) 들어 풍부한 노가쿠로 대성되었는데, 과도기의 노가쿠와 교겐狂言에는 골계문답滑稽問答인 도벤辯, 가무의 요소가 짙은 오키나마이翁舞 그리고 일정한 곡이나 춤사위가 없는 란부亂舞 등이 혼재해 있었다는 사실이다.[35]

우리의 산대도감극 형성에 대해서도 예로부터 여러 가지 논의가 있었다. 그 형성 시기에 대해서는 대체로 조선 인조 12년(1634) 공의公儀 폐지 이후 연희자들이 지방에 정착하면서 전적으로 민간에 의해 존속되어 현존하는 민속극이 되었다는 의견이 지배적이다. 구체적으로 몇 가지 들어 보면 나례의 가면과 구나무驅儺舞가 그 바탕으로 작용하여 산대가면극이 발생되었다는 의견이 있다.[36] 이것은 부분에 대한 설명은 될 수 있으나 전반적인 설명으로는 부족하다. 또 산대극은 신라시대 수입된 중국의 잡희가 고려 · 조선조를 통하여 나례와 함께 민간에 계승되는 사이에 형성되었다는 설명도 있다.[37] 그리고 보다 명확하게 산대희를 선행 예능으로 한 산대도감극은 조선 중기 영조 이후 산대희가 공의로서 정폐된 뒤 형성되었다 하고,[38] 또 산대도감계통의 가면희는 공통

---

35 萩原秀三郎, 『まつり』, 國書刊行會, 1968, 124쪽.

36 崔常壽, 「山臺假面劇의 硏究」, 『學術誌』 제5집, 建國學術硏究院, 1964.

37 金學主, 「儺禮와 雜戱」, 『亞細亞硏究』 제6권 제2호, 고려대 아세아문제연구소, 1963.

38 梁在淵, 「山臺都監戱에 就하여」, 『中央大學校 三十周年紀念論文集』, 중앙대학교, 1955.

된 배종胚種—나례잡희儺禮雜戲, 광대소학지희廣大笑謔之戲에서 분화한 민속극이 확실하다고도 하였다.[39]

유득공柳得恭(1749~?)이 쓴 세시풍속지인 『경도잡지』에 의하면 나례도감에는 산희山戲와 야희野戲의 양부兩部가 속하였는데, 산희로는 '만석중놀이'를, 야희로는 '당녀소매무唐女小梅舞'를 들고 있어 산대극의 당녀唐女와 소무小巫(소매小梅)와의 관련을 시사하고 있다. 나례는 구나부驅儺部와 잡희부雜戲部로 나뉘는데, 물론 이때 나례는 나례잡희 또는 나례백희의 약칭이며, 『문종실록文宗實錄』에는 나례를 규식지희規式之戲, 소학지희笑謔之戲, 음악 등 세 가지로 나누고 있다.

그러므로 『조선조왕조실록』이나 기타 문헌에서 언급한 나례를 산희나 규식지희만으로는 볼 수 없을 것 같다. 나례가 잡기백반雜技百般(산악백희散樂百戲)을 지칭한 산대잡극과 관계있는 이른바 규식지희뿐만 아니라 배우지희, 즉 소학지희도 포함되며, 이 소학지희에서 산대극 형성의 계기를 찾을 수 있을 것으로 생각한다. 한편 영사迎使의 나례에는 백희 또는 잡희, 희학지사만 상연하였고 가면 무극은 상연되지 않았다는 의견도 있다.[40] 하지만 희학지사, 즉 소학지희가 나중에 파계승에 대한 풍자와 양반이라는 특권 계급에 대한 조롱이나 모욕, 남녀 간의 갈등이나 서민생활을 보여 주는 민속극으로 발전할 배종은 충분히 내포하고 있었다고 볼 수 있다.

이 점에 대하여서는 정현석鄭顯奭(조선시대 고종 때 사람)의 『교방제보敎坊諸譜』가 중요한 시사를 하고 있다. 박원璞園 정현석이 1872년(고종 9)에 찬한 『교방제보』(서울대학교 도서관본)에는 총목에 무무로서 다음과 같은 14종을 들고 있다. 즉, 육화대六花隊, 연화대蓮花隊(부附 학무鶴舞), 헌선도獻仙桃, 고무鼓舞, 포구락抛毬樂, 검무劍舞, 선악船樂, 항장무項莊舞, 의암가무義巖歌舞, 아박무牙拍舞, 향발무響鈸舞, 황창무黃昌舞, 처용무處容舞, 승무僧舞 등이다. 이 중에서 승무는

---

39 金東旭, 앞의 책, 314쪽.
40 趙元庚, 「儺禮와 假面舞劇」, 『學林』 제4집, 연세대학교 문과대 사학연구회, 1955.

산대놀이의 노장과장의 원형과 같은 것으로 보이며, 신장수와 취발이놀이를 합친 내용이다.

또 잡희로서 6종을 들고 있는데, 그중에 산대가 들어 있다. 즉, 잡희雜戲(개무륜권皆無倫眷), 사당舍黨(남창녀화男唱女和), 풍각風角(소적행걸簫笛行乞), 초란焦爛(가면금목假面金目), 산대山臺(사여승미인개가면士與僧美人皆假面), 곽독郭禿(설붕희목인設棚戲木人), 취승醉僧(기동도무機動蹈舞)이 그것이다.

산대는 "士與僧美人皆假面"이라고 하여 목중과 소무, 샌님(양반)이 그 등장인물들임을 추측할 수 있으며, 취승은 취발이놀로 생각된다. 승무는 『교방제보』 중 육화대 이하 14종 레퍼토리의 하나일 뿐만 아니라 가면을 착용하지 않은 잡희로 상좌, 노장, 소무, 취발이가 등장하여 춤과 팬터마임으로 진행되는 노장과장놀이임이 주목된다. '산대'와 '취승', '승무'가 하나의 테두리 속에 묶여진 것이 오늘날 산대놀이의 노장과장과 샌님과장의 내용이며, 그 주요 등장인물임을 짐작할 수 있다.

이상에서 본 바와 같이 산대극이 백제의 기악과 동일 모체에서 기원하였다 하더라도 그것이 세대가 격하여지고 국정이 달라짐에 따라 전래하는 여러 선행 예능, 특히 나례(잡희)의 소학지희 속에서 오늘날의 산대놀이 드라마가 배태·형성되었다 하여도 타당한 이야기일 것 같다. 또 나례를 광·협의 둘로 나누어 볼 수 있는 점과 연극의 발달과정을 좀더 넓혀서 보느냐 좁혀서 보느냐에 따라 의견의 차이가 생긴다고 할 수 있다.

## (1) 양주별산대놀이

### 1) 역사적 유래

양주별산대놀이는 송파산대놀이와 함께 경기 지방에서 연희되어 온 산대도감극의 한 분파이다. 오늘날 산대놀이라고 하면 으레 양주별산대놀이를 가리킬 만큼 유일한 것으로 전해지는데, 본산대本山臺라고 하는 녹번·아현 등지의 산대놀이와 어떻게 다른지 지금은 본산대가 모두 없어져 알 길이 없다. 다만 본산대를 본받아 만들었다는 점에서 큰 차이가 없었을 것으로 여겨진다. 그러면 양주별산대놀이에 대해 자세히 살펴보기로 한다.

나례도감(후에 산대도감)에서 관장한 나례 또는 산대나례는 중국 사신의 영접 외에 부묘祔廟 환궁시還宮時, 각종 행행시行幸時, 안태시安胎時, 연악환오宴樂歡娛 등 궁중행사에 동원되었고, 나례희자儺禮戲子, 즉 연희자에게 미米·포布 등을 항례로서 지급한 기록도 보인다. 그리고 『성종실록成宗實錄』에 보면 그들은 유사시에만 불러들였고, 평상시에는 주로 가까운 경기 일원에 머물러 있었음을 알 수 있다. 또 "凡優人本不業農乞糧而食"한다고 하였는데, 이 "乞糧而食"이 다름 아닌 계방契房의 도인圖印을 내주어 생계를 보조하였다는 사실을 말하는 것으로 생각된다. 계방의 유래는 다음과 같이 전해 온다.

> 山頭役員等 生活費로 하기 爲하야 生한 者니 道·郡·面·洞·店幕·浦口·寺刹에 (배추렴갓치) 稅納과 如히 金品 或은 穀物을 收斂하니 國으로부터 許可憑考品은 卽 圖書(印)也. 春에는 蟬印, 秋에는 虎印을 用하야 此印을 捺去則小兒에게라도 추렴을 出給한다. 額數는 當時 該郡守가 定함.[41]

이를 방증할 만한 근거로 봉산탈춤 제7과장 미얄춤 중에서 다음과 같은 영감 대사를 들 수 있다.

> 땜장이 통을 사서 걸머메고 다니다가 산대도감을 만났더니 산대도감의 말이 인왕산 모르는 호랑이가 어디 있으며 산대도감 모르는 땜장이가 어디 있느냐? 너도 세금을 내라고 하기로 세금이 얼마냐 물은즉 세금이 하루에 한 돈 팔 푼이라 하기로 이 세금이 뻐근하구나. 벌기는 하루에 팔 푼 버는데 세금은 하루에 한 돈 팔 푼이면 한 돈을 보태야 하겠구나. 그런 세금 난 못 내겠다 하니까 산대도감이 달겨들어 의관 탈파당하여 어디 머리에 쓸 것이 있더냐……[42]

산대놀이 연희자들은 주로 궁중 천역에 종사하던 반인泮人(편놈)들로 서울

---

41 「山臺都監劇」, 『趙鍾泡口述本』(金志淵 筆寫), 서울大學校 圖書館藏, 1930.
42 李杜鉉, 『韓國假面劇』, 문화공보부 문화재관리국, 1969, 321쪽.

사대문 밖에 살았다. 인조조仁祖朝 이후 공의로서의 산대연희가 폐지되자, 이들은 분산하여 제각기 거주지를 중심으로 산대놀이 단체(계)를 모으고 경향 각지를 순연巡演한 결과, 녹번리산대碌礬里山臺, 애오개(아현阿峴)산대, 노량진산대鷺梁津山臺, 퇴계원산대退溪院山臺, 사직社稷골 딱딱이패 등이 생겼다고 한다.

양주별산대놀이의 분파 형성에 대하여서는 다음과 같은 유래설이 전한다.

양주골에서는 200년 전부터 해마다 주로 4월 초파일과 5월 단오에 한양 사직골 딱딱이패(백정·상두꾼·건달로 구성되었다고 한다)를 초청하여 산대놀이를 놀게 하였는데, 그들은 지방 순연이나 기타 이유로 공연 약속을 어기는 일이 한두 번 아니어서 불편을 느낀 나머지, 양주골에서 신명이 과한 자들끼리(주로 관아의 下吏輩, 즉 아전) 사직골 딱딱이패를 본떠 가면이나 기타 도구를 제작하고 실연한 결과, 그 성과가 나쁘지 않아 의외의 성공을 거두자 그 뒤부터 발전시켜 내려온 것이 양주별산대놀이이며, 당시 중심 인물은 李乙丑이라는 사람으로 그는 양주 최초의 가면 제작자라고도 전한다.

양주 구읍舊邑은 남으로 한경漢京, 북으로 상수역湘水驛―적성積城―마전麻田―연천漣川 방면, 동북으로 동두천東豆川―영평永平 방면, 동으로 송우리松隅里―포천抱川 방면으로 통하던 교통의 요충지이며, 서울로 들어오는 길목으로 최근까지 주막이 즐비했다. 이곳은 양주 목사가 주재하던 곳이며, 한강 이북에서는 제일 큰 고을로 유양8경維楊八景, 사찰, 향교 등 고적과 탑, 비석, 승학교乘鶴橋, 문루門樓 등의 유적이 남아 있고, 임꺽정林巨正 전설도 구전되어 온다. 이러한 문화적 배경 속에서 민간오락화된 양주별산대놀이는 목사가 주재하던 객문동을 중심으로 이른바 '본바닥' 사람들만 출 수 있던 독특한 탈춤으로 전승되어 왔다. 이곳 주민들은 대개 유희, 오락을 좋아하고 서리, 아전의 성격이 짙다. 그러나 한일합병 후에는 아전들이 농민으로 바뀔 수밖에 없었다.

양주목이 있던 양주 구읍, 양주 읍내는 현재 행정 구역으로는 경기도 양주군 주내면 유양리이며, 조선시대에는 계속 군행정을 집행하던 곳이었다. 한일합방 후 1920년경 군청이 의정부로 옮겨지고, 한국전쟁 후에는 면사무소와 경찰파출소마저 남방리南坊里로 이전하였다. 현재는 이里 행정단위의 작은 마을에 불과한, 몰락한 구읍의 전형적인 예이다. 이 점은 조선시대 관아에 속하였던 하리배가 탈춤을 전승하여 온 봉산 구읍의 경우와 동일하다.

양주별산대놀이는 4월 초파일, 5월 단오, 8월 추석에 주로 연희되고, 대소 명절 외에 한천旱天 기우제 때도 연희되었다. 제대로의 격식대로 하면 놀이 전 고사에는 제주祭酒(조라)와 떡, 삼색 과일 외에 쇠머리나 돼지다리 등 푸짐한 제물이 올라야 하고, 그 제물과 제주를 음복하여 취기가 돌아야 놀이가 시작되었다. 제석除夕에는 가면을 쓰고 동헌을 비롯하여 육방을 돌며 축사逐邪하고 초청에 응하여 다른 지방으로도 순연하여 그에 맞는 전곡이나 주식을 대접받았다. 놀이의 비용은 마을 유지들과 부잣집, 상인들이 추렴하고 연희자는 원칙적으로 무보수였다고 한다.

최근까지 행하던 놀이로서 4월 초파일 관등놀이가 유명하다. 이는 1년 중 가장 화려한 축전으로, 이때 온 마을이 등으로 장식되고 특히 승학교에 굴등을 달아 장관을 이루었다. 굴등은 줄을 매고 몇 개의 등을 그 줄에 달아 늘이고 등 사이에는 불꽃이 튀게 하는 연소체燃燒體를 단 것이다. 이때 사직골에 모닥불 (전에는 장작불이었으나 근래에는 솜방망이를 석유에 담가서 불을 붙였다)을 피워 놓고 산대놀이를 시작한다.

양주별산대놀이터는 주로 마을 북서쪽 불곡산佛谷山 아래 사직골이었는데, 여기에는 당집이 있어 놀이에 쓰이는 가면과 여러 가지 도구를 보관하였다. 근년에 와서 사직당도 없어지고 사직당 앞 놀이터가 경작지로 바뀐 뒤부터는 마을 뒷산 송림 속 잔디밭에서 놀았다. 최근에는 향교 외삼문 안마당에서 놀기도 하며 대체로 낮동안 연희된다. 1971년 이후 전수회관과 야외무대를 갖추었다.

사직골 놀이터는 불곡산 기슭 비탈진 곳에 관객들이 앉고, 그 앞 약간의 공지 한편에 개복청改服廳을 설치하며, 그 맞은편에 악사들이 앉으면 삼현청三絃

廳이 설치되어 놀이를 시작할 수 있는 무대가 마련된다. 그리고 막의 설비는 없고 등장인물은 개복청이나 삼현청으로부터 등장한다.

원래 '산대'란 말은 산붕山棚, 채붕綵棚, 오산鰲山 등을 전부 포함한 범칭으로, 잡희를 노는 일종의 높은 무대 배경이나 무대를 가리키는 말이다. 그러므로 '산대도감극' 또는 '산대놀이'라는 호칭은 한때 나례도감이나 산대도감에 속하였고, '산대'라는 공의의 무대에서 놀던 때 호칭을 물려받은 것이지만, 공의로서의 뒷받침이 없어지고 민속극화된 뒤부터는 산대놀이터는 더욱 간소화된 야외 무대가 되고 말았다. 『경도잡지』에서 산대극을 야희로 분류한 것도 이런 이유에서 유래된 것으로 생각된다.

(2) 특징

양주별산대놀이는 다른 한국 가면극의 연출 형태와 마찬가지로 음악 반주에 춤이 주가 되고 노래가 따르는 가무 부문과 거기에 묵극적인 몸짓(과科)과 덕담·재담이라고 하는 사설(백白), 즉 대사가 따르는 연극 부문으로 구성·상연된다. 상좌, 연잎과 눈끔적이, 왜장녀, 애사당, 소무, 노장, 원숭이, 해산모, 포도부장, 미얄할미역은 대사가 없고 춤과 몸짓mime, 동작으로만 연기한다. 그 외 역들은 대사와 춤, 몸짓 그리고 동작으로 연기한다.

대사의 특징을 보면 "덕담은 무속으로부터의 차용이고, 재담은 나왔다를 출생했다로, 썼다를 빛(차금借金)을 쓰는 것으로, 죽었다를 새평이(사평리莎萍里) 쳤다(옛날에는 공동묘지가 사평리에 있었으므로)로 곁말을 쓴다든가 잿골(재동齋洞)에 먼짓골을 대응시켜 본다든가 상대자를 부를 때 '안갑을 할 녀석, 에밀한 놈아, 도둑놈아' 등 비어를 쓴다든가"[43] 하는 점을 들 수 있다.

봉산탈춤의 대사가 비교적 운문韻文 억양抑揚을 고집하고 있는 데 비하여 양주별산대놀이는 특징 없는 일상 회화조의 대사이다. 그리고 옴과 취발이의 대사는 이 놀이의 대사 중 백미로서 관중의 흥미를 끌었고(그러나 취발이 대사는

---

43  任晳宰,「楊州別山臺놀이」,『文化財』創刊號, 문화공보부 문화재관리국, 1965.

너무 노골적이었으므로 취발이가 등장할 무렵이면 부녀자 관객들은 물러가는 것이 상례였다고 한다), 말 없는 탈 연기에서는 노장의 팬터마임이 가장 우수한 것으로 처음부터 끝까지 대사 한 마디 없이 춤과 몸짓만으로 소무와의 파계과정과 농회를 훌륭히 한 마당의 놀이로 이끌고 있다.

노래는 장단을 청하는 짤막한 불림과 그 밖에 매화가梅花歌, 백구사白鷗詞, 국문國文 뒤풀이, 무가 등으로 가짓수가 많지 못하다. 그것도 덕담 외에는 첫 허두虛頭(글이나 말의 첫머리)만 조금 부르다가 곧 재담이나 춤으로 바꾸어 버리며, 동작의 하나의 전기cue 역할을 한다.

민속예능의 일반적 특성으로 연출 시간에 제한이 없어 보통 저녁에 시작하면 다음날 새벽까지 계속되었으며, 그때그때의 흥취와 상황에 따라 3~4시간으로 줄이는 수도 있었다. 이것은 산대놀이의 대사가 주로 구전인 까닭에 일정하지 않아 전체적인 틀이나 짜임새는 있으나, 세부 사항에 관해서는 신축이 자유로울 뿐만 아니라 또 그 춤도 신축이 가능한 데서 비롯된 것이다. 예전보다 지금은 대체로 줄이는 경향이 많다. 산대놀이의 춤과 반주 음악에 대해서는 이미 민속무용을 설명하는 대목에서 언급하였다.

한국 가면극에 사용되는 가면은 모두 얼굴 전면을 덮게 되어 있다. 그리고 가면 뒤에는 탈보(가면포假面布)가 붙어 있어서 이것으로 머리에 동여매 후두부를 가린다. 이 점은 그리스 가면이나 기악면伎樂面과 마찬가지로 가두假頭에 가깝다 할 수 있다. 연희자는 다른 나라의 가면극 배우와 마찬가지로 남자만이 탈을 써 왔다.

가면 제작의 재료는 현재 바가지(포匏)나 종이가 제일 많이 쓰인다. 역사적으로는 지제와 목제가 많았으며, 포布, 모毛, 피皮, 토土, 죽竹 등도 함께 쓰인다. 가면의 색은 백, 적(주), 흑, 황(갈), 청색 등 5방색五方色이 주가 되며, 그 색이 갖는 의미도 민간신앙적인 면에서 설명되기도 한다. 가령 붉은색은 구마색으로 쓰인다. 그 밖에 중국 가면이나 일본 가면의 색과 비교해도 그 의미를 어느 정도 찾을 수 있다고 생각된다.

양주 가면은 봉산 가면에 비하여 보다 사실적이며, 등장하는 배역 총인원 수는 32명으로 겸용하는 가면이 있기 때문에 실제 사용하는 가면 수는 보통 22개 내외가 된다. 가면마다 일정한 도형design이 정해져 있어 그것을 바탕으로 제작된다. 재료가 주로 바가지이므로 제작자에 따라 차이가 나지만 보다 편법화便法化, conventionalize된 수법은 조선시대 민예의 매력과 미를 갖추고 있다.

『증보문헌비고增補文獻備考』 권 64 나조儺條에 보면 인조仁祖 원년元年(1623)에 궁중에서 나례에 지가면을 쓰면 비용이 많이 드니 목가면으로 바꾸어 매년 개장改粧만 하여 쓰기로 논의된 사실이 있다. 이로 미루어 민간에서의 봉산탈은 지가면이고, 산대탈은 오래전부터 바가지탈이었던 것 같다. 산대탈도 봉산탈처럼 공연 뒤 태우거나 아니면 부수어 버렸다는 이야기가 있으나, 양주별산대탈은 연희자들의 말에 의하면 사직골에 당집이 있어 그 당집에다 보관하고 해마다 개장하여 썼다 하며 당집이 없어진 뒤로는 연희자의 집에 보관하여 왔다고 한다.

양주별산대놀이에 쓰이는 가면은 상좌 2개(첫 상좌는 도련님 역 겸용), 옴중, 목중(또는 먹중) 4개, 연잎·눈끔적이·완보(관冠 쓴 중)·신주부·왜장녀(해산어멈, 도끼누이 겸용)·노장·소무(애사당 또는 당녀 겸용) 2개, 말뚝이(신장수와 도끼 겸용), 원숭이, 취발이(쇠뚝이 겸용), 샌님, 포도부장, 신할아비, 미얄할미 등으로 모두 22개 내외가 된다.

양주별산대놀이의 과장별科場別은 그렇게 엄격하지 않다. 또 현대 연극처럼 첫 과장에서 끝 과장까지 연속체로 된 드라마가 아니고, 코메디아 델라르테 commedia dell'arte(기교의 코미디)처럼 주제별로 몇 개의 드라마가, 말하자면 옴니버스 스타일로 이루어져 있다. 다만, 채록자들이 저마다 관점에서 정리하였을 뿐이다.

구술자들은 신장수(말뚝이) 과장과 취발이 과장을 따로 독립시켜 전 10과장으로 나누었으나, 이 두 과장은 성질상 노장 과장에 포함시키는 것이 옳다고 생각한다. 또, 흔히 산대놀이나 봉산탈춤을 더욱 세분하여 12과장(12마당)이라고도 하는데, 이것은 무당굿 12거리, 판소리 12마당과 마찬가지로 12마당으로 맞추고자 한 의도에서 비롯된 것 같다. 필자는 다음과 같이 8과장으로 나누고자 한다.

길놀이

| | |
|---|---|
| 서막 | 고사 |
| 제1과장 | 상좌춤 |
| 제2과장 | 옴중과 상좌 |
| 제3과장 | 목중과 옴중 |
| 제4과장 | 연잎과 눈끔적이 |
| 제5과장 | 팔목중 |
| 제1경 | 염불놀이 |
| 제2경 | 침놀이 |
| 제3경 | 애사당 북놀이 |
| 제6과장 | 노장 |
| 제1경 | 목중놀이 |
| 제2경 | 신장수놀이 |
| 제3경 | 취발이놀이 |
| 제7과장 | 샌님 |
| 제1경 | 의막사령놀이 |
| 제2경 | 포도부장놀이 |
| 제8과장 | 신할아비와 미얄할미 |
| 종장 | 지노귀굿 |

현전하는 양주별산대놀이의 내용은 산대도감계통극의 다른 가면극과 공통된 것으로, 조선조 서민 문학의 특성이기도 한 파계승, 몰락한 양반, 무당, 사당, 하인 기타 노유老幼, 서민들의 등장을 통하여 현실을 폭로하거나 풍자, 호색, 웃음과 탄식 등으로 이루어져 있다. 주제에 따라 크게 파계승놀이와 양반놀이, 서민 생활상을 보여 주는 놀이로 나눌 수 있다. 더 세분하면 ① 벽사辟邪

그림 7-5. 양주별산대놀이(제5과장 제1경 염불놀이)

의 의식무와 무제巫祭(굿) ② 파계승에 대한 풍자 ③ 양반에 대한 모욕 ④ 남녀
의 대립과 갈등 ⑤ 서민생활의 곤궁상 등을 보여 주는 것으로 요약할 수 있다.

당시 특권 계급과 그 형식적인 도덕에 대한 일종의 저항 정신을 구체적으로
연출하고 있다. 이것은 세계 어느 나라의 민속극에서도 공통적으로 볼 수 있
는 인간의 약점이나 시류時流의 악폐, 당시 호사를 부리던 계층에 대한 날카로
운 풍자와 패러디parody이다. 이러한 서민 문학성은 양란(임진왜란 · 병자호란)
이후 새로 일어난 서민 문화의 주류를 이루는 사조로서 서민 예술의 하나인 산
대놀이도 예외일 수 없었다.

그러나 각 놀이마다 주제성에 약간의 차이는 있었다. 가령 남녀 삼각관계의
설정에서 봉산탈춤 · 오광대 · 꼭두각시놀음 등은 남녀의 갈등을 강조하여 영
감(부夫)과 미얄(처妻), 그 첩과의 관계를 다룬 데 비하여, 양주별산대놀이에서
는 신할아비 과장에서 부부 관계에 첩을 등장시키지 않는 대신, 샌님과장에서

샌님(양반)과 포도부장(평민), 샌님의 소첩을 삼각관계로 설정함으로써 남녀의 갈등보다 양반과 평민의 대립 관계에 역점을 두어 양반에 대한 모욕을 더욱 첨예화시킨 것 같다. 이것은 지방에 따른 계급 차별이나 남녀 차별에 대한 자각의 차이에서 비롯된 것으로 보여진다.

양주별산대놀이의 연희자도 다른 가면극의 경우와 마찬가지로 대부분 반농반예半農半藝의 비직업적인 연희자들이었으며, 예전에는 이속吏屬과 무부巫夫가 많았다.

양주에서 명연희자로 일컬어지는 사람들로는 1964년 중요무형문화재 지정 당시를 기준으로 상좌춤에는 약 150년 전 노경무盧慶茂, 100년 전 박광현朴光鉉, 60년 전 김수안金壽安, 40년 전 함준삼咸俊三, 김순봉金順奉, 20년 전 박기득朴奇得, 1971년에 작고한 박상환朴湘桓을 들 수 있다. 상좌춤은 몸맵시가 예뻐야 하고 또 상좌춤, 옴춤, 노장춤은 산대춤의 기본이 되는 춤으로, 그중 상좌춤은 특히 어려운 춤이라고 한다.

노장춤의 명수로는 약 150년 전 이을축, 100년 전 신복흥申福興, 70년 전 권봉국權奉國, 40년 전 이건식李建植, 권진구權晋九, 20년 전 이학선李學善, 김성태金星泰(1984~1962), 이장순李長順(1963년 작고), 박동환朴東煥(1965년 작고), 고명달高明達(1992년 작고)을 들 수 있다.

옴중춤은 150년 전 유인혁劉寅爀, 100년 전 김달원金達元, 60년 전 석성묵石性默, 40년 전 박중철朴重哲, 20년 전 김창흡金昌洽, 박준섭朴俊燮(1886~1959)이 잘 추었고, 박준섭의 아들 박교응朴敎應(1982년 작고)은 완보完甫와 말뚝이역을 잘하였다.

최근 들어 양주별산대놀이의 명연희자였던 김성태金星泰는 특히 노장과 취발이 역을 잘 하였으며, 그의 부친 김성운金盛運은 왜장녀역을 잘하였다. 왜장녀는 애사당 북놀이에 등장하여 허리가 드러난 여자옷에 배를 내놓고 미친 듯이 날뛰는 춤을 추는데, 이때 배꼽춤을 추게 된다. 김성태의 배꼽춤은 그의 부친과 이창유李昌裕로부터 배운 것이라고 한다. 현재 배꼽춤 계승자는 없다. 김성태의 모친은 일명 옴팽이 만신으로 양주 일대에서 유명한 안무당案巫堂이었다. 그의 부친은 무당 서방으로서 다른 반농반예적인 연희자들에 비하여 경제적으로나 시간적으로 여유가 있어 그의 사랑방을 산대놀이 집합 장소로 제공하여 매일같이 연습하고, 초청에 응하여 순회 공연도 하며 산대놀이를 주관하였다고 한다.

무업과 산대놀이와의 이러한 제휴는 가면 제작자의 한 사람이었던 신순필申順弼의 경우에서도 볼 수 있는데, 그는 승냥이만신의 남편이었다. 아직 생존하고 있는 무당 조영자趙英子는 옴팽이 만신의 신딸로 고故 김성태와는 수양 남매간이다. 3대째 산대춤을 계승하고 있는 김성태의 아들 김상용金相容은 특히 목중춤을 잘 추며, 조趙 무녀를 고모라고 부른다. 이 밖에 명수로는 약 60년 전 정한규鄭漢奎가 신할아비역을 잘하였고, 이장순의 선친 이윤서李允西는 취발이역을 잘하였다. 약 60년 전 이창유는 샌님, 목중, 말뚝이역을 잘하였고, 특히 배꼽춤을 잘 추었다. 약 40년 전 조종순趙鍾洵은 취발이역을 잘하였다. 박준섭의 말에 의하면 포도부장놀이 끝에 정한규가 생존한 당시까지는 포도부장의 검무를 추었으나, 그 뒤 배우지 못하여 전하지 않는다고 하였다.

양주별산대놀이는 1964년 중요무형문화재 제2호로 지정되었고, 김순희金順姬(1935~ )와 노재영盧載永(1932~ ) 2명의 예능보유자가 그 전수에 힘쓰고 있다. 한편 송파산대놀이는 1973년 중요무형문화재 제49호로 지정되었고, 예능보유자로는 김학석金學鉐(1940~ )이 지정되었다.

### (2) 봉산탈춤

#### 1) 역사적 유래

봉산鳳山탈춤은 해서(황해도) 일대에 분포하는 탈춤 중의 하나이다. 해서탈춤의 분포를 보면 사리원沙里院, 봉산을 중심으로 황주黃州와 서쪽 평야 지대인 안악安岳, 재령載寧, 신천信川, 장연長淵, 송화松禾, 은율殷栗 등지, 동남쪽 평야 지대인 기린麒麟, 신원新院, 서흥瑞興, 평산平山, 신막新幕 등지, 해안 지대로는 해주海州, 강령康翎, 옹진甕津, 송림松林, 추화秋花, 금산金山, 연백延白 등지이다.

옛날 5일장이 서던 거의 모든 장터에서는 탈꾼들을 초빙하여 1년에 한 번씩 놀았다고 한다. 그 분포로 보아 해서탈춤은 거의 황해도 전역에서 놀았으며, 그중에서 특히 봉산탈춤이 대표격으로 자리잡게 된 것은 19세기 말 20세기 초 이후 특히 일제시대에 들어와서라고 한다. 그러면 황해도 탈춤의 대표격인 봉산탈춤에 대해서 자세히 살펴본다.

봉산탈춤이 분포하는 지역으로 특히 『팔역지八城誌』에 따르면 이른바 남북직로南北直路의 주요 읍이나 장터인 황주, 봉산, 서흥, 평산 등지에서 성행되었다 하는데, 이것은 조선조 영사迎使 행사에 동원되었던 일과도 관련이 있는 것 같다. 물론 이러한 황해도의 주요 읍들은 농산물과 수공업 생산물의 교역지이며, 또 소도시로서 탈춤 공연을 뒷바라지할 만한 경제적 여건을 갖춘 결과였다고 할 수 있다. 그리고 황해도 탈춤은 북으로 대동강을 넘지 못한 반면에, 남으로는 중부 산대놀이 지역과 남북직로로 연결되어 있었다. 그 극본의 과장과 내용으로 미루어 이 역시 산대도감계통극의 한 분파인 해서형海西型임을 알 수 있다.

봉산탈춤의 중흥자로는 약 200여 년 전 봉산의 이속吏屬 안초목安草木(첫목〔初目〕의 와전)을 꼽고 있다. 그는 전남의 어느 섬으로 유배갔다가 돌아온 후 나무탈을 종이탈로 바꾸는 등 이 놀이를 많이 개혁하였으며, 그 후부터 안초목과 같은 이속들이 주로 이 놀이를 담당하게 되었다고 한다.

양주별산대놀이에는 없고 봉산탈춤에는 있는 사자춤 과장도 약 80여 년 전 새로 들어온 것이라 한다. 이러한 구전으로 미루어 봉산탈춤은 200여 년 전부터 있었으며, 다른 지방의 탈놀이에서 끊임없이 영향을 받으면서 개량되었음을 짐작할 수 있다.

봉산탈춤의 명연기자로 이름이 남아 있는 사람들로는 이익보李益輔(말뚝이 역)·김여집金汝輯(양반 역)·배학림裵學林(취발이 역, 1830년경)·갈부손葛扶孫(비선, 취발이 역, 1850년경)·안면조安冕朝(노장 역)·이춘강李春岡(노장, 취발이 역, 1870년경) 그리고 봉산 관아에서 집사를 지낸 이성구李聖九가 있다. 특히 이

**그림 7-6. 봉산탈춤 제4과장 노장춤**(노장과 소무)

성구는 첫목춤의 명수이며 모가비로서, 그 아들 이장산李獐山은 또한 대를 이어 첫목춤, 취발춤의 명수였다고 한다. 이들 명수들에 의하여 배역이 갖추어지고 연기가 뛰어나 봉산탈춤은 원근에 그 명성을 떨쳤고, 19세기 말부터 20세기 초에 걸쳐 강령 탈춤과 함께 황해도 탈놀이의 최고봉을 이루었다고 한다.

　명연희자 김진옥金辰玉(1894~1969)은 7~8세 무렵 갈부손(비선)에 대해서 보고 들은 기억이 있다 했으며, 15세 당시 그가 기억하는 선대 명연기자로는 임재현任在鉉(노장 역)·정순조(목중, 신장수 역)·김봉학金鳳鶴(목중, 상좌 역)·정세길(정석일丁錫一, 사자, 미얄 역)·남학진南學鎭(상좌, 소무 역) 등이며, 그가 선배로서 같이 배우고 놀던 사람들 중에서는 김진옥(첫목중, 노장 역) 자신 외에 이윤화李潤華(취발, 첫목중 역, 김진옥보다 4살 위)·박천만朴千萬(목중, 마부 역, 5살 위)·김경석金景錫(노장 역, 10살 위)·한상건韓相健(영감, 목중, 신장수 역, 2살 위)·김수정金守貞(마부, 목중 역, 7살 위)·나운선羅雲仙(취발 역, 동갑)·김진관

金辰官(목중 역, 김성태의 큰아버지)·이동벽李東碧(목중 역)·김덕준金德濬(목중 역) 등이다. 김진옥, 민천식閔千植 두 노인은 이미 세상을 떠났는데, 그들은 7세 때부터 '애기탈(춤)'을 놀았고 60여 년 간 봉산탈춤을 추었다. 봉산에서는 세습되어 온 지방 이속(주로 집사執事, 장교將校)들이 이 놀이를 대대로 놀았으며, 상민이 끼이려면 돈을 내야 했다 한다.

이 놀이는 명절놀이의 하나로 5월 단오날 밤 모닥불을 피워 놓고 연희되며 새벽까지 계속되었다. 5월 단오에 노는 것은 조선조 말 이후이고, 전에는 4월 초파일에 놀았다 한다. 양주별산대놀이도 4월 초파일에 등불놀이와 함께 성대히 놀았다 하는데, 이것은 특히 고려시대 이후 연등행사의 전통을 이은 결과인 것 같다. 단오는 중부 이북 지방에서는 남부 지방의 추석과 맞먹는 명절로서 성대히 지내는데, 시계적時季的으로 이때가 모내기 직전 망중한의 시기이다. 단오의 명절놀이로서 봉산, 기린, 서흥, 황주, 해주, 강령 등지에서 탈춤을 추어 온 것은 벽사와 기년祈年의 행사로서 또 하지夏至 축제로서 민속적 의의를 찾을 수 있다. 이 같은 종교의례적인 행사에서 점차 오락 위주의 민중극으로 발전된 것 같다.

산대놀이가 비교적 전업화된 놀이로서 관官의 행사와 밀접한 관련이 있었던 것에 비하면 봉산탈춤 등 황해도 탈춤은 주로 농민과 장거리의 상인들을 상대로 한 놀이였다. 또 특별히 원님의 생일이나 그 부임날과 같은 관아의 경사나 중국 사신을 영접하는 놀이로도 연희되었다고 한다. 다른 군과의 연희 경연으로는 5월 6, 7, 8일에 해주海州 감영監營에 나가 놀았고, 우승하면 감사로부터 후한 상을 받았다고 한다.

봉산탈춤은 원래 봉산 구읍 경수대競秀臺(지금의 봉산군 동선면 길양리)에서 연희되었으나, 1915년경 군청 등 행정 기관이 사리원沙里院으로 옮기고 경의선 철도가 개통하자 이 놀이도 사리원 경암산景岩山 아래에서 놀게 되었다.

2) 특징

황해도 탈춤은 그 가면, 의상, 무법舞法 등의 유형으로 보아 기린·서흥·봉산·황주·재령·신천·안악 등지의 탈춤을 대표하는 봉산탈춤형과 옹진·강령·해주 등지의 탈놀이를 대표하는 해주탈춤형으로 크게 나눌 수 있다. 봉산탈춤의 연출 형식은 양주별산대놀이와 대동소이하다. 피리·젓대·북·장구·해금으로 구성된 이른바 삼현육각으로 연주되는 염불·타령·굿거리 곡에 맞추어 춤이 주가 되고, 이에 몸짓과 동작, 재담과 노래가 따르는 가면 무극으로 가무 부문과 연극(희곡) 부문으로 그 구성을 크게 나눌 수 있다.

가면 역시 보다 사실적인 양주별산대 가면에 비하면 특히 팔목중 탈은 요철 굴곡이 심하며, '목탈'이라 하여 비사실적인 귀면형鬼面型으로 나용면儺用面이나 서장계西藏系 가면과 유사하다. 그러나 같은 황해도 탈춤이라 하더라도 지방에 따라 차이가 있었다. 황주와 봉산의 탈춤은 활발하며 대사도 거의 같고 가면도 별 차이 없으나, 해주와 강령탈춤은 이른바 '인물탈'로 사실적이며 요철이나 혹이 없고 눈망울만 크다.

봉산탈춤에 쓰이는 가면은 종이탈이며, 그 종류는 다음과 같다. 상좌 4개, 목중 8개, 거사 6개(목중탈 겸용), 사당(소무탈 겸용), 노장, 신장수, 원숭이, 취발이, 맏양반(샌님), 둘째 양반(서방님), 셋째 양반(종갓집 도련님), 말뚝이, 영감, 미얄, 덜머리집, 남강노인, 무당(소무탈 겸용), 사자 등 등장인물은 모두 34명이나 가면을 겸용하는 까닭에 실제로는 26개가 사용된다.

의상은 김진옥이 어렸을 때는 자주 무당의 옷을 징발하여 썼다고 하는데, 그러한 연유에서인지 목중의 원색 더거리(더그레) 같은 것은 몹시 화려하다. 팔목은 원래 장삼 위에 더거리를 입으며, 더거리는 붉은 원동에 초록색 소매를 달고, 소매 끝에 청황람靑黃藍 끝동을 달았으며, 긴 한삼을 손목에 달아 그것을 휘두르며 춤을 춘다. 고구려시대 이후 장수무長袖舞의 전통을 연상하게 한다. 다리에는 행전을 치고 웃대님을 맨다. 해주탈춤은 주로 회색 칙베 장삼을 공통으로 입으며, 그 소매 홍태기는 땅에 닿을 정도로 길다.

봉산탈춤의 대사는 어느 가면극보다도 한시漢詩 구절을 자주 인용하고 패러디도 많아 지방 이속들이 세습적으로 이어왔음을 방증한다. 그 과장은 크게 7

과장으로 제1과장 사상좌춤, 제2과장 팔목중춤, 제3과장 사당춤, 제4과장 노장춤(신장수놀음, 취발이놀음 포함), 제5과장 사자춤, 제6과장 양반춤, 제7과장 미얄춤 등으로 나눌 수 있다. 이 중 팔목춤, 사당춤, 사자춤 과장이 양주별산대놀이와 다르다. 봉산탈춤은 결국 목중, 노장, 양반 그리고 미얄로 대표되는 독립된 네 개 놀이에 사당춤, 사자춤, 원숭이놀이가 곁들여져 전체를 구성하고 있다. 김진옥의 증언에 의하면 양주별산대놀이와 마찬가지로 제2팔목중춤 과장에 '법고놀이'가 있었고, 제6양반춤 과장에 포도부장이 나오기도 하였다 하니 동일한 산대도감극으로부터 분파한 것임을 더욱 확증할 수 있다.

이북 지방의 큰 명절인 단오절에 주로 연희된 이 놀이는 상좌춤으로 시작되고 또 굿으로 끝나는데, 벽사 의식의 마지막 절차로서 가면을 불사르는 소제燒祭가 있었다. 연희자들의 말에 의하면 탈을 불사르는 것은 탈이 부정을 타지 않게 한다는 뜻과 함께 기풍祈豊과 마을의 무사를 빌기 위하여 제물로 바쳐지는 것이라고 한다. 최근까지 황해도 봉산, 기린, 재령, 송화 등지에서는 탈춤놀이를 놀면 그해 마을에 병이 없고 풍년이 든다고 믿었으며, 또 탈을 문에 걸어 잡귀가 침범하지 못하게 하는 습속이 있었다. 그러나 봉산탈춤은 오늘날 다른 가면극들에 비하여 신앙 또는 종교적 의의보다는 오락적 요소가 더 우세한 것 같다.

연희자는 모두 남자였고, 주로 그 지방 이속들이었으므로 사회로부터의 천시가 심하지 않았으며 세습되었다. 1920년대에 들어서면서 기생 조합이 생긴 후 남자 대신 기생들이 상좌와 소무를 맡게 되고, 또 얼굴을 자랑하기 위해 가면을 쓰지 않게 되었다고 한다. 또 평지에서 놀다가 사리원으로 옮겨 온 뒤로는 관람석을 만들고 무대용 다락을 매어 그 위에서 연기하는 등 가설 무대도 생기게 되었다.

사리원으로 옮기기 전 봉산탈춤을 놀았던 봉산 구읍의 경수대는 앞산 밑 강변의 평평한 터로 석벽 밑에 겨우 무릎에 닿을 높이의 돌 축대를 쌓았을 뿐이며, 그 나지막한 축대 위에서 사방에 횃불을 밝히고 놀았다. 이와 같이 축대 위나 평지가 황해도 탈춤의 공통된 무대로서 이러한 야외 무대는 『경도잡지』의 이른바 산희山戲와 야희野戲 중 야희의 전통을 잘 보여 준다고 할 것이다.

사리원의 가설 무대는 경암루 앞 광장에 28개 구획을 가진 반원형 다락을 매고, 그 안에 멍석을 깔아 탈판을 마련하였다. 28개 다락 중 탈판 오른편 제3 구획이 탈막(개복청)으로 사용되었고, 경우에 따라서는 경암루 뒤를 탈막으로 쓰기도 하였다 한다. 이 반원형 2층 관람석 다락의 사용권은 상인들에게 맡겼다.

봉산탈춤의 내용 역시 산대도감계통극의 하나로서 양주별산대놀이의 주제와 거의 동일하다. 봉산탈춤 역시 탈놀이를 시작하기 전 길놀이가 있었고, 이어 놀이의 중흥자인 안초목을 위령하는 고사를 지내기도 하였다. 보통 장작불을 피운 놀이마당에서 농악식 장단에 맞추어 무동춤(화랭이춤)을 추고, 사람이 많이 모이면 상좌가 등장하여 탈놀이를 시작한다.

봉산탈춤의 길놀이는 탈놀이에 출연하는 일부가 악공의 주악을 선두로 사자·말뚝이·취발이·포도부장·소무·양반·영감·상좌·노장 그리고 남강노인의 순서로 열을 지어 읍내를 일주한다. 이때 원숭이는 앞뒤로 뛰어다니며 장난한다. 일주하는 도중 광장에 이르면 행렬자는 모두 어울려서 한참 춤을 추고 다시 열을 지어 지정된 놀이터로 가서 본격적인 탈춤을 시작한다. 원숭이와 사자는 놀이판이 좁아지면 관객을 정리하여 놀이판을 넓히는 일도 한다. 근래 봉산에서는 길놀이가 없어져 대신 나무판에 광고문을 적어 사방에 붙였다고 한다.

놀이에 소용되는 비용은 입장료를 받아 충당한 것이 아니라 근래에는 읍민 중 유지와 상인들로부터 염출하였다. 대신 탈판(연희장) 둘레에 2층 다락을 만들어 특별히 초대했으며, 이 특별 관람석 사용권은 상인들에게 주어져 그들은 단골 손님을 초대하거나 음식을 사 먹는 사람에게 한해 자리를 주기도 하였다. 다락석에 초대되지 않은 사람들은 탈판 둘레에 있는 자리에서 무료로 관람하였다. 연희자들은 대개 중류 이상의 사람들로 그 전에는 하리들이 주로 놀았기에 군민들에게서 비용을 거두어들이고, 의상을 무당에게서 징발하여 단오절에 앞서 약 1개월 동안 읍내에서 떨어진 절에 가서 합숙하며 놀이 준비를 하였다 한다. 탈판은 낮에는 씨름판으로 또는 여자들의 그네뛰기 장소로 사용되었고, 밤에는 장작불을 피워 놓고 밤새도록 탈놀이를 하였다. 탈놀이가 끝난 이튿날은 이 자리에서 무당들이 단골들은 위한 재수굿을 하였다.

봉산탈춤은 1967년 중요무형문화재 제17호로 지정된 이후 현재 양소운梁蘇云 이하 2명의 예능보유자가 있다. 한편 강령탈춤은 1970년 중요무형문화재 제34호로 지정되었고, 예능보유자로는 김실자金實子 이하 3명이 있다. 은율탈춤은 1978년 중요무형문화재 제61호로 지정되었으며, 김춘신金春信이 예능보유자로 지정되어 전수에 힘쓰고 있다.

### (3) 통영과 고성의 오광대와 야류

#### 1) 역사적 유래

오광대와 야류는 경남 일대에 분포하는 산대도감계통극의 영남형이라 할 수 있으며, 그 발생지는 낙동강변 초계草溪 밤마리(율지栗旨)라고 일러 온다.

밤마리 현지 노인들의 증언을 종합하면 1909년(을유년) 큰 화재가 일어나 그 때까지 전래하던 오동나무 가면이 소실되었으나 오광대놀이는 한일합병 당시까지 성행되었으며, 그 후 제2차 가면을 제작하여 1920년대까지 놀았고, 각지에 초빙받아 다니기도 하였는데, 또다시 제2차 가면도 소실되었다고 한다. 오광대는 밤마리 장터 대광대〔竹廣大〕패들에 의하여 시작되어 점차 각지로 전파되어 신반新反·의령宜寧·진주晋州·가산駕山·산청山淸·창원昌原·통영統營·고성固城·진동鎭東·김해金海·가락駕洛·수영水營·동래東萊·부산진釜山鎭 등 경남 내륙과 해안 일대 거의 모든 지역을 망라하게 되었는데, 지역마다 이 놀이를 받아들인 연대와 계로系路는 다르다. 어쨌든 초계 밤마리 대광대패가 각지로 순회공연을 다닌 결과이거나 또는 밤마리 장터에서 그들의 놀이를 보고 간 사람들이 제각기 자기 고장에서 시작한 데서 연유된다고 한다.

낙동강은 1930년대까지도 수심이 깊어 하운河運에 많이 이용하였고, 안동安

東까지 소금배가 오르내렸다 한다. 따라서 밤마리는 하항河港 또는 하시河市로 규모가 큰 고장이었으며, 인근 4읍(의령, 합천, 고령, 초계) 물산의 집산지였다. 특히 여름철(음력 6월)에는 함양咸陽, 산청山淸의 삼(베)과 해안 지방의 어염魚鹽이나 다른 지방 미곡 등과의 교역을 위해 난장을 트면 거상巨商들이 모여 대광대패에게 비용을 주고 며칠씩 오광대놀이를 놀게 하였다고 한다.

조선조 후반 이들 사상私商의 활동과 탈춤이 분포하는 지역과의 상관관계를 살펴보는 것은 흥미 있는 일이다. 서울의 강상江商은 한강을 따라 경기·충청도 일대 여러 읍에서 활약하였고, 개성의 송상松商은 경기를 중심으로 육로를 따라 북쪽으로는 황해·평안도 지방, 남쪽으로는 충청·경상도 지방에 미쳤다. 이들 사상들의 활동은 자신들의 근거지에만 한정되지 않고 중요한 교역로를 따라 전국의 시장에 뻗쳐 있었다고 한다.[44]

황해도 탈춤은 5일장이 서는 거의 모든 장터와 남북직로에 자리잡은 주요한 읍에서 성행되었다. 양주별산대놀이의 고장인 양주 구읍도 서울로 들어오는 북로의 관문이었다. 송파산대놀이가 행해지던 송파 또한 과거에는 남로로 하여 서울로 들어오던 관문으로, 서울에 신탄(땔나무와 숯)을 공급하던 곳일 뿐만 아니라 잎담배 가공지 및 그 공급지였으며, 마행상馬行商이 성하던 고장이었다. 이 같은 경제·지리적 여건에서 직업적인 가면 연희자들은 지지자인 사상들의 후원을 받았고, 비직업적인 연희자(하리배)들은 관아의 힘을 빌려 가면극이 유지되어 왔음을 알 수 있었다.

오광대놀이의 계통을 짐작하게 하는 밤마리의 전승으로 다음과 같은 이야기가 있다. 낙동강 홍수 때 큰 궤가 하나 밤마리 앞 언덕에 와 닿았는데, 열어보니 탈과 기타 탈놀이 도구가 들어 있었다. 처음에는 모두 손 대기를 싫어하였으나 인연이 있어 닿은 것이니 탈놀이를 해야 한다 하여 놀게 되었다. 또 이 궤가 충청도 쪽에서 왔다고 하여 충청도에서 사람을 불러 놀았다 한다. 흥미

---

44 李基白, 『韓國史新論』, 일조각, 1968, 266쪽.

있는 사실은 낙동강 하류인 김해군金海郡 가락駕洛의 오광대놀이도 궤가 떠내려 와서 놀게 되었다는 동일한 전설을 갖고 있다.

이로써 낙동강 상류 하회마을의 별신굿탈놀이, 중류 밤마리의 오광대놀이, 하류 가락의 오광대놀이 그리고 해로로 수영水營에 이르기까지 분포하는 오광대놀이와의 맥락을 짐작할 수 있다. 또 충청도에서 연희자를 불러 놀기 시작하였다는 데서 중부 산대극의 영향 내지 그 분파로서의 계통을 상정할 수 있게 하는 전승인 것 같다. 사실 극 내용의 주제도 서로 동일한데, 다만 세부적인 연출에서 지방마다 차이가 있을 뿐으로 모두 산대도감계통극의 하나라고 할 수 있다. 논자에 따라 오광대놀이는 산대도감극 형성 초기의 분파라고 보기도 한다.

통영오광대놀이를 예로 들어 오광대놀이의 명연희자와 그들의 특기를 살펴보면 다음과 같다. 통영오광대놀이의 마지막 명연희자였던 고 장재봉張在奉(1896~1966)의 맏형 장진국張鎭局(일명 용석龍錫)은 비비양반과 할미 역을 잘하였고, 중형仲兄인 장용기張容基(일명 기석基錫)는 말뚝이 역을 잘하였다. 이 중형에게서 말제末弟인 장재봉(일명 봉석奉錫)은 탈춤을 배웠다고 한다. 선배들에게서 담뱃대로 얻어맞아 가면서 배웠다는 그는 문둥이춤의 명수였고, 말뚝이와 영감 역도 도맡아 하였다.

약 80~90년 전(1964년 무형문화재 지정 당시 기준)에 시작되었다는 통영오광대놀이는 처음 의흥계義興契(80여 년 전)로서 유지되었다. 의흥계 노인파에 속하는 사람으로는 서현우徐賢宇(양반 역)·박재규朴在奎(말뚝이 역)·이순오李順五(할미 역)·이화선李化善(양반 역, 원래 창원 사람이었다)·이마치(작은어미 역)·최기만崔基萬(문둥이 역)·박무일朴武日(검정양반 역)·조열규趙烈圭(비틀양반 역)·백성노(홍백가紅白哥 양반 역) 등이 있다. 의흥계 다음은 장용기가 주동이 된 난사계蘭社契(60여 년 전) 노인파들로 이에 속하는 사람으로는 박정대朴正大(말뚝이 역)·신옥서申玉西(곰보양반 역)·배재일裵在日(비틀양반 역)·조열규(비틀양반 역)·박인진朴仁珍(장구)·박석근朴石根(장구) 등이다. 장재봉은 29세

때 중년파로서 오정두吳正斗(영노 역)·채구생蔡九生(조리중 역)·김진수金辰守(사자, 둘째 양반 역) 등과 함께 춘흥계春興契를 시작하여 난사계의 오광대를 계승하였다고 한다.

통제사統制使의 영문이 통영에 들어앉은 뒤부터 매년 섣달 그믐날 통제사 동헌에 들어 밤늦게까지 매구(매귀)를 치며 탈놀이를 하였다고 한다.[45] 각 섬에서 소집되어 수군에 배치된 악공 30여 명을 동원하여 28일경부터 집사, 이방 등의 감독 하에 연습하고, 그믐날 매구 행렬에는 목가면을 쓴 양반·큰에미·작은에미·까마귀탈(검붉고 코가 돼지 주둥이 같고 새 같은 얼굴)·주지(사자, 옛날에는 3명이 들어가는 크기였으나 근래에는 1명의 크기)·비비탈(영노)·중광대(중매구)탈들이 따라다니고, 까마귀탈과 비비탈들은 독무하였다. 중광대탈은 매구 행렬 앞에 서며, 매구를 친 다음 중타령이나 염불, 천수경을 외고, 방 안에 들어가 혼자서 귀신을 쫓았다고 한다.

중광대탈은 삼베에 솜을 넣고 누빈 복면같이 뒤집어 쓰는 포작면布作面으로, 그 위에 송낙을 쓰고 상투를 꽂았다. 눈은 놋쇠로 만들었고, 코는 약 30cm 가량 길이의 끈으로 따로 달아 흔들리게 되어 있다. 입은 비뚤게 가죽으로 만들어 붙였고, 수염을 달았으며, 얼굴 전면에 흑색과 적색 반점을 표범과 같이 무수히 찍었다고 한다. 속신俗信으로 중광대탈을 베고 자면 아이의 병이 낫는다고 하여 빌려 가기도 했다 한다.

이러한 섣달 그믐날 매구는 궁중 구나驅儺와 맞먹는 벽사행사이다. 관가의 매구가 끝나면 각 민가를 돌며 정월 보름께까지 매구를 쳐주었는데, 이때는 악대와 중광대뿐으로 중광대가 귀신을 쫓았다고 하였다. 한편 고 장재봉의 말에 의하면 의흥계 당시 섣달 20일께 의흥계 임시 총회를 열고, 계원 중에서 기부를 얻어 고깔 기타 매구에 필요한 모든 준비물을 마련하였으며, 정월 2일부터 14일까지 계원들, 즉 오광대 단원들이 집집마다 돌며 매구를 쳐주고, 기부받

---

45 高永綺·李甲祚 두 사람의 이야기, 1961.

은 돈으로 14일 밤 파방굿과 오광대놀이를 하였으며, 정기 총회를 가졌다고 한다. 악공조합은 따로 매구를 쳤다고 한다.

의흥계의 정기 총회는 춘추로 정월 14일 밤, 3월 15일, 9월 15일에 가졌다. 이때 탈놀이를 하였고 또 4월 초 봄놀이에는 '사도使道놀음'에 곁들여 오광대놀이를 하였다 한다. 삼현육각을 앞세우고 영기令旗를 휘날리며 삼도통제사 모양으로 사도가 서리·역졸을 거느리고 출두하는데 기마騎馬한 8선녀와 종자가 뒤따른다. 용화사龍華寺에 올라가 한바탕 매구치며 놀고, 이어 오광대놀이를 하였다 한다. 이때 사도가 되는 사람은 물주로 이날 음식을 마련했다고 한다. 이것은 함경북도 북청군北青郡 토성土城의 관원官員놀음이나 경상북도 안동군 풍산면 수동壽洞의 진법별신陣法別神놀이와 같은 유형이라 할 수 있다.

오래전 의흥계로부터 물려받은 춘흥계 탈은 1949년에 소실되었고, 현재 사용하고 있는 것은 1958년에 장재봉, 오정두 옹이 새로 만든 것이다.

2) 특징

초계 밤마리에서 시작되었다는 오광대놀이는 수영, 동래, 부산진 등지에서는 들놀음을 뜻하는 야류라 부르지만, 기타 지방에서는 모두 오광대놀이라고 부른다.

오광대라는 이름은 오행설에 의거한 '오'로서 진주와 가산, 마산오광대에는 오방신장무五方神將舞가 있어 오행과 벽사관념에서 연유한 '오'임을 짐작하게 하는데, 이 오방신장에 합치되는 오양반五兩班을 만들어 연출하기도 한다. 진주에서는 문둥이 광대도 다섯 명 등장시키고 있으며, 그 문둥이 가면은 오방각색五方各色으로 만들었다.[46] 통영과 고성오광대는 5과장으로 구성되어 있다.

밤마리오광대는 대광대, 죽竹방울 받기를 비롯한 곡예와 더불어 '말뚝이', '비비새(영노)', '중과 각시', '할미, 영감, 지대각시', '사자' 등의 놀이 장면이 있었다고 하는데, 현존한 오광대놀이의 내용과 동일한 주제가 그 당시 이미 정

---

46  宋錫夏, 『韓國民俗考』, 日新社, 1960, 213~214쪽.

립되어 있었음을 알 수 있다. 그 구성은 신라 오기五伎 이래의 전승임을 짐작하게 한다.

오광대놀이의 연출 형태도 다른 가면 무극의 경우와 마찬가지로 춤이 주가 되고, 재담(대사)과 노래(창), 동작이 곁들여 연기되는 탈춤 놀이의 일종이다. 춤은 역시 염불, 타령, 굿거리 등 민속무용에 쓰이는 반주곡들에 의하여 추어지나 꽹과리를 주로 하는 타악기의 반주 음악은 역시 지방마다 특색을 나타내고 있다. 오광대놀이와 야류의 춤은 모두 덧배기춤이라고 부르며, 특히 말뚝이춤은 건무에 가까운 활발한 것이었으나 지방에 따라 후대로 내려오면서 통영이나 고성에서처럼 차차 완만한 춤으로 약화된 것 같다.

오광대놀이의 과장별科場別을 보면, 통영과 고성오광대놀이는 5과장(문둥탈, 풍자탈, 영노탈, 농창탈, 포수탈—통영오광대)으로 구성되어 있다. 그 외 지방의 탈놀이는 대체로 5 내지 7과장으로 되어 있어 지방에 따라 차이가 있는 것 같다. 현존한 것 중 수영야류와 가산오광대놀이가 비교적 원형에 가까운 것 같고, 통영오광대놀이는 근년에 와서 많이 윤색된 흔적을 찾을 수 있다. 지방에 따라 과장에 다소의 차이가 있으나 그 주된 내용은,

① 벽사의 儀式舞(오방신장무) ② 양반계급에 대한 반감과 모욕 ③ 파계승에 대한 풍자 ④ 一夫 대 妻妾의 삼각관계에서 오는 가정의 비극 ⑤ 逐邪延祥의 축원(사자무)

등으로 요약할 수 있다. 오광대놀이 역시 처음에는 종교적 의의(벽사행사)에서 연희되었을 것이나 차차 오락적 요소가 우세해져 동래야류처럼 '말뚝이 재담'이 주가 되었으며, 양반에 대한 조롱은 한국 민속 가면극 중에서 가장 심한 감이 있다. 따라서 연희 시기도 처음에는 종교적 의의와 결부된 정월 14일 또는 보름날 밤(통영·고성·수영·동래 등)을 중심으로 행하였다. 그러나 통영처럼 나중에는 3월 보름, 4월 초 봄놀이, 9월(15일) 단풍놀이의 일환인 오락적 연희로

놀게 되었다. 근래에는 한산대첩 기념 행사에 참가하기도 한다. 한편으로는 기우제 행사로 연희되기도 하여 비가 올 때까지 3~4일 계속하기도 한다. 지금도 이 지방에서는 오광대놀이를 놀면 비가 온다는 말이 전한다.

통영오광대놀이에 사용되는 가면을 살펴보면 문둥이양반(문둥탈)·홍백가양반(홍백탈)·비틀양반(삐뚜루미탈)·곰보양반(손님탈)·검정양반(검정탈)·조리중·원양반·둘째양반·말뚝이 각 하나씩, 8선녀 여덟 개, 영노(비비새)·비비양반·할미영감(영감)·할미·제자각시 각 하나, 상좌 둘, 봉사·작은상제·큰상제·몽돌이(끝돌이)·포수 각 하나씩 그리고 담보와 사자탈까지 합쳐 모두 31개가 사용된다.

통영오광대놀이는 1964년 중요무형문화재 제6호로 지정되었고, 이기숙李基淑 이하 5명의 예능보유자들이 현존한다. 고성오광대놀이는 1964년 중요무형문화재 제7호로 지정되었으며, 예능보유자 이윤순李允純이 현존한다. 가산오광대놀이는 1980년 중요무형문화재 제73호로 지정되었고, 한우성韓愚成 이하 2명의 예능보유자가 현존한다. 동래야류는 1967년 중요무형문화재 제18호로 지정되었으며, 문장원文章垣 이하 3명이, 수영야류는 1971년 중요무형문화재 제43호로 지정되었고, 윤수만尹守萬 이하 5명이 각각 예능보유자로 현존하고 있다.

(4) 꼭두각시놀음

우리나라 가면극은 대부분 반농반예의 비직업적인 연희자들에 의하여 계승되어 왔음은 앞에서 언급하였다. 한편으로 굿중패 또는 남사당男寺堂(사당社堂)이라고 불리던 직업적인 유랑 연예인들이 조선조 후기부터 1920년대까지 우리나라 농어촌과 도시를 돌아다니며 민중 오락을 제공하였다. 그들의 주요 레퍼토리는 이미 언급한 바와 같이 풍물(농악)·버나(사발돌리기)·살판(땅재주)·어름(줄타기)·덧보기(탈놀음)·덜미(꼭두각시놀음) 등으로 재인·광대의 가무백희 전통을 이어왔음을 알 수 있다.[47]

---

47 宋錫夏, 앞의 책, 101~112쪽 ; 沈雨晟, 『男寺堂牌研究』, 동화출판공사, 1974.

그림 7-7. 꼭두각시놀음(꼭두각시 박첨지 돌머리집)

그들의 덧보기는 산대도감계통극에 비하여 더욱 날카로운 풍자와 페러디를
보여 주며, 특히 꼭두각시놀음은 주로 그들에 의하여 오늘날까지 전승되어 왔
다. 이들 연희자들은 인형극을 '덜미'라고 부르나, 보통 '꼭두각시놀음', '박
첨지놀음'(박첨지극), '홍동지洪同知놀음'(홍동지극)이라고 부른다. 이러한 명칭
은 모두 인형의 이름에서 유래한 것이다.

주인공인 박첨지 인형은 백발노인 인형이며, '박첨지'의 박은 이들 인형이
나 가면을 바가지로 만들었기 때문에 명명한 것으로 보인다. 한편 인형의 인
격화를 위하여 박과 동음인 성姓 박朴과 허름한 서민 계급의 연로자를 호칭하
던 첨지를 붙여 박첨지라고 부르게 된 것 같다고도 한다.

홍동지는 온몸이 붉은색 나체 인형으로 '홍'은 홍紅으로서 한국인의 성에 많
은 '홍洪'과 동음이다. 또 동지라는 허름한 관직명을 붙여 홍동지라고 명명하
였는데, 이러한 명명에서 한국 특유의 유머를 느낄 수 있다.

다음으로 '꼭두각시'는 박첨지의 본처로서 가면극의 미얄할미처럼 추부醜婦
이다. 그리고 '각시'〔閣氏〕라는 어휘는 신부 또는 단순히 기혼녀를 가리키는

것이나 '꼭두'는 꼭독·곡독·곡도·곡둑·곡두 등으로도 발음되는데 이 낱말은 중국에서 괴뢰傀儡를 뜻하는 곽독郭禿에서 유래되었고, 다시 일본어 구구쯔クグツ가 되었다는 의견이 있다.

우리나라 인형극은 고구려나 신라 등 삼국시대에 이미 대륙으로부터 수입되었고, 그 영향을 받았다. 그런데 중국의 인형극은 한대漢代 서역에서 전래한 듯하다고 하며, 괴뢰자(인형 조종자)가 중국에 들어온 것은 전한 말부터 후한(1~2세기) 사이라 한다. 이무렵 중앙 아시아 방면에서 유랑 연예인이 중국에 들어오고, 그 일부는 7~8세기경 한반도를 거쳐 일본까지 건너간 것이라고 한다. 한편 구체적으로 이 괴뢰자는 인도 북서부에서 발생한 집시gipsy의 무리로 서역 지방을 거쳐 중국, 한국, 일본으로 도래한 것이라는 설도 있다.

이 같은 여러 설에 힘입어 필자는 가면의 어의語義와 관련하여 곽독·꼭두·クグツ에 하나를 더하고자 한다. 즉 몽골에서 괴물의 면 또는 가면을 뜻하는 고독고친qodoɤočin이란 말이 곽독보다 앞선 말이라고 생각하며 또 집시어語에서 인형을 kuli, kukli라고 하는데, 이러한 말들도 '꼭두'와 관계있을 것으로 생각한다. 또 일본의 괴뢰자는 『고려사』에 나오는 양수척楊水尺과 흡사하다고 한 몇몇 학자의 의견도 있다. 종래 서양 학자들 사이에서는 인형극의 인도 기원설을 놓고 찬반 양론이 있었는데, 이 문제의 해명은 우리나라 인형극의 계통을 밝히는 데 도움이 될 것이라고 생각된다.

우리나라의 인형극은 앞에서 언급한 것처럼 이미 삼국시대 있었으며, 그것은 중국을 통해서나 혹은 직접 북방 루트를 통하여 수입된 서역악西域樂의 일종이었다고 생각된다. 이 점은 고구려 악무樂舞 중 서역악에서 유래된 가면 무악과도 관련이 있다고 생각된다.

한국 인형극은 종래 주로 경기, 충청, 전라, 경상 등 남한 일대에서 유랑 연예인인 남사당패에 의하여 공연되었던 것 같다. 현존한 연희자들의 본적이 대체로 남한인데, 주로 경기도, 충청도, 전라도이다. 그러나 꼭두각시 인형극에 나오는 인물 가운데 평안감사, 용강龍岡 이심이, 황해도 영노 등이 나오는 것을 보아 이 놀이는 관서 지역과도 관련 있을 것으로 보인다.

극본 형성의 시기는 내용으로 보아 조선조 후반 서민 문학의 대두와 때를 같이하여 이루어졌으며, 이 역시 산대도감계통극의 하나라고 볼 수 있다. 연희자의 구술본마다 극본에 다소 차이를 보이나 이것은 민속극의 구전성이란 본질에서 오는 불가피한 현상일 것이다. 그러나 어느 극본이든 공통된 내용은 가면극과 마찬가지로 첫째, 무속과 관련되는 기반 문화 요소의 잔존, 둘째, 파계승에 대한 풍자, 셋째, 일부一夫·처첩 삼각관계로 이루어진 서민층의 생활상, 넷째, 양반 계급의 횡포와 그 형식적인 도덕에 대한 폭로와 조롱, 다섯째, 내세의 명복을 기원하여 불교에의 귀의 등을 7~8막으로 나누어서 각각 다루고 있으며, 일관된 연결성은 없으나 전체로서 당시의 사회상과 인간상을 보여주고 있다.

다른 가면 극본과 비교하여 꼭두각시 극본이 그중 드라마투르기dramaturgie가 잘 짜여져 있다고 한다. 그것은 가면극과 달리 이 인형극에서는 박첨지가 나레이터narrator의 역할을 하여 각 막幕의 일관성continuity을 유지하고, 마치 박첨지의 일대기 같은 느낌을 주는데, 이것이 이유의 하나일 것이다.

제1막은 박첨지의 유람, 제2막은 상좌중춤, 제3막은 꼭두각시, 제4막은 이심이, 제5막은 작은 박첨지, 제6막은 동방삭, 제7막은 표생원, 제8막은 깜벡이, 제9막은 치도, 제10막은 평안감사 매사냥, 제11막은 평안감사 상여, 종막終幕에서는 절을 짓고 헐어 버리는 박첨지의 뒷말이 있다.

우리나라 인형극은 무대나 연출 방식, 인형 조종법 등이 중국 인형극과 대체로 동일하며, 일본 인형극과도 동일 계통이다. 우리나라 인형의 조종법은 중국 인형극의 이른바 현사괴뢰懸絲傀儡, marionette, 주선괴뢰走線傀儡, 장두괴뢰杖頭傀儡(막대 인형rod puppet), 포대괴뢰布袋傀儡(지두괴뢰指頭傀儡, puppet) 등을 함께 사용하고 있다.

일본의 인형극 분라쿠文樂는 현사괴뢰의 섬세한 기술을 발달시켰고, 우수한 희곡과 함께 고전 인형극으로 완성된 반면 우리의 인형극은 그 기술이 주로 장두괴뢰 조종법만 사용하고, 희곡도 산대도감계통극의 하나로서 민속극에 머무르고 말았다. 또 인형 조종자가 반주 음악에 따라 조종과 창, 대사를 겸하는 1인 3역의 연출 형태이며, 일본의 인형극처럼 분화되지 않았다.

우리나라 인형극에 쓰이는 인형은 다음과 같다. 박첨지·꼭두각시·홍동지·홍백가·소무당 2, 돌모리집(소무당으로 겸용)·상좌 2, 평안 감사·상제·이심이·새·마을 사람 4, 이 밖에 상여·만사·법당 등을 소도구로 사용한다. 꼭두각시놀음은 1964년에 중요무형문화재 제3호로 지정되었다가 1988년 남사당놀이로 명칭을 변경하였다. 예능보유자로는 박계순朴季順 이하 2명이 있다.

## 3. 북청사자놀음

### (1) 역사적 유래

북청사자놀음은 함경남도 북청군 거의 모든 지역에서 행하였으며, 그중에서도 북청읍의 사자계獅子契, 가회면佳會面의 학계學契, 구舊 양천면楊川面의 영락계英樂契 등이 유명하고, 도청都廳을 중심으로 해마다 음력 정월 대보름에 놀았다. 특히 북청읍 사자는 맷벌사자(죽평리竹平里) 외에 더 세분하여 이촌사자·중촌사자·넘은개사자 그 밖에 동문밖사자·후평사자·북리사자·당포사자 등으로 나누며, 동네마다 제각기 사자를 꾸며서 놀았다.

각처에서 읍내로 사자가 모여들어 자연히 경연이 붙었는데, 1930년경부터 본격적으로 경연을 시키고 우승팀을 선정하기에 이르러 여타의 작은 사자팀들은 사라지게 되었다고 한다.[48] 구 청해면 토성리 사자놀음은 관원놀음과 함께 행하여지므로 더욱 유명하였다. 토성리는 조선 태조 때 공신 이지란李之蘭의 고지故地로 흙에 떼를 입히고 가장자리에 큰 나무를 심은 토성과 제단지가 남아 있다.

사자놀음은 그 목적이 벽사진경에 있다. 백수의 왕으로서 벽사할 만한 힘을 가졌다고 믿어지는 사자로써 잡귀를 쫓고 마을의 안과태평을 빈다. 가가호호

---

48 北青郡民會 康善泳의 이야기, 1967.

순회하면서 벽사하고, 출연된 전곡은 동리의 공공사업, 즉 장학금·빈민 구제·경로회 비용이나 사자놀음 비용 등에 충당된다.

북청사자놀음은 음력 정월 14일 밤 달이 뜬 뒤부터 시작하는데, 이보다 앞서 여러 마을에서 장정들의 편싸움으로 횃불싸움이 있었다고 한다. 14일 밤 시작한 사자놀음은 15일 새벽까지 놀고, 서당·도청 광장에서 술과 음식을 갖추어 놓고 논 뒤 해산한다. 16일 이후부터는 초청하는 유지가有志家를 돌며 논다. 퉁소·장구·소고·북·꽹과리 반주로 사자와 사령·꺽쇠·양반·무동·사당·꼽새와 기타 잡패들이 일단이 되어 집집마다 돌아다닌다. "먼저 이 무용단이 목표하여 둔 집의 마당으로 들어가서 난무亂舞를 하면 사자(몸 속에 두 사람이 들어감)가 맹렬한 주세走勢로 내정內庭을 거쳐 안방 문을 열고 큰 입을 벌려 무엇을 잡아 먹는 형용을 하고, 다음에는 부엌(주방廚房)에 들어가서 마찬가지의 행동을 한 후 다시 내정 한복판에 나와서 활발하고 기교적인 무용을 한 후에 전원보다 먼저 퇴거하는 것이다."[49] 이때 주인의 청에 따라 정지(부엌)의 조왕竈王과 시렁 앞에 엎드려 조령에게 절을 한다. 이때 아이를 사자에게 태우면 수명이 길다 하여 태우기도 하고, 사자털(포편布片)을 몰래 베어다 두면 수명 장수한다는 속신에 따라 사자털을 베기도 하며, 수명 장수를 빌어 오색포편五色布片을 사자 몸에 매어 주기도 한다.[50]

토성리 사자놀음은 관원놀음과 함께 행하는데, 사자놀음이 먼저 행해지다가 뒤에 관원놀음과 합쳐졌다고 전해 온다. 토성리 관원놀음은 "정월 14일이 예습이고, 정월 15일이 본의本儀이다. 가장假裝하는 인원 및 칭호는 남병사, 본관, 중군(이상 기마騎馬), 좌수, 향유사, 형리, 호방, 공방, 병방, 이방, 예방, 형방, 도집사, 급창, 사령, 통인, 포교, 포졸, 병정, 순검, 헌병 등 신구 각종 관속이 세나팔, 퉁소〔洞簫〕, 장고, 대고, 소고, 피리(필률觱篥), 계금稽琴 등 구식 악기의 길군악 반주와 신식 양악 관현악기의 행진곡에 사자는 태학관 학사(치부馳

49　宋錫夏, 앞의 책, 196쪽.
50　演戲者 尹迎春의 이야기, 1960.

夫)가 몰고 '肅愼故都使令'이라는 대기하大旗下에서 무위당당武威堂堂, 보조정
연步調整然하게 호화롭고 찬란하게 토성을 일순一巡한 후 고제단지故祭壇址에서
식을 종료한다. 그 후부터는 사자의 무용이 시작되며, 고제단지에서 해산하고
진희陳戱하는 것이 가장 중요한 안목이라 한다. 이 가장 행렬은 현재로서는 시
대를 분명하게 알 수 없을 만큼 오래 되었다 하나 한 번도 폐지한 적이 없다 한
다. 한때 폐지하려 하자 역병이 유행해서 다시 택일하여 시행하였다 한다."[51]

이때 마을에 죄인이 있으면 옛적에는 칼을 씌워 관원놀음 행렬에 따르게 함
으로써 행사 후 면죄하였다 한다. 관원놀음은 엄숙하게 집행되었으며, 집장치
죄執杖治罪 장면도 제대로 모의하였다고 한다.

토성리 관원놀음은 안동시 풍산면 수동의 진법별신놀이나 부여군 은산면
은산리의 은산별신제恩山別神祭의 행군, 통영의 사도使道놀음 등과 궤軌를 같이
하는 것이나 향토 민속놀이인 사자놀음과 습합習合되었다는 데서 우리의 주목
을 끈다.

(2) 특징

현존하는 민속극 중 사자무가 포함되어 있는 것은 황해도 탈춤과 통영오광
대놀이, 수영야류 등이다. 이들 사자춤은 간단하며 보통 두 사람이 사자의 전
신과 후신을 맡는데, 앉아서 좌우로 머리를 돌려 이를 잡고 꼬리를 흔들어 몸
을 긁기도 하며, 타령이나 굿거리 장단에 맞추어 덩실덩실 춤을 추기도 한다.
통영이나 수영 사자는 장단에 맞추어 담보와 싸우는 춤을 보이고, 나중에 담보
를 앞다리 안으로 끌어들여 잡아먹는 시늉을 한다.

북청사자도 머리 쪽에 한 사람, 뒤채에 한 사람씩 보통 두 사람이 들어가 추
는데(다른 사자의 경우처럼 사자가 크면 세 사람 이상 들어가는 수도 있다), 앞채 사
람이 뒤채 사람 어깨 위에 올라타 높이 솟기도 하고(직립), 앞채 사람이 먹이인
토끼(전에는 아이였다고 한다)를 어르다가 잡아먹는 과정을 흡사하게 연기하는
등 어느 사자 춤사위보다 교묘하며 또 힘찬 동작이 특징이다.

---

51 宋錫夏, 앞의 책, 197쪽.

일본 악서樂書의 하나인 『신서고악도信西古樂圖』에 보면 시라기고마新羅狛는 직립한 사자 모양을 그린 것인데, 이것은 앞채 사람이 뒤채 사람 어깨 위에 올라앉은 직립한 사자로 안에 두 사람이 들어 있음이 분명해 보인다. 이것으로 보아도 북청 사자무법이 신라시대 이후 계속되어 그 역사가 오래된 것임을 추측할 수 있다. 또 『교훈초敎訓抄』나 『신서고악도』 등에 보면 기가쿠伎樂와 부가쿠舞樂 이후 대륙계 사자기獅子伎에는 '시시코獅子兒'니 '쓰나히키綱引'니 하는 사자 인도 역이 있고, 암수 한 쌍의 사자가 나오기도 하는데, 북청 사자놀음에서 양반의 하인, 꺽쇠나 사자 앞에서 승무를 추는 상좌는 선도 역이며, 봉산탈춤의 사자 과장에서 마부도 같은 역이다. 또 북청 사자놀음에서 쌍사자를 놀리는 일도 있었다.

중국이나 일본의 민속 사자무에서 사자를 불보살佛菩薩로 숭상하는데, 봉산탈춤에서도 사자를 문수보살과 관련시키고 파계승을 벌하러 내려온 부처님의 사자로 보고 있다. 일본 사자무와의 비교는 다음과 같은 의견이 참고될 만하다.

現代의 日本 獅子보다 初期의 日本 獅子가 現代의 北靑 獅子와 酷似한 것은 信西入道 傳來의 獅子舞圖에 徵하여 明白하다. 그러므로 나는 現代의 北靑獅子와 거의 同一한 當時의 日本 獅子는 韓國을 經由하여 간 것이라고 보는데, 그 可能性은 納蘇利 以下 多數 舞樂을 전해 준 三國時代의 情況을 보아 能히 있으리라고 推想된다. 萬若에 이것이 妥當하다고 본다면 新羅의 猊犯는 現代의 獅子와 大同小異할 것이고, 따라서 觀念도 現代와 그다지 大差가 없으리라고 생각하는 것이다.[52]

중국의 민속 사자무는 역시 원소절元宵節(음력 정월 15일) 전후에 행하여지는 것으로 북방계와 남방계가 있다. 중국 민속 사자무와 비교하여 보건대, 우리의 사자놀음은 북방계에 가까운 것이다. 또 하회가면 속의 '주지' 탈은 사자탈을 뜻하는데, 그 가면에 꿩털(치미雉尾)을 꽂은 것은 사자의 갈기로서 사용한

---

52 宋錫夏, 앞의 책, 201쪽.

것이다. 중국 남방계 사자에서도 그 예가 있음을 볼 때 주지탈은 사자탈임을 더욱 확증하여 준다고 할 수 있다.

이백李白의 「상운악上雲樂」에 읊은 '오색사자五色獅子'는 현재 북청 사자신獅子身이 오방색 포편을 그물에 매어 사자신을 만들고 있는 것으로 미루어 설명할 수 있다. 기가쿠의 사자에서도 사자 한 마리에 오색을 쓰는 약식이 있었음을 문헌에서 짐작할 수 있다. 이상에서 우리는 북청사자놀음은 삼국시대의 기악伎樂, 무악舞樂 이후 주로 대륙계·북방계인 사자무가 민속화된 대표적인 예로서, 그 특징과 더불어 귀중한 전승임을 알 수 있다.

북청사자놀음에 쓰이는 가면들은 다음과 같다. 사자 가면 2개, 양반·껵쇠·꼽추·사령 각 1개씩 기타 등장인물인 무동舞童·사당·중·한방의漢方醫·거사 등은 가면 없이 복색만 갖추고 나온다.

북청사자놀음은 1967년 중요무형문화재 제15호로 지정되었으며, 동성영董誠英 이하 3명이 예능보유자로 현존하고 있다. 봉산·강령탈춤과 함께 북청사자놀음도 이북 5도의 월남민들에 의하여 그 전수사업이 이어지고 있으므로, 후계자 양성에 여러 가지 어려운 점이 많다고 한다.

# Ⅲ 민속공예

공예기술은 무형문화재의 하나이지만 연극, 음악, 무용과 달리 그 기술 발휘의 결과가 작품으로 고정되므로 유형문화재로도 역사상 그리고 예술상 그 가치가 평가된다.

그러나 19세기 말 이후 서구 문명이 수입되면서 우리의 전통 생활 자체가 많이 변동됨에 따라 전통 공예품들을 요구하던 생활도 붕괴되었다. 따라서 자연적인 수요·공급에만 의존함으로써 민속공예民俗工藝의 명맥 유지는 힘들어졌다.

또 일제시대 이후 오늘날까지 과거 반세기 이상 국가적인 보호를 받지 못한

이들 전통 공예기술은, 전래하는 장인들의 비법을 전수받지 못한 채 대부분 무력하고 가난한 몇몇 공인工人들과 더불어 사양의 길을 걸었고 어느덧 절멸 위기에 놓여 있다.

우리나라에서 무형문화재로 지정하고 있는 공예기술에는 도자陶磁공예를 비롯하여 마미馬尾공예, 금속金屬공예, 화각華角공예, 죽세竹細공예, 장신裝身공예, 나전螺鈿공예, 제지製紙공예, 목木공예, 건축建築공예, 피혁皮革공예, 지물紙物공예, 직물織物공예, 염색染色공예, 옥석玉石공예, 자수刺繡공예, 복식服飾공예, 악기樂器공예, 초고草藁공예 등 19종에 이르며, 현재 갓일 등 43종이 중요무형문화재로 지정되어 있다. 우선 지정된 종목을 중심으로 개관하고자 한다.

도자공예는 고려청자와 조선백자가 세계적으로 명성을 떨치고 있지만 지금껏 그 비법이 전승되지 못했다. 한때 그 명맥을 잇던 청자도공으로 고 유근형柳根瀅이 있었다. 그는 18세 때부터 도자일을 시작하여 80평생 고려청자의 신비에 도전한 결과, 고려청자의 비색에는 이르지 못하나 그에 가까운 것을 얻기에 이르렀다. 한편 조선백자의 기법을 지닌 마지막 사람이라고 할 수 있는 이임준李任駿(작고)은 조선시대 관요官窯가 있던 경기도 광주분원廣州分院 사기장沙器匠을 세습하던 집안에서 태어나 15세 때부터 사기 일을 배웠다.

마미공예의 대표적인 것은 갓과 감투이다. 갓의 기원은 삼국시대로까지 소급할 수 있으며, 조선 초(14세기 말)부터 조선 말까지 500년 동안 민서民庶의 관모로 애용되었다. 갓은 이웃한 중국이나 일본에는 없는 우리만의 독특한 것이며 갓 중에서도 통영갓을 으뜸으로 여겼다.

갓은 그 품질에 따라 진사립眞絲笠, 음양사립陰陽絲笠, 음양립陰陽笠, 포립布笠 등 네 종류가 있다. 극상품인 진사립은 머리칼보다 더 가는 죽사竹絲로 만든 양태와 대모자를 조립하여 그 전체에 명주사明紬絲를 한 올 한 올 입혀서 먹칠과 옻칠을 한 것이다. 양태는 대〔竹〕를 내려서 만든 절대(날대, 절대, 빗대 등이 있다)를 엮어 만든 것이다. 그 가늘기는 현미경으로 측정한 결과 머리칼의 절반에 지나지 않는 초현미경적인 극세공이며, 고운 양태는 절대가 150줄, 더 고운 것은 200줄 들어간다.

음양사립은 죽제 상품上品인 양태와 말총제(마미제馬尾製) 총모자總帽子 전체 위에 촉사로 등사騰絲한 것이다. 음양립은 죽제 하품下品인 양태 하품 위에 포를 입히고, 총모자 하품 위에 등사한 것이다. 포립은 하품으로 양태 하품과 모자 하품 전체 위에 촉사 대신 포를 입힌 것이며, 백립은 대〔竹〕로 만들어 국상國喪이 나면 쓰는 것이다.

갓일은 중요무형문화재 제4호로 지정 당시(1964년) 입자장笠子匠에는 충무시 전덕기田德基(1897~1972), 양태장에는 거제도 모만환牟晩煥(1887~1971), 총모자장에는 충무시 고재구高在九(1898~1979) 등이 각각 기능보유자로 지정되었으며, 지금은 모두 작고하였다. 현재 장순자張順子가 양태장에, 김인金仁(1920~ )이 총모자장에, 정춘모鄭春模(1940~ )와 박창영朴昌榮(1943~ )이 입자장으로 지정되었다. 또 제66호인 망건장에는 이수여李受汝(1923~ )가, 제67호인 탕건장에는 김공춘金功春(1919~ )이 각각 지정되었다.

갓일은 이제 대부분의 민속공예와 마찬가지로 사양산업으로 접어들었다. 이미 고인이 된 모만환 옹의 경우 1964년 지정 조사 당시 고운 양태 하나를 만드는 데 약 20일 걸리는데, 그 값은 당시 1,000원 미만이었다. 얼마 안 가서 그가 시력을 잃고 작고한 뒤 양태는 이제 제주도에서 약간 생산될 뿐이며, 그나마 모牟 노인의 양태보다 질이 떨어진다.

통영(지금의 충무시)은 갓일뿐만 아니라 나전 칠기, 목공예인 반상, 장롱, 금속공예인 장도 등 조선 공예품의 생산지로 이름난 고장이었다. 이 고장에서 공예기술이 발달된 이유의 하나는 충무공 이순신李舜臣 장군이 통제사로 이곳에 부임한 후 12공방을 두고 그 진흥에 힘을 쏟은 여덕 때문이라고 한다.

중요무형문화재 제10호로 지정된 나전칠기장 김봉룡金奉龍(1902~1994)은 통영 출신이며, 나중에 원주로 그 주거를 옮겼으나 오랫동안 충무시에 나전칠기 공예소를 갖고 있었다. 나전칠기의 공정은 바탕이 되는 목기나 유기 또는 도자기 위에 헝겊을 입히고, 그 위에 옻을 올려 자개를 박아 윤을 내는 것인데,

공정은 크게 구분하더라도 17개나 되는 복잡한 것이다.

나전칠기의 유래는 확실히 밝힐 수 없으나 칠기가 우리 손으로 처음 만들어지기는 고대 신라시대부터인 것 같다. 그 후 고려 중기인 12세기경 전성을 이루었고, 고려 말부터 조선조를 거치면서 훌륭한 고미술품들을 유품으로 남기고 있다. 나전칠기는 민속 공예품 중에서 유독 사치품의 하나로 오랜 전통을 바탕으로 오늘날 우리나라의 특산품처럼 되어 국내는 물론 널리 해외까지 수출하며 해마다 그 수출고가 늘고 있다.

죽세공예는 전라남도 담양이 으뜸이다. 이곳에는 중요무형문화재 제31호로 지정된 낙죽장烙竹匠 예능보유자로 이동연李同連(1906~1985), 이형만李亨萬(1946~ ), 송방웅宋芳雄(1940~ ), 김기찬金基燦(1955~ )이 있다. 이외 제53호로 지정된 채상장彩箱匠에는 김동연金東連(1897~1984), 서한규徐漢圭(1930~ )가 있다. 세렴장에는 김두옥金斗玉(1904~ ), 참빗장에는 박부출朴富出(1897~ ), 선자장扇子匠에는 배치안裴致安(작고) 등 여러 명이 있다.

낙죽烙竹은 낙화烙畵라고도 하는데 합죽선, 도병刀柄, 참빗(진소眞梳), 침통針筒, 현판懸板, 병풍屛風 등을 만드는 데 쓰인다. 합죽선에는 속살에, 참빗에는 등대에 각각 문양을 놓고, 현판이나 병풍에는 글씨 또는 그림을 놓는다.

영남 지방의 통영 못지않게 호남 일대는 민속공예의 고장으로 이름난 곳이 많다. 구례의 목기는 바릿대(발우鉢盂)가 대표적이며, 반상으로는 나주반羅州盤이 또한 유명하다. 조선시대 이후 목공예는 장欌, 궤櫃, 사방탁자四方卓子, 문갑文匣, 연상硯床, 필통筆筒, 주상酒床, 식기食器 등이 민속공예품으로서 유명하였으나, 통영반과 마찬가지로 나주반의 목물장木物匠도 광복 후 모두 폐업하고 현대식 가구만 제작·수리하고 있는 형편이다. 광산光山에는 장고, 북 등 악기공예가 남아 있고, 나주는 목공예 외에 직물공예로 무명이 산출된다. 중요무형문화재 제28호인 나주 샛골나이는 이름난 세목으로 길쌈에 노진남魯珍男(1936~)이 지정되었고, 이 밖에 명주는 금성주錦城紬, 염색공예로 쪽물이 있고, 오엽선도 산출된다.

금속공예로는 광양光陽의 패도와 장흥長興의 유기(놋그릇)를 들 수 있다. 이 밖에 장성長城의 마포가 있고, 중요무형문화재 제32호인 곡성谷城의 돌실나이에는 김점순金點順(1918~ )이 길쌈 기능보유자로 지정되었다. 또 무안務安의 기와(한와韓瓦), 영암靈巖의 참빗, 보성寶城의 초고공예로 보성석寶城蓆, 장성의 직물공예로 창호지, 해남海南의 옥석공예 등과 전주全州의 합죽선 또한 유명한 죽세공예이다.

이 밖에 현재 중요무형문화재로 지정된 공예기술과 예능보유자를 열거하면, 제14호 한산모시짜기에 문정옥文貞玉(1928~ )이 지정되었고, 장신공예 중 제22호인 매듭장에는 최은순崔銀順(1917~ )과 김희진金喜鎭(1934~ )이, 제35호인 조각장彫刻匠에는 김철주金喆周(1933~ )가, 제37호인 화장靴匠에는 황한갑黃漢甲(1889~1982)이, 제42호인 악기장樂器匠에는 이영수李永水(1929~ ), 윤덕진尹德珍(1926~ )이, 제47호인 궁시장弓矢匠에는 장진섭張鎭燮(작고), 김장환金章煥(작고), 권영록權寧錄(작고), 박상준朴商俊(1914~ ), 김박영金博榮(1933~ ), 유영기劉永基(1936~ )가, 제55호인 소목장小木匠에는 천상원千相源(작고), 송추만宋樞萬(작고), 강대규姜大奎(작고), 설석철薛石鐵(1925~ )이, 제60호인 장도장粧刀匠에는 박용기朴龍基(1931~ ), 한병문韓炳文(1939~ )이, 제64호인 두석장豆錫匠에는 김덕용金德龍(작고), 김극천金克千(1951~ ), 박문열朴文烈(1950~ )이 그리고 제65호인 백동연죽장白銅煙竹匠에는 추옥판秋玉判(작고), 황영보黃永保(1932~ )가 각각 지정된 바 있다.

서울에는 과거 귀족 생활과 밀접하게 관련 있던 금박장金箔匠에 김경용金景用(작고)이, 화장花匠에 안정환安貞煥(작고)이, 패물장佩物匠에 김석창金錫昌(작고)이, 화각장華角匠에 음일천陰一天(작고) 등이 인간문화재로서 전통공예의 마지막 생존자였으나 이미 모두 작고하고 말았다. 특히, 화각華角은 일명 화각畵角이라고도 하는데, 얇게 깎은 쇠뿔 조각의 한 면에 채화彩畵를 하고 그 화면을 아래로 하여 목질물 위에 붙여 장식하는 것으로 조선조의 독창적인 공예로 발달하였다. 그러나 오늘날 그 기예가 거의 인멸 상태에 놓였으며, 이재만李在萬

(1953~ )이 1996년 중요무형문화재 제109호(화각장) 보유자로 지정되었다.

이들 공예기술은 하루 바삐 중요무형문화재로 지정하고 보존하여 국가적인 사업으로 계승자를 양성하는 것이 중요하다. 그렇지 않으면 얼마 지나지 않아 절멸하고 말 것이다. 그것은 곧 조선조 말까지 전해 오던 우리의 전통적인 아름다움과 슬기로움이 현대에 재창조되지도 못한 채 영원히 사라지고 마는 일이다.

민속예술은 연극이나 음악, 무용, 공예 기술 등 어느 것을 막론하고 지난날의 일이 아니다. 그것은 공업 기술 그리고 매스컴 문화 등 현대문화 속에 늘 재창조되어 우리 민속의 전통적인 지혜와 기능을 과시한다. 나아가 오늘과 내일도 끊임없이 그 실용과 섬세의 미로써 우리의 생활을 더욱 풍요롭게 꾸려 갈 것이 분명하다.

# 제8장 구비문학

# Ⅰ 서설

## 1. 구비문학의 개념과 종류

구비문학口碑文學, oral literature은 문자 기술記述이 없던 태초에 발생하여 문자 기술이 발생한 이후에도 그것에 의존하지 않는 문학이다. 한마디로 문자의 힘을 빌리지 않고 입에서 입으로 지금까지 전해 오는 문학이다.

또한 성격상 구전문학, 유동문학, 변화문학, 표박漂泊문학, 민속문학 등으로 불리는데, 기록문학written literature, 정착문학, 고정문학 등으로 호칭되는 이른바 문자에 의존하는 문학과 대칭되며 서로 다양한 상관성을 갖는다.

즉, 문학은 언어를 통해 가능한 것이지만 문자 또한 언어의 일부분이므로 기록문학도 문학의 일부분이라 할 것이다. 따라서 기록문학만을 문학으로 생각하는 것은 잘못이며 이것은 전인류의 문학활동을 통시·공시적으로 볼 때 더욱 그러하다. 우리나라의 경우만 하더라도 구비문학은 많은 민중이 비교적 긴 세월 동안 향유했던 것으로 기록문학의 바탕이며 나아가 기록문학은 이 바탕 없이는 성립되기 어려웠다.

구비문학은 음성언어를 통하여 전승된다. 종류에는 산문체散文體인 민담, 전설, 구전신화, 속담, 수수께끼가 있고, 운문체韻文體인 민요, 무가, 판소리 등이 있다. 음성에는 변화가 있고 몸짓이나 표정이 따르기 때문에 구비문학은 음악(민요)과 연극(민속극, 판소리), 종교적 구성 요소(무가, 신화)로도 나타난다. 따라서 구비문학은 단순히 문학뿐만 아니라 음악, 연극, 종교의 한 기반 또는 측면으로도 다각적인 기능을 하였다.

이 장에서 다룰 구비문학의 종류로는 민요, 설화, 무가, 판소리, 민속극, 속담, 수수께끼 등이 있는데, 이 중에서 민속극과 판소리는 〈제7장 민속예술〉에서 이미 언급하였으므로 생략한다.

## 2. 구비문학과 기록문학

구비문학은 민중문학으로 뿌리를 내렸다가 점차 기록문학으로 정착하면서 기반을 이루었다. 단적인 예로서 「서동요薯童謠」・「풍요風謠」・「처용가處容歌」 등 상대上代의 향가는 구전되던 민요나 무가의 정착이고, 문헌기록에 보이는 삼성신화三姓神話는 분명한 무가의 성장・정착이다. 조선시대의 「흥부전」, 「심청전」 등 설화소설류는 구전되다가 판소리로 불려지게 되었고 개화기에 이르러 신소설로 성장・정착한 것들이었다. 이에 대해서는 뒤에 자세히 다루기로 한다.

본질적으로 구비문학은 모두 작자 없이 자연 발생적으로 나타났는데, 그런 의미에서도 민중의 문학이라 할 만하며 그 민중 생활과 밀착되어 있었다. 민요는 누구나 노동을 할 때의 수고를 덜기 위한 기능으로 불렀다. 민담은 특히 지루한 시간을 즐기기 위해 흔히 할아버지, 할머니와 손자, 손녀들 사이에 전승되었다. 따라서 내용이나 형식이 기록문학에 비해 단순하다. 단순하고 쉬운 만큼 듣거나 즐기는 이들의 폭은 광범하고 다양해서 한층 민중문학성을 띠며 성장하였다. 민중은 양반・유식층의 기록문학 창작에 참여하지 못했으나 양반은 등한시하기는 해도 구비문학 창작에 참여하였다.

그래서 구비문학은 과거의 민담, 서사무가, 신화, 판소리, 조선시대의 소설, 창극, 영화에 이르기까지 예나 지금이나 일련의 상관성을 가지고 국민의 품안에서 장르를 달리하여 다양하게 변화와 발전을 거듭하였다. 어느 나라에서나 진정한 국민문학의 전통은 바로 여기에 있는 것이다.

다만 아쉬운 것은 우리의 주변국인 중국은 '창희唱戲', 일본은 '노能'나 '가부키歌舞伎' 등과 같은 각기 독자적인 창극opera이나 연극 형태가 있으며 또한 그에 맞는 공연시설을 갖춘 극단과 상설극장들을 가지고 있는 데 비해 우리의 창극 발달은 부진하였을 뿐만 아니라 제대로 된 극단이나 극장조차 여전히 갖추지 못하고 있다는 점이다.

문자 기술의 시대에 들어와서 우리나라에는 구비문학 외에 한국 한문학과 조선시대에 들어서는 국어로 된 문학도 생겼다. 이들 기록문학 중에서 양量으로나 참여한 사람의 수數로나 한자문학이 압도적으로 많았는데 이러한 현상은 「훈민정음訓民正音」 반포 이후 조선시대 말기까지 여전하였다. 이것은 구비문학의 기록ㆍ정착ㆍ발전 과정에 크게 영향을 미쳤다.

대표적인 일례로 승려 일연은 단군신화를 『삼국유사三國遺事』 권두에 크게 다루었으나 유학자 김부식金富軾은 『삼국사기三國史記』에 아예 언급조차 하지 않았다. 구비문학의 기록ㆍ정착 과정에서 기록자의 개성이나 사상, 시대상들이 얼마나 크게 작용하는가를 알 수 있다. 이규보李奎報도 동명왕편東明王篇 병서幷序에서 "선사 공자가 괴력 난신을 말하지 말라고 했는데 이는 참으로 황당 기궤한 일이라〔先師仲尼 不語怪力亂神 此實荒唐奇詭之事〕"고 하면서도 그는 이 영웅서사시를 기록하고 있는데, 이런 이유에서 많은 구비문학 자료들이 소멸됐을 것임은 미루어 짐작할 수 있다.

고려시대는 말로만 전해지던 구비문학이 비로소 문자로 기록되던 중요한 시기였다. 그러나 기록을 담당했던 유학자들이 합리주의적, 모화적慕華的 자세로 일관해 당시 한국 구비문학이 불행한 시기에 놓여 있었음도 인식해야 할 것이다.

# Ⅱ 민요

## 1. 민요의 개념

민요民謠는 문학과 음악, 율동(무용 또는 작업 동작)이 합쳐진 종합 예술체이다. 민중은 흔히 그것을 '노래'라고 부르는 만큼 민요에는 음악성이 상당히 우위에 있는 듯하다. 한편 문학 쪽에서도 민요에 담긴 유구한 민중의 시적 정서를 민족문학의 기조로 보고, 민요를 문학의 왕좌로까지 끌어올린 학자도 있다.[1] 참으로 민요는 사詞ㆍ곡曲ㆍ무舞가 단순한 양식이지만 종합적으로 다양

---

1 高晶玉, 『朝鮮民謠研究』, 首善社, 1949, 9쪽.

한 기능을 하므로 민중의 생활예술로서 으뜸이라 할 수 있다.

무엇보다도 민요는 민중의 생활과 직결된 예술이다. 즉, 노동이나 의식, 놀이를 하면서 부르는 것이 대부분 민요이다. 그것은 행동하면서 스스로의 필요에 따라 부르기 때문에 민담이나 판소리처럼 듣는 이의 반응에 구애될 필요 없이 스스로 만족스러우면 된다. 이것은 많은 구비문학 중에서도 민요만이 가지는 독자성으로, 민요의 진솔성眞率性이 여기에 있다.

민요는 정형시로서 대체로 4·4음을 기조로 하는 형식을 가진다. 이것은 우리말이 2음절의 체언에 1·2음절의 조사가 많고 3·4음이 한 어구를 이루는 경향에서 비롯된 듯하다. 3음, 4음의 기조성基調性은 넓게 보아 고대의 향가로부터 고려시대 가사와 시조에 이어 조선시대 소설에까지도 일관되고 있는 기본 자수율이다. 3음의 연속은 조급함과 경쾌감을 주고 4음은 안정감과 유장감을 준다. 여기에 일정한 간격을 두고 되풀이되는 후렴이 있다. 후렴은 단순하며 무의미하게 반복되는 감탄사이기도 하고 다소 길거나 첩구疊句로 리듬을 이루어 흥겨움을 돋운다. 이 리듬은 리듬(음악)—동작(무용)—문구(문학)로 계기하여 종합 예술체인 민요의 출발점이 된 것으로 간주된다.[2] 그러면 민요의 기능에 대해 자세히 살펴보기로 한다.

## 2. 민요의 기능

학자에 따라 민요의 기능을 다음 네 가지로 들기도 한다. 첫째는 노동적 기능이다. 이것은 매우 중요한 기능으로서 노동의 동작에 율동을 실어 힘들이지 않고 지속하게 하는 윤활유 구실을 하는 것을 말한다. 둘째는 정치적 기능이고, 셋째는 종교적 기능이다. 그는 둘째·셋째 기능의 원초형으로 영고·동맹·무천 등 고대 부족국가의 국중대회인 제천행사에서의 집단가무를 예로 제시하였다. 이것은 고대 그리스에서 디오니소스Dionysos에게 제를 올릴 때 행하는 디티람보스dithyrambos나 중국의 '답가踏歌', 일본의 '우타가키歌垣'에

---

2 高晶玉, 앞의 책, 21~23쪽.

비견될 만한 민족적 가무라 하였다.

대표적인 종교적 기능요로는 「처용가」·「영신군가迎神君歌」·「해가海歌」가 해당한다고 보았다. 오늘날 노래의 정치적 기능은 기껏해야 민심통제 고무책의 하나로 국민가요에 남아 있을 뿐이고 종교적 기능은 찬미가나 무가에 잔존한다고 했다. 넷째는 자웅도태雌雄淘汰 기능으로 이를테면 이성異性 견인력으로서 「서동요」를 좋은 예로 삼았으니 연정요라고 할 수 있겠고, 이 기능만은 인간 본연의 정신으로 영구히 발전할 것이라 했다.[3]

민요는 사(문학)·곡(음악)·무(노동 동작 또는 무용)의 종합예술로 이들의 관계에 대해 다음과 같이 설명하기도 한다.

**기능機能＝창곡唱曲＝가사歌詞** 예컨대 모내기 노래는 고정된 곡과 가사가 있고, 그것은 모내기를 할 때만 부르며, 다른 가사나 곡은 거의 부르지 않는다. 즉 이 가사와 곡은 다른 민요에 전용되지 않는 고정 결합을 하는데 지신밟기, 놋다리밟기 등이 이에 해당한다.

**기능＝창곡≒가사** 논매기라는 고정된 작업과 창곡의 결합은 있으나 가사는 선창자의 재량으로 무엇이든 부를 수 있는 유동성이 있다. 상여메기·달구질·강강술래 등이 대표적이다.

**기능＝가사≒창곡** 자장가처럼 유아를 재우는 기능과 가사는 상호 긴밀하나 곡은 조용한 것이면 무엇이든 되는 예이다.

**기능≒창곡＝가사** 달거리·창부타령처럼 곡과 가사는 긴밀히 결합하지만 고정적 기능이 없다. 노랫가락, 도라지 등이 여기에 해당한다.

**기능≒창곡≒가사** 예컨대 길쌈하면서 정선아리랑을 부르는 것처럼 세 가지 모두 서로 유동적인 경우이다. 기능의 예는 삼삼기노래·빨래노래, 창곡의 예는 밀양아리랑·육자배기, 가사의 예는 시집살이·범벅타령 등이 이에 해당한다.

기능, 창곡, 가사 중 가장 중요한 것은 기능이며, 민요의 박자는 노동의 박자를 근거로 성립된 것이다. 따라서 각종 노동이 사라질 경우 민요는 급격히 쇠

---

3 高晶玉, 앞의 책, 25~35쪽.

퇴할 수밖에 없는 치명적인 한계를 안고 있다. 본래 민요는 노동과 더불어 자연스럽게 익히는 것이므로 애써 배웠지만 부를 기회가 드물어지면서 오늘날 단절된 것이 많다. 대표적인 기능요에는 노동요 외에도 의식요儀式謠(지신밟기 · 상여메기 · 달구질노래), 유희요遊戱謠(강강술래 · 줄다리기노래 · 그네노래 · 군사놀이) 등이 있다.[4]

## 3. 민요의 역사와 자료

민요는 분화되지 않은 종합예술체이며, 그 기원 문제는 곧 예술 기원론에 속하지만, 이미 말했듯이 리듬(음악)—동작(무용)—문구(문학)의 순으로 전후前後 계기繼起된 것으로 추단된다.[5] 그리고 고대 제천의식인 집단가무에서부터 제정적祭政的 기능을 보여 준다.

민요라 할 만한 것으로는 고조선의 「공무도하가公無渡河歌」(공후인, 한역漢譯, 후세의 의작擬作으로 추정)를 거쳐서 고구려의 「황조가黃鳥歌」(한역), 백제의 「정읍사井邑詞」, 신라의 「서동요」, 「풍요」(양지사석가良志使錫歌), 「헌화가獻花歌」, 「천수대비가千手大悲歌」, 「처용가」 등이 이두 문자로 현전하고 있다. 이외 한역으로 현전하는 「영신가迎神歌」, 「해가海歌」, 「다라니陀羅尼」, 「번화가繁花歌」, 「계림요鷄林謠」 등이 있다. 가사는 전하지 않고 가명歌名이나 유래만 전하는 「회소곡會蘇曲」, 「치술령곡鵄述嶺曲」, 「대악碓樂」 등 10여 수도 민요로 단정 혹은 추측되며,[6] 『삼대목三代目』 같은 가집歌集 편찬 기록도 전한다.

현재 전해지는 것들만 기능에 따라 구분해 보면 노동요에는 「대악」(방아타령), 「회소곡」(길쌈노래) · 「풍요」(토목 노동요) 등이 있다. 자웅기능요에는 「공무도하가」 · 「황조가」 · 「정읍사」 · 「서동요」 등이 있으며, 종교기능요에는 「처용가」 · 「영신가」 · 「해가」 · 「다라니」 등이 있다. 이외 참요讖謠로 「계림

---

4 張德順 · 趙東一 · 徐大錫 · 曺喜雄, 『口碑文學槪說』, 一潮閣, 1971, 79~88쪽.

5 高晶玉, 앞의 책, 18쪽.

6 任東權, 『韓國民謠史』, 文昌社, 1964, 17~46쪽.

요」가 있고 동요인 「서동요」가 있다.

현전하는 고려가요는 전부 61수首로 작자별로 분류하면 왕·고관·승려가 지은 것이 12수이며 서민·유녀 등의 작품이 49수이다. 이 민중이 지은 49수는 민요라 할 만한 것이므로 고려 시가에서 민요의 비중은 컸다 할 수 있다. 이 중 한역 단편인 역사적 참요가 10수, 민요로 간주되는 고려가사가 10수, 한역 민요류가 6수, 내용은 전하지 않고 노래 제목만 남아 있는 민요류가 14수이다.

이들 중 압권을 이루는 것이 「청산별곡靑山別曲」·「가시리」 등 고려가사 10수이다. 이들은 모두 『악장가사樂章歌詞』·『시용향악보時用鄕樂譜』·『악학궤범樂學軌範』 등에 실려 전하는데, 그중 「처용가」는 종교기능요이고 「정석가鄭石歌」는 군은君恩을, 「사모곡思母曲」은 모정을 다루었으며, 나머지는 모두 연정요이다. 형식도 분장·후렴구를 갖춘 장편으로 고도의 세련성을 보인다.

이들은 대체로 시대·작자 미상의 민요로 간주되나[7] 민요에서 출발하였더라도 민요로 볼 수 없는 것이 많다. 이를테면 「처용가」는 나례용 궁중가무였고 「동동」도 그와 마찬가지이며, 「서경별곡西京別曲」은 궁중가악으로는 불가하다고 배격되었지만 어쨌든 종묘악이었다. 「쌍화점雙花店」·「이상곡履霜曲」·「만전춘滿殿春」과 같은 작품은 유학자들 사이에서 남녀상열지사男女相悅之詞로 배격된 기록이 『성종실록成宗實錄』에 보여 이 또한 민요로 보기 어렵다.[8]

한편 고려가요를 평민 문학으로 규정짓기 어렵다는 논자도 있었다.[9] 사실 궁중성이 다분했으므로 '궁宮'은 '민民'이나 '민요'와는 상대적인 개념이라는 것이다.[10] 다만 「처용가」를 비롯해서 몇몇 무가나 민요류 중 일부는 궁중가무로 승화한 작품도 있다. 그것은 곡이나 춤은 물론 가사의 문학적인 면도 더 할 나위 없이 유려하다. 「가시리」에 나타난 애절한 이별의 정, 「청산별곡」의 깊

---

7 高晶玉, 『國語國文學要講』, 서울대학교출판부, 386쪽 ; 任東權, 앞의 책, 60쪽.

8 任東權, 앞의 책, 62~72쪽.

9 金東旭, 『韓國歌謠의 硏究』, 乙酉文化社, 1961, 177쪽.

10 高晶玉, 앞의 책, 13쪽.

은 사랑의 우수 등은 세계 어디에 내놓아도 빠지지 않을 고려 문학의 걸작들이었다.

조선조에 들어오면 민요 관계의 기록도 복잡해진다. 국왕인 세조世祖는 남녀 농부를 지방 순수巡狩 때나 심지어 궁중에 불러 들여서까지 민요를 들었다 한다. 이는 치자治者의 입장에서 민정을 살피려던 의도로 보인다. 세종조에 박연朴堧은 민요를 포함한 모든 노래를 수집하려 했다. 또한 한학자들도 10여 종의 문집에 민요를 한역 수록하기도 했는데, 그들은 본래 민요란 우리말 그대로 표현하지 않으면 형식이나 내용에서 왜곡될 수 있음을 간과한 듯하다. 어쩌면 민요의 격이 더 높아졌다고 오인했을지도 모를 일이지만 어쨌든 나름대로 관여한 셈이다.

민요는 조선시대 소설에도 삽입되고 『청구영언靑丘永言』 등 가집에도 혼입되는 한편, 속가 · 창곡은 물론 사설시조 · 내방가사를 살찌우는 데도 한몫하였다. 요컨대 민중 문학이 대두하면서 구비문학은 기록문학과의 교섭이 잦아졌다. 그리고 개화기 신문학 운동의 일환으로 민요 연구에 관심이 높아지면서 최남선崔南善 · 이광수李光洙 이후 많은 논고들이 나왔다.

그러나 민요를 본격적으로 수집하고 연구하는 활동은 1930년대 이르러 민족문화 운동과 민속학 연구의 일환으로 시작되었다. 여러 단행본 가운데 대표적인 예를 살펴보겠다. 김소운金素雲의 『조선구전민요집朝鮮口傳民謠集』(1933)은 최초의 본격적인 민요집으로 모두 2,375편의 민요를 지역에 따라 분류하였다. 국악가인 성경린成慶麟 · 장사훈張師勛도 『조선朝鮮의 민요民謠』(1949)에서 음악성이 우수한 84편을 지역별로 수록하였다.

국문학의 입장에서 정리한 최초의 본격적 연구서로는 고정옥高晶玉의 『조선민요연구朝鮮民謠研究』(1949)가 있다. 임동권任東權은 역사적인 자료 정리 결과 『한국민요사韓國民謠史』(1964)를 냈고, 이어 『한국민요집韓國民謠集』 제6권(1981)의 완성으로 총 11,000여 수의 민요를 집대성하였다. 이외 지역별 연구서로는 제주도의 민요를 다룬 진성기秦聖麒의 『남국南國의 민요民謠』(1958), 김영돈金榮敦의 『제주도민요연구濟州島民謠研究』(1965) 외 다수가 있다. 정부 차원에서도 지난 1973년 실시한 전국민속조사 결과 펴낸 『한국민속종합조사보고서韓國民俗綜合調査報告書』(전12권)에 민요를 수록하고 있으며, 『한국구비문학대계』(전82권)에도 많은 민요가 수록되었다.

이들 연구서에 나타난 한국 민요의 성격은 무엇일까. 그 답으로 이를 다룬 한 고찰[11]을 요약·인용한다. 먼저 한국 민요의 내용상 특질로는 ① 부요婦謠의 질적·양적 우세. 특히 시집살이의 고뇌, 모녀애연가의 정, 동녀요童女謠의 순정미들은 높은 시정신詩情神이 깃든 것으로 기록문학 중 다수의 규수 작가들의 전 작품보다 훨씬 우수함. ② 사회적 불만을 풍자·야유한 해학성 ③ 풍류성(부요의 꽃노래, 남요男謠의 취락가醉樂歌, 이외 여러 수의 달노래 등) ④ 유교 윤리의 침윤성浸潤性 ⑤ 남녀 상하간의 순종성 ⑥ 무상·향락적 경향(불교의 무상관無常觀과 가렴苛斂 악정惡政에서 온 찰라적 향락주의, 일제하 퇴폐적인 근대요近代謠 등) ⑦ 생활고 등을 들 수 있다.

다름으로 형식상 특질로는 ① 운율미韻律美 ② 리듬의 장난이 많은 점 ③ 지방색이 적은 점 ④ 무용요의 희귀성 등이다.

## 4. 민요의 분류

한국문화인류학회의 『한국민속자료분류표韓國民俗資料分類表』(1967)에 의하면 우리나라의 민요를 다음과 같이 분류하고 있다.

남요男謠
　① 勞動謠 : 모내기, 보리타작, 밭매기, 樵夫歌
　② 儀式謠 : 지신밟기, 상여소리, 佛功謠, 動土잡이
　③ 타령 : 짐승타령, 초목타령, 음식타령, 산천타령
　④ 說話謠

---

11　高晶玉, 앞의 책, 467~505쪽.

⑤ 語彙謠

⑥ 數謠 : 달거리, 曜日謠, 數字謠

⑦ 問答謠

⑧ 讖謠

부요婦謠

① 勞動謠 : 길쌈노래, 맷돌·방아노래, 바느질노래, 해녀노래

② 生活謠 : 시집살이요, 思親謠, 婚姻謠, 惜別謠, 寡婦謠, 愛情謠

동요童謠

① 諷笑謠

② 놀이요

③ 語彙謠

④ 辱說謠

무가巫歌

① 迎神歌

② 饗安, 기원가

③ 서사무가

④ 神意問答歌

⑤ 逐鬼歌

⑥ 送神歌


물론 민요를 분류하는 데 어떤 절대적 기준은 없다. 필요에 따라 다음과 같이 다양하게 분류하기도 한다.[12]


시대별 분류 : 고대요, 근대요 또는 왕조별

지역별 분류 : 도별 또는 호남·영남식 분류

창자唱者별 분류 : 男謠, 婦謠, 동요 등

곡조별 분류 : 타령, 자장가, 언문풀이, 露領노래 등

기능별 분류 : 노동요, 의식요, 유희요

---

12 高晶玉, 앞의 책, 97~99쪽 ; 張德順 외, 앞의 책, 82~83쪽.

가창歌唱 **방식별 분류** : 선후창, 교환창, 독(제)창

**내용별 분류** : 연정, 해학, 도덕, 비분 등

**장르별 분류** : 서정요, 서사요, 희곡요 등

**운율별 분류** : 4 · 4조, 3 · 3조, 4 · 5조 등

위의 가창 방식별 분류와 장르별 분류를 통해 민요의 생태를 알아보기로 한다. 가창 방식별 분류에서 먼저 선후창先後唱은 후렴을 후창자, 가사를 선창자가 부르는 방식이다.

텃밭팔아 옷사주랴 강강수월래
아니아니 그말싫소 강강수월래
옷도싫고 신도싫고 강강수월래
장지밖에 매여둔소 강강수월래
황소팔아 임사주오 강강수월래
　　(『전국민속종합조사보고서』 전남편, 709쪽)

상여메기, 달구질, 맷돌노래 등 선후창은 종류도 많다. 이는 의미 없는 후렴만 여럿이 부르다가 차츰 의미 있는 말이 첨가된 민요의 시발 형태로도 여겨진다. 선창자는 기억에 창작을 가미하여 나름대로 불러도 되므로 능력 있는 사람이 맡게 된다. 그는 노동할 때 선창만 하고 품삯을 더 받으며 존경도 받는 악단의 지휘자와 같다.

교환창은 후렴 대신 문답이나 대구對句를 변화 있게 교환해서 부르며, 선후가 복수複數 대 복수(모내기 노래), 1 대 복수(놋다리), 1 대 1(징금타령) 등으로 될 수 있고, 선창자의 중요성은 선후창보다 못하다. 다음은 복수 대 복수의 한 예이다.

선창 : 이논뺌이 모를숭거 감실감실 영화로세

후창 : 우리동상 곱게길러 갓을씨와 영화로세

　(고정옥, 『조선민요연구』, 113쪽)


「아리랑」·「신고산타령」 등은 독(제)창 민요이지만, 후렴이 있어서 선후창으로 부를 수도 있다. 「쾌지나칭칭나네」는 주로 선후창을 하지만 후렴까지 독창할 수도 있다. 후렴 없는 민요는 선후창을 하기 어렵다.[13]

　다음으로 장르별 분류에는 서정요·서사요 2대 분류례[14]와 서정민요·서사민요·교술敎述민요·희곡민요 등 4대 분류례[15]가 있다. 흔히 민요라고 하면 서정민요만을 생각하기 쉬워서 이 글에서는 서사민요의 예를 하나 들기로 한다. 서사민요는 인물과 사건을 갖춘 이야기로서 장시간 완만한 동작을 계속하는 길쌈요에 흔하며 그 외에도 있다. 이를테면 소설에서 전환된 춘향요, 홍부요 등을 비롯하여 서사무가 당금애기타령에서 온 '산골중' 등으로 낙천·슬픔·홍미 등 각종 주제를 다루고 있다. 다음은 서사민요의 해학적인 한 예이다.


　우습세라 우습세라 젊은각씨 아날때는
　지남편의 상투지고 울콩불콩 낳는다고.

　아선지 열달만에 허리통통 커졌단다.
　바빠설랑 헤매여도 남편임은 광동갔네.

　이집저집 다니면서 상투상투 빌려주소
　아낳으면 은공갚아 천년만년 잊지않고

　그은공을 갚겠다고 앞질바빠 뒷질바빠
　이리저리 살피면서 눈물뚝뚝 흘렸단다.

---

13　張德順 외, 앞의 책, 89~92쪽.
14　高晶玉, 앞의 책, 99쪽.
15　張德順 외, 앞의 책, 96쪽.

그동리에 팔십노인 속히속히 구초하야
상투상투 구해다가 죽는사람 살려주소.

젊은서방 기특하야 줄을살방*(가만히 대문 여는 형용인가) 대문열고
마당으로 들어갈제 집에서는 애고대고
바빠하는 형편인데 부끄러워 그리하네.
마루우에*(팔십노인이) 앉아서는 상투꼭지 길게매고
문창구무 한구멍에 디리디리 밀었단다.

각시각시 상투지고 이 이 힘쓰면서
애를쓰며 단기드니 상투꼬리 쑥바지자
당콩같은 발간애기 말뚱말뚱 뿍빠졌네.
　(고정옥, 『조선민요연구』, 246쪽)

# Ⅲ 설화

## 1. 설화의 본질과 분류

　설화說話는 신화myth · 전설legend · 민담folktale 등 셋으로 나눈다. 구비문학의 대표적인 산문체 형식인 이들 세 장르는 설화라는 동일 범주 속에서 상호 공통성은 물론 이질성을 아울러 가지고 서로 영향을 주고받으면서 발전하는 가운데 때로는 그 구분이 어려울 때도 있다. 서사무가 또한 이러한 혼돈성을 띠기 때문에 먼저 이들의 개념부터 정립하기로 한다.

　① 전승집단의 주관으로 신화는 전적으로 숭엄한 사실이고 전설도 모두 사실로 믿어지나 민담은 애초부터 사실 여부는 관계없이 오로지 흥미의 많고 적음이 문제된다. 그러나 현대인의 과학적 객관에 의하면 신화는 원칙적으로 비사실이고, 전설은 반사실 또는 반비사실이며, 민담은 사실 여부를 문제 삼지 않는다.

② 전승 양상면에서 문헌신화는 화석화된 2차적인 것이고, 대부분의 1차적인 신화는 본래 제의祭儀의 한 구성요소인 구송물口誦物로서 오늘날 서사무가가 그 한국적인 한 양상이다. 전설은 재량껏 내용을 줄이고 늘이는 것이 비교적 자유로우며, 오히려 민담이 처음에 "한 옛적에, 어떤 마을에, 어떤 사람이 살았는데"로 시작하여 끝에는 "잘 살았더란다"로 시종 고정된 형식이다. 그리고 중간에 한 토막 모티브라도 빼 버리면 어린이라도 불만을 표시할 정도로 형식이 아주 엄격하다.

③ 전승의 시간·공간면에서 신화는 원초 사회적 소산물로서 한 국가나 민족을 단위로 전승한다. 이에 비해서 전설은 일정 시대, 특히 일정 지역의 사물에 대한 이야기로 전승되며, 민담은 시간·공간의 제한을 거의 받지 않고 널리 세계적인 전파성과 유동성을 보다 많이 띤다.

④ 주인공의 성격으로 볼 때 신화의 주인공은 초자연적인 어떤 직능·속성들이 있고, 전설의 주인공은 시대·지역의 제한을 받는 역사적 인물 또는 특정 인격에 영격靈格이 혼합되어 나타나며, 민담의 주인공은 '바보', '효자' 등 일정한 유형성을 띠는 관념적 존재이다. 따라서 신화, 전설, 민담의 주인공은 누구 할 것 없이 모두 개성이 희박할 수밖에 없다.

⑤ 원초 과학적 설명성으로서 신화는 인문, 자연현상들에 대해서 태초적 설명을 하려 들고, 전설은 지형·지명에 대한 연기적緣起的 설명으로 향토 역사성을 띠며, 민담은 역시 흥미 위주이다.

⑥ 사회적 기능면에서 신화는 집단적인 신앙을 요구하며 사회 통합의 기능을 갖고, 전설은 일정 지역을 중심으로 애향심을 고취하며, 민담은 흥미 본위의 사교적 오락물로서 발생 동기부터 민중문학성이 제일 두드러진 존재로서 장차 소설류의 모체가 되었다.

서사무가는 신화, 전설, 민담 중 단연 신화에 가까우며 신화적인 여러 요소를 현대 저급 문화 민중 속에 전승시키는 것으로 생생하게 원초 서사시의 성격을 띤 구비문학상 귀중한 학술 자료이다.

## 2. 신화

신화神話의 분류방법에는 여러 가지 있는데, 한국문화인류학회의 『한국민속자료분류표』에 따르면 다음과 같이 분류하고 있다.

운문신화  ① 堂신화 ② 일반신화
산문신화  ① 창세신화 ② 영웅신화 ③ 시조신화 ④ 부락신화 ⑤ 일반신화

위에서 운문신화는 무가巫歌를 말하는 것으로서 이 장 Ⅳ 무가에서 자세히 다루기로 한다. 산문신화는 시조신화, 즉 문헌에 보이는 건국ㆍ시조신화로서 우리에게는 중요한 것이기에 간략하게나마 개관하기로 한다.

### (1) 문헌신화

### 1) 단군신화

이는 청동기시대(기원전 1000~기원전 300) 고조선의 시조신화로서 한국 신화 유산 중 대표적인 국조신화國祖神話이다. 그 후 13세기 국난기國難期(고려 고종高宗~충렬왕대忠列王代) 때 존숭되었으나 일제시대 민족말살정책의 일환으로 부정되었다. 반면 대종교의 주신主神으로 높이 추앙되기도 하였다. 고조선 건국일인 10월 3일은 개천절開天節로 제정하여 해마다 기념하고 있다.

단군신화檀君神話에 대해서는 여러 학자들의 연구가 있었다. 그중 지배적인 학설을 살펴보면 단군신화는 본질적으로 원초 제정일치사회祭政一致社會의 반영이고 북방 문화적인 것이다. 천부인天符印 3개는 이러한 제정일치사회 군장君長의 신위神威 표상인데 동북아 유형으로는 검, 거울과 방울ㆍ북ㆍ관冠 중 하나로 여겨진다. 풍백風伯ㆍ우사雨師ㆍ운사雲師는 농경사회의 반영이다.

태백산은 '크고(한) 밝은(붉) 뫼'라는 뜻을 가진 산악숭배 사상의 상징으로 그리스의 올림푸스산, 인도의 수미산須彌山, 일본의 다카치호노미네高千穗峰 등과 유사한 상징성을 가지며 반드시 구체적인 산을 지칭하는 것은 아니다.[16] 그

---

16 崔南善, 「檀君古記箋釋」, 『思想界』 2월호, 사상계사, 1954, 53~76쪽.

것은 오로지 단군조선이 위치했던 지역과 시대에 따라 좌우될 것이다. 그 지배세력이 구도舊都 아사달阿斯達(평양 일대)에서 신지배세력에게 밀려서 신도新都 아사달(구월산九月山 중심의 안악安岳·장장평庄庄坪)로 옮겼다 하며, 이후 낙랑·고구려·고려시대를 통하여 전승되었다.

단군은 당시 제정일치사회의 제사장祭司長이었다.[17] 단군은 실재했던 제사장이라기보다는 사제자들이 신봉하던 제신祭神이며, 천부인 3개는 사제자들의 신성제구였으리라는 견해는 〈제5장 II 무속〉에서 밝힌 바 있다. 그 후 단군신화의 전승은 삼국시대에 이르러 각기 나름대로의 시조신화들을 신봉했기 때문에 한동안 소홀히 여겨졌던 것으로 보인다.

문헌에서 볼 수 있는 단군신화 관련 최고最古 기록은 고려 충렬왕대의 『삼국유사』와 『제왕운기帝王韻記』이다. 두 책의 저술 당시는 경주에서 송도로 천도한 시대였으므로 단군신화는 위치로 보아 중앙 지대의 전승신화가 되었다. 여기에 고려가 북방 호족으로부터 연이어 유린을 당하면서 민족의 결집이 절실히 요구되던 시점이었다. 단군신화를 민족신화로 두드러지게 부각시킨 『제왕운기』에 따르면 "옛 신라, 고구려, 남북옥저, 동북부여, 예와 맥이 모두 단군의 자손이다〔故尸羅 高禮 南北沃沮 東北扶餘 濊與貊 皆檀君之裔〕"라고 했다.

이를테면 국민 결속이 절실한 시대적 요청으로 핵심신화가 등장하게 되었다. 그러나 당시는 신화 불임기不姙期였던 까닭에 당연히 단군신화에 모든 노력이 집약되고 투영되었다. 그것은 단순히 지리·역사성에 한한 것이 아니었다. 바야흐로 원초적인 신화의 단편 난립성에 불만이었던 고려인들은 더구나 통일국가인들이었으므로 그에 따른 통일정서작용統一整序作用이 그대로 신화에 반영되었다.

그래서 『삼국유사』 곳곳에 "단군기에 이르되 그 낳은 아들을 부루라 이름지었는데 부루와 주몽은 이모(어머니가 다른) 형제이다〔檀君記云 産子名曰夫婁 夫婁 與朱蒙 異母兄弟也〕"라는 기록들이 나타나고 있는 듯하다. 그 후 일제 국란기에

---

17 李丙燾, 『韓國史』(고대편), 을유문화사, 1959, 78쪽.

이르자 단군신화는 다시 한국인들에게 추앙되었다. 원초 산물인 단군신화는 국란기마다 민족의 결속력을 고취한 그 역사성에도 큰 의의가 있는 국조신화이다.

### 2) 고주몽신화

고주몽신화高朱蒙神話는 해모수, 해부루, 금와 등과 같이 부여 여러 부족 사이에 전승하던 신화이다. 그것은 부여족의 한 갈래인 고구려 부족이 처음에는 쑹화강松花江 유역에 살다가 동가강冬佳江 유역에서 압록강 유역에 걸친 지대에 살면서 한제군漢諸郡(낙랑·임둔·진번·현도 등 4군)을 몰아내고 대고구려국을 건설한 긴 역사를 시조 주몽신의 위대한 일대기로 압축·투영시킨 일대 서서시이다.

그런데 『삼국지三國志』 위지魏志 동이전(3세기)이나 『북사北史』(7세기) 등에는 다음과 같은 기록들이 보인다. 『삼국지』 위지에는 "그 나라 동쪽에 수혈이라는 큰 굴이 있다. 10월 국중대회 때에는 그 수신을 나라 동쪽에 맞아서 제사 지내며 신좌에 나무로 된 수혈신을 모신다[其國東有大穴 名隧穴 十月國中大會 迎隧神還於 國東上祭之 置木隧於神坐]"라 하였다. 『북사』에는 "신묘 두 곳이 있는데 하나는 부여신이라 하여 목각 부인상을 모셨고, 다른 하나는 등고신이라 하여 그 시조이며 부여신의 아들이라 한다. 사람을 파견하여 수호하는데 아마도 하백의 딸과 주몽이리라[有神廟二所 一曰扶餘神 刻木作婦人像 一曰登高神 云是其始祖 扶餘神之子 遣人守護 蓋河伯女朱蒙云]"고 하였다. 두 기록을 종합해 보면 유화와 주몽은 모자신母子神으로서 가을 수확제 때 모셔졌음을 짐작할 수 있다. 우리 동제洞祭에서는 지금도 흔히 시조신이 집단수호신과 농경신을 겸하고 있다.

〈제5장 Ⅱ 무속〉에서 살펴본 대로 수·당군과 여러 차례 격전을 벌인 요동성 내에도 "주몽의 사당에 미녀를 치장하여 부인으로 삼으니, 신령스런 무당이 말하기를 '주몽이 기뻐하니 성은 반드시 완전하게 지켜지리라'"라고 했다는 기록에서 주몽은 무신巫神으로서 전쟁 수호신으로서도 숭상받아 왔음을 알 수 있다.

해부루, 금와 그리고 해모수와 유화의 혼인, 하백과의 신술경쟁神術競爭, 주몽의 남분南奔, 신모의 5곡 종자 수여, 건국, 송양과의 경쟁, 원자元子 유리와의 상봉으로 이어지는 주몽신화는 파란만장한 일대 장편서사시이다. 이것을 "비록 어리석은 남녀의 무리들이라도 역시 자주 능히 그 일을 이야기한다〔雖愚夫 騃婦 亦頻能說其事〕"[18]라고 했으니 고구려인과 고려인들은 훌륭한 구비문학의 전승자들이었다.

육당六堂조차도 한국에는 신화가 적다고 했는데 그것은 "내가 한때 이것을 듣고 웃으면서 선사 공자가 괴력 난신을 말하지 말라고 했는데, 이는 실로 황당기궤한 일이다〔僕嘗聞之 笑曰先師仲尼 不語恠力亂神 此實荒唐奇詭之事〕"[19]라고 한 유학자들의 탓이다. 신화는 민족의 꿈이며 이상이다. 우리 민족 또한 높은 이상과 진취적 기상을 가지고 있었는데 유교적인 합리주의에 의해 많이 억압받았던 것이다.

주몽신화에 장편으로 나타나는 고구려인의 용맹과 진취성은 그대로 온조를 남진南進하게 하여 백제국을 건설하게 했고, 다시 남진하여 일본의 기마민족설騎馬民族說에서 보듯이 그곳에 정복왕조를 세웠다. 기마민족설 주장자도 그 원류를 부여·고구려계로 보고 한·일 신화의 유사성類似性을 지적했다.[20] 고구려인들은 그 후 본고향을 그리워하여 평양에도 부여신을 모셨고, 백제 또한 한때 국호를 남부여라 하였다. 옛 백제 땅의 '부여扶餘'라는 지명은 지금까지도 남아 있다.

단군신화와 마찬가지로 주몽신화의 골자인 '천손하강天孫下降'은 주로 북방 유목민족의 신화에 흔하며, 또한 일본 왕실 신화에도 그대로 나타난다. 고주몽신화에 보이는 주몽의 남진, '어별성교魚鱉成橋', '선인지후仙人之後'를 자칭하는 송양과 '누칭천손累稱天孫'하는 주몽과의 싸움, 주몽의 한결같은 승리는

---

18 李奎報, 『東國李相國集』 卷三 東明王篇 幷序.
19 李奎報, 위와 같음.
20 江上波夫, 『騎馬民族國家』, 中央公論社, 1967, 180~184쪽.

모두 고구려인들의 하늘에 대한 강한 믿음과 진취적 기상을 나타낸 것이다. 뿐만 아니라 부족 이동, 건국 과정, 생활 관습들도 그대로 반영한 신화로서 장편 서사성은 그 두드러진 특징이다.

3) 신라 시조신화들

이 신화들이 의미하는 것은 주몽신화와 반대로 대체로 신앙행위의 반영이다. 우선 국호 '서라벌徐羅伐·서벌徐伐·계림鷄林'(『삼국유사』 왕력王曆)은 '시 블―셔블―셔울'로서 고대에는 제정처祭政處인 '수림樹林·신목神木'이었는데 현재는 행정 중심처인 '수도'(서울)와 동제처洞祭處 '수풀'로 분화된 조형祖型 이다. 그러므로 혁거세를 모셨던 6부의 대표자 '고허촌장高墟村長 소벌공蘇伐 公'(『삼국사기』 권 1)은 제사장 '셔블 곰'으로 볼 수 있고 혁거세 즉위일 '사월四月 병진丙辰(一日正月十五日)'(『삼국사기』 권 1)은 지금도 영남 지역에서 동제를 지내는 상원上元(정월 보름) 바로 그날이다.

이 '4월 병진'을 후에 불교의 영향을 받아 4월 초파일로 추측했던 이가 있었는데,[21] 하회마을의 동제일이 바로 상원과 4월 8일 연 2회였음을 근거로 들고 있다. 그리고 '瓠公夜行月城'과 '白鷄鳴於樹下'(『삼국유사』 권 1)는 오늘날 동제를 지내는 시간인 '자정'과 같은 시간이다.

박혁거세와 김알지는 씨조신·왕가조신·국조신 등의 성격을 띤다. 계림은 신라 왕성 내에 위치했던[22] 골맥이 제당이요, 여기 나뭇가지에 걸렸던 황금궤는 조상단지의 신화적 반영이다. '골(읍, 동, 군)막(방防)이(명사형 어미)'는 영남 지방에 현전하는 마을 수호신이고 촌락 시조신이며 공동체의 창건신이다.

또 영남 지방의 조상단지는 조상신의 혼령을 모시는 용기로서 현재도 단지나 항아리, 바구니 등 민속적인 그릇들을 사용하는가 하면 김알지신화의 황금궤가 왕가다운 용기 또는 신화적 반영이었음은 이미 〈제5장 III 가신신앙, IV 동제〉에서 살펴보았다. 요컨대 이들은 모두 동제나 가신신앙인 원초 민간신

---

21 李在秀, 「朴赫居世傳說論考」, 『高秉幹博士頌壽記念論叢』, 1960, 28쪽.
22 秦弘燮, 『慶州의 古蹟』, 통문관, 1957, 10쪽.

앙이 왕궁 제식으로 승화한 후 다시 신화에 투영된 것이었고, 왕가의 조상제이며 신라 왕국의 농경제의의 반영으로 간주된다.[23]

혁거세의 비妃 알영부인이 "알영정 가에 계룡이 나타나서 왼쪽 겨드랑이에서 동녀가 탄생했다〔閼英井邊 有鷄龍現 而左脇 誕生童女〕"(『삼국유사』 권 1)라고 한 것은 현재 민간의 영천靈泉·약수 신앙에서 보는 무신도巫神圖 승룡여신상乘龍女神像인 용궁애기씨, 용궁부인들의 호칭과 그대로 상통한다. 지금도 알영부인 탄생기념비각 뒤 울타리 안에는 큰 우물이 있다. 여기에 마야부인摩耶夫人의 좌협左脇으로부터 부처님이 탄생하였다는 불교적 윤색이 가해진 것이다.

신라 제2대 왕 남해차차웅 관련 기록 중 "次次雄 方言謂巫也"라는 것에서 금관이 무왕관巫王冠임을 앞에서 살펴보았다. 남해왕 비는 "왕비는 운제雲帝 부인이다(운제雲梯라고도 하고 지금 영일현 서쪽에 운제산성모가 있는데, 가뭄에 빌면 응함이 있다)〔妃雲帝夫人(一作雲梯 今迎日縣西有雲梯山聖母 祈旱有應)〕"라고 한 것으로 봐서 지금도 영일군에 있는 운제산 산신은 여산신으로 생각되며 이 점에서 남해왕은 농경사회의 우신雨神, rain maker적 요소가 짙다.

신라 제4대 왕 탈해는 석씨昔氏 시조신으로 토함산신이며 대장(야장冶匠)신성을 겸했다. "(탈해) 신이 또 이르되 내 뼈를 동악에 두라 하므로 (거기에) 봉안케 하였다(혹은 탈해 사후 26대 문무왕 때……태종의 꿈에 매우 사나운 모양의 한 노인이 나타나서 말하기를 "나는 탈해인데 내 뼈를 소천구에서 파내어 소상을 만들고 토함산에 봉안하라"고 하였다. 왕이 그 말을 좇았으므로 지금까지도 나라에서 제사 지내기를 그치지 않으니 즉 이것을 동악신이라 한다)〔神又報云 我骨置於東岳 故令安之(一云 崩後 二十七世文虎王代……夜見夢於太宗 有老人貌甚威猛曰 我是脫解也 拔我骨於疏川丘 塑像安於吐含山 王從其言 故至今國祀不絶 卽東岳神也云)〕"[24]라고 한 데서 토함산신이 분명하다. 그것은 신라 5악五岳이 배정된 후이므로 동악신이며 남신男神으로 되어 있다.

---

23 張籌根, 「金閼智神話와 嶺南地方의 民間信仰」, 『文化財』 제3집, 문화재관리국, 1967, 22~43쪽.
24 一然, 『三國遺事』 卷一.

신화는 지리에 민감한데 탈해가 "나는 본래 용성국 사람이다〔我本龍城國人〕"
라 하여 해양신화를 이루었고, 동시에 동악신임을 볼 때 석씨족 집단은 본래
동해변과 밀접한 관련이 있었을 것으로 짐작된다. 그가 대장신이라는 것은 호
공瓠公의 집을 빼앗을 때 "몰래 숫돌과 숯을 그 옆에 묻고〔潛埋礪炭於其側〕", "나
는 본래 대장장이〔我本冶匠〕"라고 한 데서 알 수 있다.

동서 고금을 막론하고 원초 사회에서는 철鐵의 주력呪力을 대단하게 여겼던
만큼 대장의 사회적 지위가 높았음은 잘 알려져 있는 사실이다. 특히 야쿠트
Yakut족의 경우 "무녀의 겉옷 장식구를 만드는 대장장이는 샤먼적 능력을 얻
는다. 그는 주술적 중요성을 띠는 철과 접촉해서 힘을 얻는다. 그 결과 샤먼과
대장장이의 직업적 유사성은 밀접하고, 특히 몇 대에 걸쳐서 대장장이가 계승
되면 그의 영적 능력은 더욱 커진다. 마침내 대장장이는 샤먼의 형으로 관념
되어 그들의 차이는 점차 없어져 대장장이는 샤먼이 된다"[25]라고 한다. 그래서
고대 신라의 신화 관념에서도 차차웅과 대장장이〔冶匠〕는 동일하게 왕자 같은
존재였던 듯하다.

몽골족, 퉁구스족과 우리나라는 고대에 밀접한 문화 요소가 많았다. 이미
언급한 내용으로도 ① 샤먼과 차차웅의 높은 사회적 지위 ② 샤먼 관과 신라
금관의 상관성 ③ 대장장이와 탈해의 높은 지위 ④ 장승·솟대의 상호 유사성
⑤ 오보(악박鄂博)와 서낭당 ⑥ 오보 축제 때의 xi-mori와 천마도(155호 천마총
출토)의 유사성, 그리고 mori—몰〔馬〕의 음운 합치성과 혁거세신화에서 "백마
가……길게 울고 상천했다〔有一白馬……長嘶上天〕"라는 것까지 모두 부합되는 듯
하다.

### 4) 처용설화

처용설화는 본질적으로는 신화이다. 이것은 그리스의 고르곤Gorgon, 중국
의 방상씨方相氏 그리고 세계 곳곳의 원초 인류들이 가졌던 것과 같은 벽사가

---

25  M. A. Czaplicka, *Aboriginal Siberia: A Study In Social Anthropology*, Clarendon Press,
1914, 199쪽.

면辟邪假面의 인격화 과정에서 이루어진 자연발생 설화이다. 처용가사가 잡귀 구축의 협박 무가임은 이미 언급한 바 있다(〈제5장 II 무속〉참고).

원초 벽사가면은 신라 귀면와鬼面瓦에서도 보듯 공포의 구상화였는데, 오늘날 우리가 『악학궤범』에서 보는 처용의 모습은 '有德ㅎ신아비'와 같다. 이것은 원초 종교에서 공포를 제거함으로써 사발蛇髮의 마녀 고르곤이 비애에 잠긴 미녀로 변했듯이 그리스 신화 작가들의 공포의 제거 및 미화[26]와 궤를 같이 하는 것이다. 이는 바로 신앙가면에서 예능가면으로의 전환이라 할 수 있다.

「처용가」나 「처용설화」에서 또 하나 큰 비중을 차지하는 것은 그 처의 아름 다움에 역신이 반해서 사람으로 변하여 동침하는 것이다. 이에 대해서 현용준 玄容駿은 도깨비신이 여성과 교구하여 병을 옮긴다는 전국의 속신 자료를 들어 설명한 바 있다.[27] 처용의 위대한 축귀 능력은 신라시대 동해 용왕의 아들로 설 명되고, 헌강왕과 결부되어 망해사 연기설화로서 사중寺衆들이 윤색한 것이 일 연 선사의 『삼국유사』에 수록되는 계기가 되었을 것이다.

### 5) 김수로왕신화

가락국기駕洛國記(『삼국유사』권 2)에 보이는 수로왕신화는 그의 즉위 전후로 크게 2가지로 나뉜다. 첫째 그는 구지봉龜旨峰 위에 하강한 여섯 알에서 여섯 동자의 한 사람으로 탄생하였으며, 여섯 동자는 각기 6가야의 시조가 됨으로 써 6씨족 연맹 맹주격 집단의 시조신이라는 것이다. 둘째 그는 3월 계욕지일禊 浴之日에 구지봉 위에서 아홉 족장과 중서衆庶 200~300명이 모인 가운데 자주 색 줄이 하늘에서 드리워져 땅에 닿아 줄 끝을 찾아보니 붉은 천으로 싼 금합 자金合子가 있었는데 그 속에는 황금알 여섯 개가 있었다. 12시간이 지난 후 모 두 화化하여 동자로 탄생하였다. 그리고 10여 일 만에 9척 장신이 되어 즉위하 였다 한다.

이것은 가락국 맹주가 속俗에서 성聖으로 다시 태어나는 통과의례(즉위식)

---

26 J. Harrison, *Ancient Art and Ritual*(佐佐木理 譯, 『古代藝術論考』, 白楊社, 1944), 1924, 53쪽.
27 玄容駿, 「處容說話考」, 『국어국문학』 39 · 40, 국어국문학회, 1968, 21쪽.

또는 부활 제의를 그대로 반영한 것으로 보인다. 이것을 요遼(11세기)의 왕 즉위식이나 일본의 대상제大嘗祭와 비교한 연구가 있다. 『요사遼史』(권 49)에 따르면 길일을 택해서 황제가 재생실에 들어가 재생의再生儀를 행한 후 다시 밖의 여러 대신들이 보는 가운데 말에서 넘어진 황제가 담요로 덮였다가 일어나면 여러 대신들이 줄지어 엎드려 절하고 멀리 황제를 배례하는 자세한 기록이 나온다.

김열규金烈圭는 단상 담요 위 재생실에서 실연되는 신탄생과 대신들이 목격하는 가운데 또 한 번 담요에 덮였다가 일어나는 재탄생이 수로왕 설화에서 붉은 천으로 싼 금합자 속의 여섯 알들과 유사하다고 지적했다. 그리고 일본의 대상제는 일본 왕의 재생 제의이며 일본 천손하강신화는 대상제를 바탕 삼아 생긴 구술상관물口述相關物이라는 설이 일본에도 있음을 지적했다.[28]

일본 왕실의 11월 신상제新嘗祭는 수확제로서 왕이 첫 수확을 천지신에게 바치고 스스로도 먹는 연중행사이다. 왕 즉위 후 첫 신상제가 대상제이며, 대상제는 수확제를 중심으로 삼는다. 이때 궁전 마루에 팔중첩八重疊을 깔고 신과 왕을 이불로 덮어 한 시간 정도 절대 안정을 취하는 금기를 행한다. 이것은 죽음의 형식을 취하는 것이며, 그동안 신령이 왕의 몸에 옮아가 비로소 왕은 신령스런 위엄이 있는 현인신現人神으로 부활하는 셈이다.[29]

이처럼 요와 일본의 사례는 실제의實祭儀인 반면, 수로왕의 경우는 그것이 신화에 투영된 것임을 설화 서두에서 밝히고 있다. 팔관회도 대상제와 마찬가지 의식이며, 또한 세자 책봉의식이기도 하고 국왕 즉위식이기도 했다는 것은 〈제5장 IV 2. 동제의 역사〉에서 서술하였다.

다음으로 수로왕신화의 후반 부분에 나오는 허왕후의 친정 아유타국은 중인도에 있었던 고대 왕국으로 이는 후세의 불교적 윤색으로 보인다. 거기에 다시 한문학적 수사가 융숭하게 첨가되고 있다. 그러나 그 실체는 이어 설명하

---

28 金烈圭, 『韓國民俗과 文學研究』, 一潮閣, 1971, 82~83쪽.
29 護雅夫, 『遊牧騎馬民族國家』, 講談社, 1967, 102쪽.

고 있듯이 "매년 7월 29일 사졸들이 건장한 사람들을 좌우편으로 나누어 경주하던 해변집단의 편전便戰(편싸움)으로서 풍요를 기원하던 제의적 연중행사"였다. 이 풍요 기원의 연중행사에 수로와 허왕후 신혼神婚을 사모하는 놀이로써 그 행사의 효과를 더 강조하려던 의도가 보인다.

### 6) 제주도의 삼성시조신화

삼성시조신화三姓始祖神話의 핵심은 종지용출從地聳出, 유렵벽피의육식遊獵僻皮衣肉食, 사시복지射矢卜地 등 남신들의 토착 수렵문화성과 5곡종五穀種, 송아지, 망아지 등을 동반하는 여신들의 후래 농경문화성이다. 이러한 모티브는 현전 당신본풀이의 기본 모티브이기도 하므로 이 신화가 예로부터 전래하는 무가들을 기록·정착하는 과정에서 형성된 것임을 쉽게 짐작할 수 있다.[30]

다만 고금의 차이라면 현 남녀 당신들은 육식과 미식米食 등 식성 문제로 갈등이 많은데, 3성 남녀신은 순조롭게 '작배作配'한 점이다. 또 현 당신화堂神話 중에는 해중무용담이 종종 있는데 삼성신화는 유가류儒家流로 무용담이 없다. 그리고 현 당신들은 할망, 할아방들인데, 삼성시조들은 '처녀삼處女三'에 삼三 '을나乙那'(얼라, 알라) 등 동자신童子神으로 용출하는 점 등이다. 이러한 차이로 미루어 현 당신화들이 보다 솔직한 원초형들을 더 많이 지니고 있는 것으로 보인다.

『고려사高麗史』에는 다른 문헌들의 고량부순高梁夫順을 양·고·부라 하고 '古記云'이라고 인용했는데, 이 '고기'는 『고려사』의 편자 양성지梁誠之가 고려 중엽부터 거문벌족 간에 필사筆寫로 전했다[31]는 양씨 측 '족보'를 인용한 것으로 여겨진다. 어쨌든 이것은 당신본풀이가 고려시대 이전부터 전승되고 있었음을 추정할 수 있는 확실한 증거이다.

---

30 張籌根, 『韓國의 神話』, 成文閣, 1961, 75~87쪽 ; 玄容駿, 「堂굿의 儒式化와 三姓神話」, 『제주도』 제14호, 1964, 120~133쪽.

31 金斗憲, 『韓國家族制度史 硏究』, 을유문화사, 1954, 66~70쪽.

## 7) 고려왕조의 시조설화

고려시대는 신화 불임기不妊期였고 대신 설화가 왕실의 계보로써 활발한 문학화 현상이 나타난다. 『고려사』 고려 세계世系의 왕가 계보를 살펴봄으로써 그러한 실정을 개관하기로 한다.

먼저 왕건의 6대조로 자칭 '성골장군聖骨將軍'인 호경과 여산신女山神의 혼인담이 흥미롭다. 5대조 강충康忠은 "산수의 뛰어남이 송경 제일〔山水之勝爲松京第一〕"인 마가갑摩訶岬에 살고 있는 부자였다. 4대조 보육寶育은 방뇨의 서몽瑞夢으로 질녀를 아내로 삼고, 진의辰義도 언니 방뇨의 꿈을 산 덕으로 당唐 숙종의 시중을 들고서 작제건作帝建을 낳는다. 작제건은 장성한 후 당唐나라로 아버지를 찾아가다가 신궁神弓으로 노호老狐를 쏘고 서해 용왕을 구원하여 용녀를 취하고 돌아온다. 그 장남 용건은 몽조夢兆로 몽부인을 얻고 도선대사道詵大師가 택지擇地한 곳에 살면서 태조 왕건을 낳았다.

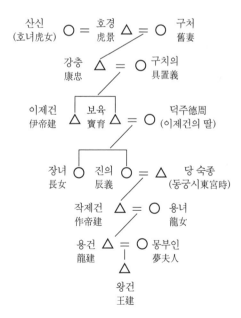

**그림 8-1. 고려 태조 왕건 계보**

이 장편 연결설화에는 고려 왕가가 산신과 용신, 중국 왕실 그리고 꿈속 선녀에 이르기까지 혈통은 물론 풍수에 따라 정한 명당 지기地氣까지 두루 갖춘 신성한 가계임을 강조하는 심성이 넘친다. 그런데 약간의 신화적 요소들이 민담 모티브들에 감싸이고 곳곳에 전설을 깔아서 신화, 전설, 민담의 구분이 거의 불가능하다. 우선 성골장군 이야기는 민담같이 흥미 있으면서도 호랑이로 나타나는 여신은 고대 산신의 성性을 알려 주는 신화적 요소이다.

두 번 나타나는 방뇨몽설화는 김유신 장군 누이들의 매몽賣夢 설화와 마찬가지로 흔한 것이었다. 작제건의 영웅적 사신퇴치형 설화는 『삼국유사』의 거타지居陀知, 그리스의 페르세우스Perseus, 일본의 스사노오須佐之男 등 세계적으로 흔한 것이다. 용녀 이야기는 그대로 개성 대정전설大井傳說로서 현대 전설집에도 기록되어 있다.[32] 이 전설들은 『고려사』와 『세종실록』 지리지, 『동국여지승람』, 『송도지松都志』 등 여러 문헌에 보이며 현대까지도 전승되고 있다.

정인지鄭麟趾는 김관의金寬毅가 "여러 집에 사사로이 간직됐던 문서들을 찾아 모아서" 엮은 『편년통록遍年通錄』의 황당성을 공박하면서도 왕실의 선사先史가 없기 때문이라며 이것을 『고려사』 권두에 실었다. 이제현李齊賢이 조목조목 지적한 황당성도 인용했다. 사실 설화의 앞뒤 모순은 흔하게 나타난다. 그러나 우리 설화문학의 전승을 생각한다면 이제현이나 정인지보다는 오히려 김관의 같은 인물이 더 필요하다.

『편년통록』의 통합정서라도 긴 세월과 민중의 구전만 풍부하게 있었더라면 이 설화들은 훨씬 잘 다듬어졌을 것이다. 어쨌든 이 설화들은 신화가 종교로부터 분리되고, 전설과 뒤섞이며 민담의 세계로 전이되면서 한층 풍요해지는 설화문학의 일면을 보여 준다는 점에서도 귀중한 자료라 할 수 있다.

---

32 崔常壽, 『韓國民間傳說集』, 通文館, 1958, 26쪽. 이 책에는 唐 肅宗 上陸時의 錢浦(77쪽), 道詵大師 擇地傳說(63쪽)도 있다. 『東國輿地勝覽』에도 大井, 山神祠, 松獄, 夢夫人전설 등이 수록되어 있다.

## (2) 구전신화

### 1) 천지창조설화

제주의 거신巨神 선문데할망(어원 미상)은 치마폭(또는 삽)에 흙을 퍼 담아 갖다 부어 제주도를 만든 창조신이다. 이때 마지막에 부은 것이 한라산이며, 나르다 조금씩 흘린 것이 이곳저곳에 많은 오름[山]들이다. 그녀는 한라산을 베개 삼고 누워 바다에 잠기는 다리로 물장난을 했다.

가파도加波島(서남단)와 성산 일출봉(동북단)에 한 발씩 디디고 빨래도 했다는 짧은 설화 토막들이 많이 전한다. 섬주민들이 본토(육지)에 닿는 다리를 놓아 줄 것을 간청하자 그녀는 옷을 해 입는다며 명주 백 통을 요구했다. 그러나 99통만 모아져 속옷만 해 입을 수 있었으므로 결국 다리를 놓다가 말았다. 북군北郡의 여러 곶[岬]들은 제주 사람들의 이러한 본토에 대한 동경을 품은 채 처량한 시정詩情을 바다 가운데 뻗치고 있다.

본토에도 거신 마고麻姑선녀(더러 갱구할머니라고도 한다)가 지석묘나 거암을 공깃돌로 썼다거나 솥을 걸었다거나 발자국을 남겼다는 등 흔하지 않으나 유사한 단편설화들이 동·남·서해안 지방에서 채록된다. 경상남도 하동河東에서는 할머니가 지네 한 마리를 잡아 놓은 것이 앞바다의 '지네섬'이 되었다고 한다.[33] 경북 달성達城[34]과 서울[35]에도 자신의 거대한 몸 때문에 그늘이 생겨 곡식이 제대로 되지 않아 북쪽으로 추방된 거신이 배가 고파 흙을 퍼먹고 바닷물을 마셨다가 설사를 해 백두산, 압록강, 두만강과 그 지류가 생겼고, 또 크고 작은 산이 되었다는 설화가 전하는데, 이 경우는 남신으로 되어 있다. 강진康津에서는 착한 거인이 추방되자 북상하여 백두산 위에 서서 논·밭에 거름이나 준다며 오줌을 눈 것이 홍수가 되어 북쪽 사람은 남쪽으로, 남쪽 사람은 일본으로 건너가 각기 시조가 되었다는 식으로 희화戲化된다.[36]

---

33  張籌根, 「韓國口碑文學史(上)」, 『한국문화사대계』 V, 고대민족문화연구소, 1967, 658쪽.

34  孫晋泰, 『朝鮮의 民話』(覆刻版), 岩崎美術社, 1966, 16쪽.

35  Zong In-sob, *Folk Tales from Korea*, 1953, 14쪽.

36  洪淳鐸, 『韓國民俗綜合調査報告書』(全南篇), 문화공보부, 1969, 744쪽.

한편 영남 지방에 전래하는 다소 외설적인 사례로 할머니의 남편이 여름에 더워서 성기性器를 낙동강에 걸쳐 두었는데, 마을 사람들이 바람 쐬러 올라와 담뱃재를 떨자 움츠리는 바람에 사람들이 빠져 죽었다고 한다.

이들은 모두 무가巫歌가 아닌 일상 산문조이며 신화의 원초적 신성성이란 간 곳 없고 흥미 본위의 민담으로 타락·전환한 예이다.

일본에서도 '다이다라 보시'(간토關東 지방), '오비토 야고로大人彌五郞'(규슈 九州 지방) 등 남신이 키〔箕〕에 흙을 퍼 날라 하룻밤 사이에 후지산富士山을 만들 었다든가 주명산湊名山에 걸터 앉아 도네가와利根川에서 빨래를 했다는 등 제 주도와 비슷한 설화가 전승한다. 야나기타 구니오柳田國男는 이것을 오키나와 沖繩의 '아만추우'(대시조신, 천인의 뜻)에 관계시키는 한편, 옛 『일본기략日本紀 略』을 비롯한 7세기경 관련 자료를 소개하고, 이것이 '구니비키國引'(국토 형 성)와 결부된다고 보며, 그 발상지를 기타큐슈北九州라 하였다.[37] 분명히 우리 의 경우와 같은 계통으로 보이며 이 중 여신인 선문데할망이 더 오래된 듯하 다. 이 밖에 전국적으로 분포하는 천지창조의 서사무가에 대해서는 〈제8장 IV 무가〉에서 살펴본다.

2) 홍수설화

흔히 천지개벽(또는 창조)신화, 인류 시조신화 다음으로 서열지어지는 홍수 洪水설화도 세계적으로 널리 분포하는 신화임은 주지의 사실이다. 홍수설화의 일반적 구성은 다음과 같다.

① 태초에 대홍수가 있었다.
② 그 원인은 인간의 타락에 대한 신의 노여움이다.
③ 특별히 선정된 자만 배에 타서 난을 면하고, 나머지는 모두 몰사한다.
④ 난을 면한 자는 후에 인류의 시조가 된다.

---

37 柳田國男, 「ダイダラ坊の足跡」, 『一目小僧その他』, 小山書店, 1934, 367~408쪽.

이 구성은 바빌론, 인도, 헤브루, 그리스, 북유럽 등이 모두 똑같다. 예외적으로 중국만은 고대 사회의 실정을 반영한 듯 성군聖君 우禹의 치수治水사업으로 구성되어 있다. 우리의 홍수설화는 손진태, 정인섭이 채록한 여러 편이 있는데 대체로 두 가지 유형으로 나뉜다.

① 대홍수 후에 오직 두 남매만이 대목大木을 타고 고산高山에 표착해서 살아남는다. 그들은 인류의 멸종을 염려한 나머지 각기 산상봉에서 암수의 맷돌을 굴렸는데, 골짜기에서 딱 포개져서 끝내 하늘의 뜻으로 알고 혼인하여 인류의 시조가 되었다.[38]

② 천상선녀와 산상거목의 아들 목도령이 대홍수에서 거목[父]을 타고 개미와 모기 그리고 또 한 소년을 살려서 살아남고, 어떤 산상 노파의 머슴으로 살면서 목도령은 개미와 모기들의 도움으로 노파의 친딸과, 또한 소년은 양녀와 혼인하여 인류의 시조가 되었다.[39]

이에 대해 손진태는 ①은 당대唐代의 『독이지獨異志』에 나오는 설화나 윈난성雲南省 로로족羅羅族의 시조 설화와 같아서 중국의 영향이라 할 수 있고,[40] ②는 고려판高麗版 대장경大藏經 권 3에 보이는 바대로 불전佛典에서 비롯된 것이라 했다.[41] 그러나 필자가 보건대 ①은 중국 서남 지방의 묘족苗族 · 요족傜族 · 로로족, 속속인粟粟人, 해남도의 여인黎人들 간에 10여 편 보일 뿐만 아니라,[42] 필리핀의 이푸가오Ifugao 족, 이고로트Igorot 족 등에도 보여[43] 세계적으로 널리 분포하는 것이라 할 수 있다. 그리고 최근에는 대홍수 때 산상봉만 남았다는 단순한 고리봉峰형 전설이 한국 내에도 780곳에서 200가지가 전승한다는

38 孫晉泰, 앞의 책(咸興 金浩榮의 이야기, 1923), 24쪽.
39 Zong In-sob, 앞의 책(統營 김기택 이야기, 1913), 16~18쪽.
40 孫晉泰, 앞의 책, 9~11쪽.
41 孫晉泰, 앞의 책, 170~171쪽.
42 陳國鈞, 『台灣土著社會始祖傳說』, 1966, 137~158쪽.
43 Dixon, R. Oceanic, *Mythology of All Races*, Vol.9, 1964, 180~183쪽.

일련의 연구 보고가 있었다.[44]

## 3. 전설

### (1) 전설의 자료와 분류

문헌이나 구전을 통틀어 보아도 한국의 신화 유산은 그다지 많지 않다. 그러나 전설은 성격상 문헌으로도 구전으로도 많이 전한다. 『삼국사기』, 『삼국유사』, 『고려사』, 『세종실록』 지리지를 비롯하여 지방지인 「북관지北關志」(함경도 지방), 「용만지龍灣志」(평북 지방), 「평양지平壤志」(평남 지방), 「임영지臨瀛志」(동해안 지방), 「송도지松都志」(서해안 지방), 「탐라지耽羅志」(제주도) 외에 『삼국유사』에 나오는 영남 지방을 포함하면 거의 전국적으로 있는 셈이다. 또한 『동국여지승람』이나 각종 문집 여기저기에서도 발견된다. 이처럼 옛 문헌에 기록됨으로써 오늘날 전설 전승의 유동·변화의 폭을 축소시키는 결과를 낳기도 하였다.

장덕순은 『삼국사기』, 『삼국유사』, 『고려사』, 『세종실록』 지리지, 『동국여지승람』, 규장각 소장 『읍지邑誌』 등에 보이는 설화를 토대로 하여 총 147쪽에 달하는 구비문학의 분류를 시도하였다. 그중 『삼국사기』에는 모두 323편의 구비문학 관련 자료가 기록되어 있는데 전설(132편)과 민간설화(191편)로 구분되었다. 『삼국유사』에는 신화(17편), 전설(108편), 민간설화(182편), 불교연기설화(228편) 등 23페이지에 걸쳐 모두 535편의 구비문학 관련 자료가 있다.

『삼국사기』, 『삼국유사』 두 권에만 858편이 실려 있는 셈이다. 그 가운데 전설이 468편(사원연기담寺院緣起譚 포함)으로 단연 압도적인 우세를 보인다. 그리고 『삼국사기』는 전설을 지명(11), 성명(30), 사원(4), 인물(47), 기타(40) 5가지로 분류하였다. 『삼국유사』는 지명(64), 성명(29), 기타(15)로 3가지로 분류하였으며 불교연기설화는 따로 다루고 있다.[45]

---

44 崔來沃, 앞의 책.
45 張德順, 『韓國說話文學 硏究』, 서울대학교출판부, 1970, 373~534쪽.

한편 민간 전래의 전설과 관련하여 최상수崔常壽가 그의 『한국민간전설집』에 317편을 지역별로 분류해서 수록하고 권말에 내용별로 분류하기를 함몰陷沒(15), 이물교구異物交媾(14), 용천湧泉(14), 풍수風水(17), 지소池沼(19), 의견義犬(6), 고승高僧(7), 총묘塚墓(9), 침종沈鐘(5), 효자(19), 열녀(3), 암석岩石(26), 원령怨靈(6), 불사연기佛寺緣起(19), 씨족시조(7), 수업修業(6), 오공蜈蚣(4), 대사大蛇(3), 용龍(6), 불상(9), 인주人柱(4), 거목(4), 육지 출현(6), 석탑(5), 미혈米穴(9), 힘내기(3), 죄업종罪業鐘(2), 정자亭子(7), 우물(5), 보은報恩(5), 도깨비(2), 지명(46), 정욕情慾(5), 효불효孝不孝(2), 호연好緣(3), 임진왜란(16), 기타(24) 등 37가지로 분류하였다.

그는 권초卷初에서 "이 중 가장 수가 많은 것이 암석, 용천, 함몰, 호랑이, 거목 전설이고 모든 전설은 수만 많았지 사실은 대개 네다섯 가지밖에 되지 않으며, 이름만 들어도 내용을 알 수 있는 명칭이 전국에 분포한다. 그리고 한국 특유의 전설로는 과거, 풍수, 점복, 씨족시조, 호랑이 전설 등을 들 수 있다"라고 하였다.[46]

전설은 대체로 지역, 내용, 대상물에 따라 분류하는 것이 일반적이지만 연구 목적에 따라서 얼마든지 다양한 분류가 가능하다. 위의 장덕순의 분류는 대상물별 분류이고, 최상수의 분류는 지역별 분류인데 별도로 내용과 대상물을 조화시킨 분류를 제시하였다.

또한 최래옥은 장자長者못전설군傳說群(360곳, 200가지), 아기장수전설군(391곳, 113가지), 홍수전설군(780곳, 200가지) 등 몇 개의 대표적인 한국 설화계tale cycle 자료를 선정해서 수집 연구한 바 있다. 그리고 그 구조의 변이, 화소話素의 의미, 지리적 방법 등 전설을 구비문학으로서의 동태적 관점에서 연구하는 방법을 시도하였다.[47]

전설에서 핵심을 이루는 것은 대상물이기 때문에 연구를 위한 제1차적 분

---

46 崔常壽, 『韓國民間傳說集』, 通文館, 1958, 565~579쪽, 16쪽.
47 崔來沃, 앞의 책.

류는 역시 대상물별 분류라 할 수 있다. 참고로 한국문화인류학회의 전설 분류를 덧붙인다.

자연물
　①육지 : 지역 · 지명, 산 · 고개, 암석, 동굴, 식물, 동물
　②河海 : 샘 · 우물, 못, 강, 섬 · 곶〔岬〕, 바다 · 항만
인공물
　①유적 : 성, 가옥, 누각 · 정자, 다리, 비석, 둑, 묘당, 묘총
　②유물 : 복식, 음식, 가구류, 武具, 가면, 신앙물류
　③사찰연기담 : 사찰, 탑, 불상, 종, 경판, 기타 佛具類
〔補〕인간, 동물
　①인물(장자, 고승⋯⋯)
　②인간행위(풍수, 과학⋯⋯)
　③동물(용, 호랑이, 개⋯⋯)

(2) 전설의 형식과 사찰연기담

전설은 형식이 없다. 무형식이 그 형식성이다. 들에서 일하는 농부에게도 전설은 물을 수 있다. 이 경우 처음에는 간략한 대답이 나온다. 담배라도 한 대 권하면 이야기가 좀더 자세해질 수도 있다. 반면 민담은 이렇게 청할 수도 없지만, 이러한 청에 응한다면 화자話者(이야기하는 사람)나 청자聽者(듣는 사람) 모두 정신나간 사람이다. 밤에 한가하게 서로가 마주 앉을라치면 전설은 형식 없이 역사적 사실에 당대 지식까지 곁들여 민담보다 더 길게 이어지기도 한다.

그러나 아무리 한가한 때라도 민담은 수동미首胴尾 형식을 고수한다. '옛날에⋯⋯'로 시작, 모티브 하나만 건너뛰어도 듣는 사람이 불평하며, 이야기하는 사람도 자기가 재미있게 들었던 그대로 말하려 애쓴다. 전설이 길어지는 것은 유식한 화자일 경우 나이 어린 청자에게 역사 교육, 향토 교육까지 시키려 들기 때문이다. 전설은 화자와 청자 또는 분위기에 따라서 이야기를 자유

자재로 늘렸다 줄였다 할 수 있다.

전설의 핵심은 증거물이며 내용의 자유로운 신축 속에서도 이것만은 전달되어야 한다. 그 증거물에 일정한 설화 모티브나 역사적 인물명, 시대 등이 덧붙는다. 결국 고유명사와 연대 등을 벗긴 모티브가 전설의 알맹이다. 예컨대 식장성수植杖成樹 이야기는 어디에나 있다. 가야산이면 최치원崔致遠으로 신라시대가 되고, 남해안이면 이순신李舜臣으로 임진왜란 당시가 된다.

충정공 민영환閔泳煥의 동상(안국동에서 창덕궁 돈화문敦化門 옆으로 이전하였다) 기대基臺에 새겨진 대나무는 그의 자결과 관련하여 전해 오는 식장성수담이 얽혀 있다. 이것이 알맹이인 셈이다. 또 전국 어디에나 있는 '달랫강', '달래보지고개'의 경우 시대나 고유명사는 그 외설스런 진술함으로 인해 더 이상 얘깃거리를 덧붙이지 않고 민담성을 띠나 증거물(강, 고개)들이 그 민담화를 방해하기도 한다.

민담은 사실 여부를 문제 삼지 않지만 전설은 그것을 전승집단에서 사실로 믿는다. 그 이유는 민담에는 증거물이 없고 전설에는 증거물이 앞선 데 있다. 그 증거물에 연대, 고유명사가 따를 경우 더욱 사실로 믿게 되는데, 인지人智의 발달로 그 신빙성은 퇴색하고 있다. 그러나 지금도 지방의 노인들 중에는 이야기 도중에 의심스럽다는 듯이 미소라도 지을라치면 화를 내는 이가 있다. 민담의 경우 청자의 웃음에 화자가 더욱 신이 나지만, 전설의 경우라면 오히려 화를 내게 된다.

전설의 사실성은 신앙성과도 결부되므로, 그 예는 사묘祠廟, 신목神木 등에서 많이 볼 수 있다. 특히 사찰연기담들은 상대上代에 신앙성을 바탕으로 발전한 것들이 대부분이다. 예컨대 망해사望海寺(처용가와 처용설화), 미륵사彌勒寺(서동요와 서동 설화), 석장사錫杖寺(풍요) 등이 향가 문학에 중요한 문제를 던져주는 것이 그러하다. 이 연기담들은 분명한 목적의식 하에 의도적인 변형을 가한 전설의 변화형 또는 발전형이다. 즉, 이야기꾼들은 민중이 이미 널리 믿고 있는 것을 인용하여 사찰에 결부시킴으로써 더욱 존숭을 받으려 했던 것이다.

그 예를 망해사 연기담을 통해 살펴보자. 처용설화는 앞서 말했듯이 원초 벽사가면을 인격신화한 데서 비롯된 설화였다. 그의 신령스러운 능력은 동해 용왕의 아들로서, 헌강왕과 결부하여 설명되며, 개운포 전설을 낳은 다음 사중寺衆에 의해서 망해사 연기설화로 윤색되었을 것이다. 결국 신화에서 출발한 이 설화는 전설은 물론 연기설화의 성격까지 구비한 셈이다.

미륵사도 백제 멸망 후 점령세력인 신라군의 비호를 받기 위한 목적으로 사중에 의해서 진평왕과 선화공주의 협력하에 지어졌고, 서동설화가 인용 · 결부된 것이라는 견해가 소개된 논고가 있다.[48] 이병도는 이것이 고구려 동성왕의 압력에 대항하기 위해 맺은 나제공수동맹羅濟攻守同盟 결과, 백제와 신라의 정략결혼을 두고 백제 민중들 사이에서 백제를 두둔했던 형성 설화이며 동요였다는 견해를 발표했다.[49] 그렇다면 이것은 전설이고 미륵사 건립 부분은 윤색된 연기담이라 할 수 있다.

전설의 무형식성은 이렇듯 때로는 그 원초 신앙과 결부되어 불교 연기설화로 발전하거나 윤색되었다. 그리고 전설에서의 연대란 흔히 '신라 때, 고려 때, 임진왜란 때' 등으로 대략적으로 나타내거나 그나마 확실하지 않을 경우 "임진왜란 때라덩강……" 하며 고개를 갸웃거리던 사례를 접한 적이 있다. 분명 신라시대인데도 그렇게 표현하는 것은 임진왜란의 충격이 그 정도로 비중 있게 민중의 의식 속에 각인되어 있음을 알 수 있다.

## 4. 민담

### (1) 민담의 자료와 분류

신화의 신성성, 전설의 증거물, 민담의 흥미성은 각각의 대표적인 특징이다. 민담은 흥미를 중심으로 삼고 유동이나 전파가 가장 활발하게 이루어지며

---

48 金東旭, 앞의 책, 48쪽.
49 李丙燾, 「薯童說話의 新硏究」, 『歷史學報』 제1집, 역사학회, 1952, 49~68쪽.

시대나 지역의 제한을 전혀 받지 않는다. 나아가 풍성해진 모티브로 신화나 전설을 살찌웠을 뿐 아니라 나중에는 판소리, 소설을 자극하고 산출하는 계기가 되었다. 원초 이래 세계 각지에서 구비 또는 문헌으로 전승을 거듭해서 오늘날 민담 수집이 많이 이루어진 나라들은 그 수가 10만 편을 넘기도 한다.

한국의 민담은 삼국시대부터 방이旁㐌설화(흥부전興夫傳 형), 견훤甄萱의 이물교혼담異物交婚譚(야래자夜來者 형), 구토지설龜兎之說 등이 『삼국사기』, 『삼국유사』 외에 각종 문헌에 보여 그 역사를 고찰하는 데 많은 도움을 준다. 고려시대에는 박인량朴寅亮의 『수이전殊異傳』 외 여러 패관문학집稗官文學集에 설화류들이 보이고, 조선조에 와서는 수적으로 한결 많아졌다. 15세기 태평한화골계전太平閑話滑稽傳을 비롯하여 19세기 『계서야담溪西野談』, 『청구야담青丘野談』, 『동야휘집東野彙輯』 등 세 설화집에 80편 이상의 설화가 수록되었다.[50] 이는 전설이 주로 사서史書, 지리지 종류에 실렸던 것과 좋은 대비를 이룬다.

개화기 이후 구비문학이 쇠퇴기에 들면서 1920년대부터는 몇몇 국내 학자들에 의해 학구성을 띤 수집이 시작되었다. 이는 주로 당시 국내에서 활동하던 서양 선교사에게 힘입은 바 컸다. 앨런H. N. Allen의 *Korean Tales*(1889)의 발행 이후로 오늘날까지 한글판·유럽어판·일어판 등 70여 종의 설화집이다.[51] 이 중 대표적인 몇 가지만 들면 다음과 같다.

손진태 : 『朝鮮民譚集』(鄕土文化社, 1930).
　　① 신화·전설 ② 민속·신앙에 대한 설화 ③ 우화·機智·설화·笑話 ④ 기타 민담 등 4가지로 나누어 모두 154편을 수록했다. 처음으로 일일이 채록 연월일, 장소, 제공자를 밝힌 책이다. 부록으로 45쪽 분량의 한국 민담과 비교되는 외국 민담의 예를 각종 문헌에서 찾아 첨가했고, 28쪽에 달하는 색인도 싣고 있다. 이때까지 나온 구비문학서 중 최고의 학술적 가치를 지닌 책이다. 그 후 이 책은 1966년 도쿄의 岩崎美術社에서 부록 이하를 제외하고 복각되었다.

---

50 曺喜雄, 『朝鮮後期 文獻說話의 研究』, 형설출판사, 1980, 5쪽.
51 張德順 외, 앞의 책, 50~51쪽.

임석재 : 『韓國口傳說話』(전12권 평민사, 1989~1993).

　　이 전집은 편자가 평생 수집해 온 설화를 집대성한 것이다. 평민사의 출판 예고는 20권이었으나, 12권으로 마무리되었다. 1·2권은 평북, 3권은 평남·북과 황해도, 4권은 함남·북과 강원도, 5권은 경기도, 6권은 충남·북, 7·8권은 전북, 9권은 전남과 제주, 10·11권은 경남, 12권은 경북편이다. 이 중 1~4권에는 광복전 북한 관련 자료가 수록되어 있고, 5~12권에는 광복 전후의 자료들이 같이 수록되어 있다. 또 이 편자에게는 『옛날이야기선집』 전 5권, 교학사, 1971이 있다.

한국정신문화연구원 : 『韓國口碑文學大系』(전 82권, 한국정신문화연구원, 1980~1988).

　　한국정신문화연구원이 1980년대에 펼친 한국 구비문학 자료수집이라는 획기적인 대사업의 결산이다. 전국 각 대학 구비문학 전공 교수(일부는 강사 및 박사과정 학생)들을 조사위원으로 모두 24명이 참여하였고, 전국 60개 군에 걸친 수집 결과 수록된 자료는 설화 15,107편, 민요 6,187편, 무가 376편, 기타 21편이다. 설화 중에는 민담과 아울러 전설 자료들도 많다. 자료수집 방법은 모두 녹음인데 관련 테이프는 필요한 전문연구자들이 이용할 수 있도록 정신문화연구원에 보관되어 있다. 이상의 자료들을 토대로『한국설화유형분류집』이 별책부록 Ⅰ로 (1989), 『한국설화색인집』이 별책부록 Ⅱ로(1989) 출간되었으며, 1991년 색인집 한 권이 출간됨으로써 대사업은 마무리되었다.

　　민담은 종류와 수가 많은 만큼 분류하기가 어렵다. 대표적인 분류방법으로 톰슨Thompson이 동물담, 본격담本格譚, 소화笑話로 나눈 삼분법이 있다. 이는 구비문학의 국제적인 비교 연구의 한 축으로 나라마다 실정에 맞게 세분화하기도 한 다. 그 한 예로 최인학崔仁鶴이 제시한 한국민담분류안을 소개한다.[52]

동물민담　① 동물의 유래 ② 동물의 사회 ③ 식물의 사회 ④ 인간과 동물
본격민담　① 異類 사위 ② 이류 부인 ③ 異常誕生 ④ 婚姻致富 ⑤ 呪寶 ⑥ 怪盜退治
　　　　　⑦ 인간과 신앙 : 他界, 생사, 神人, 풍수, 점복, 주술 ⑧ 효도 : 부모에의 효도, 열녀

---

52　崔仁鶴, 『韓國說話論』, 형설출판사, 1982, 64쪽 ; Choi In-hak, *A Type Index of Korean Folktale*, Myong Ji Univ., 1979.

⑨ 운명의 기대 ⑩ 갈등 : 부자간, 형제간, 이웃간

소화笑話 　① 愚者 ② 巧智 ③ 교활자狡猾者 : 간사자奸邪者, 과장誇張

형식담

신화적 민담

기타(補遺)


## (2) 민담의 유형과 분류

민담에서 유형type이란 복잡하든 간단하든 독립된 한 이야기를 말한다. 긴 이야기는 여러 개의 구성요소motif를 가지고, 짧은 것은 한 개의 구성요소로도 이루어지는데, 이때 '유형'과 '모티브'는 동일물이 된다. 그러나 유형은 유럽, 아프리카 등 문화 영역에 따라서 전혀 다른 분류가 필요하지만, 모티브는 전세계가 유사하므로 국제적인 상관관계를 파악하는 데 매우 중요하다.[53] 이 구성요소는 신화, 전설이나 다른 민담과도 영향을 주고받는 기본 단위로서 더 이상 세분할 수 없다고 했다.

핀란드 학파의 역사 지리적인 전파론은 오늘날 비판받고 있지만 이 '유형'과 '모티브'의 분류는 지금껏 설화 연구의 기본으로 되어 있다. 설화 연구는 고대 그리스 신화에 대한 관심 이후, 특히 20세기에 들어와 인류학파 · 심리학파 · 제의祭儀학파들이 활발한 연구 논의를 계속하고 있다. 근래에 와서 대표적으로는 민담 형태를 주로 하고 있는 프로프Vladimir Propp, 던데스Alan Dundes 신화를 주로 다룬 레비 스트로스Claude Lévi-Strauss의 구조주의적인 연구가 있다. 이러한 경향은 한국에도 도입되어 왔다.

또한 민담의 유형에 대해 아르네-톰슨Aarne-Thompson은 구미 민담을 약 780유형(동물담 111, 본격담 378, 소화 291)으로 귀납 분류하였고, 일본은 500여 유형(동물담 85, 본격담 230, 소화 약 200)으로 분류하고 있다.[54] 한국은 우선

---

53 S. Thompson, *Type, Motif, Standard Dictionary of Folklore, Mythology and Legend* (Maria Leach ed.), 1949, Vol. 2, p.1137(type) · p.753(motif).

54 關敬吾, 『民話』, 岩波書店, 1956, 126쪽.

3,000여 편의 자료를 정리해서 621유형으로 분류를 시도한 적이 있다.[55]

그 후 한국정신문화연구원의 『한국구비문학대계』 자료수집 사업이 일단락되면서 이를 토대로 당시 수집을 담당한 연구위원들이 다시 한국 설화의 분류 작업을 시도하였다. 왜냐하면 그동안 민담의 국제적인 분류기준이 되어 왔던 아르네-톰슨의 분류가 지나치게 실증적인 귀납에만 치중한 나머지, 일정한 원리를 발견해서 연역을 병행해 나가는 측면을 소홀히 했다는 비판을 받아왔기 때문이다.

또한 그 분류기준이 한국 설화를 분류하는 데는 적합하지 않았기 때문이다.[56] 『한국구비문학대계』의 구체적인 분류 내용은 별책부록인 〈한국설화유형분류집〉을 참고하기 바라며, 여기서는 구체적인 한두 개 유형을 들어서 민담의 유형과 분류의 실제를 살펴보기로 한다. 그 대표적인 예는 「별주부전」과 「홍부전」 이야기이다.

「별주부전」은 익히 알고 있듯이 민담에서 「판소리 토별가」와 이른바 판소리계 소설인 『별주부전』으로도 발전한 근원설화로서 구비문학의 계승 발전과 기록문학화의 좋은 예가 된다. 불전佛典에도 보이고 톰슨의 분류(91)에도 보이며 한국의 『삼국사기』(열전, 김유신조)에도 구토지설龜兎之說의 기록이 있어서 그 역사가 오래된 것을 알 수 있다. 최인학에 따르면 이것은 I. 동물담(1~146쪽) ─2. 동물이야기(25~54쪽) ─ '39. 토끼의 간'으로 분류되어 있다.

그리고 『한국구비문학대계』에서는 3. 속이고 속기 ─33. 속을 만한데 속이기 ─336. 힘겨운 상대방 지략으로 누르기 ─ "336-7. 간 내먹으려는 용왕 물리친 토끼"로 분류되어 있다. 이 경우 3-33-336 등은 상위 유형이고, 336-7이 이 유형의 기본 단위이다. 현재 이 유형은 모두 1,040여 개를 헤아린다.

한편 「홍부전」 또한 세계적으로 분포하는 설화로서 흔하게 언급되는 몽골의

---

55 Choi In-Hak, 앞의 책, 1979.

56 조동일, 「『한국구비문학대계』 자료수집과 설화분류의 기본원리」, 〈韓國說話類型分類集〉(『韓國口碑文學大系』 별책부록 1), 한국정신문화연구원, 1989, 8쪽.

박타는 처녀, 중국의 홍농弘農설화, 일본의 시다기리스즈메舌切雀, 하나사까지지花咲爺 그리고 우리나라 신라시대 방이설화에 이르기까지 그 유형이 많고 역사도 오래되었다. 최인학은 이것을 II본격담(200~483쪽) —14B 형제간의 경쟁(457~474쪽) — '457. 흥부와 놀부'로 분류했다. 그리고 『한국구비문학대계』에서는 7. 잘되고 못되기 —72. 잘될 만한데 못되기 —722. 본뜬 사람 못되기 — '722-1. 흥부와 놀부'로 둘 다 같은 '흥부와 놀부'라는 유형 이름으로 분류하고 있다.

그리고 위에 언급한 두 개의 일본 설화는 모두 일본 5대 동화에 속하는 것으로, 우리의 「흥부전」과 마찬가지로 이 유형의 설화들이 교훈성을 띠고 있어서 심히 동화적 성격을 나타내고 있음을 알 수 있다. 이처럼 민담에는 동화적인 것도 미분화 상태로 내포되어 있다.

그러다가 성인문학으로부터 아동문학이 분리되면서 전래동화니 창작동화니 하는 용어들이 생겨났고, 한국에서는 1923년경 마해송馬海松이 최초로 창작동화를 발표하였다. 이보다 조금 앞서 서양에서는 덴마크의 안데르센Hans Christian Andersen이 1835년에 창작동화집 『어린이들을 위한 옛날이야기』를 펴냈다. 일본에서는 이와야 사자나미巖谷小波가 1891년 창작동화를 발표하였다.[57] 이상은 흔히 아동문학사의 시발始發들로 논의되며, 이러한 민담 속의 전래동화 자료들은 언제든 아동교육이나 동화의 큰 자원으로 보다 많이 활용되어야 할 것이다.

### (3) 민담의 형식

민담의 까다로운 형식들은 나름대로의 기능을 가진다. "한 옛적에", "호랑이 담배 피우던 시절에" 하는 것은 시작을 알리는 것으로 화자와 청자가 더불어 즐거운 환상의 세계로 들어가자는 것이다. 이러한 서두가 없는 것은 민담이 아니며, 이것은 시대나 장소를 무한대로 넓혀서 증거 제시가 불가능하다는 것을 전제함으로써 민담이 주관적으로나 객관적으로나 사실이 아니라는 본질

---

57 崔仁鶴, 앞의 책, 1982, 91~120쪽.

을 인식시키기도 한다. 말하자면 민담의 흥미성, 비사실성, 환상 세계에의 서곡을 이룬다. 더욱이 "옛날 옛적에, 갓날 갓적에, 호랑이 담배 피우던 시절에" 등의 표현으로 그 효과를 배가시킨다.

이야기 중간 부분에서도 서술 양식으로 간접 표현법을 사용하고 서두나 결말과 마찬가지로 사실성 여부는 논외論外로 한다. 화자는 제3자의 입장에서 단정은 거의 하지 않고 "……했대, ……했더란다"로 사건을 시간순으로 끌고 간다.

민담의 내용은 대부분 선악善惡 이원론二元論을 이루며, 대립과 반복이 진행된다. 선악은 대개 서민과 양반 또는 인간과 괴물의 대립이 많지만, 계모와 전처 딸 또는 같은 두 형제, 두 소년, 두 노인 등으로도 나타난다. 그리고 악이 실패한 것을 선이 성공시키고 행복을 얻는다거나, 선이 행복을 얻은 방법을 악이 되풀이하다가 파멸하는 등의 반복이 많다. 삼형제, 세 딸에게 차례로 반복 문답한다는 등의 되풀이도 많고, 주인공 혼자만의 고난과 행운이 되풀이되기도 한다.

이러한 선악의 대립은 결국 선의 승리로 돌아가고, 선한 주인공은 부富를 성취한다. 아무리 "세상은 그렇지 않은 것"이라 해도 선의 승리는 민담의 신앙이자 강한 도덕적 요구이며 기조基調이다. 민담은 흔한 소재로 젊은 남녀 주인공을 내세우는데 그들의 이상은 행복한 결혼과 부의 성취로 그려진다. 이것은 민중이 품었던 소원이요, 이상이다.

민담에서 모든 정의, 진실, 순결은 선이고 그 반대는 모두 악이며, 선은 많은 고난을 겪지만 언제나 과감하고 마침내 승리하는 법이다. 이러한 선악 이원론은 예로부터 인류의 기본적인 가치관의 추상화이다. 선의 승리는 곧 인류의 윤리며 교훈이고, 인류 역사의 추진력이었다. 따라서 민담은 민중의 꿈이었고 마음의 위안처이기도 했다.

결말은 흔히 "아들 딸 낳고 잘 살았더란다"라는 식이다. 피차 아쉬우면 "그 잔치에 나도 갔다 왔단다"라고 했다가 완전 종결로 "달구다리 뻣두룩"이라 한다. 이러한 민담은 한 편으로는 끝나지 않는 것이 보통이다. 10분 내외짜리가 4~5편 계속되든가, 잠이 드는 것으로 비로소 선이 승리하는 낙관론으로 일단 락 짓는다.

# Ⅳ 무가

## 1. 무가의 개념과 자료

무가는 제의 구성의 한 요소이며 종교적 기능을 가진다는 점에서 본질적으로 다른 구비문학들과 다르다. 주로 사제자에 의해서 구송되는 율문律文으로, 사제자들에 의해서 계승된다는 전승 양상 또한 다르다.

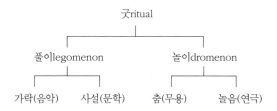

김택규는 위의 도식화를 통해 이는 타문화권에서의 신화분석 결과에서도 공통성을 가지는 것이라고 하였다.[58] 여기서 무가는 일단 '풀이'가 되지만, 놀이와 미분화체로서 가락이나 사설, 춤, 놀음 등과도 일체를 이루는 제의의 한 구성요소이다. 무가는 전문 사제자들에 의해서 가창되며, 다양한 요소를 동반하기 때문에 신화가 될 수도 있고, 나아가 연극의 일부가 될 수도 있는 본질을 가진다. 따라서 무가와 무속의 연구는 음악, 문학, 무용, 연극 등 다양한 측면에서 이루어지고 있다.

굿은 대감 '놀이', 옥이 '풀이', 성주 '맞이' 등으로도 불리며 신령을 '맞이'해

---

58 金宅圭, 「古歌의 가락과 사설에 對하여」, 『金思燁博士華甲紀念論文集』, 1973, 9쪽.

서 '놀이'(오유娛遊)시키고 신의 노여움이나 인간의 재액을 '풀이'(용해溶解)하는 종교 의식이다. 이때 무가는 제물이나 무용과 더불어 신을 초치招致, 오유, 용해하는 데 가장 기본적이며 핵심적 역할을 하는 주력呪力을 가지고 있다. 무악으로 사제자가 황홀경ecstasy 상태에 들어가면 무가는 신의 말(공수)로도 나타난다. 예컨대 '성주풀이'를 할 때 '풀이'는 무가를 의미하기도 하고 굿을 의미하기도 하듯 많은 미분화성을 내포하고 있다.

일찍이 해리슨Harrison은 그리스에서 'dromenon'은 'drama'와 동의어이며, 실제로 예술과 제의는 근친성을 띤다고 지적했는데,[59] 여기서 '푸리プーリ'는 그대로 "일본 고속古俗에서 신령 초치의 의례이거나 그에 관한 노래"를 의미했다는 것도 주목할 만하다. 현재도 오키나와에서는 풍년제, 수예제穗刈祭를 '푸리'라 하며, 일본 각 지방에서는 신가神歌를 '후리フーリ'라 한다.[60]

한편 예로부터 일본 신도의 '노리토祝詞'도 '노리고토宜言'의 준말이라고 하니,[61] 노리토는 본래 '노리祝'(ノリ=놀이=dromenon)와 '토사詞'(コトバ=말, 가사=legomenon)의 복합에서 이루어진 명사라는 의견도 주목해야 할 것 같다. 한국에서 굿이나 무가를 뜻하는 성주 '풀이', 굿 '놀이'의 '풀이'와 '놀이'라는 말들이 그대로 일본 신도에 살아 있고 주요 역할을 한다는 점은 이들이 타문화권에서도 공통된다는 설명 자료이기보다는 양자의 근친성을 설명하는 데 더 좋은 자료가 될 것이다.

무가에 대한 구체적인 고찰은 뒤에서 일반 무가와 서사무가로 구분해서 살피기로 하고, 무가 관련 자료에 대해 살펴보기로 한다. 무가의 옛 문헌 가운데 뚜렷한 것으로 『시용향악보時用鄕樂譜』(편자 미상, 조선 중종대 이전으로 추정)에 전하는 총 26편의 가요 중 「군마대왕軍馬大王」, 「성황반城隍飯」, 「대왕반大王飯」 등 고려시대 이전부터의 무가 편린 7~8편이 있을 뿐이다. 그리고 신라 · 고려

---

59  J. Harrison, *Ancient Art and Ritual*(佐佐木理 譯, 『古代藝術と祭式』, 創元社, 1942), 1919, 1942, 29쪽.

60  三品彰英, 『建國神話論考』, 目黑書店, 1937, 52~55쪽.

61  朝倉治彦 외 공편, 『神話傳說辭典』, 東京堂, 1964, 361쪽.

시대의 무가인 「처용가」를 하나 더 들 수 있다. 결국 우리는 근대 들어 학문 연구의 필요에서 수집된 1930년대 이후 자료집들을 볼 수밖에 없는데 그 예들을 살펴보면 다음과 같다.

손진태 : 『朝鮮神歌遺篇』(東京 : 鄕土文化社, 1930)

    함경도, 경상도, 평안도 등지에서 채록한 서사무가 7편과 무녀기도사 7편을 韓日文 대역한 최초의 무가집이다. 그러나 무가의 제의 관련성에 대한 배경 설명이 없고 너무 간략하다. 굿으로서 전체를 채록한 것이 아니라 무가만 채록했다.

아카마쓰 지조赤松智城 · 아키바 다카시秋葉隆 : 『朝鮮巫俗의 硏究』上(조선인쇄주식회사, 1937)

    중부 지방과 제주도를 중심으로 하여 12거리 무가, 고사축원, 제주도 서사무가(16편) 등 지금까지의 무가 중 최다수를 韓日文 대역하여 수록했다. 상권이 무가 자료집이고 하권은 연구편이다. 각 지방 무당들 구송 그대로의 표기에 충실하지 못한 점과 표준어화한 표기가 더러 있는 것이 아쉽다.

임석재 · 장주근 : 『關北地方 巫歌』(문화재관리국, 1965), 관북 지방 무가 추가분(문화재관리국, 1966), 『關西地方 巫歌』(문화재관리국, 1966)

    월남한 무당들을 찾아서 북한 지방의 무가를 녹음, 채록한 무가집들이다. 40여 편 무가 중 10여 편의 서사무가가 있다.

김영돈 · 현용준 : 『濟州道 무당굿놀이』(문화재관리국, 1965)

    十王맞이, 三公맞이, 世經놀이, 슴監놀이 등 4편을 싣고 있는데, 특히 제주도의 주요 굿놀이를 진행 순서대로 녹음, 채록한 귀중한 자료이다.

진성기 : 『南國의 巫歌』(제주민속연구소, 1968)

    일반신본풀이 12종, 당신본풀이 141종, 특수본풀이 12종, 비념 24종을 각기 2 ~3편씩 복수 채록해서 구송자의 개인차를 보여 주는 매우 귀중한 자료집이다.

김태곤 : 『韓國巫歌集』(전 4권) (원광대학교 민속학연구소 및 집문당, 1971~1979)

    서울, 부여, 동해안 각 지역의 무가들을 굿 순서대로 녹음, 채록하고 주석을 단 본격적인 무가집이다. 북한 지방의 무가까지 채록한 총집대성 자료이다.

현용준 : 『濟州道巫俗資料事典』(신구문화사, 1980)

    제주도의 큰굿, 작은굿, 비념, 당굿, 당본풀이, 조상본풀이 등 모든 무가를 주로 굿을 하는 현장에서 녹음 · 채록했다. 종합적인 제주도 무속지인 동시에 전체 무가의 집대성이다.

최정여崔正如 · 서대석徐大錫 : 『東海岸巫歌』(형설출판사, 1973)

이상이 주요 단행본이고, 이 밖에 여러 학술지에 수십 편이 보인다. 또 『한국구비문학대계』전 82권 중에도 376편의 무가가 실려 있다.

## 2. 일반 무가

구비문학에서는 특히 서사무가가 중요한 위치를 차지하기 때문에 그것을 제외한 모든 무가를 편의상 묶어서 일반 무가라 하였다. 무가는 타령, 노랫가락 등 민요를 수용하면서 가사가 잡다해지고, 유 · 불 · 도교 등의 영향으로 내용도 풍성해졌다. 중부 지방에서 이들 무가는 청배請拜와 타령 · 노랫가락, 신탁(공수) 등 세 유형으로 나타나고 여기에 축원이나 덕담들이 곁들여진다. 이것은 그대로 ① 신을 청해서 ② 타령, 노랫가락 등으로 신을 찬양하고 즐겁게하며 ③ 신의 의사를 듣는다는 굿거리의 3단 구성과 합치된다.

청배는 무속의 다신다령교성多神多靈敎性으로 인하여 잡다한 신명神名의 나열이 대부분이고 뒤에 기원이 따른다. 타령이나 노랫가락들은 신을 찬양하고 즐겁게 모시려는 것이기 때문에 이때 함께하는 가사, 무용, 음악 등은 한결같이 멋드러지고 유쾌하며, 예술적이고, 신인神人이 같이 즐기는 대목이기도 하다.

成造王神 오시는 길에 伽倻고로 다리놋소.
伽倻고 열두 줄에 어느 줄마다 서계시오.
줄 아래 덩기덩 소래 노니라고                    (軍雄노랫가락)
帝釋三佛 오시는 길에 銀河水로 다리놋소.
바람과 구름 간데 안개 順風에 나리시오          (帝釋노랫가락)

공수는 신의 입장에서 하는 말이며 산문성을 띠기도 한다. 내용면에서는 축복의 약속이지만 인간을 나무라고 나서 비로소 축복을 내린다. 지노귀굿에서는 죽은이의 말이 무녀의 입에서 나오며, 이 신령들의 말을 무녀들은 신들린 상태에서 제1인칭으로 말한다.

제주도에서는 굿의 순서가 신맞이─추물공연〔祭物供宴〕─본풀이─비념─점 〔神意請聞〕으로 진행되는 것이 대체적인 형식이다. 이때 공연과 비념은 가요성을 띠고, 점은 약간의 음률성을 띤 대화조이며, 신맞이와 본풀이는 중간적인 반가요성을 띤다.[62] 이로써 뒤에 살펴볼 본풀이도 일정한 곡조가 있는 것이 아니고 구송자의 개성에 따라 촉급하거나 완만하게 불려진다.

구비문학의 발생 양상을 보면 무가들은 이미 신화 형성의 터전을 갖추고 있음이 주목된다. 그것은 사제자들에 의해 제의의 한 구성요소로서 가창되며 이미 대부분 신의 인격화가 이루어졌고 그 신령스런 능력을 되풀이해서 강조하고 있다. 여기에 설화 모티브만 삽입하면 그대로 신화가 될 수 있는 것들로서 다시 말해 화룡畵龍에 점정點睛만을 남겨 둔 상태이다. 그러나 앞의 청배, 타령, 노랫가락, 공수 등은 성격상 끝내 신화로는 발전할 수 없는 부분들이다.

## 3. 서사무가

서사무가라는 말은 무가에 어떤 설화 줄거리가 삽입되어 서사성을 띤 무가를 가리키는 말로서 광복 후부터 사용해 왔다. 일반적으로 문헌신화는 인간을 가호해 준다고 주관되는 신화로서의 기능을 상실하고 화석화한 제2차적 신화인 데 반해, 서사무가는 기능이 생동하는 제1차적인 신화이다. 신은 영원불멸이며 민중을 가호해 준다고 민중에게 주관되어야 하며, 그래서 민중의 노래와 춤으로써 화락和樂한 향연을 받고, 사제자에 의해서 그 신령스런 능력의 찬양을 받아야 한다. 이때 사제자의 신령스런 능력을 찬양하는 줄거리가 있어야 살아 있는 신화이며 이것이 바로 서사무가이다.

현재 한국 서사무가는 그 성격으로 보아서 당신본풀이 · 조상신본풀이 · 일

---

62 玄容駿,「濟州島의 巫俗儀禮」,『韓國言語文學』 제3집, 한국언어문학회, 1965, 54쪽.

반신본풀이 등 세 종류로 구분할 수 있다. 그중 일반신본풀이는 본토에도 많으나 당신본풀이와 조상신본풀이는 오늘날 제주도에만 남아 있다. 물론 예전에는 본토에도 둘 다 있었음을 상정할 수 있는데, 이에 대해서는 각론各論으로 살펴본다. 먼저 '본풀이'란 말은 주로 제주도에 한해서 사용되었으나 중요한 용어이기에 해설을 통해 정의를 내리기로 한다.

본풀이는 '본本'과 '풀이'의 복합명사로서 신의 '근본', '내력', '역사' 등을 '해석', '설명'하는 무가이다. '풀이'에는 노여움이 풀린다거나 얼음이 풀린다거나 감옥에서 죄수가 풀린다는 의미의 '해방', '용해', '화열' 등의 뜻도 있다. 제주도 속담에 "귀신은 본을 풀면 신나락 만나락 하고 생인生人은 본을 풀면 백 년 원수가 된다"는 말이 있다. 본래 인간은 결점이 많으니 근본을 다 밝히면 원수가 되지만 신은 위력을 찬양받으니 기뻐한다는 뜻이다. 결국 본풀이는 신을 찬양·화열·강림시키는 주술적인 힘을 가진 신화이다.

1950년대 필자의 초기 채록 때만 해도 심방(무당)들은 치성이 아닌 학술 자료수집임을 잘 알면서도 녹음기에 구송하려 하지 않았다. 마루에 간단하게나마 제상을 차린 후 4~5일 동안 지루한 장장하일長長夏日도 잊은 채 이어지는 구송에도 결코 자세를 흐트러뜨리지 않아서 채록자들도 단정해야만 하는 고통을 맛보았다. 그것은 어디까지나 신성한 종교 행위였다.

놀라운 것은 이러한 서사무가류를 제주도의 400명 내외 심방들의 대부분, 즉 제대로 된 심방이면 누구나 300~400쪽 분량은 구송할 수 있다는 점이다. 그래서 필자는 한국 무격의 일반적인 기능으로 사제司祭·무의巫醫·점복예언卜豫言·가무예능歌舞藝能 네 가지 직능에다 제주도 심방에 한해 '신화의 직업적 전승' 직능을 하나 더 첨가하였다.[63]

서사무가명을 '○○본풀이'라고 하는 예는 본토에는 없었고, '장자長者풀이', '제석굿', '데석님청배請陪', '성인聖人놀이푸념' 등으로 일컬었으므로 이들을 일괄적으로 본풀이로 묶지 않고 서사무가로 통칭하였다.

---

63  張籌根, 앞의 책, 701쪽.

(1) 당신본풀이

당신본풀이는 일정 촌락의 일정 당에서 일정 제일에 당맨심방에 의해서 구송되는 당신의 근본을 풀이한 서사무가이다. 제주도 무속, 당굿 등에 대해서는 이미 제5장에서 개관하였다. 조사에 따르면 당의 개수는 본향당 123개, 일뤳당(질병관리신당) 94개, 여드렛당(사신당蛇神堂) 22개, 해신당(바다에 관련된 일을 기원하는 당) 36개, 기타 2개로 모두 277개였다.[64]

그중 해신당에는 본풀이다운 것이 없다. 일뤳당, 여드렛당은 각기 동일 본풀이 혹은 그 변화형들이어서 둘을 합치면 116개의 당이지만, 그 가운데 본풀이다운 것은 10여 편 정도이다. 결국 본향당 123개가 주종인데 여기서도 본풀이다운 것은 70~80편 정도이다. 이렇게 모두 합쳐 80~90편에 이르는 본풀이는 대개 1페이지 내외 분량이며, 이 중 송당리, 세화리, 서귀리, 김녕 괴내깃당에 일뤳당, 여드렛당본풀이 등 6~7편 정도는 4~5페이지 이상 분량으로 발전된 잘 알려진 도내의 당신본풀이들이다.

당신본풀이는 제차祭次에 따라 대체로 신맞이—추물공연—본풀이—비념(축원)—점(신의청문)의 순서에 속한다. 즉 제상을 차려 신을 모시고 나면 제물 대접을 하고, 본풀이로써 찬양하여 기분 좋게 해드린 다음, 축원을 올리고 신의청문으로 운수를 점친다. 1~2쪽 이내의 단편인 당신본풀이의 구성요소로는 ① 신명神名 제시 ② 신의 출처와 좌정 경위 ③ 신의 역할 ④ 제일祭日 제시 ⑤ 마을 내 단골 성씨명 ⑥ 축원사 한두 줄을 갖춘다. 이러한 1~2쪽의 짧은 본풀이가 4~5쪽 길이로 장편화하는 것은 ② 좌정 경위담의 장편화 여부에 좌우된다.

좌정 경위담을 장편화하는 주요 모티브는 ① 남신의 도島내 용출湧出 ② 수렵육식생활 ③ 불효죄로 무쇠석곽에 담겨 추방된 아들의 해중 무용담 ④ 외부(서울, 용왕국龍王國, 강남천자국江南天子國 등)로부터의 여신의 유입 ⑤ 남신에 의한 권농과 미식米食 생활이나 주구呪具의 지참 ⑥ 남녀신의 혼인 ⑦ 식성으로

64 玄容駿, 『濟州島堂神話考』, 1963, 8쪽.

인한 남녀신의 갈등 ⑧ 사시복지射矢卜地 후 좌정 등이다.

남신의 도내 용출과 수렵육식생활, 새 문화를 가진 여신의 해외로부터의 유입 등은 결코 까닭 없는 것이 아니고, 먼저 토착화된 남성 수렵문화와, 후래 여성 농경문화라는 섬의 문화사를 반영한 것이다. 남신들의 해중 무용담은 섬 인생의 이상이고 여신들의 외부로부터의 주구 지참도 섬 인생에서 바다의 신앙, 해외에 대한 동경의 반영 또는 문화 유입을 의미하는 추상화이다.

제주도의 삼성시조신화도 결국은 이들 당신본풀이의 모티브를 토대로 하여 형성된 것임은 학계에서는 공인된 사실이고, 또 이런 당신화가 고려시대 이전부터 있어 왔다는 확증이기도 하다.[65] 지금도 당신들은 일반적으로 '조상'이라 호칭되는데, 이는 삼성시조신화를 볼 때 더욱 분명해진다. 이들 신화야말로 풀이legomenon(제의가창祭儀歌唱 부분) 중에서도 본풀이에 해당하는 것으로, 위의 구성요소들은 참다운 신화의 발생 성장과정을 구체적이고도 세밀하게 보여 주는 귀중한 학술 자료이다.

그리고 오늘날 본토에는 이러한 당신 신화가 전하지 않아 그것을 확증할 수는 없으나, 석탈해신화, 고주몽신화 등은 이와 유사한 것으로 견주어 볼 때 그 본질의 이해가 쉬워질 것이다. 우선 삼성시조가 실재하지 않는 인물의 집단수호신, 조상신들이었던 점에서는 석탈해, 박혁거세, 김알지, 고주몽, 김수로 등도 다를 바 없다는 신화의 본질을 인식해야 한다.

다만 혁거세, 알지, 수로 등이 제의의 행위부분dromenon의 반영이 많은 데 반해 석탈해와 고주몽은 설화 또는 풀이 부분이 많다는 점이 주목된다. 더구나 주몽신화는 한결같이 당신·조상신·무속신으로 모셔졌던 데다가, 이규보 같은 한학자는 "이는 실로 황당 기궤한 일이라 듣고 웃었으나 어리석은 남녀의 무리들이 능히 자주 그 일을 이야기하였다"라고 하니, 서사무가류였을 가

---

65 張籌根, 앞의 책, 75쪽 ; 玄容駿, 「堂굿의 儒式化와 三姓神話」, 『제주도』 第14號, 1964, 120쪽 ; 玄容駿, 「三姓神話研究」, 『耽羅文化』 2호, 제주대탐라문화연구소, 1983, 45~91쪽 ; 張籌根, 「濟州島 堂神神話의 構造와 意味」, 『濟州島研究』 3집, 제주도연구회, 1986, 249~256쪽.

능성이 더욱 짙다.

### (2) 조상신본풀이

조상신祖上神본풀이는 개별 가정제家庭祭에서 구송된다는 점에서 당신본풀이와는 다르고, 일반본풀이와 유사하나 이것처럼 어느 심방이나 다 알고 있는 것이 아니라 단골심방만이 알고 있는 단골가정의 가업수호신·조상신의 내력담이다. 이것은 현재까지 10여 밖에 수집·보고되지 않았다. 조상신을 가진 가문의 굿을 만나야 수집이 가능한 데다 성격상 사회적으로 공식화·표면화되어 있지 않지만, 전도에 걸쳐 완전히 수집한다면 100여 편은 모을 수 있을 것으로 생각한다.

이것의 당 형태는 본토의 업이나 성주독들과 유사하게 뒤꼍의 짚가리일 수도 있고, 고팡의 독일 수도 있으며, 마을 내의 당일 수도 있는 등 일정하지 않다. 계승도 부계父系로 장남 집에서만 모시는 수도 있고, 여계女系로 모녀계승일 수도 있다. 조상신이기는 하지만 혈연신이 아니며 인태신人態神이 아닐 수도 있다.

뱀신, 무녀의 사령, 솥〔부釜〕 등도 있고, 요괴적 부신富神인 도깨비일 수도 있으며, 갈매할망·할아방같이 철물, 대장장이, 자동차 운전업의 신도 있어서 가운, 가업의 수호신성을 띠는데, 이들도 당신처럼 모두 '조상'으로 부르니 조상신본풀이라고 일단 명명을 한 것이다. 다음에 두어 편 관련 실례를 들기로 한다.

제주도 북제주군 한림읍翰林邑 옹포리甕浦里의 인동仁同 장씨張氏 일가는 '진도할망'을 조상신으로 모신다. 현 가장의 8대조 장후방張后方 때의 일이다. 제주도에 수년간 기근이 들어 육지인 목포 방면에서 배에 양곡을 가득 싣고 섬으로 오던 중 진도 앞바다에서 풍랑을 만나 침몰 직전에 이르자 뱀 한 마리가 나타나 배의 물구멍을 막아 살 수 있었다. 그 고마움을 기리고자 8대 조모가 뒤꼍에 돌무더기를 쌓고 모셨는데 그 덕분인지 얼마 되지 않아 부자가 되었다. 그 후 명절이나 특별한 날마다 당연히 '조상'으로 대접해 왔고, 자손이 번성하자 심방을 데려와 가지를 나누어 장손 집 등에서 모셔 왔는데, 현재 옹포리에서 6호가 모셔지고 있다.

설날에는 집안의 남성들도 여기에 세배를 올린다. 근래 젊은이들이 다소 소홀히 하자 문중에서 6개 소의 할망당을 한데 모아서 마을 내에 당을 만들어 모실 사람은 모시기로 의논 중이라 한다. 이 가문에서는 뱀을 죽이는 것은 금기이며, 굿을 할 때 단골심방이 이러한 줄거리를 무가로 부른다.

제주도 남제주군 성산면城山面 신풍리新豊里에서는 옛날 강씨康氏 형방刑房이 신임 정의현감旌義縣監을 안내해 오다가 원당고개에서 굿하는 무녀의 미모에 반해 데려다 소실로 삼았는데, 형방은 양반댁이라 굿을 못해서 시름시름 앓다가 자살했다. 지금도 마을 내에 그 무덤이 있고, 이후 자손들에게 크고 작은 탈이 있어서 강씨 일가는 고광에 원당할망을 조상신으로 모시게 되었다. 또한 강씨의 딸들 출가처에서도 모시고, 그 집으로 이사한 사람들도 모시게 되어 오늘날 신풍리에서 30여 호가 모시고 있다. 여계계승의 이 무녀 사령은 그 집 굿에서 조상신본풀이로 구송하여 더불어 모시지 않으면, 그 굿은 모든 신을 잘 대접한 굿이 아니다.

결국 본토로 말하면 조상신이란 군웅과 유사하다. 아키바 다카시 본本의 제주도 군웅軍雄본풀이 끝에서도

各邑守令 양반집인 사당우판에 놀고,
中人의 집에는 걸영수낙 靈板 척불日月에 놀고,
무당집에는 당주읍판 고비살장에 놀고,
배짓는 집인 船王日月에 놀고,
산양하는 집인 山神日月에 놀고,

에서 보듯이 군웅은 조상신 가업수호신격이 분명하다. 그러나 본토 군웅무가에서는 그런 성격이 불분명하고, 오히려 산촌·어촌의 노인들 의식 속에 남아 있을 뿐이다. 오늘날 본토에는 제주도와 같은 조상신본풀이류는 없다. 그

런데 아키바 다카시 본의 제주도 군웅본풀이는 서두에서 "군웅아방은 왕태조 왕장군, 군웅어멍은 희속에낭, 큰아달은 왕근, 둘째아달은 왕빈, 끗헤아달은 왕사랑이외다"라고 했고, 서사 내용도 영웅의 사신퇴치형邪神退治型 설화로 고려 세계世系와 유사한 전승으로 느껴진다. 다만 현재 이러한 줄거리를 군웅 본풀이로 구송하는 심방을 제주도에서도 찾을 수 없다. 그래서 안사인安仕仁 (영등굿 기능보유자)은 어느 가문의 조상본풀이가 아니었나 생각된다고 말한 바 있다.

고려 세계의 역대 설화가 조상신본풀이류였든 아니었든, 석탈해나 고주몽 신화와 마찬가지로 그것들은 왕족이 된 집단들의 조상신화이다. 앞의 당신본 풀이는 지연집단의 신화이고, 조상신본풀이는 혈연 위주이기는 하나 지연 신 화성도 다소 포함되어 있다. 제주도 현지에서는 이러한 신들까지도 모두 '조 상'으로 여긴다. 고려 세계, 탈해, 주몽신화 등도 근본에서는 조상신본풀이와 많은 유사성을 가졌다고 할 수 있다.

### (3) 일반신본풀이와 본토 서사무가의 공통성

일반신본풀이는 언제든, 어느 집이든, 어느 심방이든, 가정굿에서 가창하는 본풀이이다. 현전하는 수는 배포도업配布都업(천지개벽신화, 천지왕본풀이), 삼승 할망 본풀이, 초공初公, 꽃감관, 가문장아기, 세경世經, 차사본풀이, 문전門前, 사신칠성蛇神七星, 맹감監본풀이 등 10편이며, 평균으로 각 편당 30쪽에 이르 는 장편이다. 당신본풀이나 조상신본풀이와 달라서 이것을 암송하지 못하면 제주도에서는 어디를 가든 심방을 할 수 없다. 제의에 관한 개황은 제5장을 참고하기 바란다.

제주도의 심방이면 누구나 300여 쪽 분량의 일반신본풀이 구송을 할 수 있 다. 일반신본풀이는 당신본풀이나 조상신본풀이와 달리 본토에도 많이 남아 전하며 공통 조형祖型 전승이 대부분으로 일부가 제주도에서의 변화된 부분이 거나 제주도 내에서 독자적으로 형성된 것이다. 배포도업, 초공, 이공, 세경, 사자使者, 맹감본풀이 등 6편은 이미 본토에서 유사한 줄거리들이 발견되기도 했다. 지금까지 본토에서는 이들을 포함해서 약 30종의 서사무가가 채록·보고되었으며, 전국적으로 중복되는 것까지 다 헤아리면 100~200편을 웃돈다. 그중 각 지역 공통의 예를 몇 가지 요약하면 다음과 같다.

① 대규모 제의 벽두에 천지개벽신화가 구송되는 것이다. 함경도의 創世歌(손진태 본)나 셍굿(임석재·장주근 본), 경기도의 시루말(아키바 다카시 본), 제주도의 배포도업(아키바 다카시 본 외 2종) 등은 모두 공통 조형으로부터의 전승이다.
② 바리공주는 제주도에만 없고, 본토 각처에서 채록되었으며, '7공주七公主'로 영화화되기도 하였다.
③ 제석풀이는 三胎子풀이, 당금애기타령, 聖人놀이푸념, 제석굿 등의 이름으로 각처에서 채록되었고, 제주도에서는 초공본풀이로서 후반부가 첨가·발전되고 있다. 제석이라는 이름에서 강한 불교적 색채를 풍기고 있다.
④ 이공본풀이형은 평북(신선세턴님 청배)에서 채록되었으며, 『月印釋譜』속에 "鴛鴦夫人 極樂往生緣"이란 佛典설화로도 수록되어 있고, 『安樂國傳』이란 조선시대 소설로도 기록되어 있다. 최근 『한국구비문학대계』에도 경남에서 채록된 것이 실려 있다.
⑤ 제주도의 세경본풀이와 함경도의 '門굿'은 조선시대 소설 『梁山伯傳』과도 공통된다. 그리고 元代 이후 祝英臺雜劇과 같이 중국의 5~6세기부터의 불교보급문에인 이른바 講唱文學에서 분파한 것도 주목된다.
⑥ 아키바 다카시 본의 제주도 世民皇帝본풀이는 唐代에 소장됐던 敦煌 千佛洞의 강창문학 작품 『唐太宗入冥記』를 祖型으로 삼았으며, 조선시대 소설 『唐太宗傳』과도 동형으로 이들은 중국의 강창문학, 조선시대 소설, 한국 서사무가 사이의 긴밀한 관련을 보여 주고 있어서 구비문학의 기록문학화 과정에 대한 중대한 시사를 하는데, 이에 대해서는 뒤에서 자세히 논급하기로 한다.

제주도 당신본풀이에는 한라산이나 바다, 제주도의 자연, 지리적 환경 등의 반영이 너무나 뚜렷해서 도島내에서의 자생성을 뒷받침한다. 그러나 일반신 본풀이에는 제주도와 관련한 지리성이 전혀 없고 한라산이나 바다도 나오지 않는다. 오히려 설화 줄거리가 본토의 서사무가들과 상통한 점이 많아 본토로부터 전래되었음을 증명해 준다.

(4) 서사무가의 기능

본풀이는 제의의 한 요소로서 종교적 기능, 원초 과학적 기능, 문예적 기능 등을 가진다. 이 기능들을 비교적 많이 갖추고 있는 제주도의 고형에서 찾아보기로 한다.

첫째, 본풀이가 신을 강림·화열和悅시키는 주술적인 힘을 가졌다는 종교적 기능에 대해서는 이미 설명한 바 있다.

둘째, 본풀이가 가지는 원초 과학적 기능이란 그 신화적 설명성에 기인한다. 모든 본풀이들은 그 신의 내력이나 직능들을 설명한다. 이를테면 삼신할망은 어떤 신이며 구삼신할망(소아잡병신小兒雜病神)과 홍역신, 천연두신은 어떤 신이며 그들의 상호 관계는 어떤가를 삼신할망본풀이에서 설명한다. 이것으로 민중은 질병의 발생 원인을 알게 되고, 해결을 위한 제의의 종류와 방법을 세운다.

여기서 본풀이는 분명히 원초 의학적 이론이 되며 굿은 그 임상치료법이 되는 것이다.[66] 비단 질병의 경우뿐만 아니라 본풀이는 종교생활의 연원이며 경전으로서 주로 부녀층 신도들은 이 점에 깊은 애착을 가지며, 심방들도 "본풀이에 이러하니 이때는 굿을 이렇게 해야 한다"라고 한다. 실로 본풀이는 섬 민중의 바이블인 것이다.

셋째, 본풀이의 가장 두드러진 문예적 기능에 대해 살피겠다. 본풀이는 장구 반주로 혼자 부른다. 청중의 서사 내용에 대한 흥미는 장구의 리듬에 끌려서 고조되며, 신인神人이 같이 즐기는 것이다. 주인공의 고난에 청중은 한숨을 쉬고 외설담에는 키득키득 웃으며, 연정담에 이르러서는 손에 땀을 쥐기도 한다.

즉 신인을 같이 즐겁게 할 뿐만 아니라 유창하게 잘 불러서 분위기를 흐뭇하게 함으로써 굿의 효과를 올리는 것이며, 기주祈主도 기뻐하고 심방 자신도 인

66 玄容駿,「濟州島巫俗의 疾病觀」,『제주도』 제21호, 1965, 169쪽.

기를 얻는 지름길이다. 이 점은 서울이든 전라도든 서사무가를 부를 때는 흔히 장구를 세워서 스스로 치면서 반주하며 독창하는 것이 다 같다. 이때 무당은 음송시인吟誦詩人이며, 굿판에서의 서사무가의 독창 형태, 서사성, 인기성 등은 판소리와도 상통되는 주목되어야 할 점들이다.

### (5) 서사무가의 구성과 표현형식

제주도의 일반본풀이들은 서두에서 등장인물들의 계보를 제시하고, 결미에서는 주인공의 신으로서의 좌정, 직능을 풀이하여 신화적 설명성을 보인다. 이 서두와 결미를 빼면 결국 그것은 주인공의 일대기로 일관하고 있다. 주인공들은 중의 아들, 딸로 태어나든가 아니면 40~50대에도 무후無後했던 노부부의 불공 기도 결과 점지되기도 한다.

대체로 기구하게 성장한 주인공들은 심한 고난 끝에 성공을 거두는데, 그 과정에서 효행·정절 등에 대한 얘기나 동물·괴물들의 원조가 나타난다. 그래서 서사무가의 일대기적 구성은 『안락국전』, 『양산백전』 등 고대 소설들과 비슷해진다. 제주도 이외의 지방에서 보여지는 바리공주, 제석풀이도 모두 이 범주에 속한다.

그러나 본풀이는 장구 반주의 구송물이기 때문에 조선시대 소설과는 달리 상투적인 용어, 대구對句, 반복, 대화 등이 흔하고, 문장은 대체로 현재 시제의 감탄종지형으로 끝맺는다. 노부부의 주인공 출산을 위한 기자불공행祈子佛功行의 예인 다음 구절들은 대부분의 본풀이에 나타나는 상투적 표현이다.

아방먹던 金白米, 어멍먹던 매白米
百斤長대 저울리고 마바리에 실러아전,
黃金山 절간으로 夫婦間이 출려아전 나고가는고!

또 주인공이 많이 슬프건 조금 슬프건 간에 다음 표현도 상투적인 감탄종지형의 하나이다.

광주청 눈물은 쥐웅아반 연주지듯 비새굴이 울며 나고가는고 !

당신본풀이에서도 마찬가지로 대구 대화와 반복이 이어져 필록筆錄을 지루하게 하며, 가끔 다음에 진행될 일을 예상하게 하기도 한다.

"무우남 우이 바래여보라" 큰뚤애기 나고보아 "아무것도 없습니다"
"둘찻뚤애기 나고보라" "아무것도 없습니다"
"싯찻뚤아기 나고보라" 세찻뚤아가 나고보니 무우나무 上가지에 무쇠설콱이 걸어 지었더라
"큰뚤아기 누리우라" 흔귀도 돌싹 못내혼다. "못ㄴ리우겠습니다"
"둘찻뚤아기 누리우라" 흔귀도 돌싹 못내 누리우니 "못ㄴ리우겠습니다"
"싯찻뚤아기 누리우라……"

겨우 내리면 다음 또 열기를 세 딸이 반복하고, 셋째 딸이 열자 나온 도령은 다시 세 딸 방에 들어가기를 반복 권고받고, 반복 거절하다 셋째 딸 방으로 들어간다. 이런 반복이나 대구들은 민담의 표현 형식에서도 보이는 것이지만 서사무가에서는 한결 뚜렷하고 선명하다.

이러한 상투 용어, 대구, 반복, 대화, 감탄 현재 종지형들은 암송을 편하게 하고, 리듬을 유지시키며, 실감을 강조하여 굿을 흥겹게 이끄는 요인도 된다. 이러니 심방들은 힘들이지 않고 유창하게 구송하다가 숨을 돌릴 때는 뚱땅뚱땅 장구를 치며 '아', '에' 하고 소리를 조절하다가, 잔잔한 장구 리듬에 다시금 청중의 심금을 실어 끌어 나가곤 한다. 따라서 본풀이는 기본적으로 암송하기가 쉽게 되어 있는 셈이다.

대개 문맹인 심방들은 암송력이 뛰어나다. 40대 여심방은 구송시간이 3~4시간 정도 걸리는 최장편의 세경본풀이를 한 번 듣고 나서 조금 더듬기는 했으나 곧바로 굿판에서 구송해 낸 적도 있었다. 이것이 매우 흥미로운 구비문학 전승의 단면이다. 그들은 처음 배울 때 큰 심방의 본풀이 구송을 옆에서 지켜

앉아 경청하는 가운데 익히게 된다. 물론 10년이 흘러도 익히지 못하는 신통치 못한 사람도 더러 있다고 한다.

# V 속담과 수수께끼

## 1. 속담

### (1) 속담의 개념과 자료

속담俗談은 상식적으로는 "옛날부터 전해 오는 격언"(이희승, 『국어대사전』)이다. 원칙적으로는 개인 작자가 없고 예로부터의 전승이라는 점에서 다른 구비문학과 일견 유사하지만, 속담은 수수께끼와 더불어 차라리 언어예술에 가깝다 할 수 있다. 그 성격을 요약해서 규정짓자면 속담은 간결한 형식 속에 은유적 표현을 빌려 민중의 생활 철학을 담은 사회적 소산으로, 향토성과 시대상을 반영한 것이다.[67]

속담은 일상 생활을 소재로 삼고 세태를 풍자·은유하는 민중의 신념이며, 처세의 교훈이고 유머이기도 하다. 속담은 구체적 사실을 가지고 보편적 원칙을 강조하는 설득의 화술이다. 이 속담에 포함된 일상생활의 소재나 세태 풍자 등이 향토성과 시대상을 부여하는 것이다. 그래서 속담은 민중의 공통 의식 속에서 부단한 생성 변이를 되풀이하는 것이다. 몇 가지 예를 들면 다음과 같다.

『세종실록』에 "高麗公事三日"이란 속담이 있고, 『어우야담於于野談』에는 "朝鮮公事三日"이란 속담이 있다. 이는 위정자들이 착수한 일을 자주 바꾸어 내구성이 없고 조령모개朝令暮改한다는 의미인데, 이것은 시대상에 따른 속담의 부분적 변이의 단적인 예라 할 수 있다. 이미 언급했듯이 제주도 속담에 "귀신은 본을 풀면 신나락 만나락 하고 생인은 본을 풀면 백 년 원수가 된다"가 있는데, 이것은 제주도 무속이라는 향토성을 바탕으로 삼고 생성해 온 속담의 한 예이다.

---

67 李基文, 『俗談辭典』, 민중서관, 1962, iii~iv쪽 ; 張德順 외, 앞의 책, 187~190쪽.

속담의 교훈성은 옛날부터 다른 어느 구비문학 장르보다도 선비들의 관심을 끌었다. 효종대孝宗代 홍만종洪萬宗은 수필집 『순오지旬五志』(권 하)에 당대의 속담 124수를 한역하고, 자수순字數順으로 두 자부터 열세 자까지 배열했으며, 영조대英祖代 이덕무李德懋는 『청장관전서靑莊館全書』(열상방언조洌上方言條)에 속담 100수를 여섯 자씩 자수에 맞게 압운押韻까지 해서 한역하였다. 정약용丁若鏞은 『이담속찬耳談續纂』에 속담 200수를 모두 여덟 자씩 운을 달고 한역·수록했고, 편자 미상의 『동언해東言解』에는 400여 수가 한역 수록되어 있다. 이들 네 책에서 차례로 속담 한 수씩 들면 다음과 같다.

- 怒蹴巖(성 나 바위 차기)
- 馬行處牛亦去(말 가는 데 소도 간다)
- 旣乘其馬又思牽馬(말 타면 견마 잡히고 싶어진다)
- 十番斫無不顚之木(열번 찍어 아니 넘어가는 나무 없다)

이상은 지금도 흔히 쓰이는 속담들로서 그 역사성을 짐작하게 한다. 20세기에 들어서는 한글로 속담집들이 나왔는데, 주요한 것 몇 가지만 살펴보면 다음과 같다.

최원식崔瑗植의 『조선이언朝鮮俚諺』(신문관, 1913)에는 900여 수에 간단한 설명을 덧붙였고, 김상기金相冀의 『조선속담朝鮮俗談』(동양서원, 1922)에는 1,500수를 수록했다. 방종현方鍾鉉·김사엽金思燁의 『속담대사전俗談大辭典』에는 4,000여 수를 ㄱ, ㄴ 순으로 배열하고, 주해, 원전, 반대속담, 유사속담 등을 병기하여 본격적인 집대성을 꾀했다.

속담의 역사적 연구서로는 방종현의 「조선의 속담」(『조선문화총설朝鮮文化叢說』, 1947)이 중요하고, 김사엽의 단행본 『속담론』도 있다. 이기문의 『속담사전俗談辭典』(민중서관, 1962 ; 일조각, 1980)은 지금까지의 속담집을 총망라하고 저자 수집분을 보충해서 7,000여 개의 국문속담과 2,000여 개의 한문속담·성어成語를 수록한 최대 분량의 속담집이다. 한국민속학회 편, 『한국속담집韓

國俗談集』(서문문고, 1973)은 4,000수 내외를『속담대사전』과 유사하게 편집한 문고본이다. 한편 진성기의『제주도속담濟州島俗談』1, 2집(1959)에서는 제주도의 독특한 지방성을 엿볼 수 있다.

(2) 속담의 유형과 기능

속담은 민중이 일상생활에서 쓰는 속된 말이며, 회화에 섞어 사용하기 때문에 부분적 생략이 흔한 생동성을 갖는다. 그것을 유형별로 보면 재료부材料部와 주지부主旨部의 통합관계로 되어 있는데, 유형화하면 다음과 같다. [68]

① 재료부형 : 미운 놈 떡 하나 더 준다.
② 재료부＋재료부형 : 병 주고 약 준다.
③ 재료부＋주지부형 : 그릇은 돌리면 깨지고, 여자는 돌리면 버린다.
④ 주지부형 : 부부싸움은 칼로 물 베기이다.
⑤ 주지부＋주지부 : 잘 되면 제 탓이고, 못 되면 조상 탓이다.

"속담 그른 데 없다"라는 말이 있다. 속담에는 권위가 있다. 더구나 그것은 연장자들이 생활의 체험을 통해 인용하는 것이기 때문에 천만 마디의 말보다도 더 효과가 있다. 또 속담에는 수유隨喩와 풍자諷刺가 많기 때문에 그 말에는 깊은 음영陰影이 있고 구수한 힘이 있다. 여기에 설득의 화술로서의 속담의 기능이 있다. 그것은 민중 사회에서 적잖은 효과를 나타내던 교육의 한 수단이기도 하였다.

여느 장르의 구비문학과 달리 옛날부터 많은 상층 유학자들이 떳떳이 자신의 이름을 밝히고 속담을 수집·기록한 위의 속담들 자료 자체가 단적으로 속담의 교육적 기능을 증명해 준다. 그렇다 하더라도 속담은 결코 양반 위주의 것이 아니며, 어디까지나 민중의 속된, 그러나 예지 넘치는 화술이고, 인생에 대한 달관이었다.

---

68 金宗澤,「俗談의 意味·機能에 關한 研究」,『국어국문학』제34·35 합병호, 1967, 61~76쪽 ; 張德順 외, 앞의 책, 165~198쪽.

## 2. 수수께끼

### (1) 수수께끼의 개념과 자료

아주 단순하지만 은유적인 표현 속에 함정을 집어 넣은 설문으로 응답자의 지적 능력을 계발하는 것이 수수께끼라 할 수 있다. 수수께끼는 실례들로 보아 성인층보다 소년층이 주로 사용하며, 또 도회보다는 농촌에서, 남성보다는 여성층과 더 많은 관련이 있는 것 같다. 구비문학의 여러 장르 중 수수께끼는 연구 · 정리가 가장 미진한 부문이고, 아직 수수께끼란 말의 어원도 명확히 밝히지 못하고 있다. 그렇다고 해서 결코 역사가 짧은 것은 아니다.

그리스 신화에 나오는 유명한 스핑크스와 오이디푸스Sphinx-Oedipus의 수수께끼(처음엔 네 발로 걷고, 다음엔 두 발, 나중에는 세 발로 걷는 것이 무엇인가?)도 오래되었지만, 우리나라에서도 『삼국유사』 등에 이미 수수께끼라 할 만한 예가 보이고 있다. 한 예로 권 1 사금갑조射琴匣條의 "열어 보면 둘이 죽고, 열지 않으면 한 사람이 죽는다〔開見二人死 不開一人死〕"를 들 수 있다. 그 후로도 수수께끼는 단편적으로 각종 문헌 여기저기에 기록되어 있다. 그러나 본격적인 수집은 20세기에 들어서의 일이었다.

최초의 수수께끼집은 『무쌍주해無雙註解 신구문자집新舊文字集』(덕흥서림, 1923)인 듯한데, 이 책에는 수수께끼 260편, 파자破字 105편으로 모두 365편이 수록되어 있다. 그 후 발간된 것이 「조선의 수수께끼朝鮮の謎」(『조선민속자료朝鮮民俗資料』 제1집, 조선총독부, 1925)로서 총 888편에 이르는 수수께끼를 답항答項의 주제별로 천문 · 세시 · 지리 등 29종류로 분류하였다.

이외 최상수 편 『조선수수께끼사전』(조선과학문화, 1949)은 총 897편을 문항의 가나다 순으로 배열했고, 글벗집 편 『수수께끼책』(글벗집, 1962)은 500편을, 이종출李鍾出 편 『한국의 수수께끼』(형설출판사, 1965)는 총 2,379편을 문항의 가나다 순으로, 김성배金聖培 편 『한국 수수께끼 사전』(한국국어교육학회, 1973)은 4,500편을 첫머리 발음 순으로 배열했다.[69]

---

69 張德順 외, 앞의 책, 205~210쪽.

(2) 수수께끼의 종류와 기능

문헌 전승의 수수께끼를 제외하면 민간 구전 수수께끼는 다음 세 가지로 구분할 수 있다.

첫째, 진정한 의미의 수수께끼로서 여기에는 해답자가 답할 수 있는 열쇠가 주어지며, 외형·동작·성질을 묘사하는 시늉에 관한 것과 음의 유사나 생략법을 이용한 소리에 관한 것으로 나눌 수 있다.

시늉에 관한 것
　　① 외형묘사 : 귀는 여덟, 발은 넷, 입은 반인 것. (뒤주)
　　② 동작묘사 : 입으로 먹고, 입으로 싸는 것. (만년필)
　　③ 성질묘사 : 남의 입으로 먹고 사는 사람. (치과의사)
소리에 관한 것
　　① 음의 유사 : 한 냥 조금 더 되는 것. (양반)
　　② 음의 생략 : 문은 문이라도 떠돌아다니는 문. (소문)

둘째, 진정한 의미의 수수께끼는 아니지만 넓은 의미에서의 수수께끼라 할 수 있는 일종의 퀴즈인데, 이는 근대 들어 외래에서 수용된 것도 많다.

　　제 장인하고 매부의 장인이 둘 다 물에 빠졌다면 누구를 먼저 건질 것인가? (매부의 장인, 곧 자기 아버지)

셋째, 파자破字 수수께끼로서 한자 문화권에만 있는 특이한 형태이다.

　　날 일日 아래 사람 인人 한 것이 무슨 자냐? (是)

수수께끼는 일종의 언어 유희이기도 해서 표현 형식도 다채롭다. "먼 데서는 보이는데 가까이서는 안 보이는 것(아지랑이)"은 대조법을, "뛰는 고리(개고리)"는 언어 유희적인 생략법을, "깎으면 깎을수록 커지는 것(구멍)"은 점층법을, "꼭 닫았는데도 닫지 못했다는 것(반닫이)"은 중의법重義法을 사용하고 있다.[70] 이러한 표현 기교는 한 가지로만 이루어지지 않고 몇 개의 수사법修辭法이 혼용되기도 해서 수수께끼는 표현의 재주를 익히는 훈련도 된다.

끝으로 수수께끼는 몇 가지 주목할 만한 기능이 있다. 첫째, 아이들 상호 간 또는 아이와 엄마 사이에서 주고받는 언어 유희로서 말의 재미를 알고 말의 활용이나 표현의 재주를 익히고 키울 수 있는 방법으로서 주목할 만한 언어 예술성 또는 언어 활용의 교육적 기능이 있다. 둘째, 이와 대응되는 기능으로 파적거리로서의 오락적 기능이다. 이것도 다른 구비문학 장르에 비해 두드러지는 수수께끼 특유의 기능이다. 그리고 셋째, 아동의 지적 능력 계발의 기능을 가졌다는 점도 중요시된다.

# Ⅵ 구비문학의 전통

## 1. 민중문예의 기반 역할과 모태 역할

구비문학에 속하는 각 장르는 같은 민중세계에서 영향을 주고받으면서 서로를 살찌우며 기록문학의 기반을 이루었다. 중국에서도 '속문학俗文學'은 대중성, 구전성, 신선·조잡성에 오히려 분방한 상상력, 창조성 그리고 섭취攝取 인용引用의 용감성 등으로, 범위가 한정된 학사 대부들이 향유했던 정통문학의 기반이었다. 정통문학의 문체도 도시 속문학이 승격한 것이었으며, 속문학과 정통문학은 상호 발전해 온 것이라 한다.[71] 서구에서도 정통문학의 기반 역할을 한 셰익스피어의 「리어왕」, 「햄릿」 등을 비롯하여 전승 설화의 윤색에서 비롯한 많은 대작들이 있음을 우리는 알고 있다. 일본에서도 예컨대 금강산 나

---

70  曹喜雄, 「수수께끼小考」, 『文化人類學』 제4집, 한국문화인류학회, 1971, 71~77쪽 ; 張德順 외, 앞의 책, 209~216쪽.

71  鄭樵, 『中國俗文學史(上,下)』, 商務印書館, 1968, 1~13쪽.

무꾼형swan-maiden type 설화가 '요교쿠謠曲' 하고로모羽衣로서 영롱한 예술의 세계를 이루고 있다.

어느 나라를 막론하고 이런 면에서 제일 큰 기반 역할을 한 것은 오랜 세월 발생·전파를 거듭해 온 민담일 것이다. 우리의 경우 많은 설화의 구성요소 motif들이 무가를 풍요롭게 했고, 무가는 또 삼성시조신화와 같은 문헌신화를 산출하기도 했다. 그리고 "판소리 열두 마당의 소재도 민속적 설화(『적벽가』는 제외)였고, 결론적으로는 근원설화(민담류) → 타령(판소리) → 소설화의 경로로 생성 전이한 것이었다."[72] 물론 '소설화'란 판소리계 소설화이겠지만, 나머지 소설에서도 많든 적든 간에 민담의 요소를 포함하고 있는 것이 많다.

여기서 주목해야 할 것은 서사무가의 전승으로, 그것이 중국 강창문학과 밀접한 관련이 있으며 그대로 조선시대 소설과 공통된다는 점이다. 한국 서사무가의 기원에 대해서는 첫째, 신라시대 승사지작가설僧師之作歌說(이능화) 둘째, 조선 초 현전 형태 형성설(아키바 다카시) 셋째, 원초 발생과 현전 형태의 근세 성장설(현용준) 그리고 마지막으로 둘째와 셋째 설을 상호보완한 연대소상필요설年代遡上必要說(서대석) 등이 있었다.[73]

현재 확증이 가능한 것은 삼성시조신화의 모태였던 당신본풀이들의 고려시대 전승례뿐이다. 그러나 뒤에 언급하겠지만 중국 강창문학이 3~4세기에, 일본 창도문예唱導文藝가 8세기에 싹튼 후 각기 유구히 전승해 온 점으로 봐서 우리에게도 그 중간인 6세기경에는 주변국과 유사한 불교보급문예가 싹텄을 것으로 보인다. 비록 언제부터인지 확실하지는 않지만 중국 강창문학의 줄거리가 서사무가에 수용되어서 현재까지도 국내 각처에서 전승되고 있기 때문이다. 이에 대해서는 앞으로 세부적인 연구가 진행되어야 한다.

강창문학이란 문자 그대로 이야기〔講〕와 노래〔唱〕를 섞어 연출하는 중국문

---

72 金東旭, 앞의 책, 417쪽.

73 張籌根, 「敍事巫歌의 始源과 民俗文藝史上의 位置」, 『文化人類學』 제5집, 한국문화인류학회, 1972, 9쪽.

학의 한 양식이다. 민중에게는 불경이 난삽하여 이해가 안 되자 승려가 심신유발적 설화를 창하던 것이 점차 연예장演藝場에서 예인藝人이 불교 외의 주제물도 창하기에 이르렀다. 중국에서는 강창문학이 민요류, 화본전기류話本傳奇類, 희문잡극류戲文雜劇類, 유희문장류遊戲文章類 등 속문학의 주류를 이루고, 후세 각 시대마다 중국 문학의 모태 역할을 했으며, 변문變文, 제궁조諸宮調, 보권寶卷, 탄사彈詞, 고사鼓詞 등은 모두 강창문학의 범주에 속한다.[74]

일본의 창도문예 또한 이와 궤를 같이하는 것으로 후세의 전쟁설화본戰爭說話本(전기물어戰記物語), 사사연기설화社寺緣起說話, 그림해설문학繪卷解說文學, 창도문집唱導文集, 어가초지御伽草紙(옛날이야기 책), 고정유리古淨瑠璃, 능악能樂 등 여러 국민문예를 자극 · 산출한 모태 역할로 중요성을 더해 가고 있다.[75]

현재 한국에서 확증된 것만 해도 조선시대 소설『양산백전』, 제주도 무가 세경본풀이, 함경도 무가 문굿이 중국 원대의 축영대잡극, 명대明代의 양산백보권불전梁山伯寶卷佛典 그리고 동진대東晉代의 정사情史들과 모두 근원이나 줄거리를 같이하는 것들이다.

조선시대 소설『당태종전』, 제주도 무가 세민황제본풀이, 당대 작품으로 여겨지는 둔황 천불동千佛洞 장경藏經 속의『당태종입명기』도 모두 같은 줄거리이다. 또 조선시대 소설『안락국전』, 제주도 무가 이공본풀이, 평북 무가 신선세턴님청배,『월인석보』속의「안락국태자경安樂國太子經」도 모두 같은 줄거리이다.[76] 이 밖에 중국 강창문학의 대표물인『목련경目連經』이『석보상절』에 있고, 제주도 일반신본풀이들, 본토 서사무가 등이 내용이나 주제로 보아 대부분 강창문학 관련물들이다.

『목련경』,「안락국태자경」등이 이미 세련된 언문일치체言文一致體로 조선 초 한글 창제와 더불어 곧 불전에 수록된 것은 아마 고려시대 이전부터 강창되

74 鄭篤, 앞의 책, 1968, 1~13쪽 : 張長弓,『中國文學史新編』, 開明書店, 1954, 152~157쪽.
75 村山修一,『神佛習合思潮』, 平樂寺書店, 1957, 166~188쪽.
76 徐大錫, 앞의 책, 1968.

어 왔기 때문이 아닌가 생각된다.[77] 진대晉代(3, 4세기) 싹튼 중국 강창문학이 당대(7~9세기)에 전성했고, 그 영향으로 나라奈良시대(8세기)에 싹튼 일본 창도문예는 헤이안平安시대(9~12세기)에 전성했다. 7세기경 중국의 새 불상양식이 한국에 전파되기까지 대개 10~20년 걸렸는데,[78] 한 · 중 · 일 3국의 당시 상호 긴밀했던 불교 관계로 미루어 우리나라에도 위의 강창문학들이 적어도 6세기에는 싹터서 8~9세기에는 흥성했을 것으로 생각된다.

또한 그것이 현재 무가에 수용되어 있는 점으로 보아서는 무불巫佛이 함께 성행한 고려시대 이전일 것으로도 생각되나 오늘날 예로부터 민간에 구전되는 무가만 있을 뿐이다.[79] 그림 8-2에서 보듯이 결국 무가는 민담과 강창(불전설화佛典說話)을 수용해서 스스로를 살찌우고, 나아가 민담과 더불어 판소리의 기본이 되었다. 민담은 판소리의 씨(줄거리)요, 무가는 그 창법 · 창자 · 관습 등의 바탕이었다.

불전설화(강창講唱)는 위에서 보았듯이 서사무가를 살찌우는 한편, 일부 고대소설(『양산백전』, 『안락국전』, 『당태종전』 등)을 산출했던 것으로 보인다. 그림 8-2에서 서사무가와 연극의 관계는 제의의 풀이legomenon(가창 부분)와 놀이 dromenon(행위 부분)의 관계와 같다. 현대에도 동해안 별신굿이나 제주도 굿에는 연극적인 굿놀이가 각각 10여 종씩 있고, 그중 제주도 영감놀이는 지난 1967년 전국민속경연대회에서 대통령상까지 받았다. 이러한 동제와 별신굿 속의 연극은 고대 농경의례에서 가면극이 발생했다는 설[80]들도 아울러 고려하게 한다.

판소리는 이미 말했듯이 무속을 바탕으로 민담을 수용함으로써 형성되어

---

77  史在東, 「安樂國太子傳研究」, 『語文研究』 제5집, 어문연구회, 1967, 121~124쪽.

78  金元龍, 『韓國美術史』, 汎文社, 1968, 8~9쪽.

79  張籌根, 앞의 책, 5~31쪽.

80  李杜鉉, 「韓國演劇의 起源에 관한 몇 가지 考察」, 『藝術院論文集』 4, 예술원, 1965 ; 趙東一, 「假面劇의 喜劇的 葛藤」, 『국문학연구』 5, 서울대국문학연구회, 1968 ; 黃樓詩, 『무당 굿놀이 研究』, 梨大大學院, 1988.

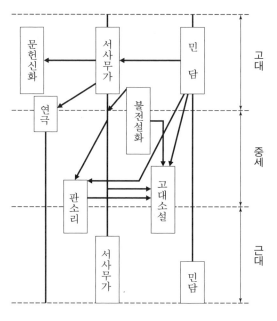

**그림 8-2. 구비문학의 계보**

판소리계 소설들을 낳았다. 특히 그중에서 「심청전」 같은 것은 내용으로 미루어 그대로 한국적 강창문학이라 할 수 있다. 더구나 중국 강창문학이든 일본 창도문예든 초기 이후 현재까지 승려 아닌 예인藝人이, 사원이 아닌 연예장에서, 불교 주제 외 아무 것이나 주제 삼아 왔기 때문이다.

　이로써 지금의 서사무가와 강창문학의 긴밀성 그리고 판소리나 일부 조선 소설들과 강창문학의 관련에 대해서도 심도 있는 연구가 필요하다. 어쨌든 그림 8-2는 일부 증거가 확인된 한도 내에서 작성한 것이다. 본래 문자기록에 의존하지 않고 피차간에 엄격한 한계의 구분없이 서로 넘나들던 각 장르 간의 일이었으므로 그 밖에도 많은 상호 관련이 있었을 것이다.

## 2. 구비문학의 현대문예화

구비문학의 기록문학화는 위와 같이 조선시대 이전에도 많았다. 현대문예화도 20세기 초부터 지금까지 다양하게 시도, 계승되고 있다.

그 대표적인 예는 조야朝野에 걸친 판소리 애호와 민중문예로의 승화 그리고 창극, 국극으로서의 민족 오페라화의 노력이었고, 여기에는 항상 「춘향전」·「심청전」 등이 앞장을 서 왔다. 그리고 「춘향전」·「심청전」 등은 그 후로도 연극, 영화, 텔레비전 드라마 등으로 현대 국민문예에서 전통물의 핵심을 이루고 있다.

이미 언급했듯이 유럽이나 중국·일본은 모두 민족 오페라와 극단, 상설극장 등을 가졌는데 우리는 그렇지 못하다. 혹 민족 오페라라고 할 창극이 역사가 짧고 영화나 텔레비전 드라마에 밀린 탓인지는 모르겠으나 어쨌든 이러한 현실은 유구한 역사와 문화를 자랑하는 국민으로서 안타까운 일이고, 현재의 동향으로 보아서는 각계의 노력이 무엇보다 필요하다고 생각한다. 「심청전」 오페라가 뮌헨에서 동양적 환상세계로 국제적인 절찬을 받았던 것은 불교적인 강창성을 비롯하여 판소리나 조선시대 소설의 전통을 이어 왔기 때문인데, 우리는 이에 대해 재인식해야 한다.

진정한 국민문예의 전통이란 지금까지 보았듯이 상대 이후 동일 작품이 장르를 달리할 때마다 연자演者, 청자聽者, 환경環境, 방법 등을 달리하며 부단히 첨가·개작되어 온 자기 변용을 말한다. 이것은 위에서 일부 잠깐 살펴보았지만 중국·일본·유럽 모두 마찬가지였다.

한편 현대문학에서도 구비문학의 현대문학화 시도가 두드러졌다. 이광수李光洙의 「사랑의 동명왕」을 비롯해서 박종화朴鍾和의 「아랑의 정조貞操」(도미설화都彌說話), 김동리金東里의 「원왕생가願往生歌」, 「황토기黃土記」(역사설화力士說話), 황순원黃順元의 「차라리 내 목을」(천관사전설天官寺傳說), 「비늘」(명주가전설溟州歌傳說), 오영수吳永壽의 「수련睡蓮」, 「실걸이꽃」, 「소쩍새」 등의 전설 윤색물潤色物, 정한숙鄭漢淑의 「예성강곡禮成江曲」(공처설화供妻說話), 「해랑사海娘祠

의 경사慶事」(해랑설화海娘說話), 「처용랑處容郞」 등 다수의 작품들이 있다.[81]

끝으로 동화童話를 살펴보면, 이는 근래에 와서야 민담에서 분화한 것이다. 실은 동화뿐 아니라 신화·전설·민담 모두 현대인의 과학적 구분 의식에서 비롯된 분류이며 명명이다. 따라서 민담이 성인을 대상으로 하는 옛날이야기일 때 민담이고, 아동을 대상으로 하는 옛말일 때 동화라 할 수 있다.

본래 민담이든 동화든 어느 것 할 것 없이 다 옛말이었다. 동화가 동요와 같이 아동문학이라는 이름으로 성인문학에서 분화 독립한 때는 언급한 대로 유럽에서는 안데르센이 첫 동화집을 낸 1835년경이며, 우리의 경우 마해송이 처음 창작동화를 발표한 1923년경의 일로 비교적 근래의 일들이다.

## 3. 구비문학의 세계와 민중 심의

### (1) 신화와 무가의 세계관

한국의 문헌신화, 즉 국조신화나 씨조신화는 한국 민족신화의 전부가 아니라 유교적인 기록 정착을 담당한 시대인들이 터무니없다고 본 데서 건져진 지극히 일부분에 불과하다. 어쨌든 현존 문헌신화들을 총관해 보면 거기에는 한 구절의 내세관도 없다. 천상세계에 대한 관념도 단군·주몽 두 신화에만 뚜렷할 뿐 오로지 인간세계에만 관심이 집중되어 있다. 해변과 섬의 집단이었던 만큼 삼성시조, 탈해, 수로왕비신화 등에는 해양세계가 나타나지만, 한결같이 천상세계, 특히 내세관은 보이지 않는다.

이것은 염세적·비관론적인 인도인, 현세·내세를 아울러 긍정·존중했던 이집트인들의 세분되고 정밀한 명부관冥府觀과 비교할 때 더욱 뚜렷하다. 대립한 신들의 쟁투로 우주종국론까지 전개한 북유럽 신화도 특이하지만, 현실과 인생에 극히 집착했던 그리스인들도 제우스 3형제 중 명부신冥府神인 하데스 Hades를 가졌고, 양적으로 풍부한 관련 신화를 가졌다. 관변적官邊的 정치성의

---

81 張德順, 앞의 책, 265~320쪽.

체계화로 으뜸가는 일본 신화도 오예汚濊와 재화의 발원지로서 명계冥界관념
은 가지고 있었다.

그런데 한국에서는 환웅이 삭의천하數意天下, 탐구인세貪求人世했고 홍익인
간弘益人間하러 왔다. 혁거세는 밝게 인간 세상을 다스린다는 뜻이었으며, 이
들은 철저한 현세주의적인 인간의 모습이었다. 주몽의 투쟁성에는 결코 패배
란 있을 수 없고, 또 한국 신화에는 비장미나 숭고미가 보이지 않는다. 이러한
낙관적 현세주의는 문헌신화뿐만 아니라 많은 서사무가에도 상통된다.

더구나 서사무가의 강창성에 대해서는 이미 언급했지만 문외한이 얼핏 보
더라도 불교적인 어구가 상당할 만큼 불교의 영향이 압도적인데도 죽으면 그
만일 뿐으로 지옥 · 극락 등의 내세관은 극히 적다. 엄연히 시왕의 사자가 인간
을 잡으러 오는데 유심히 보면 명부 · 지하계에서 오는 것이 아니며 더욱이 사
자들도 천상계에서 인간계로 내려오고 올라가는 것으로 구송된다.

한국 무신巫神의 제일 흔한 존칭어미인 '대감大監'은 정2품, 지금의 장관급
호칭에 해당한다. 그리고 이 모든 신들은 잘 먹으면 잘 먹은 값을 하고 못 먹으
면 못 먹은 값을 한다고 흔히 무가에서 가창된다. 심지어 인간계에 왔던 사자
들이 뇌물을 잔뜩 받아 가서 최판관崔判官에게 상납하고, 잡아가려던 인명을
그 명부에서 지워버리는 맹감본풀이에 이르러서는 참으로 철저한 한국적 현
실세계의 반영 그대로이다.

그러면 잠깐 눈을 돌려 우리나라에서 학술연구의 표본사회라고 일컫는 제
주도의 당신본풀이와 일반신본풀이의 구체성에 대해 살펴보기로 한다.

당신본풀이에서 광활한 한라산 기슭은 남신들의 수렵 육식과 사시복지하는
활동 무대로 나타난다. 그러나 남신들의 무용담은 산록, 평야이기보다는 대부
분 용왕국, 강남천자국 등 해양세계로 관상觀想되는 곳이다. 여신들은 그러한
해양세계나 섬 바깥의 서울, 강남천자국 등에서 부술符術이나 미식성米食性을
가지고 입도入島한다.

여기에도 내세는 물론 천상세계도 없다. 동경의 대상으로서 해양자원 세계

와 문화의 연원지로서의 서울, 강남천자국 등이 신화적인 시정詩情을 섞어서 현실 본위로 나타난다. 그 세계는 아직 원초 세계 그대로여서 소박성이 넘친다. 이러한 당신본풀이들에서 느껴지는 것은 그것이 온전히 제주도의 흙바닥 자체로부터 발생·성장한 토착물이라는 것이다.

이에 비하면 일반신본풀이는 근본적으로 한라산에도, 그 광활한 기슭에도, 심지어 해양세계에 조차도 아랑곳없다. 대부분 본토에서 전래한 것이며 시종 불교색으로 매질된 강창물이다. 그러나 한국적이어서 뇌물수수담이나 사자使者의 천상에서의 왕래담 등도 일반신본풀이에 나타난다.

또 사자使者본풀이에서 강림차사가 염마대왕을 찾아가는 자세한 경위담도, 먼 지상 여로 끝에 좁은 골짜기를 뚫고 나가서 다시 끝없는 길을 다른 신적 존재들의 도움으로 빨리 가는 식의 먼 수평적 위치로 나타난다. 바리공주의 약수 삼천리의 서천西天 취약행取藥行과 큰 차이가 없다. 본연적인 우주관, 현실적인 인생관 등을 보아도 문헌신화와 서사무가는 그 기본사고의 종류가 다르지 않았다.

이처럼 철저한 현세주의는 정도의 차이는 있겠지만, 불교도 유교도 동양 3국에서 크게 다르지 않았다. 한·중·일에서 모두 불교를 호국 불교, 현세 불교로 수용하였다. 한국인의 현실성은 원초 이후 농경생활에서 연유하겠지만, 본래 불교와 반대로 낙천관이요 현세교였던 유교의 영향도 대단히 컸던 것으로 보인다.

유교는 합리주의로 일관함으로써 우선 신화를 황당하다고 여겼고, 기록되는 정착 과정에서도 그렇게 취급했다. 더구나 유교가 본바닥 중국 이상으로 조선 5백 년 동안 사회 밑바닥까지 스며들었으니, 더할 수밖에 없었다. 때문에 일단 한국에 들어온 종교는 기독교든 다른 어떤 종교든 끝내는 양재초복攘災招福하는 현세교를 벗어나기는 어려울 것이다.

(2) 민요와 민담의 민중 심의

민요에는 일하는 삶의 건강한 즐거움이 있다. 유교 윤리면에서 지금도 세계

제일이라 할 수 있는 한국 사회에서 도덕률이 무시될 수는 없지만, 민요는 결코 그에 전적으로 얽매이지 않고 활발하게 남녀 간의 연가를 부르기도 하였다. 심한 경우 채록된 줄다리기 노래에서 보듯, 성기에 대해 노골적이며 직접적으로 표현한 경우도 나타난다.

> 부았네 부았네, 東쪽×× 부았네.
> 달았네 달았네, 西쪽×이 달았네          (任東權,『韓國民謠集』, 1974)

물론 이것은 원초 이후 성性과 풍요 관련 심의心意가 발로한 것이겠지만 어쨌든 한국의 집단놀이에서 이런 노래까지도 채록될 수 있는 것이 민요이다. 또 예로부터 순수한 민요의 리듬에는 아주 어둡고 무거운 느낌이 많은데 그것은 흙냄새와 더불어 어느 나라에서나 풍기는 봉건학정 아래에서의 가난한 민중의 생활감정이 이입된 리듬이다.

한편 괴로움을 노래한 한국 민요에는 시집살이 노래들이 많지만, 흔히 그 괴로움을 희화해 버리려는 경향으로 나타난다. 괴로움을 노래로써 웃음으로 바꾸지 않고는 견디기 어려웠던 관습에서 생긴 일일 것이다. 그들의 정직한 생활에는 그나마 건강과 희망이 있었으므로 희화도 가능하였을 것이다.

흔히 아리랑을 한국의 대표적 민요라고 하지만, 현재의 아리랑은 노동 기능도 제의 기능도 없는 근래 요소들이 많다. 일제시대 희망을 갖기 어려웠던 암담한 국민생활의 애조哀調를 나타낸 것이 아리랑이라는 민요론자들도 있다. 이렇듯 민요는 속담이나 수수께끼와 같이 세태를 따라 민감하게 생성·전이할 수 있다는 점에서 신화·민담·무가·판소리 등 다른 구비문학 장르들과는 약간 다르다.

민담은 선악 이원론을 근본으로 한다. 이때 선은 인간이나 착한 동물이고, 악은 마귀나 부정직한 인간 또는 동물이다. 선은 언제나 승리하므로 행복한 결말happy ending은 민담의 한 원리이기도 하다. 또 크게 볼 때 악은 원초 이후 인간 생활을 위협하던 자연의 악조건들이기도 하다.

여기서 선의 승리는 만물의 영장인 인간이 자연의 위협을 물리치고 인류사를 개척한 것의 반영이며 그 추진력일 수도 있다. 선의 승리는 착한 자, 노력하는 자는 하늘이 돕는다는 정의에 대한 신뢰감일 수도 있으며, 이것은 민담이 가지는 교육적 가치로서도 중요하다.

민담의 선악 이원론은 현재도 건강한 동심과 상통한다. 아무리 세상은 그렇지 않다 해도 동심에게는 선이 이겨야 하고, 선악이 선명하지 않은 것은 이해되지 않고 못마땅하다. 민담의 이원론과 동심은 인류의 귀중한 본성이며, 성선설性善說의 바탕이고, 이것이 민담으로부터 동화가 파생한 중요한 요인이다.

민담에는 외설담도 흔하다. 강희맹姜希孟의 『촌담해이村談解頤』, 송세림宋世琳의 『어면순禦眠楯』, 성여학成汝學의 『속어면순續禦眠楯』 등과 같이 뚜렷이 양반의 손을 거쳐서 수집되고 기록된 것들도 있다. 이것은 양반 사회의 딱딱한 윤리감으로부터의 해방이라는 이면성과, 집담集談이 흔히 인신공격담이 되기 쉬우니 죄없는 외설담이나 즐기고자 했던 이중 측면이 있었던 것으로 보여진다.

# 참고문헌

## 제1장

李海英·安貞模, 『人類學槪論』, 精研社, 1958.

崔信德, 『人類學』, 梨大出版部, 1972.

金泰坤, 『韓國民俗學』, 圓光大學校出版局, 1973.

印權煥, 『韓國民俗學史』, 悅話堂, 1978.

李光奎, 『文化人類學槪論』, 一潮閣, 1980.

『韓國民俗大觀』 Vol.1~6, 高大民族文化研究所, 1980~1982.

『日本民俗學大系』 Vol.1~13, 平凡社, 1958~1960.

關敬吾, 『民俗學』, 角川書店, 1963.

Charlotte S. Burne, *The Handbook of Folklore*, London Sidgwick & Jackson, Ltd.(岡正雄 옮김, 『民俗學槪論』, 1930), 1914.

P. Saintyves, *Manual de Folklore*, Paris(山口貞夫 옮김, 『民俗學槪說』, 1944), 1936.

Maria Leach ed., *Standard Dictionary of Folklore, Mythology and Legend*, Funk & Wagnalls Co., 1949.

Richard M. Dorson, *American Folklore*, The University of Chicago Press, 1959.

Kenneth W. Clarke & Mary, *Introducing Folklore*, Holt, Rinehart & Winston, Inc., 1963.

A Committee of the Royal Anthropological institute of Great Britain and Ireland, *Notes and Queries on Anthropology*(6th ed.), Routledge and Kegan Paul Ltd, 1960.

Alan Dundes ed., *The Study of Folklore*, Prentice-Hall, 1965.

## 제2장

李萬甲, 『韓國農村의 社會構造』, 韓國研究院, 1960.

高凰京 外, 『韓國農村家族의 研究』, 서울大出版部, 1964.

金宅圭, 『同族部落의 生活構造研究』, 青丘大出版部, 1964.

崔在錫, 『韓國家族研究』, 民衆書館, 1966.

梁會水, 『韓國農村의 村落構造』, 高大出版部, 1967.

金斗憲, 『韓國家族制度研究』, 서울大出版部, 1969.

李萬甲, 『韓國農村社會의 構造와 變化』, 서울大出版部, 1973.

朴秉濠,『韓國法制史攷』, 法文社, 1974.

崔在錫,『韓國農村社會研究』, 一志社, 1975.

李光奎,『韓國家族의 構造分析』, 一志社, 1975.

高承濟,『韓國村落社會史研究』, 一志社, 1977.

李光奎,『韓國家族의 史的研究』, 一志社, 1977.

―――,『韓國家族의 心理問題』, 一志社, 1981.

崔在錫,『現代家族研究』, 一志社, 1982.

李光奎,『韓國의 家族制度』, 한국방송사업단, 1984.

崔吉成,『韓國의 祖上崇拜』, 예전사, 1986.

韓南濟,『現代韓國家族研究』, 一志社, 1989.

李光奎,『韓國의 家族과 宗族』, 民音社, 1990.

여성한국사회연구회,『한국가족론』, 까치, 1990.


### 제3장

崔南善,『朝鮮常識問答』, 東明社, 1946.

宋錫夏,『韓國民俗考』, 日新社, 1960.

梁在淵・任東權・張德順・崔吉城,『韓國의 風俗』, 文化財管理局, 1970.

李光奎,『韓國人의 一生』, 형설출판사, 1985.

朴桂弘,『韓國人의 通過儀禮』, 語文研究會, 1987.

朴惠仁,『韓國의 傳統婚禮研究』, 高大民族文化研究所, 1988.

柳岸津,『韓國傳統社會의 幼兒教育』, 서울大出版部, 1990.


### 제4장

崔南善,『朝鮮常識問答』, 東明社, 1946~1947.

李如星,『朝鮮服飾考』, 白楊堂, 1947.

金東旭,『李朝前期 服飾研究』, 韓國研究院, 1963.

―――,「韓國服飾史」,『韓國文化史大系』Ⅳ, 高大民族文化研究所, 1970.

尹瑞石,「韓國食品史」,『韓國文化史大系』Ⅳ, 高大民族文化研究所, 1970.

石宙善,『韓國服飾史』, 寶晋齋, 1971.

尹張燮,『韓國建築史』, 東明社, 1972.

金東旭,『韓國服飾史研究』, 亞世亞文化社, 1979.

朱南哲,『韓國住宅建築』, 一志社, 1980.

尹瑞石 外,「日常生活・衣食住」,『韓國民俗大觀』(2), 高大民族文化研究所, 1980.

金英淑,『韓國服飾史辭典』, 民文庫, 1988.

金正基,『韓國住居史』,『韓國文化史大系』Ⅳ, 高大民族文化研究所, 1970.

金光彦,『韓國의 住居民俗誌』, 民音社, 1988.


### 제5장

李能和,「朝鮮巫俗考」,『啓明』제19호(1968년 覆刊, 韓國文化人類學 資料叢書 Ⅱ), 계명구락부,

　　1927.

孫晉泰,『韓國民族文化의 研究』, 乙酉文化社, 1948.

金斗憲,『韓國家族制度研究』(1969년 覆刊), 乙酉文化社, 1984.

玄相允,『朝鮮儒學史』, 民衆書館, 1954.

金泰坤,『黃泉巫歌研究』, 創又社, 1966.

李杜鉉,『韓國假面劇』, 文化財管理局, 1969.

任東權,『朝鮮の民俗』, 岩崎美術社, 1969.

文化公報部,『韓國의 宗敎』, 文化公報部, 1972.

金元龍,『韓國考古學槪說』, 一志社, 1973.

李光麟,『開化黨研究』, 一潮閣, 1973.

韓國宗敎史學會,『韓國宗敎』, 圓光大學校 宗敎問題研究所, 1973.

柳東植,『韓國巫敎의 歷史와 構造』, 延大出版部, 1975.

張籌根,『韓國의 鄕土信仰』, 乙酉文庫, 1975.

崔吉城,『韓國巫俗의 研究』, 亞細亞文化社, 1978.

文化公報部,『宗敎團體現況』, 文化公報部, 1980.

玄容駿,『濟州島巫俗資料辭典』, 新丘文化社, 1980.

金泰坤,『韓國巫俗研究』, 集文堂, 1981.

崔吉城,『韓國의 巫堂』, 悅話堂, 1981.

崔吉城,『韓國巫俗論』, 螢雪出版社, 1981.

金仁會 外,『韓國巫俗의 綜合的 考察』, 高大民族文化研究所, 1982.

金泰坤,『韓國民間信仰研究』, 集文堂, 1983.

崔德源,『多島海의 堂祭』, 學文社, 1983.

玄容駿,『濟州島巫俗研究』, 集文堂, 1986.

張籌根,『韓國民俗論攷』, 啓蒙社, 1986.

崔吉城,『한국의 조상숭배』, 예전사, 1986.

金仁會 外,『韓國巫俗思想研究』, 集文堂, 1987.

황루시,『韓國人의 굿과 무당』, 文音社, 1988.

崔吉城,『한국민간신앙의 연구』, 계명대출판부, 1989.

崔德源,『南道民俗考』, 삼성출판사, 1990.

文化部,『韓國의 宗敎現況』, 文化部, 1990.

村山智順,『朝鮮の鬼神』, 朝鮮總督府, 1929.

――――,『朝鮮の巫覡』, 朝鮮總督府, 1932.

――――,『朝鮮の占卜と豫言』, 朝鮮總督府, 1933.

――――,『部落祭』, 朝鮮總督府, 1937.

――――,『釋奠, 祈雨, 安宅』, 朝鮮總督府, 1937.

赤松智城・秋葉隆,『朝鮮巫俗の研究』(上, 下), 조선인쇄주식회사・大阪屋號書店, 1937.

秋葉隆,『朝鮮巫俗の現地研究』, 養德社, 1950.

中山太郎,『日本巫女史』(覆刻版), 八木書店, 1969.

日本文化廳,『宗敎年鑑』, 日本文化廳, 1970.

堀一郎,『日本のシヤマニズム』, 講談社, 1971.

張籌根,『韓國の民間信仰(論考篇, 資料篇)』, 金花舍, 1973.

胡樸安,『中華全國風俗志』(上, 下), 啓新書局, 1968.

M. A. Czaplicka, *Aboriginal Siberia: A Study in Social Anthropology*, Clarendon Press, 1914.

C. A. Clark, *Religions of Old Korea*, Fleming H. Revell company(1961, Reprinted in Korea), 1920.

G. Nioradze, *Der Schamanismus bei den Sibirischen Völkern*, Strecker und Schröder in Stuttgart(李弘植 옮김,『西伯利亞諸民族의 原始宗教』, 서울신문사 출판국, 1949), 1925.

J. N. D. Anderson, ed.,, *The World's Religions*, The Intervarsity Fellowship, 1953.

R. Bellah, *Tokugawa Religion*(堀一郎・池田昭 옮김,『日本近代化と宗教倫理』, 未來社, 1968), 1955.

M. Eliade, *Shamanism: Archaic Techniques of Ecstasy*, Pantheon Books, 1964.

## 제6장

柳得恭,『京都雜志』, 正祖朝(1777~1800).

金邁淳,『洌陽歲時記』, 1819.

洪錫謨,『東國歲時記』, 1849.

崔永年,『海東竹枝』(黃淳九 옮김,『海東韻記』, 靑鹿出版社, 1970), 1925.

方鍾鉉,『歲時風俗集』, 硏學社, 1946.

宋錫夏,『韓國民俗考』, 日新社, 1960.

崔常壽,『韓國의 歲時風俗』, 京畿大學民俗學硏究所, 1960.

李錫浩 譯註,『東國歲時記(外)』, 乙酉文化社, 1969.

李杜鉉,『韓國假面劇』, 文化公報部, 1969.

金宅圭,「韓國部落慣習史」,『韓國文化史大系』IV, 高大民族文化硏究所, 1970.

梁在淵 外,『韓國의 風俗』, 文化財管理局, 1970.

李杜鉉,『韓國歲時風俗의 硏究』, 1971.

崔喆,『嶺東民俗志』, 通文舘, 1972.

秦聖麒,『南國의 民俗(上, 下)』, 敎學社, 1975.

任東權 外,『歲時風俗, 傳承놀이, 韓國民俗大觀』(4), 高大民族文化硏究所, 1982.

李杜鉉,『韓國民俗學論考』, 學硏社, 1984.

張籌根,『韓國의 歲時風俗』, 螢雪出版社, 1984.

任東權,『韓國歲時風俗硏究』, 集文堂, 1985.

金宅圭,『韓國農耕歲時의 硏究』, 嶺南大出版部, 1985.

村山智順,『朝鮮の鬼神』, 朝鮮總督府, 1929.

──────,『朝鮮の鄕土娛樂』, 朝鮮總督府, 1941.

西角井正慶,『年中行事辭典』, 東京堂, 1958.

大間知篤三 外,『日本民俗學大系』, 平凡社, 1959.

宗懍,『荊楚記』(梁代).

敦崇,『燕京歲時記』(『北京年中行事記』, 岩波書店, 1941), 1906.
胡樸安,『中華全國風俗志(上, 下)』, 啓新書局, 1968.

## 제7장

金在喆,『朝鮮演劇史』, 學藝社, 1939.
鄭魯湜,『朝鮮唱劇史』, 朝鮮日報社 出版部, 1940.
李惠求,『韓國音樂研究』, 國民音樂研究院, 1957.
宋錫夏,『韓國民俗考』, 日新社, 1960.
金東旭,『韓國歌謠의 研究』, 乙西文化社, 1961.
張師勛,『國樂概要』, 精研社, 1961.
崔常壽,『韓國人形劇의 研究』, 高麗書籍株式會社, 1961.
芮庸海,『人間文化財』, 語文閣, 1963.
金東旭,『春香傳研究』, 延大出版部, 1965.
崔常壽,『海西假面劇의 研究』, 大成文化社, 1967.
李杜鉉,『韓國演劇史』(신수판), 학연사, 1999.
文化公報部 文化財管理局,『우리나라 문화재』, 1970.
沈雨晟,『男寺堂牌研究』, 同和出版公社, 1974.
趙東一,『韓國假面劇의 美學』, 한국일보社, 1975.
金宅圭,『氏族部落의 構造研究』, 一潮閣, 1979.
趙東一,『탈춤의 역사와 원리』, 弘成社, 1979.
康龍權 外,『民俗藝術, 生産技術, 韓國民俗大觀』(5), 高大民族文化研究所, 1982.
鄭昞浩,『農樂』, 悅話堂, 1986.
李杜鉉,『韓國假面劇』(重版), 서울大出版部, 1994.
──────,『韓國巫俗과 演戱』, 서울大出版部, 1996.
──────,『韓國假面劇選』(注釋本), 敎文社, 1997.

## 제8장

鄭魯湜,『朝鮮唱劇史』, 朝鮮日報社 出版部, 1940.
孫晋泰,『朝鮮民族說話의 研究』, 乙西文化社, 1947.
高晶玉,『朝鮮民謠研究』, 首善社, 1949.
李惠求,『韓國音樂研究』, 國民音樂研究院, 1957.
金東旭,『韓國歌謠의 研究』, 乙西文化社, 1961.
張籌根,『韓國의 神話』, 成文閣, 1961.
李基文,『俗談辭典』, 民衆書館, 1962.
任東權,『韓國民謠史』, 文昌社, 1964.
朴憲鳳,『唱樂大綱』, 國樂藝術學校出版部, 1966.
李杜鉉,『韓國新劇史研究』, 서울大出版部, 1966.
任東權,「韓國口碑文學史」(下),『韓國文化史大系』Ⅴ, 高大民族文化研究所, 1967.
張籌根,「韓國口碑文學史」(上),『韓國文化史大系』Ⅴ, 高大民族文化研究所, 1967.

趙東一,『敍事民謠研究』, 啓明大出版部, 1970.

張德順,『韓國說話文學硏究』, 서울大出版部, 1970.

張德順・趙東一・徐大錫・曺喜雄,『口碑文學槪說』, 一潮閣, 1971.

金烈圭,『韓國民俗과 文學硏究』, 一潮閣, 1971.

李杜鉉,『韓國演劇史』, 民衆書館, 1973.

김성배,『한국 수수께끼 사전』, 한국국어교육학회, 1973.

崔正如・徐大錫,『東海岸巫歌』, 螢雪出版社, 1974.

金烈圭,『韓國의 神話』, 一潮閣, 1976.

金烈圭,『韓國神話와 巫俗研究』, 一潮閣, 1977.

趙東一,『인물 전설의 의미와 기능』, 嶺南大出版部, 1979.

Choi In-Hak, *The Type Index of Korean Folktale*, 明知大出版部, 1979.

徐大錫,『韓國巫歌의 研究』, 文學思想社, 1980.

曺喜雄,『朝鮮 後期 文獻說話의 硏究』, 螢雪出版社, 1980.

崔來沃,『韓國口碑傳說의 硏究』, 一潮閣, 1981.

崔仁鶴,『韓國說話論』, 螢雪出版社, 1982.

金烈圭 外,『民談學槪論』, 一潮閣, 1982.

金鉉龍,『韓國古說話論』, 새문사, 1984.

張籌根,『풀어쓴 한국의 신화』, 集文堂, 1998.

秋葉隆・赤松智城,『朝鮮巫俗의 研究』(上, 下), 조선인쇄주식회사・大阪屋號書店, 1937.

關敬吾,『民話』, 岩波書店, 1956.

村山修一,『神佛習合思潮』, 平樂寺書店, 1957.

民俗學研究所,『民俗學辭典』(24版), 東京堂, 1960.

護雅夫,『遊牧騎馬民族國家』, 講談社, 1967.

江上波夫,『騎馬民族國家』, 中央公論社, 1967.

三品彰英,『三品彰英論文集』, 1~6卷, 平凡社, 1970~1974.

崔仁鶴,『韓國昔話の研究』, 弘文堂, 1976.

魯迅,『中國小說史』(丁來東・丁範鎭 옮김,『中國小說史』, 錦文社, 1964), 1924.

張長弓,『中國文學史新編』, 開明書店, 1954.

鄭篤,『中國俗文學史』(上, 下), 商務印書館, 1961.

陳國鈞,『臺灣土着社會始祖傳說』, 幼獅書店, 1966.

J. Harrison, Ancient Art and Ritual(佐佐木理 옮김,『古代藝術と祭式』, 創元社, 1942), 1919.

──────, Mythology(佐佐木理 옮김,『希臘神話論考』, 白楊社, 1944), 1924.

Maria Leach, ed., *Standard Dictionary of Folklore*, Mythology and Legend, Funk & Wagnalls Co., 1950.

F. Guirand, ed., *Larousse Encyclopedia of Mythology*, trans. by Aldington. R. & Ames, D., Batchwort Press, 1959.

A. Dundes, ed., *The Study of Falklore*, Englewood Cliffs, Prentice-Hall, 1965.

S. Thompson, *The Folktale*, University of California Press, 1977.

# 찾아보기

# 한국 민속학 개설

신고판 1쇄 펴낸날  1991년 8월 25일
개정판 1쇄 펴낸날  2004년 9월  5일
개정판 7쇄 펴낸날  2023년 7월 20일


**지은이** | 이두현·장주근·이광규
**펴낸이** | 김시연

**펴낸곳** | (주)일조각
**등록** | 1953년 9월 3일 제300−1953−1호(구 : 제1−298호)
**주소** | 03176 서울시 종로구 경희궁길 39
**전화** | 02−734−3545 / 02−733−8811(편집부)
         02−733−5430 / 02−733−5431(영업부)
**팩스** | 02−735−9994(편집부) / 02−738−5857(영업부)
**이메일** | ilchokak@hanmail.net
**홈페이지** | www.ilchokak.co.kr

ISBN  978−89−337−0458−5   93380
값 18,000원